KB165804

현대 중국 강의

현대 중국 강의

2024년 2월 7일 개정판 1쇄 찍음
2024년 2월 26일 개정판 1쇄 펴냄

지은이 장윤미·이종화

편집 이소영·조유리
디자인 김진운
본문 조판 토비트
마케팅 김현주

펴낸이 윤철호
펴낸곳 ㈜사회평론아카데미
등록번호 2013-000247(2013년 8월 23일)
전화 02-326-1545
팩스 02-326-1626
주소 (03993) 서울특별시 마포구 월드컵북로6길 56
홈페이지 www.sapyoung.com
이메일 academy@sapyoung.com

ISBN 979-11-6707-137-8 93910

현대 중국 강의

중국의 변화와
세계의 흐름을 읽는다

장윤미·이종화 지음

사회평론아카데미

개정판 서문

『열린 중국학 강의』를 출간한 지 7년이 지났다. 그동안 많은 변화가 있었다. 2018년 무역 전쟁을 시작으로 미·중 간의 전략적 경쟁이 계속되고 있고, 전 세계가 코로나19 팬데믹을 겪으며 또 다른 거대한 전환을 맞고 있다. 2022년 봄 러시아의 우크라이나 침공으로 인해 에너지, 식량 위기가 가중되었고, 전쟁의 고통은 제3세계와 약자에게 더욱 가혹하게 다가왔다. 2023년에는 이스라엘과 하마스 간의 전쟁이 발발하며 중동 지역의 위기가 고조되고 있다. 이러한 세계사적 흐름 속에서 세계는 개별 국가 간의 관계를 넘어서는 글로벌 지정학의 문제가 매우 중요해졌고, 기술과 군사가 결합하고 경제는 안보와 더욱 밀접해졌다. 글로벌 질서가 근본적으로 흔들리고 있지만, 새로운 질서가 수립되기까지는 요원해 보인다.

중국의 시진핑(習近平)은 헌법을 수정하여 집권 2기를 넘어 처음으로 3연임에 오른 국가주석이 되었다. "100년 만에 맞는 대변국"이라는 당 지도부의 인식과 선전을 통해, 미국과의 장기전에 대비하며 "중화민족의 위대한 부흥"이라는 두 번째 백 년의 꿈을 향해 나아가고 있다. 이러한 꿈의 실현을 위해 당의 전면적 영도를 강화하고, 당과 국가와 사회주의를 사랑하는 마음이 하나임을 강조하며, 모든 정책 결정권과 감독권을 당 중앙으로 집중해 왔다. 중국의 제도와 이론에 기반한 '중국의 길'을 만들어나가기 위해, 과거 역사와 사상·문화에 대한 재해석도 급증했다. 중국의 국가 정체성이 근본적으로 바뀌고 있다.

한·중 관계 역시 변화된 환경의 영향에서 벗어날 수 없다. 한·중 양국 간의 인식(국가관, 역사관), 제도(정치체제, 언론·미디어), 지정학 및 문화 정체성의 차이가 점점 뚜렷해지고 있다. 이러한 격차는 한·중 양국 체제의 서로 다른 '표준'과 이에 따른 '인식의 격차'에서 비롯된 것이고, 지정학적 변화는 이러한 인식의 격차를 더 강화하는 방향으로 가고 있다.

길지 않은 시간에 급변한 국내외적 상황으로 인해, 책의 적지 않은 부분을 수정하고 보완할 필요가 있었다. 특히 처음 이 책이 출간될 때는 19차 당대회가 열리기 전이었고, 중국을 읽던 기존의 문법으로 중국을 해석했다. 그러나 19차 당대회 이후부터 중국은 더욱더 선명한 변화를 보였고, 그 이전과 달라졌다. '신시대(新時代)'를 선언했고, '중국공산당 영도'가 "중국 특색 사회주의의 본질적 특징"임을 헌법에 명시했으며, 처음으로 3연임의 국가주석을 맞게 되었다. 주요 조직 개편을 통해 당 중앙의 통치를 강화하면서 시진핑은 그 이전 어떤 지도자도 갖지 못한 권력을 갖게 되었다. 이에 개정판에서는 최근의 변화를 반영해 내용을 보완하였고, 달라진 중국을 이해하는 데 필요한 새로운 내용들을 대폭 추가했다. 내용이 달라진 만큼 개정판 제목도 『현대 중국 강의』로 새롭게 바꾸었다. 격변하는 세계적 흐름 속에서 무엇보다 종합적이고 융합적인 사고가 필요한 시대이다. 이 책이 중국을 더욱 깊게 이해하기 위한 '생각의 길'을 제공하는 데 도움이 되면 좋겠다.

2024년 새로운 봄을 꿈꾸며

장윤미·이종화

초판 서문

한국의 중국 연구는 1990년대 이후에야 본격적으로 시작되었지만, 짧은 기간에도 불구하고 다른 지역 연구에 비해 성과가 많은 편이라 할 수 있다. 그 이유는 1992년 한중수교와 함께 중국어 학습에 관한 관심이 폭발적으로 늘어났고, 이에 따라 대학에 중국 문학, 중국어학 이외에도 중국학과, 중국통상학과, 중국문화학과 등 중국 관련 학과들이 개설되어 중국 연구를 위한 학문적 기초를 마련했기 때문이다. 특히 한국을 비롯해 중국, 미국 등 각지에서 중국 관련 학위 수여자가 본격적으로 배출된 2000년대 들어서는 한국의 중국 연구가 양적으로나 질적으로나 비약적인 발전을 거두었다. 연구 주제의 범위나 관점도 다양화되고 풍부해졌으며, 연구 분야도 개론적인 주제에서 각론적인 주제로 세분되어 왔다.

그러나 중국에 관한 관심 증대와 확대된 양적 교류만큼 우리는 중국을 잘 알고 있는가? 한·중 양국 간의 관계는 서로를 더 잘 이해하고 더 긴밀한 협력과 신뢰 관계로 발전해 왔는가? 한국 경제의 중국 의존도가 증가해 온 만큼 한국인은 중국을 신뢰하는 파트너로 인식하는가? 중국은 늘 반복해서 말해왔던 것처럼 한국을 진정한 운명 공동체로 생각하는가?

한 가지 사례로 2017년 4월 논란이 되어왔던 사드(THAAD 고고도 미사일 방어 체계) 포대가 배치된 이후 한·중 관계는 급속도로 악화하여 그동안 매우 좋은 것처럼 보였던 한·중 관계가 허상이었음이 드러났다. 국가 간의 관계도 사람과 사람 간의 교류로 이루어진다. 듣기 좋은 말만 건넨다고 관계가 좋아지는 것이 아니며, 사람과 사람 간의 신뢰를 쌓아야만 교류의 질적 발전이 이루어질 수 있다. 한국과 중국은 수교 초기 서로에 대한 기대를 바탕으로 급속한 교류를 이루었음에도, 현재 서로를 진정으로 이해하는 질적 발전으로 나아가지는 못하고 있다. 한·중 양국 간의 정서적이고 감정적인 갈등은 일차적으로 상대국 체제에 대한 이해 부족에서 오겠지만, 보다 근본적으로는 자신이 속한 사회를 절대적인 기준으로 하여 타국을 이해하기 때문에 오는 것이라 할 수 있다. 자국의 체제를 이상화하여 타국의 정치 현실을 비판하는 준거로 삼는 일은 양국 모두에서 동일하게 나타나는 현상이다.

오랫동안 중국 연구를 해왔던 연구자로서 이러한 현실에 개입할 수 있는 학문적, 실천적 과제가 무엇일까 고민해 보면서, 이제는 중국을 이해하는 질적인 변화가 필요하다는 것을 절감했다. 장기적인 역사적 안목의 차원에서나 한반도 통일 등의 미래 과제를 생각해 보았을 때 양국 간의 관계는 중요할 수밖에 없기 때문이다. 기존의 중국 연구 입문서와는 다르게, 고정된 시각이 아니라 열린 관점에서 중국을 이해하는 새로운 지침서가 필요하다고 생각한다. 물론 중국을 이해하기 위한 입문의 성격을 띤 책들은 이미 많이 출판되어 있다. 그러나 대부분은 중국에 관한 분야별 지식 정리 수준에 머물러 있다. 이 책은 다음과 같은 측면에서 기존의 중국 입문서와 차별성을 갖고자 한다.

첫째, 중국에 대한 단순한 지식 제공이 아니라 중국이라는 하나의 참조 대상을 제공해 줌으로써, 우리 사회의 문제를 진지하게 고민해 볼 계기를 마련하고자 한다. 남을 이해한다는 것은 자기를 돌아보기 위한 것이라 할 수 있다. 타자의 존재는 자아를 형성하는 중요한 지표이며, 타자라는 거울을 통해 자기를 객관화하면서 끊임없이 자신의 정체성을 형성해 나간다. 중국 문명이 동아시아에서 중심적 역할을 했지만, 그 속에서 우리는 한반도의 고유한 독자성을 만들고 유지해 왔다. 한국이 주체로 서는 정체성, 이는 앞으로도 끊임없이 만들어가야 하며, 그런 의미에서 중국은 하나의 거울이자 참조 대상이 될 수 있다. 다른 지역에 관한 관심은 단순히 해당 지역에 관한 지식을 축적하는 것이 아니라, 타자를 통해 우리 주변을 돌아보고 관찰하는 능력, 역사적 흐름 속에서 너와 나의 관계, 시대의 아픔을 공감하는 능력 등과 관련된다. 중국을 통해, 즉 중국을 하나의 '매개'이자 '방법'으로 우리 자신을 분명하게 인식하고 한반도의 문제를 돌아보며, 이러한 과정에서 한국 사회를 어떻게 더 좋은 사회로 나아가게 할 것인지를 고민할 기회를 제공해 주고자 한다.

둘째, 중국 지역에 대한 이해를 바탕으로 현재 급변하는 세계의 문제를 깊이 이해하고자 한다. 우리는 지금 불확실성의 시대를 살고 있다. 2008년 세계 금융위기 이후 서구식 자본주의에 대해, 근대와 발전에 대해 성찰하면서 학계의 많은 학자가 다시 동아시아를 돌아보고 있다. 서구중심주의에서 벗어나는 하나의 목적으로 동아시아의 지속성과 그 역사와 문화를 살펴보고 있다. 21세기 상당 기간 세계질서는 점점 더 다원화되는 추세가 지속할 것이다. 예전과 지금의 발전 방향, 변화의 흐름, 시대적인 정신과 목표는 다를 것이며, 이에 따라 우리를 포함한 동아시아 문명권, 그리고 그 중심에 있었던 중국을 깊이 이해함으로써 지금 우리가 살아가고 있는 시대의 좌표와 미래 방향에 대한 갈피를 잡아나갈 수 있을 것이다. 즉 중국을 이해하기 위해서는 중국을 하나의 대상으로만 놓고 이해하는 것이 아니라, 우리가 직면한 시대성과 세계성의 특징과 변화를 감지하면서 중국을 상대화하여 바라볼 줄 알아야 한다. 이러한 문제의식을 느끼고 중국을 제대로 이해할 수 있는 '중국 입문서'를 제공하고자 한다.

셋째, 이 책의 내용에서는 많은 질문을 던지고 있다. 어떤 주제에 대해서는 다양한 시각과 관점을 소개하고 있지만, 또 어떤 주제에 대해서는 문제를 제기할 뿐 확실한 답을 제시하지 않은 경우도 있다. 이는 이 책을 읽는 독자들에게 주어진 질문을 생각해 볼 기회를 제공하고, 또한 자신의 깊은 생각을 통해 다시 질문하는 힘을 끌어내기 위함이다. 융·복합 중심의 4차 산업혁명 시대로의 진입을 앞둔 오늘날, 기존 지식이나 정보에 대한 단순한 이해나 암기만으로는 미래 사회를 열어나갈 수 없다. 사회과학이란 끝없는 질문을 통해 사회를 깊이 이해하고, 우리의 행위를 제약하고 또한 가능하게 만드는 사회 구조를 밝히는 작업이다. 앞으로의 시대를 이끌어가는 힘은 익숙한 것을 새롭게 볼 수 있도록 만드는 '생각하는 힘'과 '질문의 힘'에 있으며, 이 책은 근본적인 질문을 통해 중국을 이해하고 이를 토대로 더 좋은 미래를 모색하기 위한 열린 사고를 지향하고자 한다.

오늘날 우리는 중국 부상이 의미하는 바를 정확히 이해해야 한다. 과거 30여 년간 중국 관련 화두는 경제 성장이었고, 성장에 관한 정치 경제학적 득징을 규명하는 것과 중국의 부상으로 인한 국제질서의 변화가 사회과학 분야의 주요 관심사였다. 그러나 지금까지의 중국 연구는 그 지역에 사는 사람에 대한 이해를 소홀히 다뤄왔다. 정치체제 개혁이나 경제 발전을 추구하며 그 사회에 적합한 시스템을 만들어가는 사람들의 고민이 무엇인지에 대한 이해가 부족했고, 중국인들이 직면한 문제들을 그들의 관념이나 역사관, 가치 체계 등과 분리해서 바라보았다.

또한 기존 중국 연구에는, 중국이 현재는 과도기이지만 언젠가는 서구와 같은 자유민주주의 체제의 특성을 보일 것이라는 전망

또는 희망이 암묵적인 전제로 깔려 있었다. 그러나 근대사를 겪으며 형성되어온 중국인들의 국가관과 내부적으로 중시되는 정책적 과제의 현안과 의제는 외부의 예측이나 전망과는 다르다. 이러한 중국 연구의 제한적인 이해의 폭을 극복하기 위해서는 기존 사회과학적 기준으로 분류된 '정치체제'의 유형에서 출발하는 것이 아니라, 중국 체제의 기본 위에서 역사적으로 형성된 국가관과 정치적 메커니즘 및 실제 작동 과정을 이해해야 할 것이다. 그리고 중국이라는 기존의 거대한 지층 위에 근대적인 것, 서구적인 것을 수용하면서 기존의 관념과 구조가 어떠한 변화를 일으키며 근대사를 가로질러 왔는지도 함께 이해해야 한다.

지역학으로서의 '중국학'은 기존의 분과학문 체계를 기반으로 해서는 파악할 수 없는 중국이란 실체에 더욱더 근접하기 위해 만들어진 학문이다. 그동안 우리가 연구해 온 중국학이 그러한 기대에 들어맞으며 적절한 의제를 제기하고 그 지역 사람들에 기반을 둔 논의를 전개해 왔는지는 의문이다. 학문으로서의 중국학에 충실하기 위해서는 기존 사회과학의 이론적 틀에 더해 역사적, 인문학적, 통합적 시각을 결합해야 한다. 이 책은 이러한 문제의식에서 중국 이해를 위한 방향 설정(mapping)과 우리 사회를 돌아보는 성찰(thinking)의 역할을 할 수 있는 학술 입문서의 성격을 지닌다. 이를 통해 이 책은 한·중 양국이 서로에 대한 이해를 바탕으로 질적인 관계로 도약할 수 있는 안내서 역할을 하고자 한다.

이 책은 중국 지역학을 전공하고자 하는 대학생을 위한 기초적인 입문서 성격을 띨 뿐 아니라 중국 체제를 깊이 이해하거나 어느 정도 중국을 아는 상황에서 중국을 체계적으로 정리해 보고자 하는 독자들을 위한 교양서로 활용될 수 있다. 이 책은 쉬운 이해를 돕고자 강의식으로 서술했고, 설명이 필요한 개념이나 사건의 경우 별도의 지면을 두어 정리하였다.

2017년 다시 열린 봄

이종화·장윤미

차례

1강

중국을 왜 알고 이해해야 할까

이 강의는 중국학 전공의 입문 단계 또는 대학 교양 수준에서 중국에 대한 개괄적인 이해를 목표로 합니다. 아울러 빠르게 변화하고 있는 중국 사회를 이해하기 위한 하나의 지침서로 활용되었으면 합니다. 본격적으로 관련 내용을 살펴보기 전에 "왜 중국을 알아야 할까?", 또한 "중국을 어떻게 이해해야 할까?"라는 질문을 던져 보겠습니다.

한국과 중국은 1992년 8월 24일 수교 이후 경제협력과 인적 교류가 증가하면서 서로에 대한 기대와 호감도가 상승했습니다. 그러나 2002년 '동북공정(東北工程)' 논란과 2005년 강릉 단오제의 유네스코 세계유산 등재를 계기로 시작된 문화소유권 논쟁을 거치면서, 우리 사회에서 중국에 대한 경계심이 급증했습니다. 결정적으로 2016~2017년 한반도 사드 배치를 둘러싼 갈등이 불거진 이후에는 '반중(反中)' 정서가 많이 늘어났습니다. 특히 2019년 홍콩 민주화 시위와 이에 대한 중국 당국의 강경한 대응, 연이어 코로나19 팬데믹 상황이 펼쳐지면서 중국에 대한 한국의 인식은 한층 더 악화되었습니다. 젊은 세대를 중심으로 반중 정서가 강화되었고, 심지어 중국과 관련된 것을 혐오하는 '혐중(嫌中)'과 '탈중국'의 주장까지 나오고 있습니다.

물론 반중 정서가 한국에서만 나타나는 현상은 아닙니다. 팬데믹을 거치면서 서구 국가를 포함한 적지 않은 국가에서 중국에 대한 인식이 대부분 부정적으로 변했습니다. 그러나 다른 국가와 달리 한국의 상황에서 가장 우려스러운 점은 중국과 관련된 모든 것을 부정하고 중국을 알 필요도 없다는 식의 풍조가 확산된다는 점입니다. '싫어하는 마음'과 '알 필요도 없다는 마음'은 다릅니다. 싫어해도 우리의 생존 및 미래와 관련이 있는 대상이라면 알아야 합니다. 다른 선진국은 중국을 호불호에 상관없이 늘 중요하게 알고 연구해야 하는 대상으로 여겼습니다. 바로 옆에 이웃한 한국으로서는 말할 것도 없겠지요.

중국에 관심을 두는 계기와 목적은 각자 다릅니다. 중국이라는 국가에 관한 관심은 나 아닌 다른 사람에 대한 이해의 시작과 별반 다르지 않다고 생각합니다. 그렇지만 "왜 중국을 알아야 하는가?"라는 질문에 대해 각자의 개인적인 관심이나 흥미와는 별도로 학문적, 사회적 차원의 의미와 필요성에 대해 정리해 봐야 한다고 생각합니다.

우리가 살아가면서 만나지 않아도 되는 사람이라면 구태여 관심을 두거나 이해할 필요가 없습니다. 냉전 시기 우리는 공산주의 국가 중국에 대해 알려고 하지 않았습니다. 우리와 교류가 없었기 때문이고, 자유주의 진영 내에서도 충분히 생존할 수 있었기 때문이죠. 그러나 탈냉전 이후 세계화가 진행되고 1992년 한중수교와 함께 교역이 확대되면서 중국에 대해 이해할 필요성이 커지게 됩니다. 거대한 규모를 가진 중국이라는 국가가 우리 바로 옆에 새로운 모습으로 등장했습니다. 지리적 위치를 선택할 수 없는 상황에서 중국과 이웃하며 살아갈 수밖에 없는 우리로서는 생존과 발전을 위해 중국을 이해하는 것이 무엇보다 중요합니다. 사실 좀 더 긴 역사적 관점에서 보면, 우리는 수천 년 동안 중화 문명권 안에서 살아왔습니다. 중국과의 교류와 관계가 단절된 것은 20세기 냉전 체제 아래 40~50년 정도의 짧은 시간에 불과합니다. 유구한 한·중 간 교류의 역사를 놓고 볼 때 이러한 관계 단절은 매우 이례적이고 예외적인 시기였습니다.

그렇다면 '왜(why)' 중국을 이해해야 할까요? 첫 번째 이유는 '공존'하기 위해서입니다. 어떤 사람이 싫어도 불가피하게 서로 부딪치고 접촉해야 하는 상황이라면 어느 정도 상대방을 이해할 수밖에 없습니다. 평생 만나지 않을 사이가 아니라면 우선 나랑 무엇이 다른지 알아야 합니다. 내가 속한 사회의 법칙과 규율, 문화와 규범과는 다른 환경에서 살아가는 그들과 우리의 차이점은 무엇이고, 동시대를 살아가면서 공통으로 직면하는 문제와 공유할 수 있는 것은 무엇인지 알 필요가 있습니다. 이런 것을 발견하고 이해하려는 목적은 서로의 차이점을 알고, 이를 인정하고 존중하며 평화롭게 공존하기 위해서입니다.

'화이부동(和而不同)'이라는 말이 있습니다. 서로 조화를 이루나, 다름을 인정하고 존중한다는 의미입니다. 서로 공존하기 위해서는 상대방의 역사와 문화를 알고 그 사회에서 살아가는 사람들을 이해하는 것이 중요합니다. 갈등과 대립이 아닌 공존과 번영을 위해 우리는 열린 마음으로 중국과 대화를 이어가야 합니다. 나아가 중국을 경쟁국이 아닌 하나의 플랫폼으로 간주하고 활용할 방법을 고민하자는 주장에도 귀 기울일 필요가 있으며, 미국과 중국 사이에서 고민하는 아세안 등 다른 국가들과의 연대도 중요하게 고려해야 합니다.

두 번째는 '시대'를 이해하기 위해서입니다. 우리는 지금 불확실성의 시대를 살아가고 있습니다. 냉전 시대를 살아온 세대에게는 한국 사회가 나아가야 하는 방향이 무엇인가에 대한 일정한 기준이 있었습니다. 발전이 무엇일까? 우리 사회가 더 잘 살고 더 행복해질 수 있는 길과 방식은 무엇일까? 1980, 1990년대까지만 해도 이 길은 분명해 보였습니다. 정치적 민주화, 사회 내의 민주적 소통 확대, 산업화와 경제 발전 등의 길을 먼저 개척해 나간 서구 자본주의 국가들이 있었기 때문입니다. 당시 우리가 생각하던 '발전'이란 '산업화'와 '근대화'였고, 이는 곧 '서구화'를 의미했습니다. 앞선 국가들이 만들어 놓은 방식과 길 그대로만 따라 하면 현재의 서구가 우리의 미래 모습이요, 우리가 그 길을 따라가기만 하면 우리도 그들처럼 잘살 수 있다는 믿음이 있었습니다. 특히 1980년대 말 사회주의권 국가들이 붕괴하고 '역사의 종언'*과 함께 탈냉전의 시대가 열리

....
* 프랜시스 후쿠야마(Francis Fukuyama)는 구소련이 붕괴한 이듬해인 1992년 『역사의 종언(*The End of History*)』이란 저서를 출간합니다. 그는 이 책에서 20세기를 지배해 온 자유민주주의와 공산주의의 이데올로기 대결에서 자유민주주의가 승리했고, 자유민주주의와 시장자본주의가 인류의 진화와 정부의 최종 형태이며 역사의 종착점이라고 주장합니다.

면서, 서구 자본주의 체제라는 오직 하나의 방식만이 남게 되었습니다. 서구식 근대화에 대한 우리의 믿음은 더욱 강건해졌고, 이후 2000년대 들어 민주화와 산업화를 어떻게 실현하는가에 대한 분명한 목표와 성장의 역사가 이어졌습니다.

그러나 2008년 세계 금융위기를 맞으면서 기존의 발전에 대한 신화가 깨지게 됩니다. 서구식 자본주의 방식의 한계가 명확히 드러났고, 민주주의 위기가 확산되었으며, 발전에 대한 확고한 믿음이 무너지게 됩니다. 기존의 발전 경로는 왜 이러한 위기를 맞게 되었고, 어떻게 극복할 것이며, 그다음의 길은 무엇일까요? 위기를 극복하기 위해 어떻게 해야 하는지에 관한 여러 가지 진단과 해법이 있지만, 지금까지도 합의는 이루지 못했고 여전히 불확실성의 시대에 놓여 있습니다. 세계 인류는 어떠한 방향으로 가야 할지 아직 모색 중입니다.

특히 시진핑 집권 이후 달라진 중국의 국가 목표와 중국에 대한 미국의 대응 전략 변화가 서로 맞물려 국제정세는 더욱 복잡해졌습니다. 본격화된 미·중 간의 전략적 경쟁으로 인해 현시대의 불확실성은 더욱 커졌습니다. 지정학의 논리가 회귀했고, 국가 단위로 '각자도생'의 압박이 더욱 강해지고 있습니다.

먼저 중국의 변화를 보면, 중국은 세계 금융위기 이후 개최된 2012년 18차 당대회에서 "중국 특색 사회주의의 길"을 선언합니다. 중국은 현대사를 거치면서 일당 집권 체제에 걸맞은 통치구조와 자신의 정치 원리에 기반한 제도를 만들어왔습니다. 그러나 시진핑 집권 이후 더욱 구체화되고 있는 '중국의 길'이라는 선택은 과거의 방식과는 커다란 차이가 있습니다. 현재 중국은 지난 백 년의 역사에서 경제적으로 가장 개방적이고 놀라운 성장의 성과를 토대로 하는 자기완성의 길을 지향하고 있습니다. 이러한 길을 모색하는 과정에서 중국 체제의 오래된 통치의 전통, 즉 이념과 제도와 문화가 하나로 융합되는 방식을 통해 '중국 특색 사회주의 강국몽(強國夢)'을 실현하려 합니다. '혁명'을 부르짖던 공산당은 이제 '민족'의 부흥을 외칩니다. 1억에 가까운 당원만을 대상으로 하는 것이 아니라 14억 중국 인민 전체를 동질화하고자 하는 사상 통일과 정치교육을 강화하고 있습니다. 이 모든 정치적 전환은 오로지 서구 열강의 침략과 지배라는 역사적 굴욕에서 벗어나 중국이 승리하는 최종적 꿈의 완성을 향한 것으로 합리화되고 있습니다. 중국 스스로에게는 역사의 진전을 이루고 미국의 견제에 대응하는 합리적인 선택일지 몰라도, 중국이 추구하는 국가적 꿈 안에는 위험성이 담겨 있습니다.

미국의 중국에 대한 대응 전략도 달라졌습니다. 2020년 5월 21일 미국 백악관이 의회에 제출한 「미국의 대중국 전략적 접근(United States Strategic Approach to the People's Republic of China)」이라는 보고서에서는 중국을 '전략적 경쟁'의 대상으로 분명하게 명시하고 있습니다. 보고서는 경제 교류와 협력이 증가하면 중국 체제가 자유주의적 민주 질서로 수렴될 것이라는 미국의 기대와 이에 기초한 기존의 전략이 철저히 실패했음을 자인하고 있습니다. 이제 미국의 이익과 '가치'를 위해 동맹국들과 중국을 압박해야 한다는 전략을 분명히 했습니다. 현재 진행되고 있는 미·중 간의 경쟁은 무역을 넘어 금융, 기술 등을 둘러싼 '표준' 경쟁입니다. 또한 그 기저에는 서로 다른 자아관과 세계관을 갖고 있는 상이한 체제 논리가 깔려 있습니다. 향후 이러한 체제 논리 간의 충돌은 더욱 거세질 것으로 예상됩니다. 미국은 자신의 기준에서 중국을 판단해 왔고, 중국 역시 자신의 시각에서 미국을 바라보았습니다. 미국의 중국에 대한 기대와 판단은 '오판'으로 끝났고, 중국과의 장기간의 체제 경쟁을 선언하기에 이르렀습니다.

이러한 미·중 간의 경쟁은 단기간에 끝나기 어렵습니다. 이러한 불확실성 속에서 세계 각국은 자국의 이익과 안보를 위해 매우 발빠르게 움직이고 있습니다. 혐중이란 감정만으로는 중국이란 존재가 부정되지 않습니다. 한반도의 생존과 번영을 위해서는 냉정하게 중국의 현실을 직시하고 알아야 하며, 우리 스스로 난관을 지혜롭게 헤쳐나갈 방법을 찾아야 합니다.

셋째, 다른 사람에 대한 이해는 필연적으로 자기 변화를 수반합니다. 남을 이해한다는 것은 자기를 돌아보기 위한 것이기도 합니다. 타자의 존재는 자아를 형성하는 중요한 지표입니다. 타자라는 거울을 통해 '자기 객관화'를 하면서 끊임없이 자신의 정체성을 형성해 나갑니다. 중국 문명이 동아시아에서 중심적 역할을 했지만, 그 속에서 우리는 한반도의 고유한 독자성을 만들고 유지해 왔습니다. 나를 중심에 두는 자아 인식, 한국이 주체로 서는 정체성, 이는 앞으로도 끊임없이 만들어가야 하며, 그런 의미에서 중국은 하나의 거울이자 참조의 대상이 될 수 있습니다. 다른 지역에 관한 관심은 그저 해당 지역에 관한 지식을 축적하는 것이 아니라, 타자를 통해 우리 주변을 돌아보는 능력을 갖추고, 역사적 흐름 속에서 너와 나의 관계, 시대의 아픔을 공감하는 능력을 배우는 것과 관련됩니다. 중국을 하나의 '매개'이자 '방법'으로 우리 스스로와 한반도의 문제를 돌아보고, 이러한 과정에서 한국 사회를 어떻게 더 좋은 사회로 나아가게 할 것인지를 늘 자신에게 되물어야 할 것입니다.

그렇다면 이 책에서는 '무엇을(what)' 공부할까요? 시기적으로 우리의 관심은 현재의 중국입니다. 지금 우리가 사는 이 시대의 중국을 이해하려는 것이지요. 이를 '현대'라고 하고 중국에서는 '당대(當代)'라고 부릅니다.* 이 책에서는 1949년 이후의 중국을 이해하는 것을 목표로 하되, 오늘날 중국의 특징을 형성하게 된 문화적 기원도 함께 살펴보기로 하겠습니다. 다시 말해 '언제부터 이렇게 생각하고 이러한 방식으로 살았는지에 대한 기원'까지 포괄하고자 합니다. 경우에 따라서는 근현대 전환기 혹은 더 이전으로 거슬러 올라갈 수 있습니다. 중국은 현대 국가인 동시에 '문명 국가'적 특징을 갖고 있습니다. 3천 년 전 문자인 '한자(漢字)'를 중국인들은 오늘날까지 사용하고 있습니다. '중국'이라는 명칭은 국명일 뿐만 아니라 그 자체가 문화적 개념입니다.

중국을 이해하기 쉽지 않은 여러 이유 중 하나로 중국의 역사적 시간대가 중첩된다는 점을 들기도 합니다. 중국이 1840년 아편전쟁 이후 '서구의 충격'을 받으며 근대화를 향한 길로 나아갔지만, 이로 인해 전통 시기부터 지속되어 온 문명의 연속성이 단절된 것은 아니었습니다. 이후 동아시아는 일본의 길과 중국의 길 사이에서 갈라졌고, 냉전을 거쳐 1978년 개혁개방과 신자유주의의 시대를 지

....
* 시대 구분은 학자마다 그 기준과 견해가 다르지만, 중국에서는 일반적으로 아편전쟁에서 신해혁명까지를 근대(1840~1911) 시기로, 신해혁명에서 중화인민공화국 수립까지를 현대(1911~1949) 시기로, 그리고 그 이후를 당대(1949~) 시기로 구분합니다. 공산당이 수립한 현재 신중국의 역사를 당대라고 한 것은 과거와는 전혀 다른 새로운 시대라는 것을 강조하기 위한 정치적 의도가 포함되어 있습니다.

나왔습니다. 이러한 시간대는 단절이 아닌 연속과 중첩의 과정이었고, 이것이 중국을 이해하는 데 어려움을 가중하고 있습니다. 따라서 우리의 관심이 현재의 중국에 있더라도 그 땅 위에서 살아가는 사람들의 사고방식에 영향을 미친 문화나 관념적 특징 등도 함께 알아야 합니다. 한 사회를 잘 이해하기 위해서는 그 사회의 역사와 문화에 대한 이해가 바탕이 되어야 하기 때문입니다.

공간적으로 우리의 관심은 당연히 중국 대륙이겠지요. 그러나 중국은 농경 민족과 유목 민족 간에 끊임없는 충돌과 융합이 반복되며 형성되어 온 국가입니다. 밖에서 보면 중국은 하나의 큰 덩어리처럼 보이지만, 안에서 보면 남방과 북방의 차이는 큽니다. 우리나라의 도(道)에 해당하는 성(省)이라는 행정단위가 한반도 크기보다 훨씬 크며, 한 성의 인구가 1억이 넘는 곳도 광둥성(廣東省)과 산둥성(山東省) 두 곳이나 있습니다. 대한민국을 느끼는 공간적 감도로 중국의 규모를 이해하기란 쉽지 않습니다. 유명 작가인 린위탕(林語堂)이 "중국은 너무 크고 생활이 너무 다양해서 아주 다양하고 모순된 해석이 가능하다"[1]라고 지적했듯이, 어쩌면 중국 그 자체에 일반화의 위험을 담고 있는지도 모르겠습니다.

중국 안에는 시짱(西藏, 티베트)이나 신장웨이우얼(新疆維吾爾)과 같은 소수민족 자치구가 5개 있으며, 포르투갈의 지배를 받았던 마카오(Macao)와 150여 년간 영국의 식민지였던 홍콩(香港)이라는 특별행정구도 있습니다. 홍콩이 중국으로 반환되었지만, 홍콩인들은 스스로 중국인이라고 생각할까요? 그렇다면 타이완(臺灣)은 어떨까요? 타이완은 중국일까요? 전 세계 곳곳에서 살아가는 6천~7천만 명 규모의 화교는 중국인일까요? 동남아시아 자본의 상당 부분이 화교 자본이며, 반중국적 정서가 강한 필리핀 주류 사회를 장악하고 있는 것도 중국계입니다. 어디까지가 중국일까요? 중국이라는 일국적 시각에 한정하여 모든 원인과 결과를 그 내부로 환원하여 설명하는 것으로는 본질을 제대로 파악할 수 없습니다. 공간적 시야를 확대하여 동아시아, 나아가 세계적 관점에서 중국을 바라보는 자세가 필요합니다.

마지막으로 본격적인 강의에 앞서 당부하고 싶은 말이 있습니다. 그것은 중국을 '어떻게(how)' 이해할 것인가의 문제와 관련이 있습니다. 어느 지역을 여행하고 온 사람들의 얘기를 들어보면 각자의 감흥과 평가가 다릅니다. 저마다 가치관의 차이나 살아온 방식에 따라 인식과 관점이 다르기에 다른 사회에 대한 평가도 차이가 있는 것이겠지요. 그러나 이러한 요인들 말고 다른 사회를 이해할 때 쉽게 범하게 되는 오류는 리영희 선생님의 지적대로 자기가 속한 사회의 관점에 따라 다른 사회를 보기 때문입니다.[2] 이러한 시각에는 자기가 속한 사회가 옳고 절대적 기준이라는 무의식적인 전제가 깔려 있습니다. 물론 사람은 누구나 자기중심적으로 생각하기 나름이며, 사회 역시 마찬가지라고 할 수 있습니다. 그러나 자신이 속한 사회를 절대적인 기준으로 삼게 되면 다른 사회를 있는 그대로 이해할 수 없게 되며, 도저히 이해할 수 없는 이상한 사람들이 사는 나라로 결론을 내리거나 혹은 수준이 안 된다고 무시하게 됩니다. 우리가 그들과 함께 공존하고 평화롭게 살고자 한다면, 더구나 그 국가가 세계에 미치는 영향 역시 크다면, 우리의 생존을 위해서라도 그 사회에 대한 이해는 필수적이라 할 수 있습니다. 그렇다면 '어떻게' 잘 이해할 수 있을까요?

일찍이 다른 사회, 특히 사회주의권 국가에 대한 이해는 외부적 시각이 아니라 그 사회의 자체 맥락에서 파악해야 한다는 '내재적 시각'이 제기되어 왔습니다. 내재적 접근 방법은 자칫 그 체제를 지지하고 옹호하는 논리로 사용될 수 있다는 비판을 받았습니다. 그러나 안에서 들여다보지 않으면 다른 사회를 이해하기 어렵습니다. 이 강의의 목적은 중국을 이해하는 데 있고, 따라서 중국 내부의 맥락에서 중국 사회를 보려 한다는 점에서 크게 내재적 시각을 포함합니다. 물론 이해하는 것과 지지하는 것은 별개의 문제라고 생각합니다.

여기에서는 두 가지를 강조하고자 합니다. 첫째, 타자를 이해할 때의 자기 성찰적 인식입니다. 자기 성찰적 인식은 자기 스스로에 대한 인식 기반을 갖되, 외부 관찰자인 내가 속해 있는 사회가 정상적이라거나 절대적으로 옳다는 생각으로 다른 사회를 평가하지 않는 비독단적인 태도를 말합니다. 자기 성찰적 인식과 능력을 갖춘 사회라야, 자기와 다른 것을 대상화하는 이원론적인 인식 구조에서 벗어날 수 있을 것입니다. 둘째, 중국 스스로가 자신의 문제를 어떻게 인식하고 해결하려는지를 파악해야 한다는 것입니다. 중국 사회의 어떤 현상을 단편적으로 이해하는 것이 아니라 좀 더 근본적이고 역사적인 연원을 캐묻고 따져보는 작업이 필요하다는 의미이기도 합니다. 왜 그 나라 사람들은 그러한 방식으로 살아가는가? 어떠한 문제에 직면했을 때 왜 일정한 태도와 반응을 보이며 그러한 선택을 하는가? 이러한 의문을 품는 태도 자체가 그 사회를 좀 더 깊게 이해하려는 방법의 시작일 것입니다.

그 사회가 안고 있는 문제의 구조적인 원인을 분석하며 갈등의 지점을 파악하는 것과 그 나라의 체제를 옹호하는 것은 완전히 다른 문제입니다. 중국 스스로가 자신의 문제를 어떻게 인식하는지를 이해하는 것은 향후 중국의 역사적 흐름의 방향을 전망하는 토대가 될 것입니다.

이 강의는 중국 지역에 대한 종합적이고 학제(學際)적인 이해를 목표로 합니다. 중국의 문화와 역사에 대한 강의를 시작으로 하여, 정치체제의 특징과 당면하고 있는 사회 문제, 중국 경제 발전의 경로와 특징, 국가적 한계를 극복하려는 대외 전략, 그리고 '신시대' 선언 이후 통치의 변화, 마지막으로 한·중 관계와 관련된 이슈까지 이어집니다. 인터넷을 검색해 보면 중국과 관련된 지식은 이미 잘 정리되어 있으며, 매일 쏟아지는 정보로 차고 넘쳐납니다. 이 강의를 우리가 기존에 알고 있는 중국에 대해, 그리고 당연하다고 받아들여지는 사실에 대해 "과연 그런가?"라는 의문을 가지고 열린 사고를 통해 새로운 질문을 던져보는 기회로 활용했으면 합니다. 이러한 부단한 지적 과정을 우리가 사는 사회의 더 나은 미래를 위한 자산으로 삼았으면 합니다.

★ 더 읽어보기

『중국정치사상사』(김영민 지음, 사회평론아카데미, 2021)

『전환시대의 논리』(리영희 지음, 창작과비평사, 2006)

『방법으로서의 중국: 중국을 방법으로, 세계를 목적으로』(미조구치 유조 지음, 서광덕·최정섭 옮김, 산지니, 2016)

2강

중국 문화 I:
국가의 성격과 국가관념

중국의 천하관과 국가관

이제 본격적으로 중국 문화에 관해 얘기해 보겠습니다. 문화의 범주는 너무나도 방대하기에, 여기서는 주로 역사적으로 형성되어 왔던 중국의 관념이나 지역 문화, 그리고 중앙-지방 관계로 대표되는 정치 문화에 대해 이야기해 보려고 합니다.

최근 중국은 완전히 달라졌습니다. 아니 완전히 다른 국면으로 접어들었다고 할 수 있지요. 초기 개혁과는 다른 '전면적이고 더 심화된' 개혁개방 시대로 접어들었고, 중국공산당은 19차 당대회에서 지금의 시기를 '신시대'라고 선언했습니다. 2008년 세계 금융위기 이전까지는 중국의 부상과 관련하여 "중국이 왜 변화했고, 어떻게 발전했을까?", "중국 발전의 정치경제학적 특징은 무엇인가?" 등이 주요 관심사였습니다. 그러나 세계 2위의 경제 대국으로 부상한 지금은 중국에 관한 관심이 "미·중 경쟁에서 중국의 대응 전략은 무엇인가?", "중국이 제기한 국가 현대화의 길은 성공할 것인가?" 등으로 바뀌었습니다. 많은 사람이 중국 역시 서구식 자본주의 문명에 동화, 수렴되는 방향으로 갈 것으로 예측했지만, 세계 금융위기 이후에는 완전히 바뀌었습니다. 중국이 서구의 노선을 따라가지 않을 것이라고 보는 사람들이 점점 많아졌습니다. 발전에 영향을 미치는 다양한 문화적 배경과 그들이 걸어온 독자적 길을 강조하는 것이지요. 중국도 자신의 길을 가겠다고 선언했습니다.

이에 따라 "중국은 과연 어떤 국가인가?"라는 중국이라는 국가 자체의 성격에 대한 질문이 주요 관심사로 떠올랐습니다. 근대 시기 '민족(nation)'을 구성단위로 한 국가가 출현하기 오래전부터 이미 중국을 비롯한 아시아에는 '고대 국가(왕조)'가 존재해 왔습니다. 서구의 근대 체제 형성에 따라 만들어진 '민족국가(nation-state, 국민국가)'라는 개념이 동아시아로 들어오면서 '국가(國家)'로 번역되었습니다. 전혀 없던 것이 새로 생겨난 것이 아니라 원래부터 중국에 존재하고 있었던 국가라는 관념에 서구적 의미가 셜합하면서 새로운 의미를 획득하게 된 것입니다.

일본의 중국 연구자 미조구치 유조(溝口雄三)는 "중국(중화)의 세계 관념은 문명 세계로서의 천하(天下)와 정치 세계로서의 왕조(국), 그리고 그것의 실체로서의 민(한족)을 구성요소로 삼고 있다"라고 봅니다. 또한, "민은 왕조(국)에 속하는 것이 아니라 천하에 속한다"라고 보았습니다. 이러한 관점에서 보면, 청말 지식인 량치차오(梁啓超)가 지적했듯이 중국에 '천하관(天下觀)'만 있고 '국가관'은 없었다고 봐야지요. 그러나 2차 아편전쟁 이후 청 왕조에 의한 근대화 시도 과정에서 점차 국가관이 형성되고 변하게 됩니다. "민의 존재 공간인 천하가 '국가'로 인식"되면서 "'국' 관념은 문명 공간으로서의 '천하'와 민의 생존 공간으로서의 '국가', 그리고 체제로서의 '왕조'가 혼합된 것"으로 바뀌게 됩니다.[1] 이에 따라 이전에는 중국이 전통적인 전제군주(專制君主) 체제에서 근대적인 국가로 전환될 것이라는 시각이 주류적 관점이었지만, 최근에는 오랜 역사와 고유한 체제를 가진 중국 국가의 형태를 인정하고 중국 사회 안에서 변화되어온 국가로 바라봐야 한다는 주장이 설득력을 얻고 있습니다.

3천~4천 년 전부터 존재하며 그 형태를 갖춰왔던 중국의 국가를 어떤 개념으로 설명할 수 있을까요? '민족국가'라는 개념으로 지금의 중국이라는 국가를 완전히 설명하기 어렵다면, '문명 국가' 혹은 '전통 국가' 개념으로 설명할 수 있을까요? 이것이 최근 중국학계의 관심 중 하나입니다. 요즈음 중국에서 출간되는 책을 보면 중국 문명, 역사, 문화와 관련된 것들이 많습니다. 예를 들어, 대표적인 중국의 관변학자 장웨이웨이(張維爲)가 있습니다. 그는 『중국은 문명형 국가다(文明型國家)』에서 중국을 하나의 근대 국가이지만 중화 문명의 여러 특성을 보이는 "문명형 국가"로 개념 정의하고 있습니다. 인구, 영토, 전통, 문화적 상황이 전 세계 다수의 국가와 매우 다르다는 것입니다. 그는 중국이 중국적이면서도 그 자체로 세계적이며, 오래된 문명인 동시에 근대 국가의 특징을 갖추고 있어, 다른 국가들과 달리 '문명'과 '국가'가 모순되지 않고 서로 보완적으로 각자의 장점을 더욱 잘 돋보이게 할 수 있다고 주장합니다.[2]

중국의 국가 성격과 관련해서 '제국(帝國)' 담론도 흥미로운 관심거리입니다.[3] 물론 '제국'과 '제국주의'는 엄격히 구분되어야 합니다. 고대의 넓은 지역을 지배한 광역 국가로 다양성과 이질성을 용인한 '제국' 체제와, 근대 시기 형성된 국민국가가 식민지 개척을 목표로 대외로 팽창하는 과정에서 자국의 가치와 제도의 동일화를 강압했던 '제국주의'는 다른 개념이지요. 중국의 역사는 통일과 분열이 반복되는 역사였지만, 통일 왕조는 대부분 제국 체제를 유지했습니다. 진(秦), 한(漢), 당(唐), 명(明), 원(元), 청(淸) 등은 제국으로 불렸고 제국의 통치 시스템을 구축해 왔습니다. 이러한 제국의 통치 체제가 그 규모나 구조에서 오늘날까지 이어진다는 측면에서 학계에서는 현재 중국을 "국민국가의 옷을 걸친 제국"[4]이라고도 하고 "제국성 국민국가"[5] 혹은 "국가 안에 제국이 있고, 제국 안에 국가가 있는"[6] 문명권으로 보기도 합니다. 이와 관련해서 주권 국가 간의 관계를 규정하는 지금의 국제질서와는 다른 중국 중심의 동아시아 질서인 '조공 체제(朝貢體制)'란 무엇인지, 나아가 서구 제국주의와 고대 중화제국의 시스템이 어떻게 다른지 등에 관해서도 관심이 늘어났습니다.

'과거(過去)'는 중국인의 유일한 종교라는 말이 있습니다. 그리고 역사는 현재를 비추는 거울과 같습니다. 과거 중국 역사의 발자취를 살펴보면 오늘의 중국을 이해할 수 있습니다. 전통의 뿌리가 깊고 강한 중국 역사의 흐름을 놓고 볼 때 왕조는 지속해서 바뀌었지만, 그 사상과 통치구조는 크게 변화되지 않고 이어지고 있습니다. 이러한 전통적 특성은 현대 중국에도 그대로 적용될 수 있으며, 미래의 중국에서도 발현될 것입니다. 오늘날 중화인민공화국을 근대적 국가 개념으로는 설명하기 어렵고 전통 문명을 계승한 국가라고 본다면, 역사적 과정을 통해 형성되어 온 중국 체제의 구조와 특징 그리고 그 속에서 살아온 사람들의 인식과 관념에 대한 이해가 필요하다고 봅니다. 이는 과거 우리가 살아왔고 경험했던 역사와 관련되어 있기에 더 잘 이해할 필요가 있습니다.

중국은 자신의 문명과 역사를 계승하고 이를 정통성의 기반으로 삼는 국가입니다. 따라서 고대 '천하관'이 근대 시기로 접어들며 나름의 '국가관'으로 변화되었지만, 중국의 근대적 국가관 안에는 고대 문명의 천하관이 담겨 있습니다.

19세기 근대 국가 건설 과정에서는 중국인들에게 없는 국가와 민족의식을 어떻게 주입하고 불어넣을 것인가의 문제가 중국 지식인들이 직면한 커다란 과제였습니다. 량치차오는 「애국론(愛國論)」이라는 글에서 근대 국가로의 전환을 시도하는 과정에서 나타난 중국인들의 현대적 국가 관념과 애국주의가 없거나 부족한 점을 비판했습니다.[7] 전통적으로 중국인들은 자신의 영토를 '국가(國家)'가 아닌 '천하(天下)'라고 불렀습니다. 국가가 없기에 자연스럽게 애국도 존재하지 않았던 것입니다. 량치차오는 쓰러져가는 청 왕조를 구하기 위해서는 먼저 민족주의 국가를 건설해야 한다고 생각했습니다. 그의 민족주의는 서구 제국주의에 저항하기 위한 애국주의였습니다. 민족주의 국가는 구성원인 국민이 현대적 국가 의식과 주권 의식을 깨닫는 것으로부터 시작되어야 한다고 생각했습니다. 중국이 비로소 근대 민족국가로의 전환을 시도하게 된 것입니다.

일반적으로 중국인들은 국가에 대한 신뢰가 높다고 얘기합니다. 그렇다면 오늘날의 중국인은 왜 국가를 신뢰하고 비교적 강한 국가주의적 성향을 보일까요? 이에 대한 일반적인 설명은 근대 시기 외세의 침략, 중국공산당의 애국주의 선전 활동, 어렸을 적부터 받은 집단주의적인 교육, 그리고 조직이나 집단 공동체 안에서 명령에 순응해야 한다는 사회적 규범 등이 발현된 것으로 해석합니다. 국력의 신장과 세계 2위의 경제 대국으로 발전한 것에 대한 자부심도 작용하는 듯 보입니다.

이외에 중국인이 가진 사상, 관념의 측면에서도 그 원인을 찾아볼 필요가 있습니다. 우리의 선조 역시 오랫동안 동아시아 문명권에서 살아왔고, 조선의 가치 체계와 성리학적 원리에 따른 통치 시스템 역시 중화 문명에서 비롯되었기 때문에, 중국과 비슷한 측면이 많습니다. 근대로 들어서면서 이념적, 제도적 측면에서 한국의 정치체제는 완전히 바뀌었지만, 민간 사회에서의 사고방식이나 풍속, 관습 등에서는 동아시아 문명의 공통된 유산이 여전히 남아 있습니다. 중국과 우리나라뿐 아니라, 일본, 베트남 등 한자 유교 문명권이 대체로 그렇습니다.

한족과 이민족의 상호 융합의 역사와 문화

중국 역대 왕조가 자리 잡았던 지역을 봅시다. 최초 통일 왕조인 진(秦)의 영토를 보면, 황하(黃河) 중·하류의 중원 지역을 중심으로 하여 현재 중국 영토보다 훨씬 작은 땅을 차지하고 있습니다. 서북쪽은 유목민이 지배했던 땅입니다. 황하 문명의 기원이 된 중원에서 발원된 한족을 중심으로 보면 그렇게 넓은 지역이 아니라는 것을 알 수 있습니다.

반면 예전 장족(藏族)들의 거주 지역이었던 '대서장구(大西藏區)'는 현재 시짱(티베트) 자치구보다 훨씬 넓어 지금의 쓰촨성(四川省), 윈난성(雲南省), 칭하이성(靑海省) 일부까지 포함한 지역을 말합니다. 지리적으로 높은 산맥이 있었기 때문에, 대서장구는 한족이 접근하기 쉽지 않은 곳이었습니다. 이 지역에는 강력한 토번(吐蕃)* 왕조가 있었습니다. 당시 중원의 대당(大唐) 제국은 중원과 서역을 하나로 통합했던 다민족 제국으로 다양성과 포용성을 갖춘 개방적이고 국제적인 면모를 갖춘 왕조였습니다. 당 왕조는 티베트 지역에 있는 토번 왕조와의 화친을 위해 문성 공주를 토번 왕에게 시집보냅니다. 이때 불교가 티베트 지역으로 전해집니다. 북위(北魏) 시대에 꽃피었던 불교는 당을 거쳐 티베트로 전파되었고 티베트 토착 종교(Ben)와 융합되어 티베트 불교(Lamaism)가 탄생합니다. 당이 토번에 공주를 보냈다는 것은 혼인이라는 수단을 통해 화친 관계를 유지해야 했을 정도로 토번이 만만한 국가가 아니었음을 보여줍니다.

중국의 영토가 최대로 확장된 시기는 유목 민족인 몽골족이 중원을 차지하면서 세운 원 제국 시대였으며, 몽골의 세력권은 폴란드와 헝가리 등 유럽 지역까지 미치게 됩니다. 몽골족이 지배한 중국의 중원 지역은 유목 민족이 살던 터전과는 다른 농경 지대로, 피지배자의 대다수는 농경 민족이었습니다. 몽골족은 자신들의 터전인 초원 지대는 유목 민족 방식대로 유지하고, 점령지인 중원에는 다수 피지배자의 생활 풍속을 그대로 보존합니다. 몽골 제국은 중

....

* 7세기 초에서 9세기 중엽까지 활동한 티베트 왕국 및 티베트인에 대한 당(唐)·송(宋) 나라 때의 호칭입니다.

국 대륙뿐 아니라 이후 러시아 차르 체제의 형성에도 큰 영향을 미친다는 측면에서, 그 역사는 짧지만 세계사적으로 매우 중요한 영향을 남깁니다.[8]

중국사를 한족 중심의 역사로 서술해 왔던 기존의 시각에서는 외부 유목 민족이 중원 지역을 차지했다 하더라도 이들이 한족에 동화되었다고 보았습니다. 그러나 일방적인 '동화'가 아니라 '상호 영향'으로 보아야 합니다. 현재 중국의 수도인 베이징(北京)이 처음으로 수도로 정해진 것은 원 제국 시기입니다. 그 이전에는 더 북쪽으로 수도가 올라간 적이 없었습니다. 베이징 외곽의 만리장성을 넘으면 바로 대초원 지역이기 때문입니다.

베이징은 농경민과 유목민의 경계에 있었습니다. 이민족이 중원을 차지했던 원과 청 제국 모두 수도가 두 개인 양경제(兩京制) 혹은 세 개인 삼경제(三京制)를 채택했습니다. 날씨가 추운 겨울이 오면 남쪽으로 내려가고, 봄이 되면 다시 초원 지역으로 올라가 목축과 사냥을 하며 지냈습니다. 농경 지역의 경제력을 장악하면서 자신들의 뿌리인 유목 민족의 징체성도 동시에 유지하려는 것이었죠. 18세기 박지원이 쓴 『열하일기(熱河日記)』를 보면 잘 알 수 있습니다. 건륭(乾隆) 황제의 칠순 잔치를 축하하기 위해 공식 사절단 일행을 따라 중국에 갔던 박지원은 정작 수도인 베이징이 아니라 지금의 청더(承德)인 열하(熱河)의 피서산장(避暑山莊)으로 가게 됩니다. 피서산장은 청나라 때 별궁으로, 여름에 황제가 집무를 보는 곳입니다. 청 만주족 왕실도 여름에는 더위를 피해 열하 지역으로 옮겨 갔던 것이지요.

어쨌든 이민족이 대륙을 차지했을 때는 자신의 종족 정체성도 보존하고 동시에 피지배자를 관리하기 위한 다양한 통치술을 고안해 냅니다. 사실 대륙 지역이 너무 커서 중앙에서는 일일이 지역에 간섭할 수 없었고, 지방 지배자를 견제하고 포섭하는 것이 중앙의 주요한 정치적 행위였죠. 현재의 중국 영토는 만주족이 지배했던 청 제국이 물려준 유산입니다. 현재의 신장웨이우얼(新疆維吾爾) 자치구는 대청 제국 때 정복한 땅입니다. '신장(新疆)'이라는 말 자체가 '새로 얻은 땅'이라는 뜻이지요. 티베트(현재의 시짱 자치구)는 원나라 때 중화 문명권으로 포섭됩니다. 이러한 사실을 놓고 보면 중국은 한족의 나라라기보다는 한족과 이민족의 끊임없는 갈등과 대립, 그리고 융합을 통해 만들어진 문명권이라는 것을 알 수 있습니다.[9] 한족의 '중화사상'이라는 것도 이민족과의 접촉과 교류를 통해 만들어진 결과이며, 이민족이 중원을 지배했을 때도 중화사상에 대한 해석이 끊임없이 변화·발전해 왔습니다.

현재 베이징이라는 도시의 전통 양식과 문화에는 이민족의 문화에서 기원한 것이 많습니다. 사면이 건물로 막힌 형태인 베이징의 '사합원(四合院)'이라는 전통 민가 양식도 원대에서 비롯된 것이고, 양꼬치(洋肉串)나 전통 요구르트인 라오쑤안나이(老酸奶)도 유목 민족의 음식 문화입니다. 세계 무대에서 중국 전통 복장의 상징처럼 등장하는 '치파오(旗袍)' 역시 청 만주족의 의복입니다. 중국어에서 '그저 그렇다'라는 뜻을 지닌 '마마후후(馬馬虎虎)'는 원래 만주어에서 기원한 것입니다. '문화'라는 것은 어느 한쪽으로 흐르는 일방적인 것이 아니라 상호적인 것이라는 점에서, 중국 문명 자체가 한족에서 기원했다거나, 혹은 한족 문화에 '동화'되었다기보다는 농경 문화를 바탕으로 하는 한족과 초원에서 생활하는 이민족이 서로 교류하면서 만든 것이라 할 수 있습니다. 우리에게도 북방 고구려의 유목 민족적 특징이 남아 있는 것처럼 말입니다.

결론적으로 말해 중국의 역사와 문명을, 한족이라는 불변적이고 고정적인 정체성과 문화가 있고 한족 문화를 오랫동안 유지해 오면서 이민족이 한족 문화에 동화되었던 과정으로 볼 것이 아니라, 한족과 이민족이 끊임없이 교류하고 서로 영향을 주고받아 온 상호작용의 과정으로 이해해야 할 것입니다.

화이사상과 소수민족

'중화(中華)'라는 관념이 만들어진 것도 이민족의 끊임없는 침략이 있었기 때문에 가능했다고 볼 수 있습니다. 스스로 천하의 중심에 있다는 생각과 자기 문명에 대한 우월적 정체성은 이민족의 침략을 받았기 때문에 형성된 것입니다. 개인의 정체성이 언제, 어떻게 형성되는가를 한번 생각해 보면 이해할 수 있을 것입니다. '정체성(identity)'이란 혼자 고립되어 있다면 형성되지 않습니다. 부모와 친구 등 다양한 사회적 관계 속에서 성장하며 형성되는 것입니다. 마찬가지로 중화민족 역시 원래 있었던 고유의 정체성이나 문명이 아니라, 이민족의 침략을 받으면서 타 문화와의 차이점을 발견하고 자신들의 문화에 대한 해석을 만들어가면서 형성된 것입니다. 여기에서 화하(華夏)족과 이민족을 구분하는 '화이사상(華夷思想)'이 나온 것이지요. '화'는 문명의 발원지, 즉 문명국을 의미하고, 나머지 주변은 야만국이라는 말입니다. 이것이 바로 '화이지변(華夷之辨)'

입니다.[10]

화이사상은 현대인이 생각하는 인종 차별적인 사상과는 다릅니다. 화이사상은 '문명'적인 구분이며, 한족이면 '화(華)'고 이민족이면 무조건 '이(夷)'라는 폐쇄적이고 고정적인 구분이 아닙니다. 만약 이민족이 중화 문명을 받아들여 이를 실천하고 유지하고 잘 전승한다면 이들은 문명국이라 할 수 있습니다. 원 제국과 청 제국이 바로 여기에 해당합니다. 원과 청은 중국의 역사에 속하며, 한족은 이 시대를 이민족의 지배를 받았던 식민 시기라 여기지 않습니다. 중원을 차지하고 있었던 한족이 이민족에게 영토를 빼앗겼어도 이민족이 중화 문명을 잘 간직하고 전승한다면 이를 인정한다는 것으로, 화이 구분은 종족 구분이 아니라 문명적인 구분입니다.

이민족이 중원을 차지하여 세운 왕조들은 유교 이념을 수용했습니다. 청은 건국 초기 혼란이 수습되고 정국이 안정되면서 대대적인 문화 사업을 추진합니다. 강희제(康熙帝)의 『고금도서집성(古今圖書集成)』과 『강희자전(康熙字典)』, 건륭제(乾隆帝)의 『사고전서(四庫全書)』와 같은 백과전서와 한자 사전의 간행 및 도서 정비와 총서 편찬 사업을 진행하였고, 13종의 유가 경전 원문과 표준 해석을 비석에 새긴 석경(石經)을 제작하여 전국에 보급했습니다. 유교 사당도 많이 지었습니다. 만주족에게 공자는 별다른 의미가 없는 사상가인데 왜 그랬을까요? 소수이자 비주류인 이민족에게 다수이자 주류인 중원 민족(한족)을 통치하기 위한 이념적 수단을 유교가 제공한 것입니다. 아울러 끊임없이 제기된 '중국은 문명, 유목은 야만'이라는 중원의 화이론적 세계관을 극복하기 위해서이기도 합니다. 야만이 문명을 지배하는 것이 아니라, 문명의 이념으로 문명이 문명

그림 2-1 문화 사업을 추진한 청 황제 강희제(좌)와 건륭제(우)

을 지배하는 것으로 치환하려는 노력이었습니다. 현실적으로도 당시 청은 동아시아 문명의 표준을 존중하고 받아들일 수밖에 없었고, 나아가 이를 더욱 발전시킵니다.

중국 역사에서의 '이민족'을 지금의 현대적인 민족 개념으로 구분한 것이 바로 '소수민족'입니다. 중국에는 한족 이외에 식별된 55개의 소수민족이 있고, 이들 소수민족이 전체 인구의 약 9% 정도를 차지합니다. 인구로 보면 1억 이상이지요.[*]

한자를 보면 중국은 이민족을 각각 동이(東夷), 서융(西戎), 남만(南蠻), 북적(北狄)으로 표현해 왔습니다. 이 한자들에는 개(犬)나 벌레(虫)가 들어가 있고 '오랑캐'나 '미개'하다는 뜻이 있습니다. 몽골

....

[*] 2021년 발표된 제7차 전국인구조사에 따르면, 전국 인구 중 한족 인구는 12억 8,631만여 명으로 91.11%, 소수민족 인구는 1억 2,546만여 명으로 8.89%를 차지했습니다. 2010년 제6차 전국인구조사와 비교하여 한족 인구는 4.93% 증가했고, 소수민족 인구는 10.26% 증가했습니다.

중원 왕조와 한족 중심의 반쪽짜리 중국사

수천 년을 이어오면서 다양한 민족들이 이룩한 결과물을 배제하고 오늘날의 중국을 논할 수는 없습니다. 그러나 의도적이든 의도적이지 않든 간에 중원 왕조와 한족이 중국 대륙의 모든 역사와 문명의 주인공이고, 다른 민족은 주변 민족으로 존재하다가 한족에 동화되었거나 융화되어 소멸한 것으로 인식하는 경우가 많습니다.

이러한 왜곡된 역사관은 하나의 왕조가 멸망하면 그 왕조 중심의 역사를 기술하는 것을 하나의 전통으로 삼은 중국 역사학의 흐름에서 비롯됩니다. 이른바 정사(正史)라고 불리는 '25사(史)' 또는 '26사(史)'는 대부분이 이러한 단대사(斷代史)로 이루어졌는데, 아무리 객관적으로 서술한다 해도 왕조를 중심으로 하면 그 왕조에 편향된 서술을 하게 됩니다.

이로 인해 중국사는 중국을 통일한 한 왕조에서 또 다른 왕조로 이어지는 것을 정통으로 이해해 왔습니다. 그리고 하나의 왕조에서 다른 왕조로 바뀌는 과정에서 약간의 혼란, 혹은 반란이 있었을 뿐 새로운 세력이 등장하여 천하일통을 해 왔다고 여깁니다.[11] 그러나 통일 왕조를 중심으로 중국사를 이해하면 역사의 주체로 존재하는 중국 내 유목 민족들의 삶과 문명 그리고 민족 정체성을 심각하게 왜곡하거나 부정하는 결과를 초래합니다.

오늘날 중국은 흉노, 선비, 돌궐, 거란, 말갈, 토번, 월 등 수많은 유목 민족과의 공동의 합작품입니다.[12] '중국 문명'은 한족과 주변 민족이 서로 동화되고 융합하여 만들어낸 것이기에 이들 주변 민족의 역사가 무시되는 한족 중심의 역사 서술은 반쪽의 중국사에 불과할 뿐입니다.

을 한자로 몽고(蒙古)라고 표기하는데, 글자 자체에 무지몽매하고 옛것을 고집한다는 비하의 의미가 들어가 있습니다. 이처럼 어느 사회에서나 '소수자'로 산다는 것은 힘든 일이며, 다수의 주류 세력은 느끼지 못하지만 소수자만이 감지하는 차별과 편견이 있게 마련입니다.

소수민족이란 용어 자체에 '소수'라는 차별적 의미를 담고 있으므로, 이를 '한족'과 '비(非)한족'으로 써야 한다는 주장도 있습니다. 소수자는 민족뿐 아니라 국적, 종교, 장애, 성별 등에 모두 존재합니다. 여성 역시 인구의 절반을 차지하지만, 남성 중심적인 주류 사회 구조에서는 소수자라 할 수 있습니다. 소수자는 해당 사회의 이데올로기와 담론, 조직 방식과 운영 원리에서 소외된 집단이나 개인을 지칭하는 것이지, 실제 숫자와는 상관없는 것이지요.

국민국가의 형태를 띤 문명 국가

지금의 중국은 '국민국가의 형태를 띤 문명 국가'라고 할 수 있습니다. 혹은 '문명의 특징을 품은 국민국가'라고도 할 수 있죠. 중국은 국제관계에서는 근대 주권 체제 질서에 맞춰 행동하지만, 자국 내에서 또는 현안에 따라 중국 고유의 독특성을 드러내고, 이를 활용하기도 합니다. 그럼 어떤 측면에서 중국을 문명 국가라고 말할 수 있을까요?

우선 문명 전통의 '연속성'과 '복원력'의 측면에서 그렇습니다. 이렇게 말하면 너무 추상적이지요. 구체적으로 말한다면 자신의 행동과 생각을 과거 전통에 근거하여 비춰보는 역사적 사고를 한다는 의미입니다. 역사적 사고는 동아시아 문명의 특성으로 우리도 공유하는 부분입니다. 과거보다 현재나 미래에 더 많은 관심을 두는 유럽인들에 비해 동아시아인들은 늘 역사가 거울이었습니다. 역사를 통해 현실 정치를 돌아보고 자신의 행실을 비춰본다는 의미지요. 우리는 흔히 역사의 '귀감(龜鑑)'이라고 표현합니다. 귀감이란 거울로 삼아 본받을 만한 모범을 말합니다. 중국의 대표적인 역사서인 『자치통감(資治通鑑)』의 이름에도 '거울 감(鑑)' 자가 있습니다. 동아시아의 사고 체계에서는 역사가 굉장히 중요하며, 역사란 정통성을 이어받는 중요한 근거이자 더 나은 미래로 나아가기 위한 하나의 지표이기도 합니다. 특히 중국은 문명의 발원지라는 의식이 강하며, 역사 자체에서 정통성이나 정당성을 구합니다. 새로운 것을 만들 때도 과거의 무언가를 이어받아서 계승하고 발전시킨다는 정통성을 강조합니다.

중국의 철학자 진관타오(金觀濤)는 "중국의 존재 양식은 과거의 부활에 있다. 중국 문화는 전통이 주는 영감과 힘에 의지하지 않은 채 현재에 맞서는 메커니즘을 인정하지 않는다"라고 말합니다.[13] 대표적인 역사학자 거자오광(葛兆光) 역시 "역사에 대한 상상과 기억 그리고 소급은 고대 중국인에게 역사적 시간에 관한 지식을 확립하는 데 도움을 주었다. 이들 지식은 중국의 사상 세계에 먼 고대에서 비롯된 신성한 증거를 제공했으며, 사람들에게 그 옛날부터 있었던 일만이 합리성과 합법성을 지닌다고 믿게 했다. 그래서 사상은 항시 역사적 증거를 찾는 데 골몰했고, 이러한 역사는 고대 중국에서 단지 수식이나 기억의 차원이 아니라 극히 중요한 것으로 간주되었다."라고 말합니다. "일을 부여하고 형을 집행할 때 반드시 옛사람이 남긴 가르침에 물어야 하고 옛 사실에서 자문해야 한다"라는 것이지요.[14] 이렇듯 중국인은 옛사람의 가르침을 늘 강조해 왔으며, 항상 과거에서 새로운 일의 기준과 모범을 찾아왔습니다.

정치인들은 어떨까요? 2016년 한국 정부의 사드 배치 결정 이후 한·중 관계가 급속도로 나빠졌습니다. 당시 중국의 왕이(王毅) 외교부장은 "항장무검, 의재패공(項莊舞劍 意在沛公)"이라는 말을 인용하면서 사드는 결국 유방(중국)을 노린 항우(미국)의 칼춤이라고 비판했습니다. 항장무검의 고사는 『초한지(楚漢志)』에 나오는 이야기로 지금으로부터 2천여 년 전에 있었던 일입니다. 중국은 현재의 일을 논의하면서 과거의 고사성어나 교훈을 가져와 인용하길 좋아합니다.

문화대혁명이라는 비극적인 역사도 『해서파관(海瑞罷官)』이라는 문예 논쟁으로부터 시작되었는데, 해서는 명나라 가정제(嘉靖帝) 때 파면된 충직한 신하로, 이는 16세기의 일입니다. 중국은 현실 정치나 외교에서 징적을 공격하거나 타국을 비판할 때 역사적 고사나 경전의 말을 끊임없이 불러냅니다. 현실의 문제를 역사적 사실을 가지고 비유하며 비판합니다.

1998년 빌 클린턴(Bill Clinton) 미국 대통령이 중국을 방문했을 당시 간 곳은 중국의 고도(古都) 시안(西安)이었습니다. 그곳에서 진시황(秦始皇)의 병마용을 보고 주(周) 대로부터 전해지는 삼족오 형상의 술잔에 의전을 받았다고 합니다. 2017년 시진핑 국가주석이 도널드 트럼프(Donald Trump) 대통령과의 회담을 준비하며 마련한 만찬 장소는 청 건륭제의 화원이던 건복궁(建福宮)이었고, 황제의 서재 삼희당(三希堂)도 소개했습니다. 중국은 이러한 상징물을 통해 자국의 오랜 역사와 미국의 짧은 역사를 우회적으로 비교하며 과시하고 전통과 문명에 대한 자부심을 표출했습니다. 중국에서 이상적 표준은 과거에 있습니다. 이는 중국의 정치인뿐만 아니라 식자층에서도 흔히 나타나는 현상입니다.

우리가 조선 시대 자랑스러운 인물로 꼽는 이순신 장군의 이름도 고대 중국 문명의 표준에 따른 것입니다. 이순신(李舜臣) 이름 자체가 '순(舜)임금의 신하(臣)'라는 뜻이며, 이순신 장군의 형제들 이름은 이요신(李堯臣), 이우신(李禹臣), 이탕신(李湯臣)입니다. 중국 상고 시대 태평성대를 이룬 성왕이라고 전해오는 '요순우탕(堯舜禹湯)'에서 따온 이름들이지요. 우리가 영웅으로 생각하는 이순신의 이름이 중국 제왕의 신하라는 뜻이라니, 지금의 관점에서 보면 자존심 상할 수 있지만, 이는 근대적인 시각일 뿐입니다. 당시 조선은 성리학적 이념에 의해 건국되고 통치 질서가 만들어진 나라입니다. 당시 동아시아라는 세계에서 통용되는 문명 표준에 따른 것이며, 따라서 연호도 중국 연호를 사용했습니다. 지금 우리가 예수의 탄생 연도에 맞춰 서기(西紀)를 쓰는 것처럼, 이는 한 시대의 문명적 표준이고, 당시 여러 지역이 서로 교류하기 위한 하나의 약속이라 할 수 있습니다.

중국이 이러한 전통의 연속성과 복원력을 간직할 수 있었던 중요한 이유 중 하나는 한자(漢字)라는 문자 덕분입니다. 오늘날의 중국어(표준어)는 한자에서 왔지만, 한자 자체가 중국어는 아닙니다. 다시 말해 한자는 문자이지 언어가 아니며, 더욱이 현대적인 의미의 민족어도 아닙니다. 한자를 가지고 근대 백화문으로 만든 것이 오늘날의 중국어이고, 한자는 문명 문자입니다. 비유하자면 이미 사(死) 문자가 된 유럽의 라틴어가 오늘날까지 살아남아 쓰이는 것과 마찬가지라 할 수 있죠. 한자는 중국뿐 아니라 한반도, 일본, 베트남 지역에서 공유해서 썼던 문자로, 당시 동아시아 지식인들은 서로 언어가 통하지 않아도 필담(筆談)을 통해 소통할 수 있었습니다. 지배층들은 모두 한자라는 문자를 사용했기 때문이죠.

광대한 지역을 포괄하는 중국 대륙 내에서도 서로 말이 통하지 않았습니다. 상하이 사람은 상하이 말을 쓰고, 광둥어(廣東語)는 전혀 다른 외국어처럼 들립니다. 그러나 한자를 통해 의사소통할 수 있었고, 문명과 학술 교류가 이루어졌습니다. 근대 시기에는 서구의 개념과 어휘가 일본을 통해 번역되어 동아시아로 들어왔습니다.[15] 메이지 유신을 통해 서구의 문물을 적극적으로 받아들이던 일본이 서양의 많은 개념을 한자어로 번역하여, 다른 한자 문화권의 국가에 역수출한 것이죠. 대표적으로 민족, 과학, 철학, 의식, 계급, 공화 등의 한자어가 있고, 특히 사회과학 분야의 용어에 일본이 번역한 한자어가 많습니다.

한자는 표의(表意)문자이고, 한글은 대표적인 표음(表音)문자입니다. 표의문자는 문자 자체에 여러 가지 의미가 담겨 있습니다. 예컨대 '믿을 신(信)'이라는 한자는 '사람 인(人)'과 '말씀 언(言)'으로 이루어졌는데, '사람이 말하는 것에는 신의가 있어야 한다'라는 도덕적 가치가 문자 안에 내포되어 있습니다. 후진타오(胡錦濤) 집권 시기의 대표적인 정치구호가 '조화로운 사회(和諧社會) 건설'이었는데, 조화의 의미인 '화해(和諧)'라는 말 자체가 '누구나(口) 먹을 수 있고(禾) 누구나(皆) 말할 수 있는(言) 상태'를 의미합니다. 이처럼 한자 자체에는 고유의 의미나 가치가 담겨 있습니다.

동아시아 각 지역은 서로 문화나 언어가 달랐지만, 한자를 통해 하나의 문명을 유지할 수 있었습니다. 서양을 비롯해 다른 지역의 고대 문자는 모두 사라지고 지금은 쓰이지 않지만, 동아시아 지역에는 지금까지도 한자가 남아 있습니다. 참고로 허난성(河南省) 안양(安陽)에서 많은 갑골문(甲骨文)이 발견되었는데, 갑골문자는 모양을 본뜬 상형문자이고 한자의 초기 문자 형태에 해당합니다. 또 고대 그림문자 형태로 전해져 내려오는 것도 있는데, 바로 나시(納西)족의 동파(東巴)문자입니다. 윈난성(雲南省) 리장(麗江) 지역에 가면 볼 수 있는데, 이는 중국 대륙의 상형과는 다른 문자로, 산맥이라는 지리적 이유로 고립되었기에 지금까지 전해져 올 수 있었습니다. 요컨대 한자라는 표의문자는 중국 문명의 지속성을 가능하게 만들어준 하나의 중요한 도구입니다.

중국과 동아시아의 국가관

중국이라는 국명에도 문명적 특징이 담겨 있습니다. 현재 중국의 공식 국명은 '중화인민공화국(中華人民共和國)'입니다. '중화(中華)' 자체가 중화 문명을 의미하며 문명의 발원지라는 자부심이 담겨 있습니다. '중국'이라는 국가명은 문화적 개념도 내포하고 있습니다.[16] '중국'이라는 명칭은 서주(西周) 청동기 하존명문(何尊銘文)에서 발견된 것으로, 당시 중국은 '하늘의 중심'인 낙양(洛陽)을 가리킨다고 합니다.[17] 그러니까 중국은 천자(天子)라는 권력의 핵심이 거처하는 곳을 의미하며, 제후들의 지역까지 포함합니다. 나중에 중국은 중화 문명이 영향을 미치는 모든 영역을 의미하는 것으로 확대되고, 문화적 개념으로 예교(禮敎) 문화가 구현된 영역을 의미하기도 합니다.

이렇듯 중국이라는 의미 자체가 문화적 개념이며, 현대 국가명 자체에 정치적 의미와 문명적 의미를 혼용하고 있는 것이지요. 당시의 음양설이나 철학 사상에 따라 왕조명이 계속 바뀌어왔지만, '중국'을 왕조 이름으로 채택한 적은 한 번도 없습니다. 그런데 근현대 시기에 와서 중국이 '국명'으로 사용된 것이지요. '민족(nation)' 구성체로서의 중국이 강조되면서 근현대 시기의 국가명으로 사용된 것입니다.

『중국이 세계를 지배하면(When China Rules the World)』이란 책을 쓴 마틴 자크(Martin Jacques)에 따르면, 국가의 가장 중요한 임무는 바로 중국 문명을 유지하는 것입니다.[18] 중국의 문명관은 국가에 투영되어 있습니다. 중국에서 국가가 무엇일까요? 한자를 보면 알 수 있듯이 '가(家)'와 '국(國)'이 하나로 합쳐져서 '국가'가 되었습니다. 혈연 중심인 가족과 종법(宗法) 관계가 확장된 것이 바로 '국'으로, 가정과 국가의 통치 원리가 똑같습니다. 이를 '가국동형(家國同構)구조'라고 합니다. 중국은 예전부터 지방의 관리를 '백성의 부모'라는 뜻의 부모관(父母官)이라고 불렀습니다. 역사학자인 쉬지린(許紀霖)은 중국인은 국가의 과도한 간섭을 부모가 자녀에게 갖는 걱정과 명확히 구분하지 못하며, 인권과 자유의 침해에 대한 중국인들의 감수성 부족은 공산주의보다는 이러한 전통 관념 때문이라고 봅니다.[19]

그림 2-2 하존과 하존의 명문

중국 고대 국가의 구성 원리는 서구 현대 국가의 기원이 된 '민족국가'와는 다릅니다. 가부장제 원리와 종법 질서가 매우 중요하며, 해마다 종묘와 사직에 제사를 지내는 일은 국가의 대사였기 때문에 '종묘사직(宗廟社稷)'이 국가를 상징하는 말이 되었습니다.* 임진왜란 당시 선조가 수도 한양을 버리고 도주할 때도 종묘사직을 지키기 위해 선대들의 위패를 가지고 도망갑니다. 조선의 왕들은 종법 질서의 연장이 곧 나라의 질서라고 생각했기 때문입니다. 가정에는 가정의 규약이, 사회 공동체에는 자치 규약인 향약이, 국가에는 국법이 있었습니다.

동아시아의 국가들은 가국동형구조의 국가관을 가지고 있었습

....
* 역대 왕과 왕비의 위패를 모시고 제사를 지내는 왕실의 사당을 종묘(宗廟)라고 합니다. 당시 사람들의 관념에는 조상의 신령과 제사에 대한 열성 정도가 인간이 되기 위한 하나의 기준이며, 군주에게 있어서는 치국의 관건이라는 생각이 자리를 잡고 있었습니다. 또한, 중국은 농업 국가로서 농업 생산과 국가의 흥망은 매우 밀접한 관계가 있었습니다. 따라서 여러 귀신 가운데에서 토지의 신인 토신(土神)과 곡물의 신인 곡신(穀神)이 가장 중요시되었으며, 통칭하여 '사직신(社稷神)'이라고 불렸지요.

니다. 이러한 국가의 가장 중요한 임무는 한 가정의 가장과 마찬가지로 백성들의 먹고사는 문제를 해결하는 것이었습니다. 중국의 지도자는 민생(民生)에 책임을 다해야 한다는 의식이 강하게 남아 있으며, 이것이 오늘날에도 중국 지도자의 중요한 임무라고 생각합니다. 근대 경제학이 들어오기 이전부터 이미 세상을 다스리고 백성을 구제한다는 '경세제민(經世濟民)' 사상이 있었습니다. 서구의 'economy'를 원래 있었던 경세제민을 줄여 '경제'로 번역한 것입니다. 동아시아에서 정치는 경제와 분리된 것이 아니라, 먹고사는 문제를 해결하는 것 자체가 바로 정치입니다. 공자(孔子)가 궁극적으로 지향한 '대동(大同) 사회'의 구현에서 대동의 핵심 중 하나는 빈민 구제와 생활 안정이었습니다. 유럽 사회와는 다른 국가의 역할과 책임 중 하나가 바로 대중의 물질적 안정에 있었습니다. 양분할 수 없는 국가와 사회의 연결성은 오늘날 공산당 체제의 중국 사회를 이해하는 중요한 특징이기도 합니다.

신중국 성립 이후 중국공산당은 전통적인 혈연적 '가족'도 아니고 서구적인 '개인'도 아닌, 사회주의적 신념으로 무장한 '인민(人民)'이라는 주체를 만들려고 했습니다. 그러나 이는 실패하고 맙니다. 개혁개방 이후에는 개인-가정-국가 관계의 조정을 기반으로 하여 사회를 재건하려 합니다. 시진핑 집권 이후에는 그 이전보다 훨씬 더 가정과 국가를 정치적으로 연결하고 있습니다. 가정과 국가의 동일한 구조를 넘어서서, '가국정서(家國情懷)'와 '가와 국의 일체화'를 강조함으로써, 가족적 정서 및 감정을 국가 목표를 추진하는 운동의 동력으로 사용하고 있습니다. '중화자녀(中華兒女)'라는 용어에서 알 수 있듯이 인민을 가족 구성원인 '자녀'로 표현하고 있으며, 시진핑 자신은 당과 국가의 최고 지도자로서 뛰어난 품성을 가지고 모범을 보이는 '가부장적 리더십'을 강조하고 있습니다.

가족을 단위로 한 사고의 지속은 중국의 문화적 특징이기도 합니다. 경제사학자 황쭝즈(黃宗智)는 중국 경제와 사회에서 가족 단위가 차지하는 특수한 위상을 인식해야 가정과 인간관계를 핵심으로 하는 사회와 문화, 개인주의뿐 아니라 가족 윤리를 포함한 경제와 법률 제도, 가족 윤리로 사회와 국가, 국가 간의 가치관을 유추하는 현대 중국 문명을 상상할 수 있게 된다고 강조합니다.[20] 그러나 이는 가족적 감정과 윤리적 관계를 토대로 하여 구성원을 국가에 묶어두고 통제하려는 하나의 통치술이기도 합니다. 국가의 '가정화' 전략이 이러한 가족주의라는 문화적 특징을 한층 더 강화시켜 왔다고 볼 수 있겠죠. 중국공산당은 가정과 국가의 역할은 바로 구성원에게 안정과 유대감, 버팀목을 제공하는 것이라고 강조하며, 이러한 감정과 정서에 기반을 둔 국가의 안정과 존속에 전략을 맞추고 있습니다. 요컨대 중국은 현대 시기에 이르러서도 전통적인 가족 관계를 국가의 통치에 활용하고 있습니다.

한국은 어떨까요? 근대로의 전환 시기, 서로 다른 길을 가면서 우리의 정치체제 원리는 중국과 완전히 달라졌지만, 오랫동안 같은 문명적 특징을 지닌 한국 역시 중국과 같은 '민생 정치'라는 국가의 의무가 남아 있습니다. 이미 민주주의 체제로 전환한 한국은 유교나 가부장적 질서 등을 권위주의의 산물로 여기며, 낡고 뒤처진 것이라고 인식합니다. 이러한 평가의 대상에는 공적인 영역과 사적인 영역이 뒤섞여 있습니다. 한국의 공적 시스템은 자유민주주의 체제이지만, 사적인 영역에서는 여전히 전통에서 비롯된 유교적인 인간

관계와 권위에 의한 질서 등을 중시합니다. 이것이 조화롭게 병행되면 좋겠지만, 종종 공적 시스템을 운영하는 데 사적인 관계를 이용한다는 것이 문제입니다. 혹은 사적 이익 추구를 공적 권력의 시행으로 포장하기도 합니다. 한국의 정치에서 종종 나타나는 '권력의 사유화' 현상이죠.

유교는 동아시아 전통 사회에서 공적 시스템이었습니다. 오늘날과 같은 인간의 자유와 평등의 원칙 위에서 운행되는 민주주의 체제가 아니라, 지배층의 도덕과 책임을 기초로 하여 위계와 권위에 의해 운영되는 질서였습니다. 유교적 질서를 낡은 것으로 인식하는 것은 현재의 관점에서 본 것이며, 당시 사람들이 공유한 가치관과 사회적 관계를 고려하지 않은 평가입니다. 거꾸로 유교적 질서가 왜 그렇게 오랫동안 유지될 수 있었는지를 생각해 봐야 합니다. 당시 왕의 권위나 유교 사회가 유지될 수 있었던 이유는 지배층이 자신의 위치에서 도덕적 의무를 다해야 한다는 당위적 책임이 있었기 때문입니다.

조선이 어떻게 오백 년이라는 비교적 긴 시간 동안 존속할 수 있었을까요? 나라가 위기에 처했을 때 양반을 비롯한 지역 유지(有志)들은 공동체를 보존하기 위한 책임을 다하려 했습니다. 가뭄이 들었을 때는 곡식 창고를 열어 지역민이 굶어 죽지 않도록 했습니다. 외세의 침략을 받았을 때 자발적으로 일어난 의병 중에도 양반 출신이 많았습니다. 이들이 남달리 착하거나 의롭거나 애국심이 강했다기보다는 지역 공동체를 유지하기 위한 책임을 다하려 했기 때문입니다. 지금 우리의 정치는 민주주의 체제로 전환되었지만, 제도가 잘 작동되지 않을 때는 우리 안에 남아 있는 봉건적인 습속의 탓으로 돌립니다. 유교는 권위주의적이며 전제정치를 유지하는 낡은 사상이라고 생각합니다. 그러나 이러한 평가에는 유교 정치에서 강조하고 있는 공동체를 우선시하는 덕의 실천과 도덕성 그리고 가장 중요한 '책임' 의식이 빠져 있습니다.

★ 더 읽어보기

『절반의 중국사: 한족과 소수민족, 그 얽힘의 역사』(가오훙레이 지음, 김선자 옮김, 메디
　치미디어, 2017)

『이 중국에 거하라: '중국은 무엇인가'에 대한 새로운 탐구』(거자오광 지음, 이원석 옮김,
　글항아리, 2012)

『중국인의 일상세계: 문화인류학적 해석』(김광억 지음, 세창출판사, 2017)

『중국이 세계를 지배하면: 패권국가 중국은 천하를 어떻게 바꿀 것인가?』(마틴 자크 지
　음, 안세민 옮김, 부키, 2010)

『중국 제국을 움직인 네 가지 힘: 2000년 사유의 티핑포인트를 읽어야 현대 중국이 보
　인다』(미조구치 유조·이케다 도모히사·고지마 쓰요시 지음, 조영렬 옮김, 글항아리,
　2012)

『중국책: 12가지 테마로 읽는 5000년 문명 중국』(쑤수양 지음, 심규호 옮김, 민음사,
　2015)

3강

중국 문화 II:
지역 다양성과 전통 관념의 지속

중국인의 '자아주의'와 지역주의

계속해서 중국의 문화적 특징에 관해 얘기하겠습니다. 우선 현대인이 갖는 두 가지 편견에 관해 생각해 보겠습니다. 하나는 오늘을 사는 우리 현대인이 고대인보다 훨씬 합리적이며 우월하다고 생각하는 것입니다. 그러나 스스로 생존할 수 있었던 고대인에 비해 현대인인 우리는 홀로 고립되면 먹는 문제조차 해결할 수 없습니다. 고대인은 노동의 총체성에 대한 경험과 이해가 있었습니다. 필요로 하는 것을 스스로 만들어 사용했기 때문입니다. 근현대에 들어와 자본주의 시장경제가 발전하고 효율성이 강조되면서 공장식 분업 체제가 도입되었습니다. 분업 과정에서 개개인의 노동은 전체 공정 중의 하나에 집중되었고, 노동은 단순한 부속품이 되었습니다. 그로 인해 노동 총체성에 대한 이해가 없고 개체의 독립성도 떨어질 수밖에 없습니다. 현대인은 혼자서 스스로 할 수 있는 것이 많지 않지요.

현대인이 착각하는 또 다른 것은 지금 현재가 영원히 지속하리라는 믿음입니다. 지금이 성장하는 번영의 시기라 해도, 혹은 암울하고 희망이 없는 시기라 해도 현재의 상태가 영원히 지속될 것으로 생각합니다. 그러나 지속적인 통합과 분열을 반복하며 이어온 중국의 역사에서 알 수 있듯이, 역사는 끊임없이 변하는 것이고 영원한 것은 없으며 합리성이란 것도 그 시대 안에서 만들어졌음을 알 수 있습니다. 따라서 과거에 대한 일방적인 폄하 혹은 그 반대로 전통을 이상화하고 신비화하는 태도를 경계해야 하며, 모든 현상을 당시의 맥락 속에서 바라보는 긴장된 역사적 시선을 가져야 할 것입니다.

앞의 강의에서 언급한 바와 같이 중국은 전통 질서와 체계를 계승한 국가입니다. 근대적인 국가 개념이 도입되기 오래전부터 이미 중국에는 국가가 존재했고, 그 국가는 '가정' 안에서의 혈연관계가 끝없이 밖으로 확장된 결과라고 말했습니다. 중국 국가의 기초가 되는 사회 구조를 밝힌 대표적인 학자가 페이샤오퉁(費孝通)입니다. 중국 현대 사회학의 아버지로 불리는 그는 1947년에 출간한 『향토 중국(鄕土中國)』이라는 책에서 중국 촌락(村落)에 관한 연구를 통해 중국인의 인식 속에 있는 사회 구조와 인간관계의 특징을 '차등적 질서 구조(차서격국, 差序格局)'라는 개념으로 개괄합니다.[1]

다음의 그림을 보면 한가운데에 '자기(自己)'가 있고, 하나씩 밖으로 원형을 확장해 보면 소가정과 친척을 포함한 대가정이 있습니다. 이를 밖으로 더 확장하면 이웃과 촌락, 다시 더 나아가면 더 높

그림 3-1 페이샤오퉁의 '차서격국(差序格局)' 구조

은 행정단위와 국가가 있습니다. 페이샤오퉁은 돌을 연못에 던졌을 때 물결을 일으키며 동심원의 형태를 만드는 것처럼, 중국 사회 구조 역시 자기를 중심으로 끝없이 바깥으로 확장되어 가는 구조라고 보았습니다. 자기 자신을 포괄하는 생활권 내부는 일정한 '울타리(圈子)'가 되고, 그 외부는 바깥이지요. 가정 중심에서 가정이 확장되었을 때는 지역, 지역이 확장되었을 때는 더 높은 행정단위, 다시 이것이 확장되었을 때는 국가가 됩니다.

전통 사회에서 중국인은 자신이 태어나고 자란 지역을 평생 떠나지 않고 사는 경우가 대부분이었습니다. 생계유지를 위해 주로 농사에 의존하여 살면서 바깥세상에는 별다른 관심이 없이 자신이 속한 마을 공동체 안에서 밀접한 관계를 맺었습니다. 자신의 삶과 활동에 직접적인 영향을 미치는 범주는 모두 지역 사회 안에서 일어났기 때문에, 천하라는 의식은 관념 속에서만 존재했고 실제 생활에서는 지역 공동체를 중심으로 하는 지역주의가 강하게 나타났습니다. 다른 지역에 가면 풍습도 다르고 언어도 통하지 않았지요.

이와 같은 고립된 지역 사회 안에서는 일상생활에서 도움을 받을 수 있는 '꽌시(관계, 關係)'가 매우 중요하며, 혈연관계가 발달하게 됩니다. 흔히 '삼친육척(三親六戚)*'의 범주 내에서 자신을 중심으로 친족 관계가 형성됩니다. 관계 하나하나를 구분하는 명칭이 다 따로 있을 정도로 이러한 가족 중심의 사회는 가족 관계를 나타내는 호칭 언어가 매우 발달해 있습니다. 영어로는 'cousin'이나 'uncle'로 포괄하여 부르지만, 한자로는 종숙, 당숙, 시당숙, 재당숙이나 친사촌, 이종사촌, 고종사촌, 외종사촌 등으로 구분됩니다. 친가와 외가를 구분하고 안쪽과 바깥을 구분하며 친소(親疎) 관계를 따집니다.

일반적으로 서구는 개인주의적이고 동양은 집단주의적이라고 구분합니다. 그러나 서양인도 가정이라는 공동체를 매우 중시하며, 동양인 역시 매우 개인주의적인 행태를 보입니다. 동서양의 차이는 주로 사회를 구성하는 기본 단위와 원리를 설명할 때 적용하는 것이며, 어느 사회에서나 모두 개인주의와 집단주의는 존재합니다. 페이샤오퉁에 따르면 중국 전통 사회의 구조는 집단주의라기보다는 '자아주의(自我主義)'입니다. 자기를 중심으로 관계가 끝없이 밖으로 확장되어 가는 구조이고, 또한 자기 자신 역시 다른 사람과의 관계 속에서만 위치를 자리매김할 수 있습니다. 이렇게 형성된 집단의 범주는 고정된 것이 아니라 언제나 축소 혹은 확대될 수 있는 유

....
* 삼친(三親)은 부자·형제·부부, 육척(六戚)은 부(父)·모(母)·형(兄)·제(弟)·처(妻)·자(子)를 가리킵니다.

동적인 것입니다. 아울러, 자신의 생활권 안에 있고, 자기가 생각하는 범위 안에서의 관계만이 중요합니다. 자기의 울타리 안에 속해 있다고 생각하는 타인과의 관계에서는 강한 유대감과 함께 강력한 상호 책임성을 표출합니다. 반면 이러한 범주 밖에 있다고 생각하면 전혀 다른 남으로 인식합니다.

우스갯소리로 중국에서 물건 가격은 자기를 중심으로 관계가 먼 사람일수록 비싸진다는 말이 있습니다. 같은 고향 출신이 가장 싸고, 다른 지역, 외국인 순으로 비싸진다고 합니다. 상하이에서는 상하이 말을 쓰면 제값, 중국 표준어인 보통화를 쓰면 가격이 두 배, 영어를 쓰면 네 배라는 농담이 있습니다. 왜 이런 현상이 벌어질까요? 이것이 중국 사회의 '자아주의' 현상이라고 할 수 있습니다. 자신을 기준으로 한 유대와 친소 관계에 따라 차등적으로 대우한 것입니다.

중국 근대 문학의 창시자이자 대표 작가인 루쉰(魯迅)이 처음 일본으로 유학 갔을 때 전공으로 선택한 것은 의학이었습니다. 루쉰은 어느 날 세균학 수업 중에 중국인이 러일전쟁에서 간첩 노릇을 했다는 죄명으로 일본군에게 처형당하는 장면을 봅니다. 루쉰은 중국인의 처형 장면을 보면서 분개하지 않는 중국인들의 모습을 보면서 더욱 큰 충격을 받습니다. 왜 같은 중국인이 처참하게 죽어가는 것을 보고 분노하지 않을까? 이 사건을 계기로 그는 의사가 되겠다는 꿈을 포기하고 글을 쓰기 시작했습니다. 이후 중국의 민족성을 풍자하고 민족의 위기를 자각하게 만드는 작품을 써서 위대한 문학가가 됩니다. 의술로 아픈 사람 몇몇을 치료할 수는 있지만, 시대의 아픔과 현실을 자각하지 못하는 대다수 중국인의 의식은 고칠 수 없다고 생각한 것이지요.

그렇다면 왜 당시 중국인은 동족인 중국인의 죽음을 보고 웃을 뿐 분개하지 않았을까요? 그것은 근대적인 의미의 민족의식이 없었기 때문입니다. 중국인들은 잦은 전쟁과 극심한 혼란의 역사를 겪으며 믿을 수 있는 사람은 오로지 지역의 동향 사람이라 생각해 왔습니다. 차이나타운이 왜 전 세계 곳곳에 세워지고, 어떻게 그 속에서 자신들의 삶의 방식을 지키며 살아갈 수 있었을까요? 중국인들의 해외 이주 형태를 보면 대개 특정 지역 사람들이 특정 지역으로 이주합니다. 동남아 화교는 대부분 푸젠성(福建省)이나 광둥성(廣東省) 사람들입니다. 같은 언어와 문화를 공유하는 사람들이 이주 지역에 모여 차이나타운을 만듭니다. 공동 출자하고 공동으로 상권을 경영하며, 공동 사당이나 조상의 묘를 만들어 자신들의 정체성을 유지합니다. 우리나라 화교는 대부분 청말 인천항을 통해서 들어온 산둥성(山東省) 출신이 많습니다. 중국인은 대개 다른 지역 사람을 잘 믿지 않으며, 언어도 문화도 달라 유대감을 형성하기 어렵습니다.

오늘날에 일컫는 '중국인'이나 민족(nation)을 기반으로 하는 '국가'라는 관념은 근현대 이후에 생긴 것입니다. 중국에서 대중적인 민족의식이나 민족국가 개념이 생긴 것은 바로 서구와 일본 제국주의라는 외부의 침략자와 대면하면서부터입니다. 외부로부터의 위협과 공격은 자신들의 정체성을 확립하고, 지역의 구성원을 하나로 뭉치게 해주는 계기로 작용합니다. 그러나 이것은 거시정치 차원에서 만들어진 관념의 영역이며, 일상생활에서는 다른 지역의 사람들을 상관하지 않습니다. 중국인은 국가가 아니라 지역 사회에

귀속되어 있습니다. 중국인이 강한 전통과 결속력을 유지하는 힘은 국가가 아니라 지역 공동체에서 비롯된 것입니다. 중국의 어느 지역을 가더라도 다른 지역에 관해서는 별로 관심이 없습니다. 나의 일이 아니기 때문입니다. 그래서 중국인을 하나의 거대하고 통일된 국가 체제 안으로 강하게 결속하는 것이 어려운 일입니다. '하나의 중국'이라는 목표는 중국 위정자들이 실현하고 싶은 희망이자 관념에 그칠지 모릅니다.

대륙의 규모와 다양성, 서로 다른 역사 기억

실감하기 어려운 중국 대륙의 규모와 그것에서 비롯된 다양성은 중국이 국민국가(민족국가)라는 것에 의문을 제기합니다. 14억 인구에 영토 면적은 세계 3위~4위인 중국은 56개 민족으로 구성된 다민족 국가입니다. 강한 지역성은 지역 간 이질감을 높이는 요인이기도 합니다. 동북의 헤이룽장성 하얼빈에서 눈 축제를 하고 있을 때, 남부의 윈난성에는 꽃이 핍니다. 같은 중국인이라고 하지만, 생김새, 언어, 종교, 생활 방식의 차이는 상상을 초월합니다. 범 튀르크계에 속하는 신장웨이우얼 자치구 위구르족은 왜 한족 국가인 중국 국적의 국민으로 살아가야 하는지 받아들이기 쉽지 않습니다. 고유의 문화나 종교가 있는 조선족과 티베트인들도 자신의 종족 정체성과 중국이라는 민족(nation) 정체성 사이에서 혼란이 있을 수 있습니다. 거대한 규모에서 오는 다양성을 어떻게 이해할 수 있을까요? 여기서는 중국의 대표적인 세 도시의 역사를 간단히 살펴보

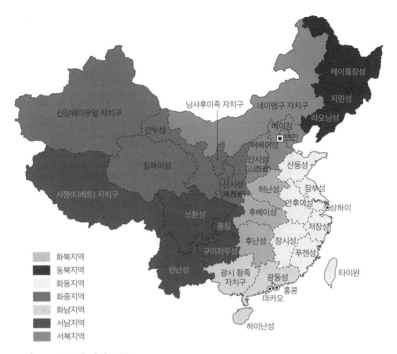

그림 3-2 중국의 지역 구분

중국은 지리적 여건과 문화에 따라 크게 7개 지역으로 나뉩니다. 중국의 행정구역은 22개의 성, 5개의 소수민족자치구, 4개의 직할시(베이징, 텐진, 상하이, 충칭), 2개의 특별행정구(홍콩, 마카오)로 이루어져 있습니다. 중국은 타이완을 중국의 지방정부로 인식하여 타이완성으로 구분하고 있습니다. 중국의 행정구역 구분에 따르면 중국의 성은 23개가 됩니다.

면서 중국 '규모'에 대한 감을 잡아보기로 하겠습니다. 상하이, 하얼빈, 시안, 이들 도시는 한국의 근대사와도 긴밀한 관련이 있는 지역들입니다.

우선 상하이부터 살펴봅시다. 작은 어촌이었던 상하이가 국제적이고 역사적으로 중요한 장소가 된 것은 아편전쟁 이후입니다. 상하이는 1842년 영국과 청나라 간의 남경조약(南京條約)으로 개항된 5개 항구 중의 하나로, 일부 지역이 서양 열강의 조계지가 되었고, 그곳에 서양식 건물이 들어섭니다. 지금도 개항기의 풍경을 볼 수 있는 곳이 바로 상하이의 와이탄(外灘)이지요. 와이탄은 서구 각 국가의 건축 양식이 모두 섞여 있어 근대 이후 만들어진 국제도시 다운 풍모를 느낄 수 있는 곳입니다. 상하이는 중국공산당 역사에 서도 중요한 곳으로, 중국공산당 제1차 전국대표대회 기념관이 상 하이에 있습니다. 창당한 지 백 년이 넘은 중국공산당은 당원이 1억 명에 근접하는 세계에서 가장 규모가 크고 오래된 정당으로서의 자 부심이 대단합니다.

상하이는 대한민국의 독립운동과 현대사에도 매우 중요한 의미 가 있는 도시입니다. 1919년 3·1 운동 직후 조국의 광복을 위해 독 립지사들은 4월 11일 중국 상하이에 임시정부를 세웠습니다. 1932 년 윤봉길 의사의 폭탄 투척 사건도 바로 상하이 홍커우(虹口) 공원 에서 일어났습니다. 지금은 루쉰공원으로 명칭이 바뀌었고 윤봉길 의거 기념비가 세워져 있습니다.

다음으로는 하얼빈입니다. 중국 동북쪽 끝에 있는 헤이룽장성의 성도(省都)인 하얼빈은 한자로 음차하여 '합이빈(哈爾濱)'이라고 표 기하지만, 원래 만주어로는 '그물 말리는 곳'이란 뜻입니다. 사실 오 랫동안 유목 민족의 무대였던 중국 북쪽 초원 지대의 대부분 지명 은 유목민의 언어로 불려왔습니다. 헤이룽장성 서쪽에 있는 치치하 르(齊齊哈爾)도 몽골 부족인 다우르족의 언어로 '변경' 혹은 '천연 목장'이란 뜻이며, 석유 도시로 유명한 다칭(大慶) 역시 원래 몽골어 로 '달 뜨는 곳'으로 불렸습니다.

하얼빈의 겨울 기온은 일반적으로 영하 15~30도 정도이며, 추 울 때는 영하 50도 이하까지도 내려갑니다. 하얼빈을 가로지르는 송화강(松花江) 얼음으로 각종 조각 작품을 만들어 축제를 벌이는 빙등제(氷燈祭)가 유명합니다. 하얼빈이 속한 헤이룽장성은 삼림이 우거진 검은 땅(黑土地)으로 토질이 좋아 무엇이든 심으면 잘 자랍니다. 청 왕조 시대 통치 집단인 만주족은 자신들의 발원지를 신성시하면서 약 2백 년간 헤이룽장성을 포함한 동북 3성 지역에 한족이 들어가지 못하게 했습니다. 중원 중심의 역사에서 보면 이 지역은 그다지 중요하지 않은 변방이라 할 수 있죠. 근대 시기 쑨원(孫文)조차 일본의 도움을 구하면서 동북 지역을 일본에 양보할 구상도 했습니다. 한족에게는 중요하지 않은 땅이었던 것입니다. 그런데 19세기 들어 극심한 자연재해가 일어나자 중국 산둥성, 랴오닝성 등지에서 사람들이 살길을 찾아 동북 지역으로 이주하기 시작합니다. 조선에서도 만주로 들어가 땅을 개간하고 새로운 터전을 개척합니다. 만주 지역에 농사짓는 법을 알려준 민족이 바로 조선 민족이지요.

20세기 초 러시아 혁명 이후에는 러시아 귀족들과 유대인들이 공산 정권을 피해 하얼빈으로 이주합니다. 이들의 자본으로 지어진 이국적인 건축물들이 지금까지도 하얼빈의 대표적인 상징이 되고 있죠. 1903년 러시아 동시베리아 제4보병단이 하얼빈에 들어오면서, 종군 성당으로 이용하기 위해 건축한 러시아정교회의 성 소피아 성당은 하얼빈의 대표적인 상징물입니다.

1930년대 들어 하얼빈은 일본이 청의 마지막 황제인 선통제(宣統帝) 푸이(溥儀)를 내세워 세운 만주국(滿洲國)에 속하게 됩니다. 우리나라도 만주국과 무관하지 않습니다. 해방 이후 군대 내 주요 계파 중 하나가 만주국 군관 출신들입니다. 대표적인 인물로는 일본 천황에게 "죽음으로써 충성을 맹세한다"는 내용의 혈서를 쓰고 만주 군관학교에 입학한 박정희가 있습니다. 또한 1938년 설립된 간도특설대는 만주국 육군 소속의 조선인 부대로 만주에서 활동하던 항일 조직을 소탕하는 역할을 했는데요, 이 과정에서 독립군과 교전을 벌이는 불행한 역사적 사건이 발생합니다. 간도특설대의 배후에 제국주의 일본이 세운 만주국이 있었습니다.

하얼빈은 1909년 안중근 의사가 이토 히로부미(伊藤博文)를 저격한 곳이기도 합니다. 하얼빈역에는 안중근 의사의 저격 장소가 기차 플랫폼에 표시되어 있고 기차역 한쪽에 안중근 기념관도 만들어놓았습니다. 중국은 급변하는 동북아시아 정세 속에서 일본과의 충돌에 대비해 한국을 끌어안고자 하는 전략적 계산에서 '항일(抗日)'이라는 한·중 공동의 역사를 복원하는 일을 지원하게 됩니다. 그중의 하나가 2014년 개관한 안중근 기념관이고, 이곳은 중국 국내에서 항일애국 운동의 장소로 활용되기도 합니다.

중국에서 또 알아야 할 주요 지역으로 시안(西安)이 있습니다. 시안은 중원의 땅으로 근대 이후 국제도시로 부상하게 된 상하이나 하얼빈과는 달리 3천여 년의 역사를 지닌 고도(古都)입니다. 고대에는 장안(長安)으로 불렸고, '서쪽의 수도'라는 의미로 서경(西京)으로도 쓰였습니다. 베이징(北京)은 북쪽의 수도를 의미하고, 일본의 도쿄(東京), 베트남의 통킹(東京, 지금의 하노이)은 모두 '동쪽의 수도'를 의미합니다. 시안에는 세계적으로 유명한 진시황의 무덤과 병마용이 있습니다. 옛 시안을 둘러싼 성곽도 복원해 놓았는데. 성곽 위에 마차가 다닐 수 있을 정도로 넓고 규모가 큽니다. 시안은 동아시아 지역에서 하나의 도시 규범이 되는데, 일본의 교토(京都)가 바로 시안을 그대로 본떠 만든 도시입니다. 당시 도시 설계의 표준이었다고 볼 수 있습니다.

현대사에서는 1936년에 일어난 시안 사건(西安事件)이 유명합니다. 시안 사건이 일어난 곳은 원래 당 현종이 그의 애첩 양귀비에게 지어준 '해당탕(海棠湯)' 온천으로 유명했는데, 국공내전 시기 동북 군벌인 장쉐량(張學良)이 장제스(蔣介石)를 체포하여 감금한 곳으로 다시 유명해졌습니다. 당시 장제스는 일본에 대항해서 싸우기보다는 공산당 토벌에 주력한다는 '안내양외(安內攘外: 국내를 먼저 평정한 이후에 외세를 물리친다)' 정책 방침을 정했습니다. 아버지 장쭤린(張作霖)이 일본군에 의해 살해당했고, 자신이 통치하던 만주 지역을 제대로 싸워보지도 못하고 일본군에 넘겨주어야 했던 장쉐량으로서는 일본과 싸우지 않는 장제스에게 불만이 많았습니다. 이처럼 시안이라는 도시는 그 자체로 유서 깊은 역사를 자랑하며, 중화 문명을 꽃피웠던 중원의 땅이라는 자부심이 강한 곳입니다.

세 개 도시의 역사를 간단하게 살펴보았듯이 중국 각 지역의 풍토와 문화는 매우 다양하고, 그 지역민들이 겪은 삶과 경험에서 차이가 있으며, 역사적으로 공유하는 기억도 다릅니다. 예컨내 우리나라 사람들은 모두 일제 강점기를 치욕스러운 역사로 기억하고 있습니다. 한민족을 하나로 묶어주는 중요한 자원이 바로 역사에 관한 공통된 기억이죠. 굴욕적인 역사임에도 불구하고 식민의 역사는 분명 우리의 역사입니다. 비슷한 시기 중국은 반(半)식민지 분열의 시기였습니다. 남쪽에는 국민당 정부가, 공산당 홍군(紅軍)의 점령지에는 소비에트 정권이 자리 잡았습니다. 동북 지역에는 일본의 괴뢰정부인 만주국이 세워졌고, 그 외 다른 지역은 군벌이 점령했습니다. 동북 지역이 일본의 침략으로 점령되었을 때, 남쪽의 상하이는 큰 변화 없이 비교적 안정을 유지했습니다. 서로 다른 통치권 안에 살았던 중국인들이 반식민지 경험을 같은 역사로 기억하고 있을까요? 예컨대 만주국 수도에 살았던 창춘(長春) 사람들과 국민당 치하의 상하이인, 혹은 공산당 옌안(延安) 정권이 있었던 산시성(陝西省) 사람들은 당시 어떠한 경험을 했고, 그 역사를 어떻게 기억하고 있을까요?

중국의 각 지역은 언어나 삶의 방식 등 문화가 서로 다를 뿐 아니라 근대 역사에 대한 공통된 경험과 기억도 없습니다. '중국인'이라는 민족적 자각과 정체성은 근대 시기 국가에 의해 만들어진 것입니다. 중국은 전국적인 이슈가 거의 없습니다. 한국에 유학 온 중국 학생들이 놀라고 이해하지 못하는 것 중의 하나가 "전국에 비가 내리겠습니다"라는 일기예보를 듣는 것이라고 합니다. 우스갯소리로 하는 말이지만 의미하는 바가 큽니다. 일정한 규모와 공동의 역사 기억을 가진 한국의 눈으로 보면 중국은 이해할 수 없는 점이 많습니다.

중국은 거대한 국가 규모와 지방마다 다른 정치 문화와 역사 기억 및 경험으로 인해, 강한 지역 정체성이 오랫동안 지속되어 왔습니다. 이로 인해 중국인들이 공통의 경험을 바탕으로 한 공유된 의식을 갖기가 어렵습니다. 다양한 사회 문제를 '지방화'할 뿐 아니라, 특정 지역이 다른 지역에 대해 갖는 편견이나 우월성을 드러내며, 다른 지역을 타자화하고 열등화하는 인식을 보이기도 합니다. 대표적으로 코로나19 팬데믹이 발생했을 때, 우한(武漢)과 후베이성(湖北省) 사람들을 노골적으로 차별하기도 했습니다. 2022년 쇠사슬에 몸이 묶인 채로 살아가는 한 농촌 여성이 십수 년 동안 여덟 명의 아이를 낳은 사연이 온라인에서 화제가 된 일명 '쇠사슬 여성(鐵鏈女)' 사건이 있었습니다. 허베이성(河北省) 탕산(唐山)의 한 식당에서는 남성 일행 9명이 여성 4명을 처참하게 집단 폭행한 사건도 발생했습니다. 이 사건들은 여성 인권에 대한 경각심을 불러일으켰지만, 대다수의 중국인은 "농촌과 그 지역은 원래 그렇다"라는 인식을 보였습니다. 여성이 일상적으로 느끼는 구조적인 차별의 문제는 '지역'과 '개별'의 문제로 환원되고 말았습니다. 물론 이러한 사회 문제를 '우리'의 문제로 인식하는 사람들도 있지만, 대다수는 해당 지역의 문제로 치부합니다. 나와 우리의 문제가 아닌, '남'의 지역 문제로 보는 것이죠.

중국인의 사유체계: 천하위공, 리와 법

지금까지 우리는 중국 지방의 다양성과 이질성에 관해 이야기했습니다. 이제 문명국이라는 자부심에서 나온 중국의 세계관과 사유 방식의 특징에 관해 생각해 보겠습니다. 앞에서 언급했던 페이샤오퉁의 '자기'를 중심으로 한 동심원 구조를 계속 확장하다 보면 가장 바깥에는 천하가 나옵니다. 고대 중국에서 유교의 정치적 이상인 '대동(大同)' 사회는 천하위공(天下爲公)으로 설명됩니다. 천하위공의 '공(公)'은 '공(共)'으로도 해석이 가능한데, 이에 따르면 천하는 전 인민이 공유하는 만인의 천하이며, 결코 군주 한 사람에 의한 사적 소유의 천하가 될 수 없다는 사상입니다. 만인의 천하는 공정하고 공평해야 하며 조화로워야 합니다. 따라서 천하의 대리인인 천자(天子)는 하늘의 명(天命)을 받아서 공정함과 공평함을 실행해야 합니다. 천명은 민심을 통해 확인할 수 있습니다. 만약 왕이 사사로움에 빠졌을 때는 하늘로부터 부여받은 지위의 정당성도 잃게 됩니다. 하늘의 대리인 역할을 하는 천자가 천명을 따르지 않는다면 왕조가 뒤바뀔 수 있습니다. 이것이 맹자가 말한 '역성혁명(易姓革命)'입니다. 여기서 하늘은 왕의 권력을 정당화해 주는 중요한 근거이기도 하며, 동시에 정당성을 상실케 하는 명분을 제공하는 이중적인 의미를 지닙니다.

맹자의 역성혁명에 대해서는 다른 의견이나 반론도 존재합니다. 예를 들어 맹자가 역성혁명을 주장한 시대적 배경(춘추 전국 시대)을 이해해야 한다거나, 『맹자』의 어디에도 맹자가 역성혁명을 주장 또는 찬성했다는 근거를 찾을 수 없다는 것입니다. 어찌 되었든 간에, 맹자의 역성혁명은 당시나 오늘날의 중국 정치 문화의 측면에서 볼 때 가히 혁명적인 발상이라고 할 수 있습니다. 특히 위계적인 질서를 강조하는 유교적 정치이념과 문화가 발전되고 오랜 세월 굳어져 온 중국 사상의 발전 단계를 놓고 볼 때 그렇다고 할 수 있습니다.

이처럼 동아시아 사상에는 하늘을 정치와 연결하는 관념이 있습니다. 또한, 하늘의 이치는 개인의 도덕적 행위의 기준이 되기도 합니다. 우리 사회에도 "천하의 몹쓸 놈", "하늘이 두렵지 않은가"라는 말이 있습니다. 송나라 이후 유교가 세속화되면서 하늘의 이치를 실현하는 일이 개인의 차원까지 내려오게 됩니다. 자신은 도덕을 실천하는 주체이며, 이를 실천하지 못하면 하늘로부터 벌을 받는다는 것이지요.

하늘의 이치가 형성된 것이 '리(理)'입니다. 중국에는 '법(法)'과

'리'가 있지만, 리가 법보다 상위 개념이며, 더 높은 규범이자 행위 준칙입니다. 질서를 유지하는 것은 법이지만, 법을 바로잡는 것은 리입니다. 사회적 진보를 도모하는 것은 리이며, 리의 힘으로 법의 효력을 드러내야 질서가 잡힌다고 봅니다. 중국인은 일상에서 사리 분별을 따질 때 법을 들먹이지 않고 '도리(道理)'를 따집니다. 사람의 행동이나 말에 '도리'가 있느냐는 것이지요. 여기서 '도리'는 법과는 다른 하늘의 본성, 공정함, 공평함, 이치를 말하는 것입니다. 하늘의 원리가 자연의 원리이고 그것을 따르는 것이 바로 도덕의 원리, 정치의 원리가 되는 것입니다. 천리(天理)는 공리(公理)이며, 이는 인간의 정리(情理)와 도리로 이어집니다.[2] 시진핑(習近平) 집권 이후 강조하고 있는 '치리(治理)'는 영어 '거버넌스(governance)'의 번역어라고 하지만, 예전부터 있었던 중국의 치리 개념은 통치의 행위 자체에 일정한 하늘의 이치가 담겨 있다는 말입니다.

2016년 인권 단체 국제앰네스티(Amnesty International)에서는 세계 27개국 2만 7,000명을 대상으로 난민 유입에 대한 우호 정도를 조사한 적이 있습니다.[3] 자신의 집, 이웃, 마을, 도시에 난민을 받아들일지를 물었습니다. 난민 입국 거부 응답을 0점으로, 자신의 집에 받아들이겠다는 응답을 100점으로 평가했는데, 난민 유입에 가장 우호적인 국가는 85점을 받은 중국이었습니다. 물론 이러한 조사에 대한 답변은 당시 상황에 따라 다를 것이고, 또한 결과에 대한 해석 역시 사람마다 다르겠지요. 중국이 난민 수용에 비교적 우호적인 이유는 오랫동안 이질적인 민족이 서로 충돌하며 융합했던 역사가 반영된 결과로 보이기도 하며, 다른 한편으로는 어려움에 부닥친 사람에 대한 측은지심(惻隱之心) 등 인간의 도리를 다해야 한다는 도덕적 준칙이 아직 많이 남아 있다는 증거가 아닐까 하는 생각도 듭니다. 중국의 철학자 쑨거(孫歌) 역시 법보다 가치를 중시하는 중국인의 특성을 강조합니다.[4]

같은 조사에서 한국은 59점으로 조사 대상국 가운데 11위였습니다. 2018년 내전을 피해 다수의 예멘인이 제주도에 들어와 난민 신청을 하면서 사회적 논쟁거리가 되었는데요, 한국은 1992년 난민 협약에 가입하고, 2013년 아시아 국가로는 처음으로 「난민법」을 제정했습니다. 그런데도 2014년부터 2023년까지 10년 동안 난민 인정률은 2.1%로 세계 평균의 10분의 1에도 미치지 못하는 상황입니다. 물론 북한 이탈 주민은 난민 통계에 포함되지 않고, 난민이 발생하는 지역과 한국이 지리적으로 멀다는 측면도 고려해야 합니다. 그러나 유엔난민기구(UNHCR)의 자료에 의하면 2000년부터 2017년까지 경제협력개발기구(OECD) 37개 회원국의 난민 인정률이 24.8%라는 점을 고려하면, 우리 사회가 이질적인 문화에 대해 그리 개방적이지 않다는 것을 알 수 있습니다.

흔히 서구보다 중국에서 과학기술이 발전하지 못한 이유를 하늘과 정치, 자연을 연결하는 관념으로 인해 과학이 독립적인 학문으로 자리 잡지 못했기 때문이라고 설명합니다. 물론 눈에 보이고 생활에 필요한 실용적인 기술은 발달했습니다. 실생활에 필요한 종이, 나침반, 화약, 인쇄술 등 4대 발명품은 모두 중국에서 나왔습니다. 이렇게 뛰어난 물건을 발명하고도 중국에서는 산업혁명이 일어나지 않았습니다. 그 이유를 조지프 니덤(Joseph Needham)은 중국이 관료(엘리트) 중심 사회였기 때문이라고 보았습니다. 중국 사회는 유교적 전통에 의해 아주 오래전부터 엘리트(士) 문화와 서민(庶) 문화로 양분되는 특징이 있었는데, 일상생활에서 육체노동이나 기술 관련 일을 하는 서민들은 편하고 실용적인 것을 추구했고, 그 결과 이들에 의해 종이와 나침반 등 새로운 발명품이 나왔다는 것입니다.[5] 반면, 유교 가치로 무장한 관료와 엘리트들은 기술이라는 것을 '하층민이나 하는 것'으로 인식했기 때문에, 서민들에 의해 이루어진 기술혁신을 학문이나 이론과 같은 형태로 체계화하여 발전시키지 않았다고 봅니다. 엘리트층은 그런 새로운 것들을 좋게 생각하지 않았던 것입니다.

한편 조엘 모키어(Joel Mokyr)는 동양에는 고대인과의 투쟁이 없었기 때문에 과학기술이 발전하지 못했다고 파악합니다. 즉 경전에 대한 재해석만 있었을 뿐, 과거의 것에 대한 비판과 사물 그 자체에 대한 메타적 연구도 부재했다는 것입니다.[6] 예컨대 중국 철학자들도 '물'에 관한 관심이 많았으나, 물 그 자체의 본성에 관한 탐구보다는 치수(治水)를 위한 연구나 인간의 성품을 도야하는 메타포로 썼을 뿐이라는 것입니다. 철학자 엄정식도 서양 철학은 순수한 지적 호기심을 충족시키려는 과정에서 탄생했지만, 중국 철학은 '바람직한 삶'을 실현하려는 실용적인 혹은 실천적인 지혜의 창출을 목적으로 한 것이라고 봅니다.

인민주권과 국가 주권, 계몽과 구망

전통적인 천하위공 사상은 근대 시기 사회주의 사상으로 이어집니다. 중국 체제의 정당성은 어디에서 오는 것일까요? 왜 중국인들은 공산당의 일당 지배를 받아들이는 걸까요? 어떠한 체제이든 권력의 형성은 권력에 복종하는 사람들이 그것을 자연스럽고 합당하다고 받아들이는 것으로 시작됩니다. 이것을 권력의 '정당성' 또는 '합법성'이라고 합니다. 한국 체제의 정당성은 어디서 오나요? 법에서 옵니다. 헌법에 따라 모든 권력은 국가의 주인인 국민으로부터 나오고, 선거를 통해 선출된 대표에게 일정 기간 권력을 위임합니다. 물론 절차적으로 공정한 선거가 이루어져야 이를 통해 선출된 권력이 일정한 정당성을 확보하게 됩니다. 그렇다면 국민의 선거로 최고 권력을 선출하지 않는 사회주의 체제 중국의 정당성은 어디서 오는 것일까요?

중국의 권력은 선거로 선출되지 않습니다. 하늘의 공정함을 대리하는 주체가 전통 시기 황제에서 오늘날의 공산당으로 바뀌었지만, 이는 선거가 아닌, 혁명에 성공하여 국가를 건국했다는 역사적 사실로부터 부여받은 정당성입니다. 다르게 표현하면 중국공산당이 역성혁명에 성공한 것입니다. 이러한 정당성은 당이 인민을 근본으로 삼아 인민과 함께하고, 인민을 위한 민생정치를 편다는 전제 위에서만 지속 가능합니다. 뒤집어 말해, 공(公)의 사상을 실천하지 못하고 인민을 위한 정치를 하지 않는다면, 공산당 권력은 언제든지 그 정당성을 상실할 수 있다는 의미입니다. 중국공산당은 이것을 잘 알고 있기에 최고 지도자들의 업무 및 주거 공간인 중난하이(中南海) 정문 신화문(新華門)에 "인민을 위해 복무하라(爲人民服務)"라는 글귀를 새겨놓았습니다. 이러한 전통적인 민본(民本) 사상은 근대정치의 중요한 특징 중 하나인 '인민주권(人民主權)' 사상으로 이어졌고, 중국의 헌법 2조에도 "중화인민공화국의 모든 권력은

그림 3-3 신화문에 적힌 "인민을 위해 복무하라"

인민에게 속한다"라고 규정하고 있습니다.

이렇듯 중국에서 '인민'의 탄생은 근대로의 전환 시기 절대 왕조 체제를 무너뜨린 혁명으로 가능했는데, 이 시기는 중국이 서구 열강의 침략을 받던 때였습니다. 자연스럽게 인민주권 사상과 함께 국가 주권도 동시에 강조됩니다. 이것을 반영하고 있는 것이 중국의 국가(國歌)입니다. 항일 정신을 고무시키고자 1935년 만들어진 영화《풍운아녀(風雲兒女)》의 주제곡으로 사용되었고, 그 후에 중국의 공식 국가가 된 〈의용군행진곡〉의 첫 가사는 "일어나라, 노예가 되길 원치 않는 자여"로 시작됩니다. 노예 상태에서 벗어나 주인으로서 거듭나겠다는 선언은 낡은 지배 세력뿐 아니라 외부 제국주의 세력을 타도하면서 주인의 권리를 지키겠다는 선언입니다.

근대 국가로 전환되는 시기에 중국은 안으로는 혁명을 통해 부패한 구세력을 몰아내는 동시에, 밖으로는 서구 열강의 지배에서 벗어나야 하는 위기의 상황이었습니다. 이렇게 안팎으로 놓인 위기 상황에서 중국은 "주권이 인권보다 높다(主權高於人權)"라고 말합니다. '주인으로서의 인민의 권리'라는 것도 나라가 없으면 의미가 없기에 우선 국가를 구하고 자주독립을 유지하는 것이 중요하다는 것입니다. 근대 국가로의 길을 제시했던 변법파(變法派)와 공화 혁명파 모두 국가의 자주독립이 개인의 자유보다 중요하기에 개인의 자유는 국가에 의해 제약될 수 있다고 보았습니다. 이들은 중국인은 단결력이 부족하고 분산된 상태에 있으므로, 만약 개인의 자유를 강조한다면 중국인은 더욱더 흩어질 것이고 외세를 몰아낼 응집력을 확보하기 어렵게 되어 국가의 자주독립은 요원한 일이 될 것이라고 주장하였습니다. 이러한 논리에서 보면, 자유롭고 평등한 '개별' 인민들에 의한 인민주권 원칙은 설 곳이 없어지게 됩니다. 오직 '집단'으로서의 인민이 강조될 뿐이죠.

인민주권과 국가 주권 간의 관계를 두고 중국의 사상가 리쩌허우(李澤厚)는 "계몽과 구망의 이중 변주"라고 표현했습니다.[7] 근대로 전환되는 시기 중국에서는 '계몽' 차원에서의 자유와 민주, 인권의 실현이 국가를 멸망의 위기로부터 구한다는 '구망(救亡)'이라는 과제 앞에서 좌절되었다는 것이지요. 이 시기 조선의 정치 엘리트와 개화 지식인들 역시 국민 개개인의 자유와 인권을 보장하는 일이 위기에 빠진 국가를 구하는 것보다 시급하고 중요하다고 생각하지 않았습니다. 국가의 독립이 우선되어야 한다고 생각했습니다.

리쩌허우에 따르면, 당시 중국은 구체제 질서에 대한 저항과 제국주의 타파라는 두 가지 문제에 직면했지만, 제국주의에 맞서 나라를 구해야 하는 '구망'의 과제가 봉건 세력 타도를 통해 개인의 주체적 각성이 일어나는 '계몽'을 압도했다고 봅니다. 그러나 다민족 제국 체제였던 중국으로서는 이 문제가 그리 간단하게 정리되지는 않습니다. "계몽과 구망의 이중 변주"라는 시각은 '한족' 중심의 역사 인식에 기반을 둔 것으로, 당시 청 제국의 붕괴와 함께 위구르족(이슬람교도), 몽골족, 티베트족 등 다양한 민족 주체들의 계몽적 각성이 동시다발적으로 일어났다는 점에서 매우 다층적으로 이해할 수 있습니다. 한족의 구망이 반드시 비(非)한족의 구망을 의미하는 것은 아니었고, 비한족의 구망은 한족에게는 분열을 의미하는 것이었습니다.

또한 구망이라는 위기에서 계몽되고, 구망 역시 계몽을 전제로한다는 점에서 양자는 선택의 문제라기보다 상호 연동된 개념으로 이해할 수 있습니다. 이처럼 전통적인 '천(天)' 관념을 '인민주권'이 이어가지만, 근대 전환 시기 제국주의 열강의 침략을 받으면서 국가 주권을 지키는 내용도 동시에 내포하게 됩니다. 오히려 이후의 역사에서 국가의 주권을 지키는 것이 가장 우선적인 원칙으로 강조되지요.

중국적 세계질서: 조공과 책봉

중국의 천하 관념에 따라 구축된 질서를 서구학자들은 '중국적 세계질서(chinese world order)'라고 불렀고, 이는 구체적으로 조공

(朝貢)-책봉(冊封) 관계의 형태로 구현됩니다.[8] 주(周) 왕조는 종법제(宗法制)를 기반으로 한 봉건제(封建制)를 시행했습니다. 봉건제는 확장된 영토에 대한 통치의 어려움을 극복하기 위한 불가피하면서도 합리적인 선택이었습니다. 봉건제는 주요하게 '분봉(分封)'과 '조공'을 통해 운영되었는데, 분봉은 천자의 영토인 천하의 땅을 나누어 제후를 봉하는 것이며, 분봉 받은 제후는 천자께 자신이 통치하는 지역의 특산물을 공물로 바침으로써, 천자국과 제후국은 안정적인 지배 체제가 확립되고 평화로운 공존을 지속할 수 있었습니다.

조공-책봉 체제는 '분봉-조공'이라는 중국 내부의 관계가 중국과 주변국들로 확대된 것입니다. 주변국 관계에서 형성된 조공 체제는 중국과 주변국 간의 힘의 비대칭성을 인정하는 것으로부터 출발합니다. 주변의 군주가 조공 사신을 파견해 조공품을 헌납하는 예의를 보이면, 중국 황제는 보상으로 회사(回賜)라는 답례를 내려주는 형식이었습니다. 책봉은 황제가 주변국 군주에게 중화 왕조의 왕호나 작위가 기록된 책서(冊書)라는 문서를 수여하는 것을 말하는데, 이를 통해 주변국 통치자의 지배권을 황제가 승인하는 것입니다. 조공 제도는 명나라 시기를 즈음하여 전형적인 형태로 발전했습니다. 명나라를 건국한 태조 주원장(朱元璋)은 고려, 안남(安南, 베트남), 유구(琉球, 오키나와) 등의 국가를 '정복하지 않은 국가'로 규정하였습니다. 또한, 조공의 답례인 회사의 원칙으로 '후왕박래(厚往薄來: 후하게 주고 적게 받음)'를 정립하였습니다.

조공과 책봉의 형식과 목적도 시대마다 달랐습니다. 힘의 관계 변화에 따라 때로는 송나라와 같은 대륙 세력이 유목 민족이 세운 금(金)이나 요(遼) 왕조에 조공을 바치기도 했습니다. 일본의 경우는 주로 경제적 목적이 컸다고 볼 수 있지만, 조선의 경우 조공-책봉은 정권의 정치적 정당성을 확보하는 중요한 형식이었습니다. '조선'이라는 국호 자체가 명의 주원장이 낙점해 준 것인데, 정변을 일으켜 고려를 뒤집고 새로운 왕조를 건설한 세력으로서는 명의 승인을 통해 집권의 정당성을 확보할 필요가 절실했습니다.

물론 5백 년 역사의 조선과 명·청나라의 관계가 매 시기 똑같았던 것은 아닙니다. 건국 초기 조선은 비교적 자주적이었습니다. 유목 민족의 침입에 시달렸던 명은 여러 차례 조선에 파병을 요청합니다. 조선 초기에는 실리를 따져 파병을 거부하기도 하고, 때로는 지연시키기도 했습니다. 그러나 반정(反正)을 일으켜 정권을 잡은 중종(中宗)이 왕이 되면서 취약한 정당성을 강화하기 위해 더 적극적으로 중국의 승인을 받으려 했고, 이에 따라 명과의 관계가 조금 더 종속적인 관계로 변화됩니다. 임진왜란 이후에는 명이 조선을 도와주었다는 이유로 '재조지은(再造之恩)'이라는 관념이 등장했고, 명에 대한 의리 때문에 끝까지 청을 인정하지 않다가 병자호란을 맞게 됩니다. 중국이 우리나라를 침략한 대표적인 사례로 손꼽히는 병자호란은 청나라에 대한 부정적 인식뿐만 아니라 중국은 무자비한 오랑캐라는 이미지를 굳히는 데 결정적인 역할을 한 사건입니다.

현재의 관점에서 조공과 책봉 체제를 평가한다면, 우리로서는 자존심 상하는 일입니다. 그러나 조공-책봉 질서를 고대 동아시아 국제관계의 시각에서 이해할 필요가 있습니다. 조공-책봉 체제를 근간으로 하는 전통 시대 동아시아 국제관계는 압도적인 힘을 가진 중국과 주변 약소국 사이에서 전쟁을 회피하고 평화 체제를 유지하기 위한 합리적인 상호 선택의 결과물입니다. 당시 동아시아가 공유한 가치관과 세계관에 기반을 두고 만들어 낸 국제규범과 제도였다는 점을 이해할 필요가 있습니다. 조공–책봉 체제는 분명 중국과 주변국 간에 위계적인 질서였지만, 이는 지배와 종속의 관계가 아닌, 예(禮)의 관계였습니다. 안정적이고 평화로운 질서를 유지하기 위한 외교의 한 형태였고, 일방이 아닌 서로의 필요와 요구 때문에 만들어진 규범이라고 보아야 합니다.

이와 관련하여 오늘날 다양한 관점에서 조공에 관한 연구가 이루어지고 있는데, 대표적으로 하마시타 다케시(浜下武志)는 '조공무역체제론'을 주장합니다.[9] 조공권(朝貢圈)이란 물류와 교역이라는 경제적 행위가 이루어지는 하나의 네트워크로, 주변국이 조공권에 참가하는 이유는 강력한 중국이 아니라 '부유한 중국'이 있었기 때문이라는 것이죠. 즉 조공의 핵심이 정치적 종속이 아닌 '경제적 유인'에 있었다는 것입니다. 앞서 언급한 '후왕박래'의 개념 역시 비슷한 의미가 있습니다. 주변국의 조공에 대해 몇 배로 하사품을 내리는 것이 관례였습니다. 따라서 주변국은 조공의 기회를 더 많이 확보하여 혜택을 얻고자 했고, 중국은 이를 부담스러워해서 조공의 횟수를 제한하려고도 했습니다. 브랜틀리 워맥(Brantly Womack)은 헤게모니 비용 측면에서 "조공 체제는 중국의 우월적 지위에 기반을 둔 지역적 제도 구성물로서, 적은 비용으로 장기적인 평화를 지속시킬 수 있는 합리적 선택과 전략적 상호작용의 결과"라고 말합니다.[10]

중국적 세계질서를 구성하는 '중화'와 '사대'의 개념에 대해서도 이해해 볼 필요가 있습니다. 동진(東晉) 시대에 인도를 다녀온 법현(法顯)은 자신의 여행기인 『불국기(佛國記)』에 인도를 '중국'이라고 표현하였는데, 이때의 중국은 지리적 의미가 아니라 문명국을 의미했습니다.[11] 같은 맥락에서 '중화'는 한족이라는 종족의 의미가 아니라, 우수한 문화를 지닌 문명의 의미를 담고 있는 개념입니다. 하나의 보편적인 가치와 기준을 제공한다는 뜻이죠. 중화는 중국에만 있는 것이 아니라 조선에도 있었습니다. 명이 멸망하고 청이 등장한 이후, 조선에서는 명 왕조의 정통성을 이어받아 이를 실천해야 한다는 '소중화(小中華)' 사상이 나타나게 됩니다.

'사대'는 큰 나라를 섬기는 것을 말합니다. 양국 간의 힘의 비대칭 상황에서 나온 말입니다. 힘이 비슷해야 싸우지, 격차가 크면 큰 나라를 인정해줄 수밖에 없습니다. 그러나 사대는 작고 약한 나라를 돌보고 자율성을 인정해야 한다는 '자소(字小, 事小)'와 함께 쓰이는 말입니다. 유교의 '사대자소(事大字小)'는 크고 작은, 힘이 세고 약한 나라들 사이의 바람직한 관계를 제시한 것으로 사대와 자소를 통해 호혜석으로 교류해야만 국가 간의 안정적인 관계를 유지할 수 있음을 강조합니다. 유교에서는 이처럼 국제관계가 이익이 아니라 존중과 배려에 따라 맺어지는 것이 바람직하다고 봅니다. 사대라는 개념이 갖는 전체적인 의미의 맥락을 빼고 그 글자만 가져와서 인용하기 때문에, 오늘날 우리 사회에서는 사대를 매우 부정적이고 굴욕적인 개념으로 이해합니다.

오늘날 국가 간의 관계는 국가의 크기나 힘의 강약과 관계없이 동등한 주권을 가진 평등한 관계로 설정합니다. 1648년의 베스트팔렌 조약(peace of westfalen)의 체결은 주권 국가들의 공동체인 근대

유럽의 정치구조가 나타나는 계기가 된 사건이었습니다. 국가 간의 위계적 관계를 전제로 하는 중국적 세계질서와는 다른 체제가 형성된 것입니다. 그렇다면 현재의 국제질서와 전통 시기 중국 중심의 동아시아 질서의 차이는 무엇일까요?

서구가 구축한 현재의 국제질서는 주권 개념에 따라 모든 국가가 독립적이고 평등합니다. 그러나 이것은 원칙적인 측면에서 말하는 것이며, 실질적인 현실의 국제관계는 힘의 논리로 작동하는 질서임을 부정하기 어렵습니다. 국제정치학자 이삼성은 근대 서양은 세력이 비슷한 국가들끼리 법적으로 평등한 주권 국가 간 국제질서를 발전시켰지만, 비서양의 약소국가들에 대해서는 정치·군사·경제의 모든 분야를 철저하게 착취하는 식민주의적 질서를 만들었다고 강조합니다. 반면 동아시아의 전통적 국제관계의 전형은 주권적 평등을 기초로 한 질서가 아니고 공식화된 위계적 관계이지만, 약소국의 내적 자율성을 전제로 하는 제3의 질서로, 강국과 약소국 사이의 착취적이고 침투적인 식민 질서는 아니었다는 것입니다.[12]

현실주의자들은 '세력균형론(balance of power theory)'으로 국제질서를 설명합니다. 힘의 균형을 맞춰야 안정을 유지할 수 있고, 힘의 균형이 깨지면 갈등과 대립이 나타난다는 것입니다. 전통 시기 동아시아에서 조공 질서가 만들어진 것은 중국이라는 거대한 대륙 세력이 있었기 때문입니다. 중국은 '힘의 절대적 우위'를 차지하고 있었고, 이는 나머지 작은 나라들이 모두 힘을 합쳐도 대항하기 힘든 크기였습니다. 현실적으로 힘의 균형을 이루기 어려운 상황이었기에 자신들의 생존과 평화를 위해 큰 나라를 상국(上國)으로 인정하고 나름대로 자주권을 확보하는 것이 합리적인 선택이었을 것입니다. 또 다른 현실주의 이론인 '세력전이론(power transition theory)' 역시 유럽 역사를 비춰보면 일정한 설명력이 있는 것 같지만, 비서구 특히 아시아 경험을 분석하면 이론의 명확성은 약해집니다. 이런 점에서 서구의 세력균형론이나 세력전이론으로 동아시아의 조공 체제를 설명하기는 어렵습니다.

★ 더 읽어보기

『중국문화요의: 인류사에서 본 중국문화의 특수성』(량수밍 지음, 강중기 옮김, 산지니, 2020)

『군자없는 천하: 텍스트로 본 중국』(천지앤홍 지음, 이수현 옮김, 아포리아, 2017)

『동아시아는 몇 시인가?: 동아시아사의 새로운 이해를 찾아서』(미야지마 히로시·배항섭 엮음, 너머북스, 2015)

『중국의 체온: 중국 민중은 어떻게 살아가는가』(쑨거 지음, 김항 옮김, 창비, 2016)

『동아시아의 전쟁과 평화 1, 2』(이삼성 지음, 한길사, 2009)

『향토중국: 중국 사회문화의 원형』(페이샤오퉁 지음, 장영석 옮김, 비봉출판사, 2011)

『중국을 빚어낸 여섯 도읍지 이야기』(이유진 지음, 메디치미디어, 2018)

4강

중국 문화 III :
대일통과 중앙–지방 관계

길지만 '짧은' 역사, 넓지만 '좁은' 땅

중국 체제의 특징이 정치 문화에서 비롯된 것이라면, 그 요체는 중앙과 지방의 관계에서 찾아볼 수 있습니다. 최초의 통일 왕조인 진 이후 '통일과 분열'의 반복과 영토 확장의 역사를 거쳐 오늘날의 중국이 완성된 것이고, 통일과 분열 간의 긴장은 바로 지방의 중앙에 대한 도전에서 비롯되었다고 하겠습니다.

우선 중국의 역대 왕조와 이들이 존속했던 기간을 살펴봅시다. 오랫동안 분열된 시기도 있었고, 통일 왕조를 이뤘던 시기도 있습니다. 역사적으로 통일과 분열을 반복해 왔습니다. 중국의 영문 이름인 '차이나(China)'의 기원은 진 왕조입니다. 진나라는 중앙집권적인 관료 체제를 기반으로 형성된 최초의 통일 왕조라는 평가를 받습니다. 진나라 이전은 550여 년간의 분열기인 춘추 전국 시대였

습니다. 더 이전에는 삼대(三代)로 지칭되는 하(夏)·상(商, 은〔殷〕)·
주(周)의 고대 왕조가 있었습니다. 진시황이 지배했던 통일제국 진
왕조의 존속 기간은 대략 15년 정도에 불과합니다. 그 뒤에 세워진
한(漢) 왕조는 왕망(王莽)이 건설한 신(新)에 의해 전한(前漢)과 후
한(後漢)으로 분리됩니다. 그 이후 위진남북조 시대, 오대십국 시대,
그리고 20세기 초의 군벌 시대까지 중국은 지속해서 분열되었습니
다. 그리고 수(隋), 당(唐), 송(宋), 원(元), 명(明), 청(淸) 그리고 중
화인민공화국(中華人民共和國)에 의해 통일되었습니다. 중국 역사상
가장 오랫동안 체제를 유지한 당 왕조의 존속 기간은 대략 289년
정도였습니다.

중국 역사에는 항상 중심에서 멀어지려는 원심력이 강하게 작용
했고, 그 반작용으로 중앙으로 끌어당기려는 구심력이 있었습니다.
수천 년 이어온 중국의 역사는 원심력(분열)과 구심력(통일)이 순환
적으로 반복되는 형태를 보입니다. 그러나 중국은 통일 왕조 중심
의 역사를 전통 사관으로 보는 인식이 있습니다.[1] 분열을 극복하고
동일을 시향하며 대일통(大一統) 관념을 형성해 왔습니다. 통일 시
기는 물론이고, 분열 시기에도 대일통을 하나의 이상이자 목표로
간주했던 것이죠. 통일 왕조의 교체 과정에서 일시적인 분열 또는
반란이 있었지만, 새롭게 등장한 세력이 천하 통일을 이루고 이전
왕조의 정통성을 계승해 왔다고 봅니다.

중국의 넓은 영토와 그곳에서 살아가는 다양한 민족, 그리고 그
들의 독특한 문화는 각기 다른 지역적 특성과 차이를 만들어냈습니
다. 이것은 아주 자연스러운 현상입니다. 그러나 천하 통일은 말 그
대로 민족, 문화, 사상, 관습 등 각기 이질적인 지역적 특성을 하나

표 4-1 중국 역대 왕조 연표

왕조			시기	존속 기간
삼황오제(三皇五帝)				
하(夏)			(약) 기원전 2146 ~ 기원전 1675년	471년
상(商)			(약) 기원전 1675 ~ 기원전 1029년	646년
주(周)	서주(西周)		(약) 기원전 1029 ~ 기원전 771년	258년
	동주(東周)	춘추(春秋)	기원전 770 ~ 기원전 476년	294년
		전국(戰國)	기원전 475 ~ 기원전 221년	254년
진(秦)			기원전 221 ~ 기원전 207년	14년
한(漢)	서한(西漢)		기원전 206 ~ 8년	214년
	신(新)		9 ~ 23년	14년
	동한(東漢)		25 ~ 220년	195년
삼국(三國)	위(魏)		220 ~ 265년	45년
	촉(蜀)		221 ~ 263년	42년
	오(吳)		222 ~ 280년	58년
진(晉)	서진(西晉)		265 ~ 316년	51년
	동진(東晉)		317 ~ 420년	103년
16국(十六國)			304 ~ 439년	135년
남북조(南北朝)			420 ~ 589년	169년
수(隋)			581 ~ 618년	37년
당(唐)			618 ~ 907년	289년
오대십국(五代十國)			907 ~ 979년	72년
송(宋)	북송(北宋)		960 ~ 1127년	167년
	남송(南宋)		1127 ~ 1279년	152년
요(遼)			907 ~ 1125년	218년

왕조	시기	존속 기간
대리(大理)	937 ~ 1254년	317년
서하(西夏)	1032 ~ 1227년	195년
금(金)	1115 ~ 1234년	119년
원(元)	1206 ~ 1368년	162년
명(明)	1368 ~ 1644년	276년
청(淸)	1616 ~ 1911년	295년
중화민국(中華民國)	1912 ~ 1949년	37년
중화인민공화국(中華人民共和國)	1949. 10. 1 ~ 현재	

로 묶는 인위적인 과정이라고 볼 수 있습니다. 따라서 통합된 지역과 문화의 다양성과 자율성을 보장해 주는 통일 제국의 포용과 존중이 중요했습니다.

우리가 일반적으로 알고 있는 것과 달리 중국은 통일되어 이어온 것보다 서로 분리되어 있던 기간이 더 깁니다. 중국 역사학자 거젠슝(葛劍雄)의 구분에 따라 중국 역사상의 가장 넓은 영토를 기준(제1 표준 통일 기간)으로 하면 통일 기간은 단지 81년이었고, 전대(前代)의 영토를 회복하고 중원 지역의 평화와 안정을 유지하는 것을 기준(제2 표준 통일 기간)으로 한다면 통일의 기간은 950년에 불과합니다. 진이 통일한 기원전 221년에서 청 왕조가 멸망한 1911년까지를 놓고 본다면, 제1 표준 통일 기간은 전체 기간의 4%이며, 제2 표준 통일 기간은 45% 정도입니다. 만약 역사적으로 공인된 서주 시기(기원전 841년)부터 계산한다면, 제1 표준 통일 기간은 3%, 제2 표준 통일 기간은 35%로 축소됩니다. 가장 넓은 영토를 차지하고 강성한 제국을 구축한 원과 청은 한족이 아닌 몽골족과 만주족이라는 이민족이 세운 왕조라는 점 역시 중국 역사의 특징 중의 하나입니다.

지도를 봅시다. 해발 고도를 표시한 입체적인 지도를 봐야 서고동저(西高東底)라는 중국의 지형적 특성과 함께 농경이 가능한 면적의 분포를 알 수 있습니다. 중국의 영토는 세계 3~4위에 해당할 정도로 매우 넓고 인구 또한 14억 명이 넘습니다. 같은 대륙국가인 미국은 비교적 사람이 살기 좋은 자연조건을 보유했지만, 중국은 험준한 산악지대와 사막 그리고 불모지가 많습니다. 중국 영토를 동북쪽 끝에 있는 헤이허(黑河)에서 남서쪽 끝에 있는 텅충(騰衝)이란 지역을 이어 사선으로 나눠보면, 오른쪽에 있는 지역은 전체 영토의 43%에 불과하지만 94%의 인구가 거주합니다. 왼쪽 지역은 영토의 나머지 57%에 해당하지만, 거주인구는 전체의 6%에 불과합니다. 대부분이 사막, 초원, 산악지대이고, 해발 고도 역시 2,000m 이상이기 때문입니다. 티베트의 대부분 지역은 해발 고도가 4,000m를 넘는 고원에 위치합니다. 지리적인 조건을 생각하면 중국은 넓지만, 사람이 살기에 적합한 조건을 갖춘 지역은 의외로 적습니다.

한 조사에 의하면, 활용이 가능한 지역은 전체 중국 국토 면적의 1/3에도 미치지 못한다고 합니다. 산지 및 고원, 언덕이 국토의 69%를 차지하며, 전 국토의 약 58%가 해발 1000m 이상에 있습니다. 따라서 전 국토의 10%를 조금 웃도는 정도에서만 농사를 지을 수 있습니다. 그 결과 중국에서는 의식주(衣食住)가 아닌 기본적인 식생활 문제의 해결을 무엇보다 중요시하는 '식의주(食衣住)' 문화가 나타났으며, 전통적으로 농업에 의존해 왔기 때문에 동부를 중

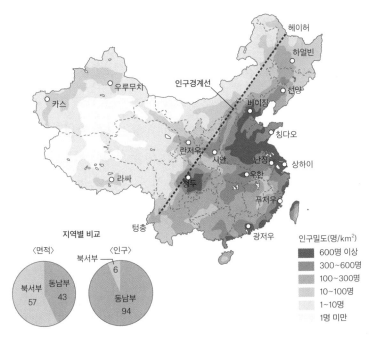

그림 4-1 중국의 인구 분포

심으로 하는 평원 지역에 인구가 밀집되었습니다. 넓지만 '좁은' 땅에 밀집된 다수의 인구를 양육해야 하는 것은 가장 중요하고도 어려운 국가적 과제였습니다.

대일통의 의미와 형성 배경

중국의 인구는 14억 명이 넘고, 주류 민족인 한족과 55개 소수민족이 있습니다. 말이 '소수'이지, 소수민족은 2021년 기준 1억 2,546만여 명으로, 웬만한 국가의 인구보다 더 많지요. 대다수 소수민족은 오랜 역사에서 중국 문화에 동화되었지만, 독자적인 언어와 문화, 특히 종교를 가진 소수민족의 경우는 중국과는 다른 문화 정체성을 갖고 있습니다. 신장웨이우얼 지역의 위구르족, 시짱(티베트) 지역의 장족, 몽골족, 회족이 그렇고, 19세기 이후 대륙으로 건너간 조선족이 그렇습니다. 또한 종족(ethnic) 정체성은 아니지만, 홍콩에서는 중국 본토와는 다른 정치적 정체성을 형성해 왔습니다.

베이징 올림픽이 있던 2008년에는 시짱(티베트), 2009년에는 신장웨이우얼 지역에서 분리독립을 요구하는 시위가 크게 일어났습니다. 2014년과 2019년에는 홍콩에서 민주화 요구 시위가 발생했습니다. 신장웨이우얼과 시짱은 소수민족의 문제이고 홍콩은 '일국양제(一國兩制)'의 문제로 별개의 문제처럼 보이지만, 이들 변경 지역 민중들의 시위는 중국공산당에 도전하는 것이었습니다. 중국공산당은 이들 지역에서의 문제들을 모두 중국의 국가 통합 및 국가 안보와 직결된 문제로 새롭게 인식하게 됩니다.

이에 따라 최근에는 정계뿐 아니라 학계에서도 '대일통' 사상을 재조명하고 있습니다. 중국이 가장 중요하게 생각하는 핵심 가치를 꼽는다면 바로 대일통, 다른 말로 표현하면 '하나의 통일 중국' 원칙일 것입니다. 수천 년 동안 통일과 분열을 반복해 왔지만, 오늘날에 다시 통일 국가 체제를 유지하고 있습니다. 이것이 어떻게 가능했을까요? 이 질문에 대한 대답 중의 하나는 '대일통'이라는 국가 통합의 당위적 관념과 규범을 형성하고 공유하며 이를 제도화하는 과정을 통해 통일된 국가 체제를 유지할 수 있었다는 것입니다. 지속해서 구성되고 만들어졌던 '통합 정체성'이 분열 이후의 중국을 다시 통일로 회귀하게 하는 당위적·이념적 동력으로 작용했던 것입니다.

'대일통'이라는 표현은 『춘추공양전(春秋公羊傳)』의 은공(隱公) 원년(기원전 722) 부분의 "왕 정월은 무엇을 말하는가? 대일통을 말한다(何言乎王正月? 大一統也)"에서 처음으로 등장합니다. 대일통의 대(大)는 '크다'라는 형용사가 아니라 '존대(尊大)하다'라는 동사이며, 일(一)은 '원(元)', 통(統)은 '시(始)'로 일통(一統)은 '만물의 근원(元始)'으로 위계적으로 형이상학적 본체에 의지함을 의미합니다. 대일통은 천명을 받아 제도를 고치는 근원, 즉 국가의 정통과 법통의 근본을 재건하는 것을 중시한다는 의미입니다.[2]

이와 같은 대일통의 의미 해석에서 알 수 있듯이, 하·상·주 시기의 대일통은 체계화되지 않은 모호한 의식 정도의 개념에 머물렀습니다. 그러나 춘추 전국 시대라는 분열과 동란의 시기를 거치면서 대일통 개념은 점차 이론화되고 새로운 내용이 추가되면서, 국가의 정치와 사회에서의 '고도 집중'과 '통일'을 의미하는 것으로 확대되었습니다. 『한서(漢書)』 왕길전(王吉傳)에 의하면, 대는 '중시'와 '존중'을, 일통은 '천하 제후들이 모두 주(周) 천자(天子)를 따라야 한다'는 것을 의미하며, 전국을 통치하는 것을 대일통이라 불렀다고 기록하고 있습니다. 이는 곧 천하가 주 천자에게로 통일됨을 숭배한다는 것을 의미합니다. 대일통 관념의 정치적 의미는 바로 천자나 황제 중심의 중앙집권적 권력 집중이며, 천자에 대한 절대적인 존중을 강조하는 것입니다.

그렇다면 이러한 대일통이라는 '공유된 관념'이 왜, 어떻게 형성되고 지속될 수 있었을까요? 대일통 관념의 형성과 지속은 매우 복잡한 여러 요인이 상호 결합된 결과로 보입니다.[3] 첫 번째로 춘추 전국 시대에 발생했던 끊임없는 전쟁과 극심한 혼란이 배경이 되었습니다. 수백 년간 지속된 전쟁 속에서 반전(反戰)과 평화, 통일에 대한 아이디어가 확산되면서, 점차 대일통 관념이 형성됩니다. 진시황은 550여 년에 걸친 춘추 전국 시대의 어지러운 분열 상황에 마침표를 찍고 마침내 통일 제국을 이뤄냄으로써, 중국 역사에서 '통일 국가'로서의 확고한 정체성을 세웠습니다. 그리고 진의 중국 통일은 "통일이 오래되면 분열하고, 분열이 오래되면 통일된다(合則分, 分則合)"는 반복된 역사에서도 통합된 중국을 지향하는 중요한 밑거름으로 작동하였습니다.

두 번째로 중원 세력과 주변 이민족과의 관계가 통합 정체성 형성에 주요한 요인으로 작용했습니다. 중국은 주변 이민족의 위협에 항시 노출되어 있었습니다. 무엇보다도 중국의 정치와 문명 중심지라 할 수 있는 황하 유역의 중원 지역은 북방 유목 민족 지역과 근접해 있었습니다. 따라서 왕조를 유지하고 강력한 이민족에 효율적으로 대항하기 위해서는 통일적인 사상과 중앙집권적인 국가 통치 체제가 필요했습니다.

세 번째로 지리적 조건을 꼽을 수 있습니다. 중국의 지형은 북으로는 사막, 서쪽은 큰 산맥들, 동남쪽은 강과 바다로 둘러싸여 있고, 그 한가운데 중원 지역이 자리 잡고 있습니다. 이러한 지리적 환경은 전체적인 통일성을 중시하는 관념을 형성하고, 중국 영토의 지리적 외연을 명확히 경계 지었습니다. 산맥, 사막, 그리고 바다가 중국과 외부와의 자연적인 장벽을 형성하면서 중원지역의 관념적인 통합 추세를 강화하는 데 영향을 미치게 된 것입니다.

네 번째로 오랫동안 유지해 온 소농 경제와 농경 사회의 특징에도 주목할 필요가 있습니다. 농업은 중원 왕조의 경제적 토대로, 농업으로 국력을 길러 나라를 번영하게 하는 것이 왕조의 기본적인 정책이었습니다. 대개 농업 기반 정권의 영역은 농업과 유목이 만나는 경계선을 넘지 않았습니다. 목축에 종사하는 민족은 농업 지역과 일정한 의존 관계를 맺게 되나, 농경 민족은 유목 지역의 산물에 대한 의존 관계가 적거나 전혀 없었습니다. 이 때문에 유목 민족은 농경 민족에 대부분 적극적이고 공세적 태도를 보였고, 농경 민족은 유목 민족에 만리장성을 쌓으며 관문을 닫고 수세적 태도를 보였습니다. 역사적으로 농업 지역의 통일은 한족이 완성하였으나, 농업 지역을 포함한 목축 지역의 통일이 유목 민족에 의해 이루어진 것은 이와 같은 이유 때문입니다.[4]

다섯 번째로 유교 사상의 영향을 빼놓을 수 없습니다. 선진(先秦) 시기 제자백가들이 신봉하는 학설은 서로 달랐지만, 노자(老子)와 장자(莊子)를 제외한 제자백가의 대부분은 대일통 사상을 지향했습니다. 단지 "누가 통일할 것인가?", "어떻게 통일을 실현할 것인가?"의 문제에서 긱기 다른 건해를 가지고 있었을 뿐이었습니다. 제자백가 중에서 공자의 유교 사상은 대일통 관념과 중앙집권적 지배 구조를 구축하는 데 중요한 사상적·제도적 기반이 되었습니다.[5] 유교는 충효 사상과 가부장적 통치 질서를 통해 대일통이라는 가치를 보편화하도록 인간을 교육했고, 이러한 가치가 구현된 제도(三綱五常)를 만들어 그 기준에 따라 사회와 국가를 운영하는 것을 핵심적인 교의로 삼았습니다. 대일통을 주창한 선구적인 사상가가 공자였다면, 대일통 사상을 체계화한 사람은 바로 동중서(董仲舒)였습니다. 그는 대일통 사상을 체계적으로 발전시켜 중앙 집권 체제의 확립에 필요한 천인합일(天人合一)의 정치이념을 제시하였습니다.

이상 몇 가지 대일통 사상이 형성되고 지속되어 왔던 요인을 살펴보았습니다. 이러한 요인이 대일통 관념 형성에 영향을 미쳤지만, 권력을 지속시키기 위해서라도 대일통이라는 명분이 필요했을 것입니다. 중국인은 전통적으로 강렬한 국가 의식이나 국가 정체성을 가지고 있지 않았습니다. 이와 같음에도 불구하고 역사적으로 어느 시점에 이르러서는 대일통 관념이라는 구심력에 의해 다시 반복적으로 통일로 회귀하는 것이 역사적 관성이 되었습니다.

중앙-지방 관계의 두 가지 기본 축: 봉건제와 군현제

대일통이 통일과 분열의 관계와 관련된 것이라면, 중앙-지방 관계는 대일통 체제 아래에서의 중앙집권과 지방분권의 관계로 이해할 수 있습니다. 대일통을 이루었다고 해도 대일통 체제에서 '집권(集權)과 분권(分權)' 간의 긴장된 내적 순환 관계가 지속해서 만들어졌습니다. 중앙 통제의 구심력과 지방 자율성의 원심력이라는 균형이 붕괴하면 중국은 분열되고, 또다시 통일과 분열의 역사 순환으로 이어지는 것입니다.

주 왕조는 중국에서 최초로 봉건제(封建制)를 시행하였는데, 이 봉건제가 바로 중앙-지방 관계를 규정한 것입니다. 봉건제의 '봉(封)' 글자의 갑골문을 해석하면 사람이 흙 위에 나무를 심는 모양입니다. 봉건제는 나무를 심어 경계를 짓고 나라를 세운다는 의미의 '봉방건국(封邦建國)'을 줄인 말입니다. 주 천자가 직접 통치하는 영토인 왕기(王畿)를 제외한 토지와 백성을 제후에게 나누어 주어 그들의 영지(領地)로 삼게 하는 제도이지요.

중세 유럽도 봉건제였지만, 주 왕조 시기의 봉건제와는 차이가 있습니다. 유럽의 봉건제는 군사적 힘에 의한 정치적 종속(주종)의 계약적 관계를 중시한 반면, 주의 봉건제는 혈연과 윤리적 종속 관계인 종법제(宗法制)를 결합한 것입니다. 윤리 기반의 관계는 유럽의 봉건제보다 정치적 안정과 지배력을 더욱 확고히 할 수 있었습니다. 유교 경전 중 하나인 『주례(周禮)』에서는 동성제족(同姓諸族)을 종가(宗家)와 지가(支家) 또는 대종(大宗)과 소종(小宗) 관계로 묶는 종법제를 기반으로 하는 주 왕조의 봉건제를 가장 이상적인 정치제도라고 말합니다. 대종과 소종은 명확하게 서열과 질서가 정해져 있었습니다.

당시 주 나라가 보유한 권력 자원과 동원 역량의 측면에서 보면 봉건제의 시행은 매우 현실직이고 합리적인 선택이었습니다. 국력 증강에 따라 지배 영토가 넓어지고, 넓어진 영토를 통치하기 어려운 문제를 극복하기 위한 것이었습니다. 주 천자가 모든 지배 영토를 직접 통치하기 어려운 상황에서, 통합적 질서를 유지하기 위해 혈연으로 연결된 제후들을 통해 간접적으로 천하를 지배하는 방식을 선택한 것입니다. 이족(異族)보다는 동족이나 동성이 훨씬 더 믿음직스러웠겠지요. 봉건제는 주 천자와 각 제후 모두에게 이익이었습니다. 천자는 천하 체제를 유지하기 위한 통치 비용을 줄일 수 있었고, 제후들은 천자에게 매년 공물을 바치고 천자의 요청이 있을 때 군사적 지원을 수행해야 하는 의무가 있었지만, 본인의 영지에서 독자적인 통치권을 행사할 수 있었습니다. 결국, 봉건제는 천자와 제후가 각자의 영토를 다스리는 분권제였던 것입니다.

봉건제의 붕괴는 봉건제의 강점이 약화하거나 사라지면서 나타나게 됩니다. 종법제를 기반으로 한 봉건제를 유지하는 가장 중요한 토대는 바로 혈족 관계의 신뢰와 협력이었는데, 시간이 지날수록 혈연관계는 약화할 수밖에 없으며, 제후들에게 나눠 줄 영토가 부족해지면서 천자의 권위가 땅에 떨어지고 봉건제 역시 붕괴하기 시작합니다. 주 천자와 제후들의 관계를 다른 말로 표현하면 중앙-지방 관계라고 했습니다. 그들 간의 신뢰와 혈연적 유대 정도에 따라서 중앙-지방 관계는 안정과 혼란을 순환하는 '일치일란(一治一亂)'의 상태가 됩니다. 봉건제에서의 천자와 제후의 역학 관계가 중앙-지방 관계를 결정하는 핵심입니다.

중국을 통일한 진시황은 황제를 권력의 정점에 두는 중앙집권적인 관료 체제를 구축하였습니다. 중앙 정부에 황제 직속으로 행정(승상), 감찰(어사대부), 군사(태위)를 담당하는 삼공(三公)을 두었고, 그 휘하에 9개의 부서를 설치하였습니다. 지방에는 군(郡)과 현(縣)의 2개 행정 계층제를 시행하였습니다. 초기에 36개의 군을 설치하였고, 현 이하에는 향(鄉)을 설치하고 리(里)라는 기층조직을 두었습니다. 군현제(郡縣制)는 원래 춘추 전국 시대의 일부 제후국에서 확보한 영토에 대해 분봉하지 않고 현이라는 지방 관료 조직을 설치하면서 시작하였고, 진 왕조 시기에 와서 전면적으로 시행한 것입니다.

군현 지역은 모두 황제의 직할 통치 아래에 있었고, 군수와 현령도 황제가 직접 임명하였습니다. 군수와 현령은 영지를 하사받지 않았고 봉록만을 받았습니다. 또한, 중요한 사안은 직접 황제에게 보고해야 했으며 스스로 결정할 권한은 주어지지 않았습니다. 지방의 관원들을 감시하고 관리하기 위해 감어사(監御史)라는 감찰 기구를 설치하기도 했습니다.

군현제는 지방에 대한 중앙의 효율적인 통제를 강화하기 위해 시행한 것입니다. 군현제의 가장 중요한 특징은 지방 관료의 임명과 파견에 있습니다. 황제가 지방 관료를 직접 임명하여 파견하였기에 지방에 대한 통제력을 강하게 유지할 수 있었고, 지방 귀족의 권력과 영토가 세습되지 않았기에 지역 토착 세력의 성장을 억제할 수 있었습니다. 지방분권적 봉건제에서 중앙집권적인 군현제로 전환되는 과정은 중앙이 지방을 효율적으로 통제할 방법을 모색하면서 진행되었고, 시간의 경과 속에서 일정 정도의 변화가 있었지만 오늘에 이르기까지 군현제의 기본 골격은 유지되어 이어지고 있습니다.

군현제를 통해 중앙집권을 강화하려던 진 왕조는 역설적으로 10여 년 만에 멸망했습니다. 제도의 안정성과 현실의 실행 사이에는 틈새가 존재합니다. 봉건제든 군현제든 중요한 것은, 제도보다는 황제의 중앙 권력과 지방 관료 및 신사층과 같은 지방 권력 사이의 실질적인 역학 관계입니다. 황제가 명분(이념)과 군사적 역량(무력) 그리고 경제적 풍요로움(돈)을 통해 지방을 통제할 수 있으면 천하는 안정을 유지할 수 있으나, 그렇지 못한 경우 지방 세력이 군사력과 민심을 얻어 득세하고 천하는 다시 혼란을 겪게 되는 것입니다.

제국과 제국주의 그리고
중국 '제국론'의 등장

제국(帝國)은 팽창(억압)과 포용(관용)이라는 서로 다른 두 가지 측면의 중요한 원리로 구성된 복합적이고 다중적인 광역 국가를 말합니다. 제국을 구축하고 유지하는 과정에서 발생하는 팽창과 억압성은 제국을 도덕적으로 비판하는 중요한 근거가 됩니다. 특히 근대 제국주의(帝國主義) 세력의 발흥과 냉전 시기를 거치면서 제국은 부정적 질서의 상징적 개념으로 전락했습니다.

심지어 제국은 제국주의와 혼용되기도 합니다. 제국주의는 대외로 팽창하는 하나의 침략적인 국민국가로 이해할 수 있습니다. 그 과정에서 다양성과 이질성은 용인되지 않고 자국 가치와 제도의 동일화가 진행됩니다.

그러나 제국주의와 구분되는, 간과하지 말아야 할 제국의 또 다른 중요한 원리는 바로 관용과 포용입니다. 광활한 영역을 지배하는 제국은 이질적인 언어, 종교, 문화, 경제, 사회 그리고 정치적 다원성에 직면하기 때문에 다양성과 자율성에 대한 존중은 제국 체제를 유지하는 필수 불가결한 요소이자 가장 중요한 상징입니다. 조선과 타이완을 식민지로 만든 일본은 서구 근대의 지배 형태인 제국주의를 수용한 세력이었고, 팽창의 속성을 보이지만 간접적인 지배를 통해서 광역 국가 체제를 유지했던 전통 시대의 중국은 하나의 제국이었습니다. 따라서 관용의 원리를 존중하지 않는 제국은 패권주의적 제국주의이고, 서구 근대의 제국주의를 극복하기 위해 아시아적 제국의 가치를 회복해야 한다는 주장도 제기되고 있습니다.[6]

오늘날 강대국들이 패권을 장악하기 위해 끊임없이 갈등하고 근대 주권 국민국가의 한계가 명확히 드러나고 있습니다. 따라서 관용과 다원성을 존중하는 제국성(帝國性)에 기반을 둔 새로운 국제질서를 형성할 수 있을지에 관한 논의가 대두되고 있습니다. 그 논의의 중심에는 개혁개방 이후 새로운 강대국으로 재부상한 중국을 중심으로 하는 '제국론'이 있습니다. 제국론에는 중국의 부상에 대한 엇갈린 시각이 공존합니다. 중국이 과연 '관용'에 내재한 제국의 억압성과 폭력성을 극복하여 패권적인 제국주의와는 다른 민주, 인권, 법치를 기반으로 하는 상생·공존의 열린 제국을 국내외적 차원에서 구현할 수 있을 것인가에 대한 의문과 희망이 바로 그것입니다.

제국의 일국다제와 오늘날의 일국양제

천하 통일이라는 관념이 공유되고, 통일 국가를 구성하려는 규범이 오랫동안 지속되어 왔지만, 중국 역사에서 대일통에 부합하는 국가가 출현하기는 쉽지 않았습니다. 왜 그랬을까요? 대일통을 이루고 중앙집권을 강화해도 지방을 완전히 중앙의 의지대로 일체화시키는 것이 현실적으로 매우 어려웠기 때문입니다.

진 왕조 이후 영토 팽창에 따라 다양하고 이질적인 민족과 문화를 지배하는 광역 국가로 전환한 중국은, 대일통을 기반으로 하는 군현제만으로는 광대한 '제국'을 유지하기 어려운 상황에 직면했습니다. 제국의 대일통을 유지하기 위해 지방과 지역의 통치제도를 어떻게 건립하느냐는 중요한 문제가 되었습니다. 통일 체제를 유지하면서 지역과 지방의 자율성과 다양성을 담보하는 '일국다제(一國

多制, 하나의 국가, 여러 제도)'라는 제국 중국의 통치 질서가 탄생하게 된 배경입니다. 군현제는 분권적이고 독립적인 봉건제를 대체하면서 중앙집권과 관료에 의한 직접적인 지방 통치를 강화하는 제도적 장치였습니다. 다른 한편 하나의 통일 국가 체제 아래에서 다양한 분권적 제도를 운용하는 일국다제는 팽창하는 제국의 광활한 영역과 그 속에 존재하는 지역적·민족적·종교적 다양성과 이질성을 통합하는 제도였으며, 중앙 통제와 지방 자치라는 군현제와 봉건제를 결합한 다층적 지배 질서의 구현이었습니다.

일반적으로 한 지역을 직접 통치하기 위해서는 우선 교통망이 원활히 연결되어야 합니다. 그리고 현지 인구와 주둔군의 행정 및 군사 인원을 부양할 수 있어야 한다는 두 가지 기본 조건이 충족되어야 합니다. 첫 번째 조건인 교통망에 문제가 있으면 중앙이나 상부의 명령이 지방과 하부로 원활히 전달되지 못하여 효과적인 통치를 할 수 없게 됩니다. 두 번째 조건이 충족되지 못하면 국가의 재정 부담이 가중되어, 중앙 정부는 이 지역을 영토로 편입할 필요성을 고민하게 될 것입니다. 이런 이유로 역대 중원 왕조는 중원 밖의 지역을 정복하였으나, 대체로 그 지역에 오래 주둔하지 않았고 심지어 공식 행정 구역을 설치하지도 않았습니다. 제국의 주변에는 많은 이민족이 있었고, 지리적으로 멀고 문화나 종족에 있어서도 이질적인 지역을 직접 통치하는 데 드는 비용은 제국의 능력으로 감당할 수 없었습니다. 피정복지의 지속적인 저항 역시 군현 지배의 한계를 드러냈습니다. 따라서 새롭게 정복한 지역에 대해서는 중원 지역과는 다른 방식의 통치가 불가피했습니다. 그 결과 도, 속방, 부도위, 도호부, 교위 등과 같은 일종의 다층적 지배 구조가 만들어졌

습니다.[7]

　일국다제는 선진 문명을 가진 화하(華夏) 세계와 유목·수렵에 종사하는 주변 이융만적(夷戎蠻狄) 간의 문명적 우열 차이가 극심하다고 보는 '화이지변(華夷之辨)'을 핵심으로 하는, 중원 지역 중심의 폐쇄적 관념을 반영하는 것이기도 합니다. 예를 들어 한(漢) 왕조는 서역에 군현을 설치하지 않고 군사 감독기관인 도호부만을 설치했는데, 이것은 중원 통치와는 완전히 다른 것이었습니다. 도호부만 설치한 것은 이들 지역의 주민들은 개화되지 않아 천조(天朝)의 신민(臣民)으로서의 자격이 부족하다고 인식하였기 때문입니다.

　대일통은 지역적·민족적·문화적 다양성과 이질성에 대한 통합을 수반하는 제국 체제와 연동됩니다. 대일통은 제국의 이념이었습니다. 제국의 광역성과 그 속에 존재하는 다원성을 '관용'적으로 통합하는 필수 불가결한 제도적 장치가 바로 일국다제였습니다. 새로 개척한 영토 주민에 대한 통치는 자율과 자치를 강조하는 '느슨한' 형태여야 했습니다. 이는 중국 중원 왕조와 피정복 지역 간의 관계가 착취적이고 침투적인 식민지적 질서가 아님을 의미하기도 합니다. 공식적이고 엄격한 위계질서를 전제로 하였으나 피지배 지역과 민족의 자율과 자치성을 담보하는 현실적인 방법이었습니다. 이러한 일국다제는 '주권'과 '통치권'을 분리하는 전통 시기 중국의 제국적 지배 방식이었고, 이를 통해 대일통의 질서를 유지하고 구축할 수 있었습니다.

　중국공산당이 지배하는 신중국 역시 영토, 민족, 지역성 등의 측면에서 청 왕조의 유산을 계승하여, 이전 시기의 통치구조와 크게 다르지 않습니다. 대일통인 '하나의 중국' 원칙을 강조하면서, '일국양제'와 소수민족 자치제도와 같은 혼합적 방식의 통치제도를 만들었습니다. 일국양제는 1980년대 홍콩 반환을 앞두고 진행된 영국과의 협상 과정에서 덩샤오핑(鄧小平)이 제기한 아이디어입니다. '하나의 국가'를 유지하되 중국의 사회주의와 홍콩의 자본주의라는 '두 개의 제도'를 장기적으로 인정한다는 뜻입니다. 홍콩 반환 이후의 모델로 제기된 것이지만, 궁극적으로는 양안 관계에서 타이완과의 통합 방안으로 제안되었습니다. 이러한 일국양제와 소수민족 자치제도는 신중국에서 새롭게 제기된 제도적 혁신이 아닌, 전통적인 일국다제에서 나온 것입니다. 이는 광역 국가이자 다민족 통일 국가인 현대 중국의 개방성과 다원성을 보여주는 것입니다.

중국은 외교 관계를 수립할 때 상대국에 '하나의 중국' 원칙을 요구하며, 타이완을 중국의 일부분으로 보고 국가로 인정하지 않습니다. 거대한 중국을 유지하기 위해서는 국가 통일과 국민 통합이 필요하며, '중국인'이라는 공유된 정체성이 그 밑바탕이 되어야겠죠.

그러나 홍콩과 타이완과의 실질적인 대일통 실현은 쉽지 않아 보입니다. 최근 타이완이나 홍콩에서 '중국인'이라는 정체성은 점점 희미해지고 '타이완인' 혹은 '홍콩인'이라는 정체성이 강화되고 있습니다. 2017년 6월 홍콩대학교의 조사에 따르면, 자신을 중국인이라고 답한 홍콩인은 35%로, 1997년 조사 때의 46.6%에 비해 많이 감소했습니다. 2020년 6월 「홍콩국가보안법」 시행 후에는 이러한 조사 결과를 더는 공개하지 않고 있습니다. 타이완은 매년 정체성 조사를 실시하고 있는데, 2023년 6월 기준으로 조사 대상의 62.8%가 스스로 타이완인이라는 정체성을 갖고 있었고, 30.5%는 타이완인이자 중국인이라고 대답했으며, 자신을 중국인이라고 생

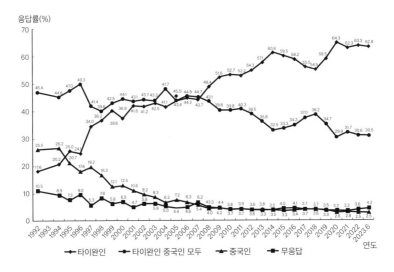

그림 4-3 타이완인의 정체성 조사 (자료 출처: 國立政治大學 選擧研究中心)

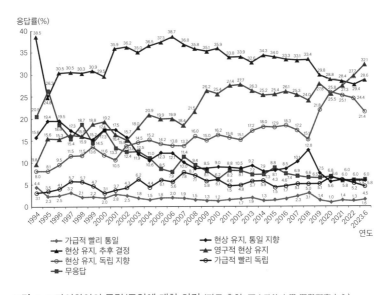

그림 4-4 타이완인의 독립/통일에 대한 의견 (자료 출처: 國立政治大學 選擧研究中心)

각하는 응답자는 2.5%에 그쳤습니다.[8] 또한, 응답자의 60.7%가 타이완의 현상 유지를 원했고, 타이완 독립을 지지하는 의견은 25.9%로 나타났습니다. 중국과 타이완의 통일을 지지하는 응답은 1.6%에 불과했습니다.[9]

중국 당국은 변경 지역에서 갈수록 커지는 원심력에 대응하여 '국민화' 교육을 강화하고 있습니다. 특히 2017년 19차 당대회 이후 '중화민족의 위대한 부흥'이라는 표현을 중국공산당 「당장(黨章)」과 국가 「헌법」에 명시하면서, 국민화 정책을 본격화합니다. '중화민족'이라는 국민/민족(nation) 중심의, 이른바 '중화민족의 정확한 역사관'을 강조하고, '중화민족 중심의 중화 문명관'도 재정립하고 있습니다. '민족 부흥의 꿈'은 강국몽(強國夢)과 함께, 통일몽(統一夢)도 포함합니다. 1840년 아편전쟁 이후 '100년 치욕'을 청산하는 역사적 상징으로, 이제 타이완과의 통합은 통일몽의 마지막 퍼즐이 되었습니다. 시진핑은 이 마지막 퍼즐을 맞추고 싶어 합니다. 그렇게 될 경우 타이완 통합은 마오쩌둥(毛澤東)의 혁명과 건국(站起來), 덩샤오핑의 개혁개방을 통한 경제 발전(富起來)에 버금가는 시진핑의 명실상부한 업적으로 중화민족의 위대한 부흥(強起來)의 상징이 될 것입니다.

그러나 과연 '중화민족'이란 무엇일까요? 소수민족과 같은 종족 민족주의, '홍콩인'이라는 지역 민족주의 등 중국 내부에 존재하는 다양한 이질적 성격으로 인해, 중국은 '중화민족'이란 이름으로 국가를 하나로 통합하긴 매우 어렵습니다. 특히 자체 고유한 문화와 종교를 가진 티베트나 이슬람권 문화는 어떤 원리로 통합할 것인가가 중국 통치자에게는 늘 고민거리였습니다. 일국양제는 국가 통합을 보장하는 획기적인 제도라고 여겨졌지만, 일국양제를 실천하는 과정에서 상호 인정과 통합 지향의 마음 변화를 끌어내지는 못했습니다. 홍콩인들은 일국양제가 이미 끝났다고 보고 있으며, 타이완인들은 중국이 말하는 일국양제 방식에 동의하지 않습니다.

'통합'은 통일이 아니라 상호 인정을 통한 공존을 의미합니다. 진정한 '통합'이란 어찌 보면 동질적인 하나의 원리로 묶어내는 것이라기보다는, 서로의 다름과 차이를 인정하며 상호 공존할 수 있는 '화이부동(和而不同)'의 원리라 할 수 있습니다. 역사적으로도 보면 다양성을 인정하면서 포용적이고 개방적인 태도를 보일 때 가장 강력한 중화제국의 형태를 유지할 수 있었습니다. 획일적 기준으로 동질화하려는 중국 당국의 정책에는 포용과 여유보다는 어떻게든 강국몽과 통일몽을 달성하려는 열망과 함께 조급함이 엿보입니다. 강압은 지속할 수 없으며, 그만큼의 반발을 불러일으킵니다. 획일성을 강조하는 통합 중국보다는 '문명 중국'의 관점으로 다원성을 수용하고 상생으로 나아가는 길을 회복했으면 합니다.

중앙-지방 관계와 분권화:
"위에는 정책이 있고, 아래에는 대책이 있다"

중앙-지방 관계에서 '중앙'의 의미를 생각해 보겠습니다. 중앙-지방 관계에서 '중앙'과 '지방'은 구체적으로 어디를 말하는 것일까요? 아주 단순하게 중앙-지방 관계를 중앙 정부와 지방 정부와의 관계라고 표현해도 크게 틀린 말은 아닙니다. 그런데 중국은 공산당이 국가를 통치하는 '당치국가(黨治國家)'의 특징을 갖습니다. 정부나 의회가 아니라 공산당이라는 정치집단이 정책 결정권을 독점하며 중국을 통치하고 있는 것이지요. 따라서 중국의 중앙-지방 관계에서 중앙과 지방의 의미는 훨씬 더 복잡하고 우리와는 다르게 이해되어야 합니다.

중국에서 '중앙'은 정치국과 정치국 상무위원회를 포괄하는 공산당 중앙위원회라는 '당' 중앙을 지칭할 수도 있고, 중앙정부인 '국무원'과 '당 중앙'을 함께 지칭할 수도 있습니다. 물론 최고 지도자를 포함하여 여러 권력 주체를 포함할 수도 있습니다. '중앙'의 개념은 상황과 권력관계에 따라서 다르게 인식될 수 있습니다. 따라서 '중앙'의 개념은 어느 특정 조직이나 주체를 지칭하는 것보다는 당·국가의 여러 권력 기구가 복잡하게 결합하여 형성된 권력 체제로 이해해야 합니다. 물론 그 중심에는 중국공산당이 있겠지요. '지방'이라는 개념도 같은 맥락에서 지방 각급 정부, 지방 공산당위원회, 지방 인민대표대회 등을 포괄합니다. 이처럼 중국은 당 조직과 국가기구 라인이 중첩되어 있으면서도 행정 등급이 다층적이어서, 중국에서 '중앙'과 '지방'의 함의는 매우 복잡합니다.

역사적 측면에서 볼 때, 중국의 중앙-지방 관계는 권력 집중과 분산의 순환 관계가 핵심입니다. 이러한 순환을 좌우하는 요인은 중앙의 구심력과 지방의 원심력 간의 힘의 관계라 할 수 있습니다. 전통적으로 대일통 관념이 중국 사상의 밑바탕을 이루었고 구심력이 강하면 강력한 중앙집권이 가능했지만, 반대로 원심력이 강하게 작동할 때는 분열의 상황이 전개되었습니다. 중국과 같은 복잡한 지역적 특성을 가진 '초대형' 국가에서 중앙의 권력 집중과 지방으로의 권력 분산 간에 균형점을 찾는 것은 결코 쉬운 일이 아닙니다. 특히 개혁개방 시기 중앙-지방 관계의 핵심은 중앙의 통제력을 유지하면서, 동시에 지방이 일정한 권한을 가지고 적극적으로 경제와 사회발전을 이끌 수 있도록 하는 것이었습니다.

1978년 이후 시행된 개혁개방 정책은 매우 성공적이었고, 그 결과 오늘날 중국은 미국 다음의 세계 2위의 경제 대국이 되었습니다. 좀 더 지켜봐야겠지만 조만간 미국 경제를 넘어설 수 있다는 전망도 나오고 있습니다. 중국의 개혁개방 정책을 성공적으로 이끈 여러 요인 중에서, 분권화 정책으로 일정한 권한을 부여받은 지방 정부가 경제 발전을 주도한 역할이 매우 중요했습니다. 중국은 지방마다 개별적 상황과 경제 발전의 수준 그리고 그로 인한 생활 환경과 사고방식이 달라서, 중앙이 단일하고 표준적인 정책으로 전체 경제를 일괄적으로 발전시키기가 어려웠습니다. 따라서 개혁개방 시기에는 분권화 정책을 통해 지방 정부에게 정책 주도권과 재량권을 부여했으며, 지방 정부는 일정한 권한을 가지고 제도적 혁신을 통해 지방을 발전시켜 온 것입니다. 이를 '발전형 지방주의(developmental localism)' 모델이라고 부를 수 있습니다. 동아시아의 발전 모델이 국가, 주로 중앙 정부에서 주도한 것이라면, 중국은 지방 정부가 경제성장을 주도했다는 것이지요.[10]

중국과 같이 대규모 영토, 거대한 인구, 문화적 다양성, 강한 지방의 특성 그리고 반복되는 혼란과 분열, 수많은 전쟁 경험 등 매우 복잡한 구조로 되어 있는 국가에서는 하나의 정형화되고 불변하는 원칙이 지켜지기는 쉽지 않습니다. 이에 따라 현실과 상황에 따른 판단과 변화를 강조하는 실용주의적 실사구시(實事求是) 사상이 발전했습니다. 실사구시는 실천 속에서 진리 여부를 판단한다는 것으로, 그때그때의 상황과 변화에 따른 옳고 그름의 판단을 중시합니다. 실사구시적 관점에서 보면 진리는 고정된 것이 아니라 상황에 따른 변화를 강조하는 것이지요. 중국의 개혁개방도 실사구시적 사고에서 진행되었습니다. "검은 고양이든 흰 고양이든 쥐만 잘 잡으면 된다"는 이른바 '흑묘백묘(黑猫白猫)'도 이러한 실용주의적 사고를 반영한 것입니다.

중국의 물리적 규모를 현실적으로 이해하기는 쉽지 않습니다. 직접 다녀보고 부딪쳐 봐야 비로소 조금 실감이 납니다. 중국에서 한 개의 성은 웬만한 국가의 규모보다 더 큽니다. 지방마다 경제 격차가 심하고 문화 차이도 큽니다. 중앙 정부가 지방 사무에 하나하나 개입하는 것이 가능하지 않습니다. 중앙 정부는 거시적인 정책의 방향이나 계획을 세우고 발표할 뿐이며, 구체적인 세칙 제정이나 집행은 지방 정부에서 이루어집니다.

그래서 중국에는 "위에는 정책이 있고, 아래에는 대책이 있다(上有政策, 下有對策)"는 말이 있습니다. 이 표현은 긍정적·부정적 양면의 의미로 해석할 수 있습니다. 우선 중국의 물리적 규모와 지방의 다양성을 인정하여 중앙 정부는 일정한 국정 목표를 가지고 이에 부합하는 거시 정책을 제시하고, 정책의 집행자인 지방 정부는 자율성을 가지고 각자의 상황에 맞는 대책을 마련한다는 뜻입니다. 이를 중국어로 '인디즈이(因地制宜)'라 표현합니다.

예를 들어, 중국의 대입 시험인 일명 '가오카오(高考)'는 전국 통일 시험지와 지방 자체 시험지가 있는데, 각 성에서는 상황에 맞게 선택해서 사용합니다. 지역별로도 시험지 종류가 여러 가지로 나뉩니다. 이는 지역별 교육 격차에 따른 난이도 차등화 및 시험지 유출 등에 따른 문제를 해결하려는 하나의 방안입니다. 지역별 교육 격차를 고려해 지역 할당제를 시행하고 있으며, 소수민족에 대한 별도의 시험 정책도 운용하고 있습니다. 구체적인 과목 선택 방식, 시험 내용, 점수 산출 방식 모두 지역마다 천차만별이기 때문에 출신 지역이 다른 두 학생의 실력을 대입 시험 점수만을 통해 비교하는 것은 불가능합니다. 따라서 성, 직할시, 자치구별 지역 수석은 있을 수 있으나 전국 수석은 존재하지 않습니다.

한편 중국의 모든 권력은 중앙에 집중되어 있고, 지방 정부는 중앙 정부의 하급 기관이며 집행 기관으로서의 권한을 행사합니다. 하지만 실제로는 중앙 정부와 지방 정부 간에 서로 다른 이익과 목표가 있습니다. 다시 말해 지방 정부는 중앙 정부의 정책 지침을 충실히 실행해야 하는 대리인이자 집행인이지만, 동시에 지방의 이익을 반영하는 주체이자 대변인이기도 합니다. 이러한 이중적 지위로 인해 지방의 이익에 부합하면 중앙의 정책을 잘 따르지만, 그렇지 않았을 때는 중앙의 정책을 회피, 지연, 심지어는 왜곡하기도 합니다. 예컨대 빈곤 지역을 선정하여 지원하겠다는 중앙의 정책이 발표되자, 일부 지역에서는 국가급 빈곤현(貧困縣)으로 선정되기 위해 자기 지역이 얼마나 가난한지 과장·허위 보고를 하기도 했습니다. 빈곤현으로 지정받은 뒤 정부 보조금을 타내기 위함이었죠. 반대로 중앙 정부가 '탈빈곤 승리'를 선언한 뒤에는, 일부 지방에서 가난한 사람들을 숨기고 이들에게 허위 인터뷰를 하도록 협박하기도 했죠.

어느 나라나 중앙 정부와 지방 정부 간의 갈등은 있기 마련입니다. 중국의 경우 경제사회 분야에서 지방 정부가 맡아야 하는 책임과 권한은 상당히 큽니다. 이에 따라 중앙 정부는 어떻게 하면 지방의 적극성을 유인하여 중앙의 경제 정책을 적극적으로 집행하게 할 것인가와, 어떻게 하면 지역의 이익만을 챙기려고 이기적으로 행동하는 지방을 효과적으로 통제할 것인가의 문제를 함께 안고 있습니다. 이러한 딜레마에서 오는 악순환을 표현한 말이 있습니다. 바로 "권한의 이양과 회수의 순환(一放就亂, 一亂就收, 一收就死, 一死就放)"입니다. 경제 활성화를 위해 지방에 권한을 이양하면(放) 상황이 혼란스러워지고(亂), 다시 상황을 정리하기 위해 권한을 회수하면(收) 경제가 활력을 잃게 되어(死) 다시 권한을 이양할 수밖에 없는 악순환이 발생한다는 말입니다. 과거 수많은 중국 왕조는 농민과 지방세력(엘리트)의 협력에 의한 반란으로 무너졌습니다. 대일통을 지향하는 중앙 정부로서는 지방의 불복종과 이반을 가장 두려워합니다. 지방에 자율적 공간을 주면서도 적절하게 통제할 수 있어야 하죠.

개혁 시기 중앙 정부는 큰 문제 없이 지속해서 성장한다면 지방에서 어떤 사건이 발생해도 대체로 묵인해 왔고, 지방에서는 자기 지역에 부합하는 정책을 적극적으로 집행하면서 다른 지방과의 경쟁 속에서 경제성장에 매진해 왔습니다. 중앙 정부로서는 인사권과 재정권을 가지고 지방 엘리트를 잘 견제하고 통제하는 것이 중요하지만, 지방의 권한을 지나치게 축소하고 통제하면 지방 경제가 활력을 잃게 됩니다. 시진핑 집권 이후 이전 정권보다 훨씬 강력한 반부패 운동이 시행되고 중앙집권적 조치가 강화되면서 지방 관료들의 복지부동 현상도 만연되고 있습니다. 결국, 순조로운 정책 운용의 묘(妙)는 지방에 대한 통제와 권한 부여 간의 균형을 어떻게 적절하게 유지하느냐에 달려 있다고 볼 수 있습니다.

통일과 분열의 순환 딜레마를
어떻게 극복할 수 있을까

앞서 살펴보았듯이, 대일통 관념의 형성과 다양한 제도적 노력을 통한 통합 정체성의 형성은 통합과 분열의 순환이 구조화된 역사 속에서 통일을 지향하려는 강한 경향을 만들어냈습니다. 또한 이러한 관념은 원심력이 강하고 다양하고 이질적인 중국 사회를 하나의 형태로 유지하는 데 큰 역할을 했습니다. 이것은 분열 이후 중국이 통일로 되돌아가는 원동력이 되었으며, 분열과 통일의 불균형을 상대적인 균형 상태로 만드는 균형추 역할을 했습니다. 중국이 분열을 끊임없이 반복하면서도 그것이 영속화·고착화되지 않으며, '하나의 중국'이라는 단일한 국가 체제를 유지해 온 이유이기도 합니다.

그럼에도 불구하고 통일 정체성의 형성은 통일 체제를 유지하려는 지배층의 공통 관념과 규범 그리고 제도화를 통해 이루어졌으며, 이렇게 이루어진 중국의 통일은 일시적인 통합에 불과했습니다. 중국 역사의 실제 모습은 통일이 정통이자 주류인 것이 아니라, 오히려 분열 지향적인 중국에 간헐적으로 대일통을 이루려는 강한 힘과 세력이 등장하여 통일 추세가 만들어졌다고 할 수 있습니다. 대일통 체제가 획일적이고 통일적인 집권 체제의 유지를 전제로 하는 한, 다채롭고 역동적인 민족적·지역적 정체성으로 인해 언제나 갈등이 표출되어 왔습니다.

역사적 경험에 의하면 통일과 분열의 순환, 특히 분열 시기는 새로운 시대를 위한 도약의 계기를 제공했지만, 그 과정은 매우 큰 불안전성을 동반했습니다. 이러한 불안정성이 지속되는 한 중국은 안정적인 초강대국이 될 수 없을 것입니다. 역사의 불안정한 순환을 극복하기 위해서 중국이 새롭게 구성해야 할 국가 정체성은 대일통 관념을 토대로 한 중앙집권적인 단일 체제가 아니라, 오히려 '분치(分治)는 곧 분열'이라는 관념을 극복하며 분치의 역동성과 효율성을 발현하고 제도화하는 것에서부터 시작해야 하지 않을까 하는 생각이 듭니다.

그러나 이것을 구체화하기는 쉽지 않을 것입니다. 오래된 관념을 버리기도 어렵고요. 더구나 현재 중국이 제시한 국가 목표를 달성하기 위해서는 중앙으로 강력한 힘을 집중시키는 것이 빠르고 효과적인 방법으로 보일 것입니다. 앞으로 중국은 지속적인 경제 발전을 위해 정치사회 안정을 유지하고 대외적으로 강력한 국가를 건설하기 위해 대일통 신화를 유지하면서 통합을 강화할 가능성이 훨씬 큽니다. 대일통에서 벗어나면 중국이 분열할 것이라는 역사 관념과 공포심이 강하기 때문입니다. 그러나 역사는 우리에게 중앙집권적인 통합은 항상 폭력과 강압을 동반하였고, 전쟁과 분열의 근본 원인이 대일통 관념에 있다는 것을 보여줍니다. 중국 역사에서 분열은 자연적이고 순리적이며, 통합은 강제적이고 인위적이었습니다. 대일통 관념은 중국의 지역적·문화적 다양성이라는 상황과 부합하지 않는 그저 권력자의 욕망일 수 있습니다. 통치자가 천하 통일관을 포기하지 않는 이상 순리적이고 자연적인 분열 지향적인 힘은 지속해서 나타날 것입니다. 통일과 분열이라는 구조화된 역사 순환에 어떻게 대응하느냐가 21세기 안정적이고 부강한 중국의 미래를 결정할 것입니다.

★ 더 읽어보기

『중국, 대국의 신화: 중화제국 정치의 토대』(김영진 지음, 성균관대학교출판부, 2015)

『중국 분열: 새로운 시각으로 본 중국사』(권중달 지음, 삼화, 2014)

『중화제국의 재건과 해체』(박병석 지음, 교문사, 1999)

『열린 제국: 중국(고대-1600)』(발레리 한센 지음, 신성곤 옮김, 까치, 2005)

『현대중국의 제국몽: 중화의 재보편화 100년의 실험』(전인갑 지음, 학고방, 2016)

5강

중국 현대사 I:
혁명과 현대 중국의 건립

천안문 광장: 지배 권력과 혁명이 교차하는 곳

중국의 지난 20세기 백 년은 가히 '혁명'의 역사라 할 수 있습니다. 1911년 신해혁명으로 2천여 년간 유지되어 왔던 왕조 체제가 붕괴하고, 중화민국(中華民國)이라는 아시아 최초의 공화국이 탄생합니다. 20세기 전반에는 극적인 성공을 이룬 공산주의 혁명의 역사가 있었고, 중반 무렵 문화대혁명이라는 사회주의 체제 안에서의 또 다른 혁명이 발생했습니다. 20세기 후반인 1989년에는 사회 변혁을 외치는 천안문 민주운동이 있었습니다. 체제나 지역은 서로 다르지만, 동시대적인 세계적 흐름이 있었습니다. 1960년대와 1980년대는 동서양을 막론하고 자신의 체제에 대한 자성과 변혁에 대한 갈망이 터져 나왔던 시기였습니다. 중국의 현대사와 관련해서는 20세기에 발생했던 기존 체제를 뒤집는 사회주의 혁명, 체제 내부에서 발생한 문화대혁명, 그리고 체제에 저항하는 1989년 천안문 민주혁명, 이 세 가지 사건에 대해서 얘기하고자 합니다.

첫 번째로 중국 건국의 토대를 만든 사회주의 혁명을 살펴보기로 하겠습니다. 중국공산당은 1921년 창당 이후 국민당과의 내전에서 승리함으로써 혁명을 성공적으로 완수합니다. 일반적으로 우리가 궁금해하는 점은 중국공산당이 혁명에 성공한 원인은 무엇이고, 국민당은 왜 패배했냐는 것입니다. 또 다른 궁금증은 중국공산당이 주도한 혁명은 과연 '사회주의 혁명'이었을까 하는 것입니다. 마르크스-레닌주의에서 말하는 자본주의 체제의 모순과 갈등이 극단으로 치달으면서 노동자계급이 폭발하는 바로 그 혁명인가라는 점입니다. 당시 중국은 산업노동자의 비중이 인구의 3%에도 미치지 못했고, 인구 대부분이 농민이었던 소농(小農) 국가였지요. 마르크스 혁명 이론에서 주역을 맡았던 노동자계급이 실제 중국에서는 거의 존재하지 않았습니다.

혁명의 과정에 관해 얘기하기 전에 우선 중국의 주요 정치적 사건이 일어났던 공간에 관해 얘기해 보고자 합니다. 바로 천안문(天安門) 광장입니다. 고대 그리스 폴리스(polis)에 있던 '모이다'라는 의미의 '아고라(agora)'는 상업이 이루어지는 경제적 기능 이외에 도시국가 시민들이 만나 자유롭게 토론을 벌이던 정치적 공론의 장소였습니다. 현대 정치에서도 '광장'은 정치적 토론과 소통이 일어나는 매우 중요한 장소입니다. 2016~2017년 한국 사회에서도 대의민주주의가 한계에 봉착하면서 주권을 가진 국민이 광화문 광장으로 쏟아져 나왔습니다. 이를 '광장의 정치', '운동의 정치'라고 하지요. 광장의 정치를 경험한 세대와 경험하지 못한 세대가 갖는 정치나 역사에 대한 경험과 의식은 매우 다릅니다. 사람들이 저마다의 목소리를 갖고 광장에 모인다는 것 자체로, 광장은 하나의 해방 공간이면서 사회적 열망을 분출하는 곳이라 하겠습니다.

마찬가지로 중국의 천안문 광장은 1919년 5·4 운동 당시 부패한 왕조에 저항하고 새로운 세상을 꿈꾸었던 곳이었고, 70년 뒤에는 베이징의 시민과 학생들이 사회변혁을 요구했던 곳이기도 합니다.[1] 그러나 동시에 천안문은 권력을 상징하는 공간이기도 합니다. 1949년 10월 1일 중화인민공화국의 건립을 선포한 곳이며, 천안문 성루 한가운데에는 중국 혁명과 건국의 아버지 마오쩌둥(毛澤東)의 사진이 걸려 있습니다. 매년 5, 6월 민감한 시기가 되면 천안문 광장에 대한 출입 제한과 감시는 더욱 심해집니다. 한마디로 천안문 광장은 정치적 지배 권력과 사회적 변혁에 대한 요구가 교차하는 곳이라 할 수 있습니다.

천안문 광장의 주변에 대해 좀 더 얘기해 볼까요. 일단 천안문 성루 마오쩌둥 사진의 양쪽에는 두 개의 구호가 걸려 있습니다. 왼쪽에는 '중화인민공화국 만세(中華人民共和國萬歲)', 오른쪽엔 '세계인민대단결 만세(世界人民大團結萬歲)'라고 적혀 있습니다. 구호로만 보면 중국은 민족주의적 정서와 프롤레타리아 국제주의적 성격을 동시에 갖는 사회주의 국가라고 볼 수 있습니다.

천안문 성루 뒤쪽엔 세계 최대 규모라는 원·명·청 황실의 궁궐이었던 자금성(紫禁城)이 있습니다. 중국인들은 흔히 '옛 궁궐'이란 의미로 고궁(故宮)이라고 부릅니다. 500년 가까이 중국의 정치적 중심지 역할을 한 자금성은 동서로 760m, 남북으로 960m, 72만m²의 넓이에 높이 11m, 사방 4km의 담과 800채의 건물이 배치되어 있습

그림 5-1 천안문 성루의 마오쩌둥 사진과 구호

니다.

고궁 근처에는 베이하이(北海), 중하이(中海), 난하이(南海)라고 불리는 호수가 있고, 고궁에 인접한 서쪽에는 중난하이(中南海)라고 불리는 곳이 있습니다. 이곳은 1949년 이후 중화인민공화국 정부와 중국공산당 주요 지도자들의 관저로 사용되어 왔습니다.

적의 침입을 막기 위해 자금성 벽을 빙 둘러 파서 해자(垓字)를 만들고, 그곳에서 나온 흙과 근처 인공 연못들을 만들면서 퍼낸 흙을 모아 고궁 뒤쪽에 쌓아 만든 인공산이 바로 경산(景山)입니다. 높이 45m 남짓한 경산의 만춘정(萬春亭)에 오르면 베이징 시내와 자금성을 한눈에 내려다볼 수 있습니다. 특히 해 질 녘 경산에서 바라보는 자금성의 모습은 그야말로 장관입니다. 황색 기와가 햇볕에 반사되어 반짝이는 모습이 마치 누렇게 빛나는 황하(黃河)의 물결

그림 5-2 천안문 성루에서 내려다 본 천안문 광장
©Nowozin-en.wikipedia

과도 같습니다.

천안문 광장 한가운데는 인민영웅기념비가 있고, 서쪽에는 우리 나라 국회의사당에 해당하는 인민대회당, 동쪽에는 국가박물관, 남 쪽에는 마오쩌둥 기념관이 있습니다. 마오쩌둥 기념관은 방부 처리 하여 보존되어 있는 마오쩌둥의 시신을 보기 위해 전국 각지에서 몰려든 사람들로 줄이 항상 길게 늘어서 있지요. 사실 마오쩌둥의 시신이 그렇게 남게 된 것은 마오쩌둥 자신의 뜻이 아닙니다. 마오 쩌둥이 사망한 이후 정치 세력 간의 갈등 조정과 봉합이 필요한 혼 란스러운 정국에서 잠시 마오쩌둥이라는 절대 권력자의 권위가 필 요했던 것이죠. 그런데 이렇게 오늘날까지 영구 보존하게 되었습니 다.[2] 죽어서도 영원히 살아 있는 마오쩌둥과 여전히 마오쩌둥의 권 위가 필요한 중국의 상황을 엿볼 수 있는 곳입니다.

고위급 정치지도자들이 모여 사는 중난하이 남문에 해당하는 신 화문(新華門) 바로 안쪽에는 "인민을 위해 복무하라(爲人民服務)"라는 글귀가 쓰여 있습니다. 중국 체제를 유지하는 중요한 근거는 바로 '인민'에서 나옵니다. 인민을 위한 당이 될 때 비로소 당의 지배가 정당화됩니다. 중국에서 군대 열병식 때 최고 지도자가 "동지들, 수고합니다!"라고 말하면, 인민해방군이 일제히 "인민을 위해 복무합니다!"라고 화답합니다. 우리가 보기엔 쇼 같기도 하지만, 중국에서는 체제 유지를 위해 다짐하고 또 다짐해야 할 절대적 사명입니다.

1차 국공합작의 실패와 농촌혁명 전략

1921년 중국공산당 창당 당시 당원은 50여 명으로 알려져 있습니다. 지금은 1억에 가까운 당원이 있습니다. 우리나라 인구의 거의 두 배에 해당하는 인원이 공산당원이지요. 지금 중국은 '두 번째 백년'을 목표로 '중국몽(中國夢)'을 향해 달려가고 있습니다. 두 개의 백 년(兩個一百年) 중 하나는 공산당 창당 백 년이고, 다른 하나는 건국 백 년입니다. 창당 백 주년이 되던 해인 2021년 중국공산당은 전체 인민이 중등 수준의 풍요롭고 조화로운 삶을 누리는 '전면적 소강(小康) 사회 건설' 임무를 달성했다고 선언합니다. 그리고 현재는 두 번째 백 년 목표인 '사회주의 현대화 강국 건설'을 향해 나아가고 있습니다. 2049년 두 번째의 백 년 목표가 완성되면 중국은 바야흐로 세계 최강의 국가가 될 것으로 기대하고 있습니다.

1918년 독일이 항복을 선언하면서 1차 세계대전이 끝나고, 전승국들이 1919년 1월 베르사유에서 '파리 평화회의'를 개최했습니다.

중국인들은 독일이 강탈한 산둥(山東)반도에 대한 주권을 돌려받을 것으로 기대했으나, 결과는 달랐습니다. 독일이 중국, 특히 산둥반도에서 획득한 영토와 권리는 일본으로 이양되었습니다. 이에 격분한 중국 민중이 들고 일어난 것이 5·4 운동입니다. 5·4 운동이 이전의 시위들과 크게 다른 점은 시위의 주체가 지식인, 대학생 등과 같은 엘리트뿐만 아니라 상인, 농민, 노동자 등 전 계층으로 확대되었다는 것입니다. 5·4 운동은 중국의 현실 정치 상황을 직접 변혁하는 데에는 실패했지만, 중국 현대사에 큰 영향을 끼쳐 중국공산당의 창당으로 이어집니다. 당시 지식인들은 민중을 계몽의 대상으로만 봤지, 근대 국가 건설을 위해 손잡고 같이 가야 할 동반자로 인식하지 못했습니다. 5·4 운동은 중국 지식인들의 민중에 대한 인식을 바꾸어 놓은 중요한 역사적 사건이었습니다.[3]

창당 초기에 중국공산당은 세력과 이념적 기반이 취약했기 때문에 코민테른(Communist International)*과 소련공산당의 지원을 받았습니다. 중국공산당은 코민테른의 지침에 따라 이미 현대 정당으로 개조된 국민당과의 합작을 통해 세력을 확대해 나갑니다. 이를 1924년에 이루어진 제1차 '국공합작(國共合作)'이라고 부르는데, 말이 합작이지 공산당원이 개인 자격으로 국민당에 입당하여 국민당 내의 분파로 활동했던 것입니다. 이러한 불평등한 연합전선은 반

....
* 코민테른은 블라디미르 레닌의 주도로 1919년 3월 창설되어 1943년 5월 15일 해체된 마르크스-레닌주의 당의 국제적 조직입니다. 러시아의 10월 혁명이 성공한 이후에 세계 각지에서 창당된 공산당들이 혁명 운동을 독자적으로 주도할 수 있을 만큼 충분히 준비되어 있지 못하였던 현실 상황에서 이들을 통일적으로 지도할 수 있는 국제적인 조직이 필요하다는 시대적 요구를 반영하여 창설되었습니다.

(反)군벌·반(反)제국주의라는 양당의 공동 목표가 일치했고 소련의 지원을 받는 쑨원(孫文)이라는 지도자가 있었기에 가능했습니다.

국공합작의 결과 중국공산당 세력은 크게 확대되어, 1921년 창당 당시 50여 명에 불과한 당원 수는 1927년 초에 5만 8천 명 정도로 증가합니다. 그러나 국공합작에 의한 북벌이 진행되는 과정에서 중국 각지에 노동운동, 농민운동이 급속히 펴져 나갔고 장제스(蔣介石)는 사회주의 세력의 영향력 확대를 두려워하게 됩니다. 1925년 쑨원이 사망하자 국공합작은 흔들리게 되고, 장제스는 1927년 4월 상하이에서 공산당을 대대적으로 숙청합니다. 상하이를 무대로 활동하던 깡패 조직인 청방(靑幇)과 지하 비밀조직들이 국민당의 정규군과 함께 공산주의자와 노동조합을 공격하였습니다. 이를 '4·12 상하이 쿠데타'라고 부르는데, 1927년 말까지 이어진 국민당의 탄압으로 인해 살아남은 중국공산당 당원은 채 1만 명이 되지 않았습니다. 이로써 1차 국공합작은 비극적으로 끝나게 됩니다.[4]

중국공산당이 주도한 1927년 8월 난창(南昌) 봉기를 시작으로 9월 추수 폭동, 12월 광저우 봉기 등 4·12 상하이 쿠데타 이후에 전개되었던 일련의 봉기들은 모두 실패로 끝나게 됩니다. 도시에서의 지하운동을 중심으로 한 공산당의 혁명 전략은 큰 좌절을 겪게 됩니다. 물론 코민테른과 소련 유학파 중국공산당 지도자들의 전략적 실수도 있었지만, 실패의 근본 원인은 바로 혁명을 이끌어갈 수 있는 사회 세력인 도시의 노동자들이 부족했기 때문이라고 할 수 있습니다. 도시를 중심으로 진행했던 혁명 운동이 사실상 막을 내리면서, 혁명 전략의 수정은 불가피하게 됩니다. 반면 외국 세력과 지방 유력자, 깡패 집단의 도움으로 권력을 장악한 장제스는 중국 근대화를 추진할 수 있는 기반을 마련했지만, 특정 기득권층의 이익을 도모하는 보수적 행보를 보이면서 국민혁명을 통한 통합과 현대 국가 건설에는 실패하게 됩니다.

후난성(湖南省)에서 추수 봉기를 주도하다 실패한 공산당 잔류 당원들은 장시성(江西省)과 후난성 경계에 있는 징강산(井岡山)으로 도망쳐 들어갑니다. 징강산의 평균 고도는 해발 381m 정도이지만, 가장 높은 곳은 1,841m입니다. 사방이 깎아지른 듯한 절벽으로 둘러싸인 매우 험난한 산으로, 이곳에서 인민해방군의 전신인 홍군(紅軍)이 만들어지고 중국 혁명의 요람이 되었습니다. 마오쩌둥은 1928년 12월 「징강산 토지법」을 제정하여 모든 토지를 몰수하고 촌락 단위의 평균 분배를 시행하는데, 여기에서 바로 공산당의 중국 현실에 기반을 둔 '농촌혁명 전략'이 싹트기 시작합니다. 농촌 근거지에서 프롤레타리아 계급(무산계급)인 노동자·농민·병사들의 민주적 자치 기구인 소비에트(Soviet, 工農兵代表大會) 정권을 수립하고, 토지혁명을 시행함으로써 점차 홍색 정권의 영향력을 확대해 나갑니다. 이것이 바로 중국공산당의 혁명 전략의 특징인 '농촌으로 도시를 포위하는' 구상입니다. 홍군이 점령한 소비에트 지역에서 중국공산당이 농민들의 광범위한 지지를 받을 수 있었던 것은 바로 지주계급을 철저히 몰아내고, 경작자인 농민에게 그 땅을 소유할 수 있도록 했기 때문입니다.

농촌을 기반으로 하여 세력을 확대한 공산당은 공식적으로 1931년 11월 7일 장시성 루이진(瑞金)에서 '중화소비에트공화국'의 수립을 선포합니다. 이때부터 1934년 대장정(大長征)을 떠나기 전까지를 '장시 소비에트 시대(1931~1934)'라고 부릅니다. 중국공산당

그림 5-3 징강산의 혁명 유적지

이 농촌 지역에서 홍군의 창설과 혁명 근거지의 구축을 시도하며 주요 정치 세력으로 성장한 시기이면서, 동시에 장제스의 끊임없는 군사 공격으로 생존이 크게 위협당하던 시련의 시기이기도 했습니다.

중국 혁명의 드라마, 대장정

공산당은 몇 차례에 걸친 국민당의 대대적인 공격을 버텨냈으나, 결국 견디지 못하고 1934년 10월 루이진을 포기하고 국민당군의 포위망을 가까스로 뚫고 새로운 거점 지역을 찾아 나서게 됩니다. 이것이 중국 역사에서 하나의 정치적 신화로 남게 된 그 유명한 '대장정(大長征)'입니다. 대장정은 역사상 가장 위대한 인간 승리를 보여주었다고 평가받는 사건입니다. 1년여 동안 10만여 명이 길을 나서 1만여 킬로미터의 중국 대륙을 횡단합니다. 포화 속에서 끊어진 루딩교(瀘定橋)를 건너고, 해발 4천 미터가 넘는 설산의 협로를 지났으며, 칭하이(靑海)의 위험한 습지대를 통과하죠. 정해진 목적

거리 10,000여 km
기간 1934년 10월~
1935년 10월

그림 5-3 마오쩌둥의 홍군 대장정 경로

지 없이 국민당의 추격에 쫓기며 가던 중 도망친 사람이 적지 않았고, 국민당과 싸우면서 죽은 사람도 있었지만, 훨씬 많은 사람이 혹독한 자연환경과 재해를 견디지 못하고 죽습니다. 눈 쌓인 산에서 얼어 죽고, 대초원의 늪에 빠져 죽고, 굶어 죽고 그러면서 천신만고 끝에 산시성 옌안(延安)에 도착했을 때는 불과 8, 9천여 명 정도만이 생존하였습니다.

따라서 대장정은 군사적으로는 완벽하게 실패한 전략이라 할 수 있습니다. 그러나 정치적으로는 성공한 전략으로 평가받습니다. 중국 대륙의 곳곳을 누비며 새로운 세상에 대한 희망과 혁명의 씨앗을 심어주며 가난한 농민들로부터 광범위한 지지를 확보했다는 것이죠. 물론 역사는 승자의 기록이라고 하듯이, 중국공산당 자신이 쓴 혁명 역사에 대해 미화하는 측면도 있습니다. 그러나 중국공산당은 무질서한 '오합지중(烏合之衆)'의 이미지에 머물러 있던 '군중'을 혁명 과정에서 자각시키고 조직함으로써 '인민'이라는 역사 주체로 변화시켰고, 이러한 인민대중을 당의 기반 세력이자 동원 대상으로 삼는 데 성공했습니다. 또한, 가난한 인민들을 착취하지 말아야 한다는 홍군의 규율은 매우 엄격했고, 그만큼 국민당이 부패한 것도 사실이었습니다.

대장정이라는 역사적 경험에서 마오쩌둥이 공산당의 지도자로 부상했다는 점도 중요합니다. 대장정 중인 1935년 1월 구이저우성(貴州省) 쭌이(遵義)에서 개최된 회의, 이른바 '쭌이 회의'에서 마오쩌둥의 농촌과 농민을 기반으로 한 농촌혁명 근거지 군사노선을 새로운 당의 방침으로 채택했고, 이러한 혁명 전략의 변화를 통해 마오쩌둥의 권력 기반이 강화됩니다.

마오쩌둥을 중심으로 하는 새로운 지도부의 등장은 중국공산당 역사에서 매우 중요한 의미가 있습니다. 물론 당시에는 아직 마오쩌둥이 권력을 완전히 장악했다고 볼 수는 없지만, 천두슈(陳獨秀)로 대표되는 신문화운동 지식인이나 실무 경험이 없는 소련 유학파와 같은 이론가들이 퇴진하고 농촌혁명 중에 성장한 홍군의 지도자들이 당 중앙을 장악했다는 점이 중요합니다. 중국의 상황과 실정을 잘 이해하는 토착파(本土派) 혹은 실용주의적인 지도부가 탄생한 것이죠.

또한 기존 도시 중심의 대중 봉기 전략이 농촌혁명 전략으로 완전히 전환되었다는 것을 의미하며, '쭌이 회의'를 기점으로 중국공산당이 코민테른이나 소련공산당의 직접적인 지도에서 벗어나 상당한 자율성을 갖게 되는 계기를 마련했다는 점도 중요합니다. 중국 혁명에 농촌과 농민 중심이라는 '중국적 특징'과 중국 상황의 '특수성'을 좀 더 강조할 수 있게 되었고, 마오쩌둥은 자신의 경험을 이론화할 수 있게 된 것이죠. 이것이 이후 '마오쩌둥 사상'의 탄생으로 이어집니다. 이제 중국 혁명은 마오쩌둥을 중심으로 한 농민혁명의 길을 걷게 됩니다.[5] 대장정의 험난한 여정 속에서 싹튼 자기희생적 행동 양식과 규율은 검약, 복종, 희생과 같은 중국공산당의 조직 윤리와 정신을 탄생시켰고, 이는 중국 공산주의 혁명을 성공으로 이끄는 데 중요한 자원이 됩니다.

중일전쟁과 옌안 경험, 혁명을 성공으로 이끌다

'일본의 침략'이라는 외부 조건에서도 공산당의 혁명 성공 원인을 찾을 수 있습니다. 1930~1931년 세계 대공황 속에서 일본 역시 경제위기로 산업 발전이 위축되고 실업자가 급증합니다. 이에 따라 광산물과 농산물이 풍부한 만주 지역을 식민지로 삼아야 한다는 목소리가 주류로 등장하게 됩니다. 이미 1905년 러일전쟁에서 승리한 일본은 남만주 지역에 대한 이권을 장악하고 있었습니다. 일본 제국주의는 1931년 9월 18일 이른바 '만주사변'을 일으켜 만주 지역을 공격하였고, 1932년 3월 1일 청나라의 마지막 황제 푸이를 앞세워 일본의 꼭두각시 정권인 '만주국(滿洲國)'을 세웁니다.[6]

일본의 침략에 대해 주류 집권 세력인 국민당은 전혀 대항하지 않았습니다. 공산당을 일본 제국주의보다 더 위협적인 세력으로 인식한 장제스는 "일본군은 두드러기처럼 가볍고 귀찮아도 때가 되면 없어지는 피부병이지만, 공산당은 처음에는 느끼지 못하나 나중에는 죽음에 이르게 하는 심장병처럼 위험하다"라고 말합니다. "밖을 막으려면 먼저 안을 안정시켜야 한다(攘外必先安內)." 즉 먼저 중국 내부를 안정시킨 후에 일본군을 몰아낸다는, 공산당에 대한 토벌을 우선하는 전략을 추진합니다.

이러한 방침에 따라 1933년 5월 31일 장제스 군부는 톈진(天津)의 탕구(塘古)에서 일본 제국주의 세력과 굴욕적인 휴전협정인 '탕구협정'을 맺으며 만주국을 사실상 인정했고, 허베이성(河北省) 지역에서의 무장해제를 단행합니다. 장제스 정부의 이런 태도에 비판적인 여론이 들끓으면서 전국 각 지역에서 일본의 침탈에 저항하는 시위가 일어납니다. 또한 장제스를 조국의 배반자로 생각한 젊은 장교들이 공산군 토벌을 독촉하기 위하여 시안에 온 그를 감금하고 국공내전 정지와 거국일치에 의한 항일 투쟁을 요구합니다. 바로 1936년 12월 12일 장쉐량(張學良)에 의한 '시안 사건(西安事件)'이죠. 공산당과의 극적인 타협을 통해 장제스가 감금에서 풀려나면서 시안 사건은 평화적으로 해결되었고 이를 계기로 2차 국공합작을 위한 담판이 시작되었습니다. 1937년 7월 중일전쟁이 중국 내륙으로 확대되면서 전면전의 양상으로 전개되자 국민당과 공산당은 9월 23일 다시 '항일'을 위한 '2차 국공합작'을 선언합니다. 내전을 중단하고 함께 일본에 대항하여 싸우겠다는 것이죠.

'중일전쟁'은 중국인에게 엄청난 고난과 시련이었지만, 동시에 일본이라는 외부 세력과 맞서 싸우는 과정에서 중국인들은 스스로

'중국 민족'이라는 민족의식과 정체성을 형성하게 됩니다. 근대적인 내셔널리즘이 탄생한 것이죠. 또한 중일전쟁 과정에서 국민당과 공산당의 운명은 극적으로 뒤바뀝니다. 국민당 정부는 항일 전쟁 중에 인민들에게 새로운 중국에 대한 대안을 제시하지 못했고, 장제스 일인 지배 체제 속에서 당과 군, 정부의 모든 분야에서 부패와 부정이 만연된 낡은 정치 세력으로 전락해 버립니다. 이에 반해 중일전쟁은 중국공산당에 기사회생의 계기를 제공합니다. 중일전쟁 과정에서 일본 제국주의와 맞서 싸운 공산당은 중국인들에게 대표적인 항일 운동 세력으로 인식되었고, 이로 인해 근대 국가 건설 주체로서의 정통성을 확보합니다.[7]

공산당이 대륙을 차지하며 건국한 것은 1949년의 일이지만, 새로운 국가 시스템의 원형적 형태는 대부분 중국공산당의 옌안 정권 시절에 만들어집니다. 대표적인 것이 토지제도입니다. 중국공산당은 1947년 10월 10일 「중국토지법대강(中國土地法大綱)」을 공표하는데, 이것은 지주의 토지 소유권을 폐지하고 '경자유기전(耕者有其田)'의 원칙에 따라 농민에게 토지의 균등 분배를 실현함으로써 농촌 사회의 예속적 봉건 구조를 철저히 청산한다는 것이었습니다. 국민당과의 내전이 확대되는 과정에서 진행된 공산당의 토지개혁은, 농촌 사회의 주요 세력인 농민들에게 최대한의 과실을 분배해 주어 이들의 적극적인 혁명 지지와 협력을 확보했다는 점에서 중대한 의미가 있습니다.

또한 당의 통치이념과 영도 방법, 당내 기풍을 쇄신하는 방법 등을 형성해 나간 것도 바로 옌안 시절의 경험에서 비롯됩니다. 1942년에서 1945년까지 중국공산당은 내부적으로 다양한 형식의 회의

옌안 경험

옌안은 중국공산당이 대장정을 마치고 건국할 때까지 혁명의 근거지와 항일 전쟁의 후방지로 삼은 곳입니다. 중국공산당은 옌안 시절 중국 혁명에 관한 정치 노선, 군사 전략, 당 건설 등에 관한 주요한 마오쩌둥 사상을 발전시켰고, 1945년 7차 당대회를 통해 마오쩌둥 사상을 당의 지도 사상으로 확립합니다.

중국공산당은 이 시기에 확립한 지도 사상 및 업무 기풍을 '옌안 정신'과 '옌안 경험(延安經驗)'이라 부릅니다. 주요 내용으로는 자력갱생의 정신, 인민을 위해 전심전력을 다하는 정신, 이론을 실제와 결합하는 혁신 정신, 실사구시의 사상 노선 등이 있습니다.

중화인민공화국 건국 이후 토지개혁 등 옌안에서 시행되었던 많은 정책이 전국적으로 확대되어 시행되었습니다. 건국 이후 역사에서 공산당은 당이 관료주의에 빠져 인민으로부터 이탈하여 멀어질 때마다 혁명 초기 옌안 시절의 초심으로 돌아가 인민을 위해 봉사해야 한다고 강조하고 있지요.

와 자아비판, 연구 소모임 등을 통해 당 조직을 정비해 나갑니다. 항일 투쟁기였던 1942년 9월에는 중국공산당 중앙정치국에서 '당의 일원적 영도 원칙'을 통과시킵니다. 즉 프롤레타리아 계급의 선봉대인 중국공산당이 군대, 정부, 인민단체 등 모든 조직을 영도해야 한다는 것입니다. 이 과정에서 당이 대중을 동원하는 영도 방법인, 이른바 '군중노선(mass line)'도 체계화됩니다.[8] 마오쩌둥은 1943년 당이 실제 업무에서 실행해야 하는 '정확한 영도'란 "군중으로부터 나와 군중 속으로 들어가야 한다"는 것을 의미한다고 강조합니다. 1945년에 개최된 7차 당대회에서는 마오쩌둥 사상을 지도이념으로 명시합니다. 당내 기풍을 쇄신하기 위해 일으킨 정풍(整風) 운동이 전개되었을 당시 당의 체제 강화는 마오쩌둥 사상을 중심으로 이루어집니다. 옌안 시절 중국공산당은 당이 모든 조직을 영도하고 대중을 동원한다는 원칙을 세우면서 혁명을 승리로 이끌었고, 동시에 새로운 국가 건설의 토대를 마련했다고 볼 수 있습니다. 이를 '옌안 정신' 혹은 '옌안 경험'이라 부르는데, 오늘날 중국 체제 정당성의 중요한 역사적 토대라 할 수 있습니다.

결과적으로 공산당에게 패배한 국민당 정부는 타이완으로 도주하는데, 이는 단순한 군사적인 패배가 아니라, 민심의 이반을 초래한 국민당 정부의 부패와 무능력, 정세 판단의 오류 및 경제 정책의 실패 그리고 무엇보다도 국민당 정권의 반(反)인민적 성격에서 비롯된 정치적 패배라고 할 수 있습니다. 중국 대륙을 차지하게 된 공산당은 핵심 지도자 마오쩌둥이 1949년 10월 1일 베이징 천안문 성루에 올라 '중화인민공화국'의 성립을 선포합니다. 이로써 아편전쟁 이후 백여 년간 지속하였던 중국의 분열과 혼란이 종결되고 새로운 통일 국가가 탄생합니다. 또한 토지개혁을 통해 농민이 봉건적 관계에 예속된 신분에서 자신의 땅을 가진 주체적인 '인민'으로 바뀌는데, 이를 당시에 '번신(飜身, 몸을 뒤집는다는 뜻)'이라고 불렀습니다.[9]

학계에서는 중국공산당이 혁명에 성공한 원인을 어떻게 분석할까요? 대표적으로 두 가지 견해가 있습니다. 차머스 존슨(Chalmers Johnson)은 공산당이 농민의 대중 민족주의 정서를 성공적으로 동원했기 때문이라고 봅니다.[10] 물론 이러한 동원을 가능하게 만든 외부적 조건으로 일본의 대륙 침략이 있었습니다. 마오쩌둥 역시 일본이 만주사변과 중일전쟁을 일으켜서 자신들에게 국민당과 싸울

『번신』

중국공산당은 혁명 시기 철저한 토지혁명 강령을 제기하며, 전국 토지의 3분의 1을 차지하는 해방구에서 먼저 토지개혁을 추진합니다. 건국 이후에는 1950년 6월 「토지개혁법」을 반포하여 토지개혁의 법적 근거를 마련하면서 토지개혁을 전국적으로 확대하여 시행했습니다. 토지개혁의 기본 내용은 지주계급의 토지를 몰수하여 토지가 없는 농민에게 나눠주고, 봉건적인 토지 소유제를 농민 소유의 집단 소유제로 바꾸는 것이었습니다.

미국인 작가 윌리엄 힌턴(William Hinton)은 토지개혁 과정에 직접 참여한 경험을 토대로 『번신(翻身)』이란 책을 썼습니다. 번신은 '몸을 뒤집는다'는 말로 신분의 굴레에서 벗어나 정치적으로 해방된다는 뜻이지요. 힌턴은 중국의 토지개혁 과정을 수 대에 걸쳐 경제적 박탈과 문화적 착취를 당한 농민들 스스로가 번신 과정을 통해 자립하고 해방되는 과정으로 묘사했습니다.

중국공산당은 토지개혁을 통해 기층사회를 완전히 새로운 구조로 바꾸어 놓는 데 성공합니다. 토지개혁의 결과 토지 소유 구조가 바뀌었을 뿐 아니라 세금 징수, 국가 자원의 동원과 관리, 지방과 중간 계층에 대한 통제 등 전반적인 사회 구조가 근본적으로 변화했습니다.

수 있도록 준비할 시간을 벌어주었다는 사실을 인정합니다. '역사의 우연성'이 작용한 것이라고 볼 수 있지요. 일본에 맞서 저항하는 과정에서 대중적 민족주의가 확산되었고, 공산당이 이러한 인민의 정서를 잘 이용했다는 것입니다.

반면 마크 셀든(Mark Selden)은 공산당이 혁명에 성공한 비결을 제도적 측면에서 찾습니다.[11] 공산당 지배 지역은 척박한 땅으로 배급해 줄 물자가 없었기 때문에 대신 토지를 나누어주고 자급하게 했습니다. 이것이 이후 토지개혁으로 이어졌고, 이러한 토지제도의 개혁이 오랫동안 지주에게 수탈당한 농민에게 큰 영향을 끼쳤다는 것입니다. 전략적인 것이든 제도적인 것이든 공산당의 혁명 성공은 인간의 희망과 불굴의 의지가 만들어낸 기적을 보여주는 20세기의 극적인 역사였다고 평가할 수 있습니다.

중국 혁명과 관련된 중요한 인물로 에드거 스노(Edgar Snow)를 빼놓을 수 없습니다. 미국의 신문기자였던 스노는 1936년 공산당의 본거지 옌안으로 들어가 중국공산당 지도부의 실체를 서구 세계에 최초로 알립니다. 『중국의 붉은 별(西行漫記)』이라는 책을 통해 마오쩌둥을 비롯한 공산당 지도부에서 어린 홍군 병사에 이르기까지 혁명에 참여한 사람들을 통해 중국 혁명의 실상을 생생하게 전달합니다.[12] 중국에서는 그를 '중국 인민의 오래된 친구'라고 부르며, 죽어서 중국에 남기를 바랐던 유언대로 그의 유골의 절반은 현재 베이징대학교(北京大學) 웨이밍호(未名湖) 근처에 묻혀 있습니다. 그의 부인 님 웨일스(Nym Wales)는 당시 옌안에 있던 조선인 김산(金山)을 만나 그의 일대기를 기록한 『아리랑(Song of Arirang)』을 남깁니다.[13] 기존의 세계질서가 흔들리고 나라를 잃어 혼란스럽던 격동의

그림 5-3 에드거 스노의 묘지

『아리랑의 노래』와 김산

님 웨일스는 중국공산당 혁명가들을 그린 『중국의 붉은 별』의 작가 에드거 스노의 부인입니다. 중국 혁명가들을 취재하던 중 님 웨일스는 옌안 루쉰 도서관에서 영문 책을 주로 빌려 간 인물에게 호기심을 갖게 됩니다. 님 웨일스는 스물두 차례의 인터뷰를 통해 그 인물의 삶을 기록했는데, 그가 바로 조선의 사회주의 혁명가 김산(金山)입니다. 또 님 웨일스의 인터뷰 기록이 훗날 책으로 출간되었는데, 그 책이 바로 『아리랑(Song of Arirang)』입니다. 김산의 본명은 장지락인데, 조선에서 가장 흔한 성(姓)인 '김'과 조선 산하를 의미하는 '산'을 따서 가 김산은 만주, 일본, 베이징, 광둥 등을 누비며 독립운동을 전개하다 1938년 중국인 캉성(康生)의 지시로 '트로츠키주의자이자 일본의 간첩'이라는 누명을 쓰고 중국 당국에 체포되어 처형당했습니다. 김산은 1983년 1월 중국에서 공식적으로 복권되어 명예가 회복되었습니다. 냉전의 영향으로 우리나라에는 1984년에야 알려졌습니다.

시대, 대륙 혁명의 과정에 뛰어들어 조국의 독립을 꿈꾸다 희생된 조선인은 셀 수도 없이 많았습니다.

중국의 혁명은 '사회주의 혁명'일까

지금까지 중국공산당이 혁명을 주도하고 건국에 이르는 과정을 살펴보았습니다. 그렇다면 중국의 혁명은 어떤 혁명이었을까요? '사회주의' 혁명인가요? 계급 구성이나 혁명의 성격 측면으로 보아 중국 혁명은 노동자계급이 주도한 사회주의 혁명이라기보다는 농민을 기반으로 한 광범위한 '사회혁명'이라고 할 수 있습니다.[14]

앞서 설명한 바와 같이 중국공산당이 혁명전쟁에서 승리할 수 있었던 이유는 '경자유전(耕者有田)' 이념에 의해 농민을 정치적으로 동원하고 조직할 수 있었기 때문입니다. 경자유전에 의한 토지 분배로 중국공산당은 농민들의 광범위한 지지를 얻을 수 있었고, 건국 초기 80% 이상의 농민들이 고르게 토지를 보유했습니다. 중국공산당이 오랜 혁명전쟁을 통해 세운 것은 사회주의 국가가 아니라 세계 최대 규모의 '소자산계급' 국가였다고 할 수 있습니다. 중국 국기인 '오성홍기(五星紅旗)'에서도 중국의 정체성을 확인할 수 있습니다. 중국공산당을 상징하는 커다란 별을 에워싼 4개의 작은 별은 각각 노동자, 농민, 소자산계급, 민족자산계급을 상징합니다.

마르크스 이론에 의해 자본주의적 생산관계의 철폐와 그것을 통한 인간 해방을 희망했던 사람들은 소련 및 동유럽 사회주의 국가의 붕괴가 마르크스주의의 오류나 실패를 증명하는 것으로 보지 않습니다. 동일한 논리에서 생산수단의 사적 소유를 폐지하지 않은 마오쩌둥의 중국 혁명 역시 '진정한' 사회주의 혁명은 아니라고 생각합니다. 비록 혁명 이론은 마르크스-레닌주의에서 가져왔지만, 이를 실천한 것은 중국적 토양과 조건에서 이루어졌습니다. 물론 2천 년 이상 지속되어 왔던 왕조 체제가 무너지고 과거와는 근본적으로 다른 새로운 국가와 제도를 건설했다는 측면에서 '혁명'입니다. 혁명이란 근본적인 사회제도와 가치에 혁신적인 변화가 따릅니다. 혁명은 대부분 폭력적인 방법으로 사회적 모순과 억압 구조를 일거에 바꾸는 것입니다.

이렇게 보면 기존 왕조가 전복되고 새로운 왕조가 세워진 것은 혁명이 아니라 '반란' 또는 '봉기'라고 보아야 할 것입니다. 왕조의 교체는 지배층만 바뀐 것이지 피지배층의 신분이나 삶의 양식은 전혀 바뀌지 않았기 때문입니다. 이러한 측면에서 중국공산당이 이끈 혁명은 중국 역사상 '최초의 혁명'이라 할 수 있습니다. 전체 농민이 혁명에 참여하며 자각적 인민으로 탈바꿈하게 된 '사회혁명'이라 할 수 있습니다. 중국은 자신들의 혁명을 '신민주주의 혁명'이라고 부릅니다. 이 내용은 다음 강의에서 살펴보겠습니다.

★ 더 읽어보기

『아리랑: 조선인 혁명가 김산의 불꽃 같은 삶』(님 웨일스·김산 지음, 송영인 옮김, 동녘, 2005)

『중국혁명의 기원: 1915-1949』(루시앵 비앙코 지음, 이양자 옮김, 신지서원, 2004)

『중국현대사를 만든 세가지 사건: 1919, 1949, 1989』(백영서 지음, 창비, 2021)

『중국의 붉은 별』(에드거 스노 지음, 홍수원·안양노·신홍범 옮김, 두레, 2013)

『중국혁명과 농민민족주의』(찰머스 A. 존슨 지음, 서관모 옮김, 한겨레, 1985)

6강

중국 현대사 II:
문화대혁명

이 강의에서는 1966년에 일어나 유럽의 68혁명에까지 영향을 미쳤던 중국의 문화대혁명(이하 '문혁'으로 약칭함)에 관해 얘기해 보고자 합니다. 문혁이 어떤 사건인지, 왜 발생했는지, 어떠한 일이 벌어졌는지 상당히 복잡해서 이해하기가 쉽지 않습니다. 그러나 지금까지도 문혁의 영향이 남아 있는 중국 사회의 모습을 제대로 조망하기 위해서는 반드시 문혁에 대한 이해가 선행되어야 합니다. 2012년 원자바오(溫家寶) 총리는 "중국에서 문혁이 다시 일어날 것인가?"라고 공개적으로 문제 제기한 바 있습니다. 시진핑 집권 이후 문혁 당시의 사회 관리 모델이 다시 주목받고 군중들의 거리 퍼포먼스도 등장하면서, "문혁의 재현인가?"라는 이야기도 돌고 있습니다. 그만큼 문혁이 중국 사회에 남긴 흔적은 매우 깊습니다.

그동안 문혁 연구는 주로 홍콩과 서구 학계가 주도해 왔습니다. 후진타오 집권 시기에는 중국 내부에서도 문혁 논의가 일부 있었지만, 당시 엘리트 내부의 분열, 통제할 수 없는 대중운동, 당과 사회주의에 대한 비판, 투쟁 과정에서 발생한 수많은 희생 때문에, 문혁에 관한 공개적인 논의를 여전히 금지하고 있습니다. 따라서 그 시대를 겪지 않은 중국인들의 대다수는 문혁에 대해 알지 못합니다. 한국도 마찬가지입니다. 우리에게 알려진 문혁의 이미지는 '홍위병(紅衛兵)'이나 '마오쩌둥에 대한 숭배'와 같은 단편적인 것에 불과합니다. 한국에서는 문혁에 관한 역사적 사실에는 관심이 없고 매우 자의적인 해석과 방식으로만 소비되고 있습니다. 비이성적이고 광기 어린 전체주의 사회에서 일어난 이해할 수 없는 일로 말이죠. 이 강의에서는 기존의 고정된 문혁의 이미지를 걷어내고, 중국 사회에 커다란 영향을 미쳤고 현재까지도 그 영향이 남아 있는 문혁을 종합적 시각에서 이해하고자 합니다.

사회주의를 향한 꿈과 문화대혁명의 기원

'혁명'은 구체제에 누적된 불만과 새로운 시대를 향한 염원, 무언가 바뀌어야 한다는 집단적 열망이 폭발하여 발생합니다. 혁명이 끝난 뒤 다시 질서를 세워나가는 과정은 당연히 혁명의 과정과는 다르겠지요. 혁명은 기존 질서의 파괴를 의미하지만, 혁명 이후의 과업은 새로운 질서를 세우는 일이니까요. 혁명을 통해 새로운 국가를 세운 중국 역시 건국 초기에는 파괴된 국가 경제를 건설해야 한다는 희망이 넘쳐흐릅니다. 모두가 평등하게 잘 사는 사회주의의 꿈을 향해 서로 자발적으로 돕고 노력해야 한다는 분위기가 만들어지죠.

그러나 그러한 꿈을 이루기 위해 "어떠한 사회를 건설할 것인 가"를 둘러싸고 또 다른 분열과 갈등이 나타나게 됩니다. 문혁은 어떤 의미에선 건국 이후 17년간 누적된 중국 사회의 모순과 갈등이 분출된 결과라고도 볼 수 있습니다. 중국의 특이한 점은 신사회의 누적된 갈등을 해결하기 위해 다시 '혁명'이라는 방식을 가져왔다는 점입니다. 구체제를 전복하여 신사회를 건설했는데, 신사회의 모순을 해결하기 위해 다시 혁명이라는 폭력적인 방식이 등장한 것입니다. 이는 당시의 대내외적 요인이 복합적으로 작용했고, 무엇보다 일당 체제라는 조건에서 사회변혁을 위한 방식이 혁명 운동이라는 형식에 기댈 수밖에 없는 한계도 크게 작용했습니다. 우선 문혁 이전의 역사를 간단히 살펴봅시다.

소련은 비교적 발달한 산업 사회주의 국가였던 반면, 1949년 건국 당시 중국은 경제적으로 매우 낙후한 농업 국가였습니다. 특히 오랜 항일 전쟁과 내전으로 많은 것이 파괴되어 있었죠. 중국은 자신들의 혁명을 '신민주주의 혁명'이라고 부릅니다. 민족적인 자각으로 일어난 1919년의 5·4 혁명이 '구민주주의 혁명'이고, 노동자 계급이 영도하고 광범위한 계급 연합에 의해 이루어진 혁명이 바로 신민주주의 혁명이라는 것이죠. 중국의 국기인 오성홍기(五星紅旗)에는 별이 다섯 개가 있는데, 왼쪽 위에 있는 큰 별이 공산당을, 그 주변에 있는 네 개의 별은 각각 노동자, 농민, 민족자본가계급, 소자산계급을 의미합니다. 중국 혁명은 낙후한 경제적 상황에서 공산당이 중심이 되어 여러 계급을 포용하고 연합하는 토대 위에서 이루어졌는데, 오성홍기는 바로 이러한 중국의 신민주주의 혁명 상황을 상징하지요.

또한 마르크스의 역사 발전 5단계설*을 따르고 있던 중국공산당은 자본주의가 고도로 발전한 단계가 아닌 전통적인 봉건 농경 사회에서 혁명이 일어났기 때문에, 중국이 사회주의 단계로 바로 이행하는 것이 아니라 사회주의 사회의 물적 토대를 구축하기 위한 과도기로 '신민주주의 단계'를 거쳐야 한다고 보았습니다. 즉 봉건 사회에서 혁명이 일어났고, 사회주의적 약속을 실현하려면 물적 토대가 있어야 하는데 중국 현실은 매우 가난하기 때문에, 봉건 사회에서 사회주의 단계로 가는 중간에 물적 토대를 마련하는 신민주주의 단계를 둔 것입니다. 국가 건설을 위해 이 시기에는 자본가들의 역할도 필요하고 여러 계급과 계층이 힘을 합쳐 경제 건설에 매진해야 한다는 것이죠. 이에 따라 건국 초기에는 사회주의와 자본주의를 결합한 혼합경제를 실시하고 각 계급 간의 연대가 이루어지며, 여러 영역에서 자발적이고 민주적인 분위기가 이어집니다.[1]

그러나 1950년 한국전쟁이 발발하면서 미국은 강력한 반공(反共) 정책을 추진했고, 소련 역시 강경하게 대응하면서 동북아 정세가 냉전으로 치닫게 됩니다. 한국전쟁 참전과 급변하는 국제정세 속에서 서구의 경제 제재와 봉쇄 정책으로 인해 중국은 점점 고립됩니다. 또한 1951년 2월 1일 유엔 총회에서 중국을 침략자로 규정하는 결의안까지 채택됩니다. 이에 따라 애초에 장기간의 과도기로 설정해 두었던 신민주주의 단계를 급하게 종결하고, 생산수단의 공(公)적 소유와 농촌·도시 경제의 집단화(집체화)를 빠르게 추진합

....

* 역사 발전 5단계설이란 인류 역사가 원시 공산주의 사회, 고대 노예제 사회, 중세 봉건제 사회, 근대 자본주의 사회를 거쳐 사회주의(공산주의) 사회로 발전할 것이라고 보는 역사관을 말합니다.

니다. 마침내 1956년에는 '사회주의 개조'를 완성했다고 선언합니다.[2] 중국은 이제 사회주의 국가가 되었다는 선언이었습니다. 미국이 포위하고 주변국이 호의적이지 않은 상황에서 서둘러 사회주의 단계에 진입해야 한다는 조급증에 걸린 것이지요.

사회주의 개조란 생산수단의 '사적' 소유제를 모두 '공적' 소유제로 바꾸는 것을 말합니다. 사회주의 개조 작업은 순수하게 중국을 사회주의 국가로 전환하기 위한 것만은 아니었습니다. 한국전쟁 참전 당시 중국의 군사 장비가 미국에 비해 크게 뒤떨어져 있다는 것을 경험하면서 당 지도부는 큰 위기감을 느꼈고, 군수산업을 중심으로 한 중공업 발전에 속도를 내고 군사 장비를 근대화하기 위한 자본축적이 필요했습니다. 당시 중국의 경제 상황에서 자본을 효율적이고 집중적으로 추출할 곳은 농촌과 농업이었고, 이에 따라 농촌에서의 공적 소유제와 농업 집단화를 시행한 것입니다. 한국전쟁의 발발과 중국의 참전이 결과적으로 중국의 중요한 거시정책 변화에 큰 영향을 주었으며, 의도하지 않게 사회주의 체제로 급격히 전환하게 된 것입니다.

사회주의 개조는 각 지역의 현지 상황에 맞춰 구성원의 합의에 따라 진행된 것이 아니라, 행정 명령과 운동 형식에 따라 일괄적으로 추진된 인위적인 개조 과정이었죠. 이 과정에서 각 경제 주체 간에 많은 갈등과 불만이 생겨났고, 급기야 집단화 자체에 대한 반발이 일어납니다. 특히 1956년 동유럽 헝가리에서 발생한 반소(反蘇) 자유화 운동의 영향도 적지 않아, 이듬해까지 전국 각지에서 노동자 파업과 농촌 집단화에 대한 거부, 대학생들의 동맹 휴업 등이 잇달아 일어났습니다.

문혁은 이전까지 아무 문제 없다가 1966년에 갑자기 시작된 것이 아니라 1950년대 이후의 냉전이라는 국제정세, 그리고 국가 건설의 방식을 둘러싸고 쌓여왔던 경제적, 사회적 갈등이 기원이 된 것입니다. 사회가 '혁명적' 방식으로 폭발하는 것은 일정 기간 모순과 갈등의 에너지가 축적되기 때문에 가능한 것이지요.

직접적인 계기는 대략 1956년부터입니다. 농촌 집단화의 규모 및 속도, 방식을 둘러싸고, 그리고 급변하는 국제정세에 대한 대응 방안을 놓고 지도부 내에 이견이 생깁니다. 이에 대한 해결책을 모색하고자 자유로운 발언을 허용하는 '백화제방, 백가쟁명(百花齊放, 百家爭鳴)'*, 이른바 '쌍백(雙百) 운동'을 전개합니다. 그러나 당정의 의도와는 달리 사회에 대한 불만을 넘어 공산당 체제에 대한 과격한 비판이 제기되자, 곧바로 체제를 비판하는 사람들을 우파로 몰아 정치적으로 탄압하는 '반(反)우파 운동'으로 바뀝니다.

누구나 자유롭게 발언하도록 했다가 다시 우파로 낙인찍어 탄압하는 상황의 급반전에는, 1956년 10월 헝가리에서 발생한 민중 봉기가 상당한 영향을 미칩니다. 스탈린의 소련에 반내하며 자유를 외쳤던 헝가리 민중들의 시위가 중국의 지식인과 노동자들에게까지 영향을 미친 것입니다. 이러한 과정에서 '우파'로 몰린 대다수의 억울한 사람들이 생겨났고, 이들은 이후 문혁이 발생하자 조반(造

....
* 백화제방은 온갖 학문이나 예술, 사상 따위가 각기 자기주장을 편다는 뜻이고, 백가쟁명은 많은 학자·지식인 등의 활발한 논쟁과 토론을 의미합니다. 1956년 중국공산당이 정치투쟁을 위해 내세운 정치구호로 마르크스주의는 처음부터 유일하고 절대적인 사상으로 강요될 수 없으며, 다른 사상과 경쟁하면서 지도적 위치를 차지해야 한다는 의미를 담고 있습니다.

反: 반란, 혁명) 운동에 대거 참여합니다.

1957년 베이징대학교에서 발생한 5·19 민주운동 당시 학생들의 대자보를 보면 관료주의와 공산당 영도에 대한 비판뿐만 아니라, '민주적 사회주의'를 건설하기 위해서 어떻게 해야 하는지에 관한 고민이 담겨 있습니다. 대표적인 인물로 공산당 간부들의 특권과 관료주의화를 비판하며 개혁을 요구한 베이징대학교의 린자오(林昭)가 있습니다.[3] 어떻게 보면 이들이 진짜 좌파겠지요. 그런데 정치적 논리에 의해 우파로 몰려 정치적 탄압을 받게 됩니다. 마치 한국의 수구 세력들이 진보적인 정책을 지지하거나 민족 공영과 평화를 위해 북한에 유화적인 태도를 보이는 사람들에게 '종북 좌파'라는 낙인을 찍는 이념 몰이와 비슷합니다. 우파로 몰린 사람들은 노동교화소로 보내지거나 대중 앞에서 자아비판을 합니다. 중국 전역에서 40만 명 이상이 노동교화소로 끌려갔으며, 특히 법조인과 대학교수 등 지식인들이 커다란 타격을 받습니다.

대외적인 환경도 중국을 조급하게 몰아갑니다. 이오시프 스탈린(Iosif Stalin) 사망 이후 개최된 1956년 소련의 제20차 당대회에서는 스탈린을 비판하는 운동이 일어납니다. 마오쩌둥(毛澤東)은 이를 보고 소련이 반(反)스탈린주의의 수정주의로 돌아섰다고 판단합니다. 또한 '사회주의란 무엇인가'를 둘러싸고 중국과 소련 간의 이론적 논쟁이 벌어지고 이는 곧 양국 간의 갈등으로 확대됩니다. 소련은 1950년대 초기 중국의 산업 건설을 지원하기 위해 파견했던 전문가와 기술자들을 모두 귀국시킵니다. 이에 따라 그동안 소련의 기술과 자본 원조를 받아 추진된 공업 프로젝트 역시 중단될 수밖에 없었습니다. 중국은 매우 고립된 상황에 놓이게 됩니다.

린자오

린자오(林昭)의 본명은 펑링자오(彭令昭)로, 1954년 베이징대학교 중
문과에 입학합니다. 그는 1957년 5월 19일 학생문예 간행물『홍루(紅
樓)』의 책임편집인 장위안쉰(張元勛)이 쓴 대자보를 지지하다 우파로
몰립니다. 이른바 '베이징대학 5·19 민주운동'을 이끈 주요 인물 중
하나입니다.

이후 린자오는 장춘위안(張春元) 등과『성화(星火)』를 창간, 많은
문학작품을 발표하며 당국의 극좌 정책을 비판했습니다. 1960년 감
옥에 갇힌 뒤에도 인권, 자유, 평등에 대한 자신의 신념을 굽히지 않
고 혈서와 20만 자에 달하는 일기를 남겼습니다. 1968년 4월 당국에
의해 '현행 반혁명죄'로 비밀리에 사형되었고, 1980년 이후 무죄로
복권되었지요.

첸리췬(錢理群) 교수는 1957년 5·19 민주운동 당시 '사회주의적
민주'를 주장한 민주인사와 학생들의 관련 자료 및 회고록을 정리하
여『망가을 거부하라』라는 책을 출간했습니다. 당시 베이징대학교 8
천여 명의 교원과 학생 중 1,500여 명이 우파로 몰려 공직과 학적이
박탈되었고 20년 뒤에나 복권되었습니다.

이러한 분위기에서 나온 것이 '대약진(大躍進)' 운동입니다. 냉전
상황에서 소비에트 모델을 추진해 왔지만, 소련의 지원마저 끊어진
상황에서 믿을 수 있는 것은 자신의 힘밖에 없었기에 '자력갱생(自
力更生)'의 방식이 강조됩니다. 그러나 고립적인 국제환경 속에서
등장한 중국식 발전 방식인 대약진 운동은 현실과 동떨어진 무리한

그림 6-1 "천하 제일의 전답"
대약진 정책 추진 당시 당 매체인 『인민일보』 1958년 8월 13일자 1면에 실린 내용입니다. 후베이성 마청 지역에서의 쌀 생산 성과를 보도하면서, "천하제일의 전답(天下第一田)"이라고 선전합니다.

계획을 추진하다 결국 처참한 실패로 끝납니다. 농업 생산조직의 비효율성, 철 생산에 동원되며 나타난 농업 생산량의 감소, 비현실적인 영농 방법의 도입, 지나친 평균주의에 따른 생산성의 저하, 질 낮은 철의 생산뿐 아니라 동원식 생산과정에서 나타난 간부들의 성과 부풀리기와 허위 보고, 그리고 이례적인 가뭄 등도 참담한 실패의 원인이었습니다. 알려진 바에 의하면, 농업 생산의 실패로 굶어 죽은 사람이 2~3천만 명 정도이며, 그 이상일 것이라고 주장하는 학자들도 적지 않습니다.

당내 합의로 대약진 운동을 추진했지만, 대약진 운동의 실패 원인에 대해서는 당 최고 지도자들 간의 견해차가 컸습니다. 마오쩌둥은 정책은 옳았지만 관료들이 따라주지 않았기 때문이라고 주장했고, 류사오치(劉少奇)는 정책 자체에 무리가 있었다고 보았습니다. 이후 마오쩌둥은 국가주석에서 물러났고, 류사오치의 주도로 '신경제 정책'이 진행됩니다. 마오쩌둥이 국가주석직에서 물러난 것은 그 이전인 1956년 8차 당대회에서 결정된 사항을 이행한 것이었습니다. 이미 절대적 권위를 갖고 있었던 마오쩌둥 자신은 당 주석직을 유지하면서 상왕 노릇을 하고, 실무를 담당하는 행정직은 후계자들에게 넘겨준다는 구상이었습니다. 물론 마오쩌둥이 대약진 정책의 책임을 지고 물러난 것은 아니지만, 1959년 여름에 열린 이른바 '루산(廬山) 회의'에서 펑더화이(彭德懷)의 비판을 받은 뒤 마오쩌둥의 권위는 심각한 손상을 입습니다.

이후 국가주석직에 오른 류사오치의 주도로 새로운 경제 정책이 시행됩니다. 1960년대 초반부터 다시 집단 생산의 기본 단위 규모를 축소하여 농가 30~40호 규모로 조직된 생산대(生産隊) 수준에서 공동 생산이 이루어졌습니다. 텃밭을 가꾸어 거둔 농작물에 대해서는 개인의 것으로 인정해 주고 확대된 자유 시장에 내다 팔 수 있게 하는 등 경제 활성화를 위한 물질적 유인책을 부분적으로 채택합니다. 당시의 이러한 정책을 '삼자일포(三自一包)'라고 합니다. 삼자(三自)는 개인 경작지(自留地), 자유시장(自由市場), 손익의 자기 책임(自負盈虧)을 말하고, 일포(一包)는 개별 농가가 생산을 책임지고 그에 따라 이익을 얻는 농가별 생산 청부(包産到戶)를 뜻합니다. 개인의 인센티브를 인정하는 정책이 확대되자 농촌 사회에 부농이 다시 등장하고 부의 불평등이 커져갑니다. 또한 도시로 몰려든 노동력으로 인해 도시 취업의 압박이 심각해지자, 많은 인력을 농촌으로 보내 버리는 '하방(下放)' 정책을 채택합니다. 도시에서 임시계약직도 늘

어나고 계층 간의 격차도 벌어집니다.[4]

이러한 상황을 종합해 볼 때 문혁의 발발은 건국 이후 나타난 중국이 직면한 고립적인 대외환경과 소련과의 갈등 심화, 중국을 어떻게 발전시킬 것인가를 둘러싼 노선 갈등과 정치적 대립, 그리고 신경제 정책의 시행에 따라 사회·경제적 불평등과 차별이 확대되는 과정에서 이해할 필요가 있습니다.

문화대혁명은 왜, 어떻게 시작되었을까

문혁의 발생 원인에 관한 기존의 시각은 주로 마오쩌둥의 권력 재장악을 위한 투쟁, 즉 '권력투쟁적 관점'에서 설명합니다. 또한 '노선 대립설'도 있습니다. 인간의 의지와 이념을 강조하는 마오쩌둥의 '홍(紅)' 노선과 기술과 전문가적 능력을 중시하는 류사오치의 '전(專)' 노선이 서로 충돌하고 대립했다는 것이죠. 두 노선 간의 갈등으로 설명하는 시각은 권력 관점의 연장선에 있다는 측면에서 권력투쟁설과 크게 다르지 않습니다.

또 다른 시각은 마오쩌둥의 이상주의적인 신념에서 그 원인을 찾습니다. 문화대혁명의 정식 명칭이 '프롤레타리아 계급 문화대혁명(無産階級文化大革命)'이라는 것에서도 알 수 있듯이, 마오쩌둥은 신경제 정책으로 인해 중국이 다시 자본주의 사회로 돌아갈 위험이 있다고 판단했다는 것이지요. 이를 막기 위해 자본주의 길을 걷는 '주자파(走資派)'인 당권파를 타도하고, 지속적인 '계급투쟁'을 통해 사회주의 사회를 달성할 수 있다고 보았다는 것입니다.

앞에서 얘기했던 고립적인 국제환경적 요인 역시 중요합니다. 중국은 1956~1958년 진먼(金門)섬을 포함한 양안 해협에서 타이완과 실제 포격전을 벌였고, 소련과도 국경 충돌이 있었습니다. 당시 인도네시아의 우파 정권은 백만여 명의 좌파 인사들을 학살했고, 중국공산당이 느끼는 냉전으로 인한 고립감과 위기감은 최고조에 달했습니다. 이러한 여러 가지 원인이 있지만, 여기서는 당시 중국의 국내 상황에 집중해서 문혁 발발의 배경을 살펴보겠습니다.

중국 혁명의 과정과 마찬가지로, 문혁 역시 마오쩌둥이라는 절대 지도자의 선동이 있었더라도 인민의 참여가 없었다면 일어날 수 없었습니다. 위에서의 호소가 있더라도 아래에서 호응하지 않으면 아무것도 이루어지지 않지요. 중국의 인민들은 왜, 어떤 동기에서 문혁에 참여했을까요?

문혁이 발생하기 직전 중국의 언론 매체 보도를 읽어보면, 당시 중국의 각 분야 여러 계층에서 사회적 불만이 많았다는 것을 알 수 있습니다. 1960년대 초반에 있었던 경제조정 시기 동안 모든 자원과 인력이 도시로 집중되면서 도농 간, 지역 간 차이가 확대됩니다. 특히 교육에 대한 불만이 많았습니다. 1964~1965년 사이의 『인민일보(人民日報)』나 『홍기(紅旗)』의 내용을 읽어보면 교육의 현실을 개탄하는 글이 많습니다. 출신이 좋은 애들만 좋은 학교에 가고, 평범한 집안의 아이들은 쓰레기 같은 환경에서 공부한다는 불만들입니다.

물론 지금의 중국 현실과 비교하면 당시의 격차는 별거 아닐 수도 있을 것입니다. 그러나 사회주의 국가가 건국된 지 얼마 지나지 않은 상황에서 모두가 평등한 대우를 받아야 한다는 것이 당시의

그림 6-2 역사극 《해서파관》의 주인공 해서와 대약진 운동을 비판한 펑더화이

주류적인 생각이었지만, 막상 혁명에 성공하고 나니 혜택을 받는 것은 특정 계층뿐이라는 불만이 높았습니다. 공산권 내에서의 이러한 현상을 날카롭게 비판한 책이 당시 유고슬라비아의 학자 밀로반 질라스(Milovan Djilas)가 쓴 『위선자들(*New Class*)』입니다.[5] 계급 없는 세상을 꿈꾸며 혁명을 했는데 다시 새로운 특권 계급, 즉 관료 계급이 등장했다는 것이죠. 체제 내부에서 문제를 개선하려는 관점에서 공산주의를 비판한 이 책도 대중들에게 알려집니다.

　문혁은 문예 논쟁에서 시작되어 촉발됩니다. 역사학자 우한(吳晗)이 1959년에 쓴 역사극 《해서파관(海瑞罷官)》이 대약진 운동의 잘못을 지적한 국방부장 펑더화이를 숙청한 마오쩌둥을 우회적으로 비판한 것이라는 야오원위안(姚文元)의 지적에서 시작된 것이죠.

야오원위안은 4인방 중 한 사람입니다. 해서파관은 명나라 시대의 충신인 해서가 정사를 돌보지 않고 온갖 악행을 자행하는 가정제(嘉靖帝)에게 죽을 각오를 하고 간언하다가 파면된 일화를 다루고 있습니다. 즉 야오원위안은 이 역사극이 펑더화이를 해서에, 마오쩌둥을 가정제에 비유하여 풍자한 것이라고 비판한 것이죠.

학문과 예술 분야에서 시작된 논쟁은 이후 정치권으로 확산했고, 1966년 5월 16일 중공중앙정치국 확대회의에서 「중국공산당 중앙위원회 통지」(일명 「5·16 통지」)가 통과됩니다. 문혁의 공식 문건인 「5·16 통지」에서는 기존의 '문화혁명 5인소조'를 철회한다고 결정하고, 문혁을 지도할 새로운 영도조직으로 '문화혁명소조'를 설립하기로 결정합니다.

이에 류사오치는 예전의 방식대로 각 대학과 중고교, 전국 각지의 문교(文敎) 단위에 공작조(工作組)*를 파견합니다. 공작조는 1960년대 전반 사청(四淸) 운동** 때에도 파견되었던 운동 방식이었

········
* 공작조 혹은 공작대(工作隊)는 중국공산당이 정책을 시행하고 위기를 통제하기 위해 기층으로 파견하는 조직으로, 당의 중요한 통치 수단 중의 하나입니다. 주로 '운동식(Campaign-Style)' 거버넌스를 추진할 때 중앙에서 업무를 추진할 실무팀을 만들어 파견하는 것이지요. 건국 초기 토지개혁 때부터 지금까지 중요한 정책을 추진할 때마다 조직되어 파견되었고, 코로나19 위기 당시나 최근에 전개된 빈곤 타파 운동 과정에서도 조직되었습니다. 공작조(대)는 당 중앙과 기층사회를 연결하는 중간 매개자의 역할을 하며, 당의 정책을 알리고 실천하게 만드는 전도사의 역할을 합니다. 많은 전문가와 지식인을 공작대원으로 흡수함으로써 체제에 불만이 있는 인사의 출현을 효과적으로 방지하는 기능을 하기도 합니다.
** 사청 운동은 사회주의 교육 운동을 줄여서 말하는 것으로, 1963년 농촌에서 시작되었습니다. 이후 사청 운동은 정치, 경제, 조직, 사상 측면의 모든 부패를 없앤다는 운동으로 확대됩니다. 사청 운동 기간에 억울하게 박해당하는 사건이 자주 발생하여, 많은 학자가 사청 운동을 문화대혁명의 전초전으로 해석합니다.

습니다. 중앙에서 파견된 공작조는 비판 대상을 선정하고 대중들을 비판대회에 동원하는데, 이 과정에서 현지에서 억울하게 우파로 몰렸던 사람들이 비판 대상으로 불려 나옵니다. 결국 중앙에서 파견한 공작조와 현지에서 억울하게 비판받은 사람들 간의 갈등이 격화되면서, 공작조에 의한 운동 지도는 7월 28일 마오쩌둥에 의해 중단됩니다. 약 50일간 진행된 공작조 활동은 이후 문혁이 전개되면서 조반파라는 대중운동의 파벌을 형성하는 갈등의 씨앗을 남깁니다.

문혁이 본격적인 대중운동으로 확대된 것은 1966년 8월 8일 문혁의 강령적 문건인 「중국공산당 중앙위원회 프롤레타리아 계급 문화대혁명에 관한 결의」, 이른바 「문혁 16조」가 통과되면서입니다. 「문혁 16조」의 제1조에서는 "우리의 목적은 자본주의의 길을 걷는 당권파를 무너뜨리고 자산계급의 반동적 학술 권위주의를 비판하며 자산계급과 모든 착취계급의 이데올로기를 비판하는 것이다"라고 명시하며 운동의 방향을 명확히 제시합니다. 사회주의 혁명이 성공했고 부르주아 계급은 타도되었지만, 사회 내에 이들의 사상이 아직 남아 있고 여전히 많은 모순이 존재하고 있어 새로운 혁명을 촉구하는 운동이 필요하다는 것이지요. 이를 위해 낡은 사상, 낡은 문화, 낡은 풍속, 낡은 관습을 없애자는 이른바 '사구타파(四舊打破)'를 외칩니다.

기존에 권위적 분위기에 눌려있었던 학생들도 '교육혁명'을 외쳤고, 5월 25일 베이징대학교에서는 녜위안쯔(聶元梓) 등이 당위원회 서기와 학장을 고발하는 대자보를 붙이고 이들을 비판합니다. 당내에 자본주의 길을 걷고자 하는 소수의 사람이 있는 것처럼, 학계에서도 소련의 것을 무비판적으로 가르치고 권위를 내세우는 반동 학술 권위가 존재한다는 것이죠.

여기서 이러한 의문이 듭니다. 사회주의 혁명에 성공한 나라에서 왜 여전히 낡은 사상이 남아 있는가? 왜 여전히 자본주의 길을 가고자 하는 세력이 있는가? 사회주의란 무엇이며 어떠한 단계를 말하는가? 사회주의를 어떠한 단계로 볼 것인지에 대해 소련과 중국의 인식은 달랐습니다. 소련은 사회주의를 공산주의로 가기 전의 단계로 보면서, 일단 사회주의 혁명이 완수되면 계급적 모순도 함께 사라진다고 보았습니다. 즉 사회주의는 공산주의 단계로 넘어가는 하나의 작은 과도기로 계급모순은 존재하지 않고 이 단계에서의 주요 과제는 사회주의 제도를 확립하고 공산주의로 이행하는 것이라고 보았습니다.

반면 마오쩌둥은 사회주의 단계로 들어섰다 하더라도 자본주의적 모순이 완전히 사라지지 않았다고 봅니다. 자본주의 단계에서도 봉건적 잔재가 남아 있듯이, 사회주의 혁명 이후에도 여전히 자본주의적 모순이 존재한다고 봅니다. 사회주의 혁명 이후에도 자본주의적 모순이 남아 있다는 것은 사회주의 단계에서도 언제든지 자본주의 단계로 퇴행할 가능성이 있다는 것입니다. 다시 말해 사회주의라는 단계는 공산주의 단계로 이행되기 전 단계이지만, 언제든 자본주의로 복귀될 가능성이 있는 거대한 과도기적 단계라는 것입니다. 요컨대 소련은 사회주의를 앞 단계인 자본주의 체제로 갈 수 없는 불가역적(不可逆的)인 단계로, 중국은 언제든 자본주의로 복귀할 수 있는 가역적(可逆的)인 단계로 보았다고 할 수 있죠.

그렇다면 사회주의 단계에서 자본주의 단계로의 후퇴와 퇴행은 어떻게 이루어지느냐? 마오쩌둥은 자본주의로의 퇴행은 바로 자본주의 길을 걷고자 하는 소수의 주자파에 의해 이루어진다고 보았습니다. 「문혁 16조」에서 명시하듯 소수의 당권파와 여기에 동조하는 세력들이겠죠. 그렇다면 어떻게 자본주의로 되돌아가는 것을 막고 공산주의 단계로 진입해야 하는가? 당연히 자본주의로 회귀하려는 세력을 먼저 제거하는 작업이 필요하겠죠. 즉 사회주의 단계에서는 끊임없는 계급투쟁을 통해 역진 세력을 비판하면서 공산주의 단계로 넘어가야 한다는 것입니다. 이렇듯 이론적 측면에서 문혁이 왜 발생했는지를 파악해 본다면, 사회주의가 무엇인지, 사회주의 단계를 어떻게 볼 것인지, 이 단계에서의 주요 과업이 무엇인지에 관한 중국의 시각이 다른 사회주의 국가인 소련과 달랐다는 점을 이해할 수 있습니다.[6]

정치 권력의 내부적 관점에서 원인을 찾아보면 권력 엘리트 간의 분열을 이야기하지 않을 수 없습니다. 중국에서 사회운동은 대개 엘리트가 분열되어 있을 때 일어났습니다. 1989년 천안문 사건도 마찬가지이고, 문혁도 이러한 측면이 있습니다. 문제의 본질은 중앙 엘리트 사이의 갈등이 있을 때 그 갈등을 어떻게 정치적으로 해결할 것이냐에 있습니다. 중국은 대개 옌안 시기에 있었던 정풍운동처럼 자아비판 운동을 통해 내부적인 방식으로 해결합니다. 소련공산당은 비밀경찰에 의해 정적을 제거하거나 살해하기도 하지만, 중국은 그렇지는 않습니다. 마오쩌둥의 뒤를 이은 화궈펑(華國鋒)의 경우 과도기라는 짧은 기간 동안 권력의 최고점에 있었고 덩샤오핑(鄧小平)과의 권력투쟁에서 밀려났지만, 1997년 15차 당대회 때까지도 계속 중앙위원으로 남아 있었습니다. 중국공산당은 혁명 과정에서 생사고락을 함께했던 '동지(同志)'라는 정서가 있어서 그런지, 같은 당원을 잔인하고 비밀스럽게 죽이는 방식은 잘 쓰지 않았습니다. 문혁 당시 국가주석이자 주자파의 상징이었던 류사오치도 대중운동의 소용돌이 속에서 고생하다 병사한 것입니다. 만약 문혁의 주요 목적이 마오쩌둥이 류사오치라는 정적을 제거하기 위한 것이었다면, 기존의 정풍 운동 방식으로도 가능했을 겁니다.

물론 마오쩌둥 스스로 혁명 중에 얻은 경험과 가치관이 문혁 시기에 크게 작용합니다. 자신이 평생을 바쳐 고생하며 새로운 나라를 만들었는데 관료들은 자기 특권 챙기기 바쁘고 사회주의 혁명 이후에도 불평등이 지속되는 현실에 대해 매우 실망하고 불만이 컸을 겁니다. 이러한 현실 상황을 바꾸기 위해서는 기존의 형식적인 대중 동원이 아닌 뭔가 새로운 방식이 필요했고, 그래서 인민대중 누구에게나 다른 사람을 비판할 수 있는 발언권을 줍니다. 이것이 문혁입니다. 물론 마오쩌둥은 인민들이 모든 권위에 조반할 수 있다 해도 마오쩌둥 자신은 조반의 대상에서 예외라고 생각했습니다. 마오쩌둥 그 자신은 중국 혁명을 이끌었고 늘 인민의 편에 서 있다는 생각에 변함이 없었기 때문이죠. 자기 스스로를 모든 권력을 초월한 절대적인 위치에 놓아둔 셈입니다. 그것이 또한 문혁을 불행한 실패로 이끈 근본적인 원인이기도 합니다.

'홍위병', 그들은 누구인가

문혁 하면 가장 먼저 떠오르는 단어가 바로 '홍위병'입니다. 우리나라 정치권에서도 자주 사용되어 익숙한 말입니다. 대개 자기

그림 6-3 마오쩌둥이 천안문 광장에서 홍위병과 만난 모습을 그린 선전화

생각 없이 절대자를 맹목적으로 숭배하고 복종하며 반대파를 제거하기 위해 폭력적 방법도 주저하지 않고 사용하는 사람들을 이르는 말로 사용됩니다. 홍위병이 나오는 영상이나 사진을 보면 이와 같은 이미지가 떠오릅니다.

그러나 홍위병은 어느 특정한 단일한 정치적 목적을 가진 하나의 조직을 일컫는 말이 아닙니다. 홍위병은 학생들로 이루어진 대중조직을 통칭하는 용어로, 여기에는 보수파도 있고 조반파(혁명파)도 있습니다.[7] 「5.16 통지」 발표 이후 공작조가 파견되었을 때, 공작조의 지지를 받아 결성된 홍위병을 초기 홍위병 또는 '노홍위병(老紅衛兵)'이라고 부릅니다. 주로 고급 간부의 자제들로 구성되어 있어 '보수파' 또는 '보황파(保皇派)'라고 불렸고, 류사오치 국가주석의 딸도 있었습니다. 이들이 홍위병 운동 초기 50일을 주도합니다.

노홍위병은 기존 체제와 구조를 바꾸는 데 관심이 있는 것이 아니라 당의 지도하에서 혁명을 진행합니다. 흔히 문혁 하면 연상되는 가택 수색이나 문화재 파괴, 구타 및 폭력 행사 등은 대부분 이들 노홍위병에 의해 자행됩니다. 계급 배경이 좋은 가난한 농민, 노동자, 혁명 간부, 군인, 혁명 유가족의 자제인 이른바 '홍오류(紅五類)' 중에서도 고위 간부 자제들이 주도적으로 홍위병 운동을 이끌어나갔고, 이들은 '혈통론'을 지지했습니다. 혈통론이란 아버지가 혁명가이면 자식도 혁명가이고, 아버지가 반동이면 자식도 반동이라는 것이죠. 이들은 스스로 혁명의 후계자라 자임하며 공자 사당이나 불교 사원 등 낡고 봉건적인 유물을 파괴하는 데 앞장섭니다.[8]

　　반면 공작조가 내려왔지만, 이들의 억압에 대항해서 스스로 대중운동을 조직한 것이 바로 조반파 홍위병입니다. 조반(造反)이란 마오쩌둥이 말한 '조반유리(造反有理)'에서 나온 말로, '권위에 반대하는 혁명은 모두 정당하다'라는 뜻입니다. 조반파 홍위병의 경우 기존 사회 구조에서 대우받지 못했던 출신이 많았지만, 출신 성분이 좋은 사람도 조반파에 많았습니다. 출신이 중요했지만 절대적이지는 않았습니다.

　　조반파 홍위병은 국가와 당 내의 주자파를 타도 대상으로 삼았고 공작조를 비판했으며, 이들을 파견한 당 조직까지 비판했습니다. 각 학교에서 조반파 홍위병과 보수파 홍위병 간의 대립이 있었는데, 1966년 10월 마오쩌둥이 혈통론을 비판한 이후에는 조반파가 대중조직의 주류로 부상합니다.

　　이후 조반파 조직은 학교를 넘어 공장 노동자들 사이로까지 퍼지며 단위마다 많은 대중조직이 탄생합니다. 마오쩌둥이 혈통론을 비판하고 공식적으로 대중운동을 승인하면서, 운동의 주도권이 당에서 대중에게로 넘어갑니다. 이후 약 1년여 동안 내전을 방불케 하는 파벌 간의 격렬한 투쟁이 일어나고 당도 통제할 수 없는 상황이 벌어지게 됩니다. 처음에는 대자보의 형식으로 비판하는 '문투(文鬪)', 즉 글로 하는 투쟁이었지만 점차 무기를 동원하는 '무투(武鬪)'로 이어지면서 혼란은 극에 달합니다.

문혁 시기 대중조직의 운동 과정에서는 과거 혁명의 방식과 문화를 다시 불러옵니다. 가슴에 목패(木牌)를 매달고 머리에 고깔모자를 씌워 망신 주고 비판하는 행위는 1920, 1930년대 농촌의 대지주를 공격하는 방식이었습니다. 당시 인민해방군은 혁명을 상징했고, 이를 따라 모든 학생 홍위병이 군복을 입었습니다. 자신들의 조직 이름도 과거 혁명이나 항일 투쟁에서 유명해졌던 지명이나 주요 사건, 역사적 날짜 등을 따서 만듭니다. 예를 들어 '징강산파', '8·15파', '샹강풍뢰(湘江風雷)', '혁명끝장파(反到底派)' 등으로 지었습니다. 당시 대중조직의 비판대회에 끌려 나온 계층은 주로 지식인과 각 지방의 주요 관료들이었습니다. 이들은 '우붕(牛棚, 소 외양간)'이라고 불리는 임시 감옥에 갇혀 오늘은 이쪽 파벌에 불려 나가고 내일은 저쪽 파벌에 끌려 나가 반성문을 쓰면서 공개적인 비판과 모욕을 당합니다.[9] 수치심이나 모욕감을 느낀 지식인들이 자살하기도 했습니다.

이러한 정치적 핍박을 받는 상황에도 불구하고 기존 임금체계는 흔들리지 않았습니다. 당시 노동자의 평균 임금이 30~40위안 수준이었고, 간부는 100위안 정도였습니다. 이른바 '혁명'이라고 불리는 문혁은 정치적인 것이었지, 기존의 경제제도나 인사제도 관련 규정을 근본적으로 바꾸는 것은 아니었습니다.

문혁은 사실 '문화'를 혁명하는 것이기도 한데, 특히 부르주아적 교양이나 예절은 모두 가식적이라는 공격을 받았고 전통문화나 종교도 봉건주의의 낡은 잔재로 비판을 받습니다. 철저한 혁명을 위해서는 기존의 문화를 바꾸고 무산계급 대중의 문화를 발굴해야 하는데, 욕을 쓰면 더 혁명성이 두드러져 보인다는 생각에서 대자보에 창의적인 욕을 쓰려 했습니다. 파마 식의 머리 모양을 하면 부르주아 문화라 해서 공격을 받았고, 도로나 길의 이름을 노동자의 호칭으로 바꾸기도 했습니다. 서양의 발레 양식에 군대와 혁명의 코드를 결합해서 만든 현대극 '양반시(樣板戱)'라는 형식도 만들었는데, 주로 왕과 첩 이야기나 봉건적 성격을 띤 전통 경극을 비판하면서 사회주의 '혁명 모범극'을 만들어 공연한 것입니다. 마오쩌둥에게 충성을 바치는 '충자무(忠字舞)'라는 춤도 추었습니다. 1966년 여름 천안문 광장에서 진행된 사열에서는 홍위병들이 일제히 『마오쩌둥 어록(小紅書)』을 흔들며 구호를 외치는 광경이 펼쳐지기도 합니다. 마오쩌둥 사상은 자신들의 운동을 정당화해 주는 하나의 중요한 사상적 기반이자 근거였고, 보수파든 조반파든 모두 마오쩌둥 사상에 철저히 따른다는 태도를 보였습니다.

학생이 중심이 된 홍위병 운동은 지금도 많은 영상 자료를 통해 볼 수 있습니다. 이러한 영상이 강렬한 인상을 남겨서 그런지, 흔히 홍위병 운동이 곧 문혁 전체를 대표한다고 생각하는 경향이 있습니다. 사실 학생 홍위병 운동이 지속된 기간은 각지의 홍위병이 경험 교류를 위해 전국을 순회한 '대교류(大串聯)'를 포함해서 1년 정도의 기간에 불과합니다. 1967년 이후 도시 노동자들 사이로 대중조직 활동이 확대되면서 문혁은 새로운 쟁점으로 나아갑니다.

신생 정권 '혁명위원회'의 등장과 조반파 탄압

1967년 1월 대중운동의 새로운 형식으로 탈권이 나타납니다. '탈권(奪權)'이란 권력을 탈취하는 것입니다. 누구의 권력을 빼앗는다는 것일까요? 바로 각 지역 당위원회를 점거해서 모든 공식적인 도장을 빼앗고 당위원회의 이름으로 문건이 나가지 못하도록 봉인하는 것입니다. 지방 당위원회는 각 지역의 최고 권력을 상징하는 곳이며, 이곳을 봉인해 버리는 것은 곧 권력을 중지시키는 것이라 할 수 있지요. 그렇다면 기존 권력을 중단시키고 어떠한 새로운 형식의 권력 기구를 만들었을까요?

상하이에서는 제일 먼저 탈권이 일어나고 2월 5일 새로운 영도 기구로 '상하이코뮌(公社)'을 선언합니다. 1871년 프랑스 파리 시민과 노동자들이 봉기하여 수립한 혁명적 자치 정부인 파리코뮌의 '코뮌(Commune)' 이념을 받들어 새로운 정권 형식을 만든다는 것이지요. 코뮌의 원칙은 첫째, 직접선거로 권력을 선출하고, 둘째, 인민이 권력자를 소환할 수 있으며, 셋째, 지배자와 피지배자가 동등한 대우를 받는다는 것입니다.

처음 중앙에서는 상하이 코뮌을 승인하지만 18일 만에 다시 번복합니다. 코뮌의 형식을 인정하게 되면 당과 군대의 역할이 어떻게 되는지의 문제에 봉착합니다. 중국 혁명은 공산당이 주도해서 성공한 것인데, 아래에서 위로 조직된 자치적인 코뮌의 형식으로 개편해 버리면 논리적으로 당이 필요 없게 됩니다. 마오쩌둥은 코 뮌의 형식을 취소하고 절충적인 형식의 영도 기구인 '혁명위원회'로 결정합니다. 혁명위원회는 혁명 대중조직의 대표, 군의 간부, 당 간부의 3개 주체가 참여하는 삼결합(三結合)의 형식으로 조직되었고, 기존의 각 지방 당위원회를 대체합니다. 혁명위원회에 대중조직의 대표가 들어가긴 했지만, 이는 완전한 자치를 꿈꾼 코뮌의 형식에는 한참 미치지 못하는 영도 기구였습니다. 인민에게 혁명할 권리와 발언권을 부여한 문혁의 논리적 귀결이 코뮌의 형식인데, 이는 혁명위원회 형식에 의해 다시 부정당하고 맙니다.[10]

그럼에도 불구하고 혁명 대중조직이 의사 결정 조직인 영도 기구에 참여한다는 점에서는 일종의 사회참여가 보장된 새로운 권력 기구의 형식이라 할 수 있습니다. 그런데 혁명위원회는 정말로 혁명적인 새로운 정권 형식이었을까요? 새로운 영도 기구인 혁명위원회는 시간이 흐르면서 기존 당 간부가 모두 복귀하고 군대의 세력이 주도하게 되었고 3분의 1의 지분이 있던 혁명 대중조직은 점차 주변으로 밀려나게 됩니다. 혁명위원회 권력의 실세는 모두 군이나 기존 간부들이 장악하게 되지요.

1967년에 접어들면서 대중조직은 내부적으로 치열한 파벌 투쟁을 벌입니다.[11] 노동계에서 보수파는 대개 공장 내부 권력에 가까웠던 당원이나 공산주의청년단원, 적극 분자, 모범 노동자 등이 중심이 되었고, 나머지 대다수의 일반 노동자나 임시직 노동자는 조반파로 활동합니다. 파벌의 상황이나 투쟁의 정도는 지역마다 차이가 있으며, 가족끼리도 서로 다른 파벌에 속한 경우도 있었습니다. 그러나 문혁이 대중 차원의 운동으로 확산되면서 조반파 역시 분열됩니다. 현지 파벌 투쟁에 개입한 군대에 대해 어떠한 입장을 취할 것인지에 따라 갈라졌고, 또한 노동자계급이 만든 대중조직과 학생 홍위병이 만든 대중조직 간에 주도권을 둘러싸고 분열됩니다.

'조반'이란 기존 권위에 대한 모든 반대를 의미하지만, 현실에서는 마오쩌둥 사상에 맞지 않는 일과 말에 반대하는 것으로 나타났습니다. 마오쩌둥 사상과 어록은 혁명과 전쟁이라는 특수한 역사적 배경에서 나온 것인데 이를 역사적 맥락과 분리해 하나의 잠언 말씀처럼 간주한다면 아전인수격으로 해석할 위험이 상존했고, 이는 결과적으로 조반파 사상 분열의 원인이 됩니다. 결국 문혁은 이념적으로는 대중의 자기해방 운동을 지향했지만, 현실적으로는 마오쩌둥의 권위와 군 조직인 인민해방군의 무력에 의해 제약되었다고 볼 수 있습니다. 조반파 역시 예비 특권층으로 파벌 간의 대립을 극복하지 못한 채 자멸합니다. 문혁은 당시 중국 사회에 존재했던 약자와 소수파, 예컨대 천민으로 인식되던 사류분자(四類分子)나 흑오류(黑五類)* 계층과는 선을 그었고 따라서 소수자의 인권을 위한 운동과는 거리가 멀었습니다.

진정으로 혁명을 꿈꿨던 사람들은 소수의 급진파에 있었습니다.[12] 조반파 중 소수의 급진파는 사회주의 체제가 갖고 있던 모순을 날카롭게 비판하며, 진정한 사회주의 실현을 위한 방안을 제안하기도 했습니다. 대표적으로 문혁 초기 '혈통론'을 비판하며 민주를 주장하던 위뤄커(遇羅克)가 있습니다. 후난성(湖南省) 성무련(省無聯,

....

* '사류 분자'란 지주, 부농, 반혁명 분자, 불량 분자라는 네 부류의 사람을 가리킵니다. 여기에 우파 분자를 추가하여 '흑오류'라고 불렀습니다. 계급 투쟁이 한창 진행되던 당시, 이들은 인신의 자유도 없이 온갖 고초를 겪으며 불가촉 천민으로 낙인찍혔습니다.

위뤄커와 혈통론

위뤄커(遇羅克)는 자본가 집안 출신으로, 1957년 부모가 우파로 공격받은 뒤 '흑오류(黑五類)' 신분으로 분류됩니다. 이로 인해 1959년 베이징시 65중학교를 졸업한 뒤 대학에 진학하지 못하고 공장과 학교에서 임시직으로 일하지요. 문화대혁명 당시 '가정출신문제연구소조'라는 이름으로 『중학문혁보(中學文革報)』에 글을 연재하는데, 여기에 게재해 전국적으로 유명해진 글이 바로 「출신론(出身論)」입니다.

그는 「출신론」에서 "부모가 영웅이면 자식은 호걸, 부모가 반동이면 자식은 개자식"이라는 이른바 '혈통론'을 비판하며, 인권과 민주를 주장합니다. 위뤄커는 이 글로 1968년 1월 5일 체포되었고, 1970년 3월 5일 19명의 다른 정치범들과 함께 사형당합니다. 혈통론은 1966년 10월 중앙공작회의에서 공식적으로 비판받았지만, 정작 혈통론을 비판한 위뤄커는 당 조직 전체를 공격한다는 이유로 희생당한 것입니다.

혈통론에 대한 지지 여부에 따라 보수파 홍위병과 조반파 급진홍위병으로 갈라졌고 문혁 당시에는 혈통론을 비판한 조반파가 주류적 흐름이었지만, 문혁이 끝난 뒤 조반파는 오히려 문혁의 가해자로 낙인찍히고 혈통론의 주도자들이 피해자로 위치가 바뀌어 개혁개방을 주도했습니다. 위뤄커의 죽음은 문혁의 목표와 한계를 동시에 보여주는 역설적 사건이라 할 수 있습니다.

'후난성 무산계급연합회'의 약칭)의 양시광(楊曦光)도 있습니다. 당시 18세의 청년이던 양시광은 「중국은 어디로 가는가?」라는 글을 통해 문혁을 비판하고 파리코뮌을 주장합니다.[13] 이 글로 인해 양시광은 10년간 옥살이를 하게 됩니다. 그는 문혁이 끝나자 양샤오카이(楊小凱)로 이름을 바꾸었고 나중에 유명한 경제학자가 됩니다. 문혁의 혁명 정신에 따라 특권 계급에 반대하고 사회주의를 외친 진짜 사회주의자들이 오히려 핍박받은 셈이죠.

이처럼 당시 문혁이라는 상황에서 '독립적'인 사고를 했던 사람들은 오히려 희생당합니다. 사실 문혁 시기 가장 크게 희생된 집단은 알려진 것처럼 지식인이나 부농, 관료가 아니라 혁명에 가장 열정적으로 참여했던 조반파였습니다. 파벌 투쟁이 혼란에 빠져들자 중앙에서는 군대를 파견해 좌파 대중조직을 지원하려 했습니다. 그러나 지역 상황을 잘 몰랐던 군대는 어느 쪽이 좌파인지 제대로 파악하지 못하고, 대부분 온건파와 손잡고 조반파를 탄압합니다. 이러한 파벌 간의 내전과 군대의 진압 과정에서 많은 조반파가 죽었습니다.

1967년 우한(武漢)에서의 무력 투쟁 상황을 중재하기 위해 내려간 마오쩌둥이 신변의 위험을 느끼고 몸을 피한 '7·20 사건' 이후 중앙에서는 사태의 심각성을 깨닫고 파벌 싸움을 중단시키며 모두가 하나가 되자는 '대연합'을 강조합니다. 이렇게 운동은 대중 주도에서 다시 당 주도로 넘어가게 되고, 질서 회복의 단계로 들어섭니다. 특히 1969년 9차 당대회 이후에는 모범적인 혁명 사례들만 선전되고, 조반파에 대한 탄압은 지속됩니다. 아이러니한 것은 문혁이 끝난 이후 당내 개혁파는 문혁의 책임을 주로 조반파에게 돌리고,[14] 문혁 과정에서 등장했던 대중운동의 폭력성과 혼란을 부각하며 안정을 강조한다는 것입니다. 통치 권력의 논리를 적나라하게 보여주고 있지요.

하방과 지식청년

1968년 12월 마오쩌둥이 "지식청년(知靑)들은 농촌으로 가서 농민들에게 재교육을 받는 것이 필요하다"고 지시하면서, 전국적인 "상산하향(上山下鄕) 운동"이 펼쳐집니다.[15] "산에 오르고 농촌으로 내려간다"는 이른바 '상산하향'은 1950~1970년대 청년들을 농촌에 내려보내 정착하게 만든 정치운동으로, 통칭 '하방(下放, 내려보낸다는 뜻)'이나 '삽대(揷隊, 농촌 생산대에 배치한다는 뜻)'라고도 불립니다. 가장 대규모의 하방이 진행된 것은 문화대혁명 시기로, 모두 1,600만 명의 지식청년이 농촌으로 보내졌고, 이는 당시 도시 인구의 10분의 1에 해당하는 규모였습니다.

문혁이 시작되고 2년쯤 지난 시점에서 왜 중국공산당은 혁명의 주역인 청년들을 농촌으로 내려보냈을까요? 1967년 파벌 투쟁이 전국적으로 확대되면서 당 중앙은 통제할 수 없는 대중운동에 두려움을 느낍니다. 당시 대자보(大字報)의 형식으로 누구든 비판할 수 있는 분위기에서, 혁명 대중조직은 자발적으로 조직되었고, 각 대중조직에서 자유롭게 발간한 신문이나 매체 등이 폭발적으로 증가했습니다. 당 중앙에서는 "무력으로 투쟁하지 말고, 글로 투쟁하라(不要武鬪, 要文鬪)"는 방침을 하달했지만, 대중조직 파벌 간의 투쟁은 이미 당의 통제를 넘어서서 군대의 무기까지 탈취하며 내전을 방불케 했습니다. 많은 사람이 이 과정에서 죽습니다. 이에 따라 당 중앙에서는 모든 대중조직에 대해 무기를 반납하고 해체하라고 지시하며, 학생들을 농촌으로 보냅니다. 농촌으로 하방된 청년들을 지식청년, 줄여서 '지청(知靑)'이라고 합니다.

청년들을 농촌으로 보낸 것은 무장 투쟁의 수준까지 도달한 대중운동의 위험을 막고 질서를 유지해야 한다는 이유도 있었지만, 경제적 관점에서 본 해석도 있습니다. 즉 일자리를 배정해 주는 당시 계획경제 시스템에서 급증한 인구로 인해 배분해 줄 도시의 일자리가 부족해지자 신규 노동력인 청년들을 농촌으로 보냈다는 것입니다. 이는 일자리 배분과 취업이라는 경제 문제를 정치적 방식으로 해결한 것이라 할 수 있죠.

그럼에도 불구하고 "농촌과 농민으로부터 혁명을 배운다"는 하방운동의 정치적 목적은 여전히 중요합니다. 중국의 혁명은 농촌을 근거지로 한 만큼, 농촌은 다시 초심으로 돌아가 혁명의 정신을 배울 수 있는 곳이었죠. 한편 농촌으로 내려간 청년들은 두 가지 사실에서 충격을 받습니다. 하나는 신중국이 건국된 지 거의 20년이 지났는데도 농촌이 여전히 가난하다는 사실입니다. 또 하나는 문혁 당시 마오쩌둥의 사상을 지지하고 문혁을 총지휘하며 마오쩌둥의 후계자로 주목받았던 린뱌오(林彪)의 쿠데타 시도와 의문의 죽음입니다. 문혁의 후계자가 문혁을 배반하였다는 사실은, 문혁이 뭔가 잘못된 것이 아닌가 하는 생각을 하게 만들었습니다.

지청들은 문혁이라는 혼란한 시기를 틈타 사회로 쏟아져나온 금서(禁書)를 읽으며 각종 토론회와 살롱에 참석하여 사회를 공부합니다. 진짜 공부를 한 셈이죠. 문혁이 끝나고 대학입시제도가 회복되면서 치른 첫 번째 시험에는 10년간 적체된 인원이 한꺼번에 시험을 봅니다. 저마다의 영역에서 내공을 쌓은 사람들이 대학입시에 합격하는데, 이들이 바로 77학번과 78학번이며, 개혁개방 시기 중국의 경제 발전을 주도한 주역들입니다.

농촌으로 간 청년들은 열악한 환경과 자연재해와 싸우며 갖은 고생을 합니다. 시진핑을 비롯한 중국의 많은 지도자가 농촌으로 내려가 일했던 경험이 있고, 이들을 문혁세대라고 부를 수 있습니다. 이들은 청년 시절 중국 농촌의 현실을 직접 눈으로 봤고, 그래서 중국 정책의 중심이 농촌에 있어야 하며, 농촌 문제를 해결하지 않고서는 중국의 문제를 풀어나갈 수 없다는 공감대를 형성합니다.

2012년 18차 당대회 이후 시진핑은 새로운 총서기가 되어 농촌을 중시하는 정책을 펼칩니다. 물론 중국 지도자들은 줄곧 농촌을 중시해 왔고, 2004년부터 지금까지 20년 동안 그 해의 핵심 국정과제를 보여주는 '중앙의 1호 문건'은 모두 '삼농(三農, 농업·농촌·농민)' 관련 내용이었습니다. 그러나 시진핑 집권 이후에는 '향촌(鄕村)'이라는 중국 전통 사회의 문화적 특징이 배어 있는 용어를 더욱 강조했고, 경제만이 아니라 정치적인 색깔도 입혀지기 시작했습니다. 그야말로 중국 나름의 현대화를 추진하는 하나의 중요한 경로로, 농촌의 현대화에 집중적으로 정책 지원을 하고 있죠.

이에 따라 당 중앙과 국무원은 2018년에서 2022년까지 5개년의 「향촌진흥전략규획」을 발표했고, 이러한 정책 기조 위에서 2019년 공청단(공산주의청년단)에서는 3년 안에 천만 규모의 청년을 농촌으로 내려보내 농촌 진흥에 동원하겠다고 발표합니다. 신시대의 전면적 향촌 진흥 과정에서 "농업을 이해하고, 농촌과 농민을 사랑하는" 이른바 '삼농청년공작대오'를 양성한다는 계획입니다. 삼농청년공작대오는 청년들을 이끌어 당의 말을 듣고, 당과 함께 걸으며, 향촌 진흥 전략을 실행하고 농업과 농촌의 현대화를 위해 청년의 역량을 바치게 됩니다.

그림 6-4 시진핑의 7년 지청 세월

상하이의 한 서점에 시진핑과 관련된 책들이 진열된 모습입니다. 왼쪽에서 세 번째 『시진핑의 7년 지청 세월』이 진열되어 있습니다.

　이미 중국에서는 10년 넘게 대학 졸업생들을 민족 지역, 변경 지역, 농촌 지역에 파견하여 농촌의 의료, 교육, 빈곤 등을 지원해 왔으며, 혹자는 이를 "상산하향 운동 2.0"이라고 부르기도 합니다. 사실 청년들이 농촌에서 사회 실천 활동을 전개하는 일은 그 역사가 훨씬 더 오래되었습니다. 이미 1920, 1930년대부터 향촌의 발전을 모색하는 청년들의 활동이 있었고, 1940, 1950년대에는 일부 학교에서 농촌의 사회 생산, 서비스, 조사 활동에 참여하도록 학생들을 조직해 왔습니다.

　최근에는 사회적 봉사와 책임을 강조하는 분위기에서 국가급 연구기관에서 상산하향에 대한 역사를 재평가하기도 했습니다. 2020년 12월 22일 중국역사연구원이 웨이보에 올린 글에서는 "지청은 파괴된 세대"이고 "상산하향은 박해를 받은 것"이라는 인식은 잘못된 것이며, 청년들의 하향은 "사회 진보를 촉진한 위대한 쾌거"라고 평가했습니다. 당시 지청세대가 공유했던 농촌 경험은 중국 전체 사회의 분위기에도 커다란 영향을 미쳤고, 오늘날 주요 요직에 있는 지도자들은 모두 이러한 경험이 있습니다. 18차 당대회 회기 7명의 정치국 상무위원 중 4명이 상산하향의 경험이 있고, 19대에서는 3명이 지청 출신입니다. 1969년 당시 15세의 나이였던 시진핑도 산시성(陝西省) 량자허(梁家河)로 내려가 7년 동안 농촌 생활을 경험했습니다.

19차 당대회 개최를 앞둔 2017년 8월 중국공산당 중앙당교에서는 시진핑의 당시 생활을 담은 『시진핑의 7년 지청 세월』이란 책을 출판합니다. 2017년 3월 중국중앙방송사(CCTV, China Central Television)에서는 시진핑의 지청 생활을 담은 3부작 단편 「초심(初心)」을 방영하기도 했습니다. 물론 당대회를 앞둔 최고 지도자 띄우기와 정치 선전이 주요 목적이죠. 그러나 이를 단순히 시진핑에 대한 우상화로만 평가할 수는 없습니다. 상산하향 운동에 대한 공산당의 재평가 시도는 현 지도부의 청년 시절 경험을 긍정적으로 평가하려는 것과 동시에, 현재 중국 상황에서 청년들이 사회를 위해 봉사해야 한다는 분위기를 조성하기 위한 것이기도 합니다. 또한 이는 중국의 '주요 모순'에 대한 재규정에 따라,* 실제 중국 정책의 방향을 도농 간의 격차를 줄이는 데에 맞춰진 것이기도 합니다.

....

*   중국공산당의 '주요 모순'에 대한 규정은 향후 정책 방향과 목표를 설정하는 데 있어 매우 중요합니다. 19차 당대회에서는 중국의 주요 모순을 "갈수록 늘어나는 아름다운 생활에 대한 인민의 요구와 불평형하고 불충분한 발전의 차이"로 규정합니다. 인민들의 삶에 대한 요구 수준은 갈수록 높아지는데, 현실 정책은 이에 부합하지 못할 뿐 아니라 균등하지도 않다는 판단을 한 것입니다.

그렇다고 상산하향에 대한 재평가가 곧바로 문혁에 대한 재평가나 혹은 문혁 당시의 정책들을 되살린다는 의미는 절대 아닙니다. 문혁 정신에 따라 당시 사회 대중 세력에게 허용했던 자유로운 비판이나 자발적인 조직화는 절대 금지하고 있기 때문입니다. 단지 문혁 시기에 있었던 경험에 대한 선택적인 명예 회복이라 할 수 있습니다.

문혁 시기와 마찬가지로 현재 중국공산당이 청년들의 귀향을 독려하는 배경에는 경제적 이유도 크게 작용합니다. 중국 국가통계국이 발표한 2023년 5월 도시 실업률은 5.2%이지만, 16~24세 사이에 있는 청년실업률은 그 4배인 20.8%에 달합니다. 대졸 실업률이 일반 청년 실업률보다 훨씬 높은 가운데, 2023년 5·4 청년절을 앞두고 시진핑은 중국농업대학 학생에게 보낸 편지에서 청년들이 농촌에 들어가 '고생'을 경험하라고 독려했습니다. 서신에는 "향토 중국 깊숙한 곳에 들어가면 비로소 실사구시가 무엇인지, 대중과 어떻게 연계해야 하는지를 깊이 이해할 수 있다. 청년들은 '고생을 자초해야(自找苦吃)' 한다"고 썼습니다. 광둥성(廣東省) 정부는 일자리를 찾지 못한 30만 명의 젊은이를 농촌으로 보낼 것을 제안하기도 했죠. 정치운동이 일상화되었던 문혁 시기라면 몰라도, 이러한 정부 정책이 역사상 가장 높은 교육 수준을 보유한 현재 청년 세대들의 호응을 얻을 수 있을지 의문입니다.

그럼에도 불구하고 중국공산당은 '행복하고 아름다운 삶'이 하늘에서 그냥 떨어지는 것이 아니라 '각고분투(艱苦奮鬥)'를 통해 만들어지는 것이라는 점을 강조하며, 이를 교육과정에도 반영하고 있습니다. 이는 단순히 시진핑과 중국공산당의 정치적 지지 기반을 구축하려는 목적 이외에도, 사회주의적 특징을 좀 더 강화하는 방향으로 전체 사회를 개조해 나간다는 의지가 담겨 있습니다. 농촌에서의 빈곤 탈피(脫貧)라는 당의 정책을 선전하는 주선율(主旋律) 영화도 제작 보급했는데,《대산(大山)의 딸》이라는 드라마가 대표적입니다. 2022년 CCTV에서 방영된 이 드라마는 광시 좡족(廣西壯族) 자치구의 바이니(百坭)촌의 촌서기로 일하다 2019년 공무로 순직한 황원슈(黃文秀)의 실화를 담고 있습니다. 그녀는 석사까지 마친 재원임에도 불구하고 대도시에서의 취업 기회를 포기하고 자원해서 빈곤촌으로 들어가 헌신적으로 일하다 불행하게도 사고로 사망하고 맙니다. 개인적인 부귀영달을 포기하고 농민들을 위해 희생한 그녀는 '시대의 모범(时代楷模)'으로 추앙받고 있습니다.

당의 정책을 앞장서서 실천하는 청년들이 있는가 하면 다른 한편에는 경제난 속에서 스스로 삶을 포기하는 청년들도 있습니다. 2023년 4월 4일 장자제(張家界) 톈먼산(天門山)에서는 청년 4명이 투신하는 사건이 발생했습니다. 이들은 모두 외지에 나가 일하는 농민공 청년들로, 가난의 굴레 속에서 힘겹게 지내다가 사회적 경쟁이 주는 압박감에 못 이겨 자살을 선택했습니다. 자신이 살아가는 시대를 받아들이는 청년들의 생각과 감정을, 문혁 때나 지금이나 통틀어서 말하긴 쉽지 않습니다. 그러나 분명한 것은 청년은 늘 정치적인 선전과 사회적 훈계의 대상이 되기도 하고, 그 사회의 문제를 의도적으로 은폐하는 대상이 되기도 한다는 점입니다. 그건 한국 사회에서도 마찬가지겠죠.

3대 차별의 해소

다시 문혁으로 돌아와, 제도적인, 정책적인 측면에서 문혁은 무엇을 바꾸고자 했던 혁명일까요? 문혁 기간 내내 선전된 구호 중 하나가 바로 농촌과 도시, 농업과 공업, 육체노동과 정신노동 간의 '3대 차별'을 해소하자는 것이었죠. 문혁 직전 경제 조정 시기 모든 자원이 도시로 집중되면서 도시 경제는 좋아졌지만 농촌은 여전히 궁핍하고 지역 간, 계층 간 격차도 벌어집니다. 이러한 격차를 줄여나가자는 것이 문혁이 주장한 차별 해소입니다.

우선 농촌과 도시 사이의 격차를 해소하기 위해 다시 농촌으로 인재와 자본을 보냅니다. 이에 따라 기존 도시 중심의 엘리트 교육이 아니라 대중교육을 강조합니다. 농촌으로 내려간 대학생들이 인민공사(人民公社) 혹은 생산대대에서 설립한 학교의 교사가 되어 농촌의 아이들에게 글을 가르쳐줍니다. 이에 따라 건국 당시 90%에 달했던 문맹률이 급감하게 됩니다. 대중교육의 목표가 바로 문맹을 없애자는 것이니까요. 문혁이 끝나고 개방 정책과 함께 중국 연해 지역에 대한 외국자본의 투자가 이어지는데, 외국기업이 투자를 결정했던 요인 중의 하나가 바로 중국이 글을 아는 우수한 노동력을 많이 보유했다는 점입니다. 문혁 시기 동안에 이루어졌던 대중교육 보급의 결과라고 볼 수 있습니다.

의료 부분에서는 '맨발의 의사(赤脚醫生)'가 있습니다. 6개월에서 1년 정도 위생교육을 받은 의사들이 농촌과 오지를 다니면서 간단한 진료와 질병 예방 활동을 벌였습니다. 이러한 대중보건 활동을 통해 중국의 사망률을 대폭 낮출 수 있었습니다. 문혁이 끝나고 얼마 지나지 않은 1978년 소련 카자흐스탄 알마아타(Alma Ata)에서 열렸던 세계의료회의에서는 중국을 가장 모범적인 개도국의 의료 보급 사례로 선정합니다. 인력과 자본의 흐름에서 본다면 문혁은 일반적인 산업화나 도시화의 흐름과는 달리 많은 자원이 도시에서 농촌으로 이전된 것이라고 할 수 있습니다. 개혁개방은 다시 돈과 사람이 농촌에서 도시로 이동하는 역사였다고 볼 수 있겠죠.

농업과 공업의 격차를 줄여나가는 목적으로는 '농촌의 공업화'가 진행됩니다. 즉 다른 선진국처럼 산업화가 도시화를 통해 이루어지는 것이 아니라, 농촌 자체 내에서 공업화를 추진함으로써 농촌과 농업의 현대화를 달성한다는 것이지요. 또한 육체노동자가 노동과정에서 겪는 소외 현상을 극복하기 위해 노동자가 경영에 참여하고, 반대로 경영자도 육체노동에 참여하는 조치가 시행됩니다. 이에 따라 실제 작업 현장에서 노동자들이 여러 가지 경영 계획이나 기술 관련 건의를 개진하고, 관리자들이 작업장에서 청소하는 등 일선 노동자들과 함께하기도 했습니다.

문혁에 대한 평가와 문혁이 남긴 문제들

문혁은 그동안 권력의 관점에서 많이 논의되었습니다. 그렇다면 평범한 인민의 관점에서 보면 문혁은 무엇이었을까요? 왜 문혁에 참여했을까요? 사람마다 동기는 다를 수 있습니다. 공산주의 사회 건설이라는 혁명적 이상을 위해 참여했던 사람도 있었겠지만, 평소 미워하던 사람을 괴롭히고 망신 줄 기회로 활용했을 수도 있습니다. 대다수는 건국 이후 반복된 정치운동에 동원되어 왔던 것처럼 관성적으로 참여했겠죠. 그럼에도 불구하고 문혁은 인민들에게 발언권을 줌으로써 결국 사회주의가 무엇일까, 사회주의 국가는 어떤 국가이어야 하느냐는 본질적인 질문에 대해 고민할 기회를 제공했다고 볼 수 있습니다.[16] 물론 운동은 운동을 주도했던 당과 간부들이나 운동에 참여했던 사람들 각자의 의도대로 흘러가지 않고 실패로 끝나 대중 독재의 폐해를 낳았지만, 이후 중국 사회에 커다란 영향을 남기게 됩니다.

사회주의가 과연 무엇일까요? 중국에서는 혁명이 성공한 이후 국가 건설에 매진하면서 정착시켜나간 '제도로서의 사회주의'가 있습니다. 그러나 사회주의는 기존 사회를 더 좋은 사회로 만들기 위한 하나의 원리이기도 합니다. 사회주의 국가가 수립된 이후에도 사회변혁을 추동하는 하나의 '운동으로서의 사회주의' 원리가 서로 모순적이지만 이중적으로 존재했습니다. 중국에서 사회주의는 '체제를 유지하는 논리'이자 '사회를 변혁시키는 이론'이기도 합니다. 그러나 일당제 중국 체제의 한계는 '사회변혁을 위한 인민의 권리'를 법의 형식으로 보장하지 못한다는 점입니다. 정치적으로 인민은 '당의 영도'에 따라야 하고, 인민 스스로의 자발적인 사회변혁 모색은 당의 영도 원칙에 의해 제한되기 때문입니다.

그럼에도 불구하고 중국 사회주의 체제에서 '민주'의 원리는 매우 중요하며, 문혁 시기에도 민주라는 문제가 계속 제기되어 왔습니다. 한국 사회의 '자유주의 민주' 원리가 아닌 '사회주의 민주'의 역사와 형식 속에서 제기되었다는 점에서 차이가 있지만, 두 가지 민주의 원리는 근대정치의 기본 원리인 '인민주권' 사상에 기반을

리이저와 '사회주의적 민주'

리이저(李一哲)는 문혁 후반인 1974년 「사회주의 민주와 법제에 관하여: 마오 주석과 4기 인민대표회의에 바침」이라는 대자보를 쓴 작가의 필명입니다.[17] 당시 광저우미술학원 대학생인 리정톈(李正天)과 고등학생 천이양(陳一陽), 노동자 왕시저(王希哲) 등 세 사람의 이름에서 한 글자씩 따서 만든 이름이지요. 이들이 쓴 대자보에서는 관료 특권 문제와 '뒷문으로 들어가기(走後門)' 등의 권력 세습 문제, 인민과 대립하는 새로운 귀족 세력의 등장 등 사회주의 체제가 가진 폐단을 분석했습니다. 이로 인해 리이저는 반동으로, 그들의 대자보는 '반동 대자보'로 낙인찍혔고, 문혁이 끝난 뒤 1979년에 복권되었습니다. 이 대자보는 표면적으로는 린뱌오 집단을 비판하고 있지만, 사회주의 제도의 근본적인 폐단인 민주제도의 결핍 문제를 지적하며 '사회주의적 민주'라는 문제를 제기했고, 이러한 문제 제기는 1980년대 민주문제로 이어집니다.

두었다는 점에서는 공통점이 있습니다. 문혁 시기에는 이러한 인민 주권 사상을 끝까지 밀어붙여 초기 아주 짧은 기간에 코뮌의 형식이 나타났지만, 결국 당의 영도를 받아들이는 형식으로 후퇴하게 됩니다. 이후 당을 무오류의 절대적인 존재로 합리화하게 되지요. 어쨌든 문혁은 사회주의가 무엇인지, 사회주의 체제에서 민주를 어떻게 실현해야 하는지, 당의 역할은 무엇이어야 하는지 등에 관해 여전히 해결되지 않은 질문들을 남깁니다.

개혁개방 이후 사상계에 등장한 여러 시각은 문혁의 문제 제기에 대한 반응이었다고 볼 수 있습니다. 먼저 "사회주의가 가난은 아니기에" 우선 경제 발전에 매진해야 한다는 실용주의가 나타납니다. 문혁 이후 집권한 '개혁파'의 입장입니다. 다음으로 중국 사회가 권력의 독점과 개인 우상숭배를 가장 경계해야 한다고 생각하는 '자유주의'적 시각이 있습니다. 자유주의자들은 개인의 인권과 자유 등의 가치를 중시하며 당의 권력 독점을 견제해야 한다고 주장합니다.[18] 물론 이는 당의 영도를 받아들인다는 전제하에서의 자유주의로, 정치적 반대파를 인정하는 자유민주주의 체제에서의 자유주의와는 다릅니다. 마지막으로 문혁을 겪은 이후 무엇이 잘못이었는지에 대한 반성과 고민의 결과로 나타난 '사회민주주의'적 시각이 있습니다. 한국에 번역되어 소개된 차오정루(曹征路)의 소설 『민주 수업(民主課)』이 바로 이러한 시각을 반영한 작품입니다.[19] 모순된 구조와 제도를 바꾸고 싶었지만, 조반파 스스로 민주적 역할을 제대로 하지 못했다는 반성이 담겨 있습니다.

문혁이 끝나고 조반에 단순 가담한 사람들은 학습반에서의 교육을 거쳐 일상으로 돌아갔지만, 대중조직의 수장 자리에 있었던 사람들은 감옥에 갇히게 됩니다. 이들은 대부분 1990년대 이후 출소하는데, 개혁개방 이후 급변한 중국의 현실을 보고 마오쩌둥이 그렇게도 경계했던 수정주의 노선이 현실이 되었다는 점에 분노를 느낍니다. 그리고 문혁의 잘못을 모두 조반파에게 뒤집어씌우는 관료들에게 분노하지요. 이들은 문혁이라는 역사를 하나의 집단행동의 자원으로 활용해 부패한 관료들에게 저항하고 자본의 공세를 막는 하나의 중요한 투쟁의 근거로 삼고 있습니다. 이런 점에서 중국에서 문혁은 역사에 대한 '기억의 투쟁'으로 아직 끝나지 않았으며, 이는 과거에 대한 평가를 넘어 현재에 대한 정세 평가와 미래에 대한 전망의 투쟁으로 이어지고 있다는 것을 알 수 있습니다.[20] 이는 공산당이 힘으로 누르고 감추고 회피한다고 해서 종결되는 것이 아니라, 오히려 문혁에 대한 기억은 각자의 입장과 자신이 속한 지역과 울타리 안에서 때론 왜곡되고 확장되며 재해석될 것입니다.

물론 중국공산당은 1981년 「건국 이래 당의 약간의 역사 문제에 관한 결의(공산당의 2번째 '역사결의')」를 통해 문혁은 "1966년 5월부터 10월에 걸쳐 마오쩌둥 동지가 일으키고 영도했으며 린뱌오, 장칭(江靑) 등 반혁명 집단에 의해 이용되었고, 장기적이고 전면적인 심각한 좌경 오류에 의해 건국 이래 가장 심각한 좌절과 손실을 입힌 동란(動亂)"이라는 공식적인 평가를 했습니다. 그렇지만 여기에 동의하지 않는 사람들은 여전히 많습니다. 중국에서 문혁은 아직 끝나지 않은 역사입니다.

★ 더 읽어보기

『마오의 중국과 그 이후 1, 2』(모리스 마이스너 지음, 김수영 옮김, 이산, 2004)

『문화대혁명: 중국 현대사의 트라우마』(백승욱 지음, 살림, 2007)

『모택동 시대와 포스트 모택동 시대 1949~2009: 다르게 쓴 역사 상, 하』(전리군 지음, 연광석 옮김, 한울아카데미, 2012)

『민주 수업』(조정로 지음, 연광석 옮김, 나름북스, 2015)

『문화대혁명 또 다른 기억: 어느 조반파 노동자의 문혁 10년』(천이난 지음, 장윤미 옮김, 그린비, 2008)

『망각을 거부하라: 1957년학 연구 기록』(첸리췬 지음, 길정행·신동순 옮김, 그린비,

2012)

『백 사람의 십년: 문화대혁명, 그 집단 열정의 부조리에 대한 증언』(펑지차이 지음, 박현숙 옮김, 후마니타스, 2016)

『문화대혁명과 극좌파: 마오쩌둥을 비판한 홍위병』(손승회 지음, 한울아카데미 2019)

중국 현대사 III:
1989년 6·4 천안문 민주운동

역사의 물줄기를 바꾸다: 개혁개방으로의 전환

이 강의에서는 중국공산당 지도부가 가장 민감하게 생각하는 역사, 바로 1989년 '천안문 사건'에 대해 얘기해 보겠습니다. 일반적으로 '6·4 사건' 또는 '천안문 사건'이라 부르는데 타이완, 홍콩 지역에서는 '89 민주운동', 혹은 '학생 민주화 운동'이라 하며, 서구에서는 '천안문 광장 학살 사건'으로도 부릅니다. 중국에서는 '정치적 풍파(政治風波)'라는 매우 우회적인 표현을 쓰지요. 1989년 봄 베이징의 학생들과 시민들이 6주 동안 천안문 광장을 점거하며 권력과 대치했던 사건은 어떤 성격의 운동이었을까요? 천안문 민주운동이 남긴 것은 무엇일까요?

문혁이 끝나고 중국은 짧은 과도기를 거쳐 개혁개방의 시대로 접어듭니다. 1970년대 중후반까지도 "계급투쟁을 잊지 말자"라는 구호를 외치던 사회였는데, 어떻게 '경제 건설'이 국가의 최고 목표가 되고, 온 인민이 돈벌이를 최고의 가치로 여기는 사회로 완전히 바뀌었을까요? 덩샤오핑(鄧小平)이라는 명민한 개혁가의 영향이 컸습니다.

중국의 개혁개방은 1978년 12월 18일~22일 개최된 중국공산당 제11기 중앙위원회 제3차 전체회의('11기 3중전회')를 기점으로 시작되었습니다. 중국공산당은 공식적인 문건 채택을 통해 당의 노선을 확립하고 알립니다. 문건은 중앙 지도자 간에 합의된 결과물이라 할 수 있습니다. 이 회의에서 덩샤오핑은 "사상 해방, 실사구시, 일치단결로 앞으로 나아가자"라는 중요한 담화를 통해 국가가 추진해야 할 가장 중요한 목표를 '경제 건설'로 바꿉니다. 또 다른 중요한 문건은 바로 1981년 6중전회에서 채택한 「역사결의」입니다. 역사결의에는 문혁뿐 아니라 건국 이후부터 당시까지의 중요한 역사적 사건에 대한 공산당 자신의 평가가 담겨 있습니다. 개혁개방을 통해 경제 건설을 추진하기 위해서는 과거의 오류를 냉철하게 평가하고 정리할 필요성이 있었고, 이를 통해 미래로 나아가는 기틀을 만들고자 했습니다.

그런데 당시 개혁 지도부의 최대 고민은 마오쩌둥을 어떻게 평가할 것인가였습니다. 마오쩌둥은 중국 혁명의 주역이자 건국의 아버지입니다. 절대적 권위를 상징하는 인물이죠. 만약 문혁이라는 불행한 역사에 책임이 있는 마오쩌둥(毛澤東)을 비판한다면 신중국의 정통성을 부정하는 셈이 됩니다. 거꾸로 마오쩌둥에 대해 긍정적인 평가만 한다면 문혁을 긍정하는 것이 되어 역사의 흐름을 바꿀 수 없게 되고 개혁개방으로 나아갈 수 없습니다. 그래서 고육책으로 고안해 낸 방법의 하나가 마오쩌둥의 공적(功)과 과오(過)를 구분해서 평가하는 것입니다. 마오쩌둥은 비록 말년에 잘못이 있었지만, 전체적으로 볼 때 공로가 더 많았으며, 잘못을 주도한 세력은 사인방(四人幇)*과 린뱌오(林彪) 집단이라고 정리를 합니다.

또 다른 방법은 '마오쩌둥'과 '마오쩌둥 사상'을 분리하는 것입니다. 마오쩌둥 사상은 마오쩌둥 개인의 것이 아니라 중국공산당의 혁명 실천 중에 형성된 당의 이념이자 사상이라는 것이죠. 이렇게 분리하고 나면 마오쩌둥 사상은 개인의 잘못과는 별개로 중국 체제의 정당성을 지지해 주는 통치 이데올로기가 됩니다. 덩샤오핑은 이렇게 실용적인 역사 평가 방식을 통해 마오쩌둥에 대한, 그리고 문혁에 대한 평가를 일단락 짓습니다.

다음으로 덩샤오핑이 역사의 물줄기를 바꾸기 위해 활용한 방법은 복권(平反)입니다.[1] 이른바 '억울하게 잘못 날조된(冤假錯) 사안'에 대한 복권으로, 주요 지도자에 대한 권리와 명예의 회복이 이루어집니다. 이러한 복권 작업은 세 부류의 사람을 지칭하는 삼종인(三種人) 정리와 함께 이루어집니다. '삼종인'이란 "문혁 과정에서 조반을 일으켜 출세한 자, 파벌 의식이 심각한 자, 문혁 중 파괴하고 약탈한(打砸搶) 자"를 일컫는 말입니다. 덩샤오핑은 "가장 위험한 자는 문혁 삼종인"이라는 지침과 함께 "노간부들이 문혁 중에 한 발언은 본심에서 한 말과 행동이 아니기에 삼종인이라고 할 수 없다"라고 두둔합니다. 고위 간부의 자제들 역시 정리 대상이 아니라고

....

* 마오쩌둥의 주변에서 권력을 휘둘렀던 4명의 중국공산당 지도자, 장칭(江青), 왕홍원(王洪文), 장춘차오(張春橋), 야오원위안(姚文元)을 지칭합니다.

선을 긋는데, 이것으로 삼종인 청산이 당시 당권파들의 자의적인 기준에 따라 이루어졌음을 알 수 있습니다. 이러한 과정에서 숙청되고 처벌을 받은 사람은 대부분 평민 계층이었고, 복권된 사람은 노간부 혹은 지식인들이었습니다. 이렇듯 삼종인 정리는 당시 잘못된 것을 바로잡는다는 명분으로 시작된 것이었지만, 조반에 가담했던 대다수의 입장에서 보면 당권파에 의한 정치적 보복이나 다름없었습니다.

덩샤오핑에게 주요 지도자의 복권과 삼종인 정리는 문혁을 비판하고 개혁으로 가기 위한 매우 중요한 수단이었습니다. 이런 측면에서 개혁은 문혁을 부정함으로써 가능했다고 볼 수 있습니다. 또한 사인방(四人幫)에 대한 재판 과정을 TV 중계로 보여줌으로써 대중적으로 문혁이 잘못된 것임을 공식화합니다. 재판을 통해 문혁에 책임이 있는 자들을 처단하고 이를 공론화함으로써, 이제는 뭔가 바뀌어야 한다는 민심을 얻어 개혁의 동력으로 활용하고자 했습니다.

또한 개혁개방으로 정책을 전환하는 과정에서 중요하게 대두된 것은 이론적 논쟁이었습니다. 사회주의가 도대체 무엇이냐? 사회주의가 가난은 아니며, 무엇보다 현실을 직시하는 것이 중요하다는 논쟁을 벌입니다. 즉 "실천이 진리를 검증하는 유일한 표준"이라는 일명 '진리표준론'입니다. '진리표준론'의 핵심은 중요한 것은 공허한 이상이 아니라 현실이며, 가난한 현실에서 벗어나 잘 살게 하는 것, 현실을 변화시키는 것이 바로 진리라는 것입니다. 이게 바로 사상 해방이요, 실사구시이고 실용주의 정신이라 할 수 있습니다. 물론 이 논쟁을 이끈 사람은 공산당 총서기인 후야오방(胡耀邦)입니다. 개혁 초기 당정의 최고 수장은 총서기인 후야오방과 국무원 총리인 자오쯔양(趙紫陽)이었습니다. 물론 군에 대한 통제권은 중국공산당 중앙군사위원회 주석인 덩샤오핑이 갖고 있었죠. "모든 권력은 총구로부터 나온다!"라는 마오쩌둥의 말처럼 정국 안정을 위해서는 최고 지도자가 군을 장악하는 것이 무엇보다 중요했기 때문입니다. 개혁개방 초기의 권력 구도는 덩샤오핑을 중심으로 하여, 덩샤오핑(군)-후야오방(당)-자오쯔양(정)의 삼두 체제였다고 볼 수 있습니다.

덩샤오핑이 활용한 또 다른 방법은 대중운동입니다. 대중운동은 중국의 정치 체제와 분리해서 생각할 수 없는 부분입니다. 중국 정부는 1978년 11월부터 1979년 12월까지 베이징 시청구(西城區) 시단(西單)의 벽에 대자보를 붙여 중국의 정치 및 사회 문제에 대해 비판하고 발언하는 것을 허용합니다. 이것은 '민주벽(民主牆)' 운동으로 알려져 있는데, 이 기간의 정치적 해방을 '베이징의 봄(北京之春)'이라고 일컫습니다. 개혁 세력은 민심의 힘을 개혁의 동력으로 활용하고자 했습니다. 그러나 새로운 사회에 대한 건의가 당과 사회주의 체제에 대한 비판으로 이어지고, 심지어는 '서구식 민주주의의 건설'을 주장하는 등 일정한 통제 범위를 넘어서자, 1980년대 초반 다시 '민주의 벽'을 규제하는 동시에 자유로운 대자보 활동을 금지하는 강경한 조치를 내립니다.

대외관계에서 돌파구를 찾은 점도 매우 중요합니다. 개혁개방이 가능했던 이유는 1979년 1월 미국과의 수교를 공식화했기 때문이죠. 오랫동안 적대적 관계였던 중국과 미국의 관계가 개선되면서 중국은 안정적인 대외환경 속에서 경제 발전에 매진할 수 있었습니다. 미·중 간의 수교 과정은 이른바 '핑퐁외교(ping-pong diploma-cy)'로 잘 알려져 있습니다. 1971년 미국 탁구대표단이 일본에서 열린 세계탁구선수권 대회에 참가하던 중 중국의 초청을 받아 방중합니다. 이를 계기로, 미국의 닉슨 대통령이 1972년에 중국으로 건너가 마오쩌둥을 만나고 '상하이 공동성명'을 발표하면서 관계 개선에 나섭니다. 미국으로서는 소련을 견제할 목적에서 중국과의 협력이 중요했고, 중국은 정책 전환을 위해 미국과의 적대적 관계를 끝내야 했습니다. 물론 미국 탁구대표팀의 중국 방문은 헨리 키신저(Henry A. Kissinger) 백악관 국가안보보좌관이 양국 관계의 개선을 위해 비밀리에 중국으로 들어가서 사전에 조율한 결과였습니다.

덩샤오핑은 대학입시제도를 부활하고, 과학기술과 전문 지식을 중시하면서 전문가와 지식인들로부터 개혁개방에 대한 지지를 얻습니다. 문혁이 시작되면서 대학입시가 폐지되지만, 대부분 대학에선 1969년부터 다시 대학생을 모집했습니다. 그러나 기존처럼 시험을 기준으로 한 것이 아니라 정치적인 태도를 평가하여 학생을 뽑는 방식이었습니다. 이들을 '공농병(工農兵) 대학생'이라고 부르는데, 노동자, 농민, 군인 등 일반 사람들에게 대학 입학의 기회를 확대한 것입니다. 그렇다고 서민들만 입학한 것은 아닙니다. 시진핑(習近平)도 공농병 대학 출신이고, 그 당시에도 연줄(꽌시)로 '뒷문으로 들어가는(走後門)' 일이 꽤 있었다고 합니다.

이렇듯 덩샤오핑은 다양한 방법을 동원하여 개혁개방이라는 새로운 역사적 흐름을 만들어갑니다. 그런데 덩샤오핑은 정치적으로는 매우 뛰어난 지도자이긴 하지만, 마오쩌둥에 비하면 대중적인 인기는 좀 없는 것 같습니다. 마오쩌둥이 사망한 지 30주년 되던

2006년 전국 곳곳은 대대적인 추모 열기로 가득했습니다. 특히 마오쩌둥의 출생지인 후난성(湖南省) 지역과 농촌 지역에서 각종 기념식이 많이 열렸습니다. 반면 덩샤오핑이 사망한 지 10주년 되던 2007년에는 민간에서 자발적으로 이루어진 추모는 거의 없었습니다. 그가 추진했던 개혁개방은 초기에는 지지를 받았지만 1990년대 중반 이후 빈부격차가 확대되면서 개혁에 대한 불만이 높아졌습니다. 특히 덩샤오핑은 1989년 천안문 시위를 폭력적인 방법으로 유혈 진압한 책임자라는 평가에서 벗어나지 못합니다.

천안문 민주운동의 배경

1980년대는 어떤 시대였을까요. 한국을 포함한 후발산업국에서는 급격한 정치적 변화가 있었던 시기입니다. 남미와 아시아에 민주화 바람이 불었고, 사회주의 진영 내부에서도 민주화에 대한 목소리가 높았습니다. 서로 체제는 달랐지만, 변혁을 갈망하는 동시대적인 흐름이 있었던 것이죠. 우선 천안문 사건의 배경이 되는 1980년대 중국 상황에 대해 살펴봅시다.

흔히 덩샤오핑을 개혁개방의 '총설계사'라고 부르는데, 그렇다고 개혁개방이 미리 설계된 총체적인 계획에 따라 이루어진 것이 아닙니다. 개혁개방 정책은 앞으로 경제 건설에 매진하겠다는 의지를 천명한 것이지, 어떻게 하겠다는 것인지에 관한 구체적 계획은 없었습니다. 중국공산당도 막연하게 지난 시기와는 다른 '신시기(新時期)'라고 선전했습니다.

개혁은 쓰촨성(四川省)이나 안후이성(安徽省)과 같이 기근에 시달리는 궁핍한 지역의 농촌에서 먼저 자발적이고 비밀스럽게 시작됩니다. 기존의 집단적 생산 단위인 생산대나 인민공사의 토지를 가구별로 나누어서 생산하는 조직적 변화가 일어나지요. 이를 나중에 '가족농생산책임제(家庭聯産承包責任制)'라고 부릅니다. 가족 단위로 농사를 짓고 생산량에 따라 더 많은 인센티브를 가져갈 수 있었기에 농민들의 생산 의욕을 높일 수 있었습니다. 도시에서의 개혁은 1985년이 되어서야 진행됩니다. 가장 중요한 조치는 부분적으로 시장 메커니즘을 도입하는 것이었습니다. 기존의 계획경제 체제를 한꺼번에 시장경제 체제로 전환하는 것이 아니라, 부분적이고 단계적으로 시장의 원리를 수용하고 확대해 나가는 것이었죠.

농촌에서의 조직적 변화로 농산물 생산량이 급증하지만, 1980년대 중반 이후 여러 가지 문제들이 나타납니다. 특히 도시에서의 개혁이 시작되면서, 물가가 오르고 이중적인 가격 메커니즘이 존재한다는 것이 문제였습니다. 당시 개혁의 영역은 시장 부문과 계획 부문으로 나뉘고, 가격도 시장가격과 계획가격이 공존했습니다. 이를 '이중가격제(雙軌制)'라고 부릅니다. 이 두 부문 간의 가격 차이가 크면 클수록, 정보나 권력을 이용해서 폭리를 취하는 사례가 많아집니다. 계획부문에서 물자를 싸게 구입해서 시장에 비싸게 내다 팔아 차익을 남기는 것이죠.

이 과정에서 누가 이익을 보았을까요? 당연히 이러한 정보를 미리 알고 있는 당 고위층과 관료들입니다. 이들의 투기 전매 부패행위를 '관다오(官倒)'라고 불렀습니다. 덩샤오핑이나 자오쯔양(趙紫陽) 등 당시 고위 관료들의 아들들도 있었죠. 특히 1986년부터 물가 상승 현상이 나타나기 시작했고 1987년과 1988년의 인플레이션은 극심했습니다. 서민들의 삶이 궁핍해지고 정부 정책에 대한 불만이 쌓이면서 이미 1986년부터 대학생들의 시위가 산발적으로 일어납니다.

개혁 정책의 부작용에 대한 해결책을 두고 당 지도부 내의 의견이 갈라지게 됩니다. 문혁 이후의 지도부는 모두 개혁파로 부를 수 있지만, 좀 더 정확하게는 보수주의자들을 포함한 반(反)문혁파 연합 세력이라 할 수 있습니다. 따라서 경제 건설 정책에는 모두 찬성하지만, 시장화 개혁을 어떤 '범위'와 '속도'로 진행할 것인가를 두고 '시장개혁파'와 '체제보수파'로 나누어 볼 수 있습니다.

시장개혁파가 가격 조정 정책에 실패하고 1986년 안후이성에서 학생운동이 일어나자 체제보수파들의 공격과 비판이 이어졌습니다. 안후이성 허페이(合肥) 중국과학기술대학교의 부학장이었던 팡리즈(方勵之)는 각지의 대학에서 강연을 하며 인권, 정치적 자유, 민주주의를 제창합니다. 그해 12월 안후이성 지방인민대표 선거를 앞두고, 대학생과 대학원생들은 당국에서 지정한 입후보자와 경선하지 못한다는 중국과학기술대학 당위원회의 방침이 민주운동의 도화선이 됩니다. 중국과학기술대학 학생 등 수만 명의 허페이 대학생이 거리에서 시위를 벌였고, 학생운동은 상하이, 난징, 베이징 등 전국 대학으로 확산되었습니다. 당시 총서기였던 후야오방은 학생운동에 대해 미온적이고 관용적인 태도를 보였다는 이유로 실각합니다.[2]

1980년대 초반 대학가에서는 직접선거로 대표를 뽑는 실험을 하기도 했고, 사회 전체적으로 변화에 대한 열망이 강했습니다. 학생들을 포함한 지식인들 사이에서는 문혁 시기 왜 혼란스러운 상황에 빠졌느냐는 성찰을 하면서 사회를 개혁해야 한다는 계몽주의 열풍이 붑니다. 이미 1989년 민주운동이 일어나기 전부터 지식인 사회에서는 더 좋은 사회를 위한 모색을 시작했던 것이지요.

'4·26 사설'과 학생운동의 진압

천안문 사건이 일어나게 된 직접적인 계기를 제공한 것은 바로 1989년 4월 15일 후야오방의 사망 소식이었습니다. 후야오방은 청렴하고 개혁 지향적인 지도자로 사회개혁을 위한 정책을 과감하게 추진했고, 당시 지식인들이 가장 좋아하는 지도자였습니다. 1986년 학생운동의 책임을 지고 물러났다가 1989년 갑작스러운 심장마비로 죽은 것이지요. 그의 죽음을 애도하며 학생들이 천안문 광장으로 모이기 시작했고, 이렇게 해서 4월 15일 청명절부터 6월 4일까지 약 50일간의 시위가 전개됩니다.

투쟁 초기 광장에서 학생들은 후야오방의 복권 요구를 비롯하여 민주 확대, 언론 자유, 학생자치조직 보장, 지식인 처우 개선 등을 요구합니다. 당시 시장화가 진행되면서 기회를 잡은 자영업자들은 고소득을 올렸지만, 대학교수들의 처우와 임금 수준은 매우 낮았습니다. 학생들의 적극적인 요구는 신화문 앞에서의 충돌로 이어졌고, 이에 보수파인 국무원 총리 리펑(李鵬)은 덩샤오핑을 설득해서 인민일보 「4·26 사설」을 통해 학생들의 행동은 명백한 '동란'이며 이를 절대 좌시하지 않겠다는 당의 견해를 밝힙니다.

落实治理整顿措施
铁路重点区段治

必须旗帜鲜明地反对动乱

人民日报
RENMIN RIBAO

그림 7-1 "동란에 반대해야 한다"
1989년 4월 26일자 『인민일보』 1면에 실린 사설입니다. "반드시 기치를 선명하게 하고 동란(動亂)에 반대해야 한다"라는 제목에서 볼 수 있듯이, 학생들의 시위를 '동란'으로 규정하고 있습니다.

    이러한 공산당 지도부의 입장에 대해 학생들은 강력히 항의합니다. 자신들의 행동은 사회개혁을 위한 정당하고 애국적인 요구라는 것이지요. 이후 5·4 운동 70주년을 기념하는 행사가 광장에서 개최되고, 정부 당국과 두 차례 대화를 진행하기도 하지만 학생들은 자신들의 요구가 관철되지 않자 5월 중순 단식에 들어갑니다. 학생들의 단식 투쟁을 지지하는 각계, 각 단위의 성금과 지원이 쏟아집니다. 당시 관변노조였던 중화전국총공회(中華全國總工會, 중국의 노동조합 전국 조직)에서도 학생들을 위해 10만 위안의 성금을 모으기도 했습니다.

    중국 당국은 5월 20일에 계엄령을 내렸지만, 계엄령 선포 이후 바로 진압이 시행된 것은 아닙니다. 천안문 광장 서쪽에서부터 시내로 들어오는 군대 행렬을 베이징 시민들이 가로막고 설득합니다. '인민'해방군이 왜 '인민'들의 요구를 막느냐는 것이죠. 중국의 군대는 국군이 아니라 인민해방군이라고 부릅니다. 국가를 세운 후 군대를 만든 것이 아니라, 1921년 당이 먼저 창당된 뒤, 1927년 중국인민해방군의 전신인 홍군(紅軍)을 만듭니다. 당이 먼저 만들어진 뒤 국가를 세웠고, 군대도 혁명 중에 조직된 당의 군대지요.

광장 점거 초기 학생들의 요구로 시작된 운동은 5월 중순을 넘어서면서부터 점차 확대되어 공장, 학교, 정부 기관 등에서 일하던 베이징 시민들도 대거 참여하게 됩니다. 광장에서는 노동자들의 자발적인 민주노조도 만들어지지요. 이러한 시민과 노동자들의 조직적인 움직임 속에서 중국 지도부는 문혁의 혼란을 다시 우려하게 됩니다. 또 당시 중국 지도부는 동유럽 사회주의권 내부의 급격한 자유주의적 변화를 목격하면서 서구 국가에 의한 '화평연변(和平演變)'을 두려워 하기도 했습니다. 서구가 자유주의 사상을 통해 자신들의 체제를 비폭력적인 방식으로 변화시키려는 음모가 있다는 것이죠. 실제로 1980년 폴란드 전역에서 시작된 대대적인 파업으로 독립 자유노조 연대가 탄생하면서 공산주의 체제가 일대 위기에 봉착했습니다. 이후 노조 수장인 레흐 바웬사(Lech Wałęsa)가 대통령이 됩니다.

이러한 종합적인 상황 판단 속에서 중국 당국은 결국 천안문 광장에 모인 시민들을 잔인하게 폭력 진압해 버립니다. 중국공산당과 인민의 군대인 인민해방군이 인민에게 최초로 총을 겨눈 사건이죠. 문혁 당시에도 인민해방군의 진압으로 많은 사람이 죽었지만, 그것은 당 중앙에서 혼란스러운 지역 상황을 정리하기 위해 파견한 군대가 각 지역에서 벌어지는 파벌 간의 충돌을 진정시키는 과정에서 일어난 일이었습니다. 당 중앙의 직접적 명령에 따른 민간인 학살은 천안문 사건이 처음이었습니다. 따라서 천안문 사건은 중국에서 가장 민감한 사건입니다. 체제 정당성의 위기를 가져왔지요. 물론 덩샤오핑이 직접적인 책임자입니다. 앞서 1976년 1월 저우언라이 총리의 죽음을 계기로 1차 천안문 사건이 일어났었지만, 문혁파이자 베이징 시장이었던 우더(吳德)는 당시 광장에서 한 사람도 죽지 않았다고 회고하면서 1989년 광장에서의 학살 책임자인 덩샤오핑을 우회적으로 비판한 바 있습니다.

천안문 광장의 학생들

천안문 운동의 과정은 1995년 리처드 고든(Richard Gordon)과 카르마 힌턴(Carma Hinton) 감독에 의해 《천안문(*The Gate Of Heavenly Peace*)》이라는 다큐멘터리로 제작되어 생생한 장면을 볼 수 있습니다. 어떻게 많은 영상 자료가 남았을까요?

1989년 5월은 관계 정상화를 위한 중국과 소련의 역사적인 정상회담을 앞두고 있던 터라 많은 외신기자가 이미 베이징의 주요 호텔과 장소에 대기하고 있었습니다. 이 다큐멘터리는 서구적 시각이 많이 담겨 있지만, 당시 베이징 시민들과 학생운동 지도부의 인터뷰도 볼 수 있습니다. 또한 다큐멘터리에는 4월 22일 7개 요구 사항이 담긴 탄원서를 들고 대학생 3명이 인민대회당 앞에서 무릎을

그림 7-2 1989년 천안문 사건
1989년 5월 말 천안문 광장에 모인 시민들의 모습입니다. 가운데 뒤로 '민주의 여신상'이 보입니다.
©ChineseWiki

꿇고 청원하는 장면이 나옵니다. 1989년 당시 한국의 주요 대학에
서는 중국 학생들의 대자보 내용을 번역해서 교지에 소개하기도 했
습니다. 사회주의 체제에서도 권력에 맞서 싸우며 민주를 요구하는
학생들이 있고, 한국과 비슷한 상황이라고 어렴풋이 짐작했습니다.
그러나 중국 대학생들이 정부 관료에게 무릎을 꿇고 호소하는 장면
은 마치 왕조 시대 신하가 황제에게 상소문을 바치는 장면을 연상
시켰고, 이는 한국의 학생운동에서는 상상할 수 없는 완전히 다른
정서였습니다.[3] 당시 한국의 학생운동은 독재 정권에 맞서 싸우며
정권 타도를 외쳤던 것인데, 당 지도자에게 하소연하는 중국 학생
운동의 목표는 과연 무엇이었을까요?

　당시 중국의 대학생들도 민주와 언론의 자유 등을 요구했지만,
이들의 요구는 어디까지나 사회주의 체제 내에서의 민주적 권리의
개선이었습니다. 사실 학생들은 자신들의 순수하고 정당한 요구와

애국적 행동을 '동란'이라 낙인찍은 4·26 사설에 더 격분했습니다. 정부 관료들 역시 학생들과의 대화를 지속해서 모색했고, 학생들과의 대화 장면이 TV로 중계되기도 했습니다. 중국 권력의 상징 장소인 천안문 광장을 학생들에게 6주 동안이나 내주었던 것은 당시 지도부 내부가 분열되었기도 했지만, 미래의 엘리트인 학생들에 대해서는 정부가 비교적 온건한 태도를 보였기 때문입니다. 학생들은 자신들의 행동이 애국적 충정에서 비롯된 것이라는 점을 계속 강조했고, 대중운동으로 확산하는 것에 대해서도 경계했습니다. 노동자를 비롯해 다른 계층이 섞이면 운동의 방향이 혼란스러워지고 그렇게 되면 당 지도부로부터 얻어낼 것이 없다는 전략적 선택 때문이기도 했습니다.

알려진 바와 같이 5월 20일의 계엄령에 대해 당시 총서기였던 자오쯔양은 반대 의견이었고, 이후 당을 분열시켰다는 이유로 2005년 사망할 때까지 가택 연금을 당합니다. 덩샤오핑의 개혁 노선을 계승할 후계자였던 자오쯔양은 5월 소련공산당 서기장 미하일 고르바초프(Mikhail Gorbachëv)와의 회담에서 "당내 중요한 결정은 덩샤오핑이 한다"는 중대한 발언을 합니다. 당시는 학생들의 천안문 광장 시위가 한창 진행되던 때로, 혼란스러운 상황에 대한 책임이 모두 덩샤오핑에게 있다는 듯한 발언이었지요. 이 때문에 덩샤오핑과 자오쯔양의 사이가 완전히 벌어지게 되고, 당내 개혁파였던 자오쯔양은 결국 실각하게 됩니다.[4]

천안문 사건 하면 떠오르는 대표적인 이미지 하나는 인민해방군의 탱크를 온몸으로 막아선 한 시민, 일명 '탱크맨'의 사진이고, 다른 하나는 5월 말 베이징 중앙미술학원 학생들이 제작하여 광장

그림 7-3 천안문의 탱크맨
천안문 민주운동 당시 천안문 광장으로 들어선 탱크를 한 남성이 맨몸으로 막아서고 있습니다. 이후
'탱크맨'이라는 별명을 얻었습니다. ⓒ연합뉴스

에 등장한 '민주 여신상'입니다. 많은 사람이 이 여신상을 보고 뉴욕
의 '자유의 여신상'을 떠올리겠지만, 학생들이 모델로 삼은 것은 소
련의 여류 조각가 베라 무히나(Vera Mukhina)의 작품 '노동자와 집
단농장의 부녀자'였습니다. 특히 휘날리는 머릿결로 강인한 의지를
표현하고 싶었다고 합니다.

또한 6월 초 광장에서 단식하며 시위대를 이끌었던 일명 '천안
문 사군자(四君子)' 중의 한 명이 바로 2010년 노벨평화상을 수상한
류샤오보(劉曉波)입니다. 물론 중국 당국은 노벨평화상 수여에 '불
순한' 정치적 의도가 있다고 의심하면서 강력히 반발했습니다. 류
샤오보는 천안문 사건 이후 주변의 망명 권유에도 불구하고 중국을
떠나지 않고 민주와 인권 개선을 위해 지속해서 저항해 왔고, 투옥

중이던 2017년 7월 13일 간암으로 사망합니다. 떠도는 망명객이 아니라 중국이라는 땅에 뿌리내린 지식인으로 살기를 원했던 것이죠.[5]

광장은 누구나 자유롭게 발언할 수 있는 해방과 자유의 공간입니다. 당시 천안문 광장에서도 중국 대학생들은 자유를 상징하는 로큰롤 음악을 불렀습니다. 조선족 출신 가수 추이젠(崔健)의 〈일무소유(一無所有, 아무것도 가진 게 없네)〉라는 노래가 당시 대학생들이 가장 좋아하던 노래였죠. 추이젠이 광장을 방문하여 학생들의 운동을 지지했고 공연도 했습니다.

당시 대학생들의 자유와 민주를 갈망하는 열정과 20대가 가진 불안과 방황, 치기 어린 분노를 잘 보여주는 영화가 바로 러우예(婁燁) 감독의 《여름 궁전》입니다. 여름 궁전이란 관광객들이 많이 찾는 서태후의 여름 별궁인 '이화원(頤和園)'을 말합니다. 물론 이 영화는 천안문 민주운동을 직접적으로 다룬 것은 아니고 천안문 사건을 시대적 배경으로 합니다. 감독 역시 1980년대 대학을 다녔는데, 자신이 갖고 있던 마음의 빚을 영화로 표현했다고 합니다. 이 영화로 인해 러우예 감독은 당국으로부터 제재를 받아 5년간 영화를 찍지 못합니다.

천안문 운동을 바라보는 다양한 시각

그렇다면 천안문 광장에서의 학생들의 시위를 어떻게 봐야 할까요? 어떤 성격의 운동이었을까요? 중국의 공식 입장은 사회주의에 반대하는 '반혁명 운동'이라는 것입니다. '정치적 풍파'라는 표현을 더 많이 쓰긴 하지만, 공식적으로는 여전히 반혁명 운동으로 규정합니다. 미국을 비롯한 서구에서는 자유민주주의를 위한 민주화 운동이나 독재 권력에 맞서 싸운 항거라는 시각에서 해석합니다. 물론 운동을 주도했던 많은 대학생이 망명하면서 이후 자유민주주의자로 사상 전환을 한 경우가 많습니다. 왕단(王丹)이 대표적인 경우죠. 당시 베이징대학의 학생이었던 왕단은 천안문 운동으로 체포되어 '반혁명선전선동죄'라는 죄목으로 4년 형을 받았습니다. 이후 미국으로 망명하여 하버드대학교에서 역사학 박사 학위를 취득하였습니다. 왕단이 쓴 중국 현대사에 관한 책이 한국에도 번역이 되어 있습니다.[6] 천안문 운동 당시 중국의 대학생들이 언론 자유나 민주를 요구하긴 했지만, 이것이 서구의 대의민주주의를 의미한다고는 볼 수 없습니다.

리민치(李民騏)는 서구로 건너가 혁명적 사회주의자로 변신해 중국의 천안문 사건을 노동자들에 의한 실패한 혁명으로 해석합니다.[7] 학생운동으로 시작했는데, 왜 많은 노동자가 시위에 동조하고 참여했을까요? 그 이유는 관료 부패 및 물가 상승과 함께, 1980년대 중반 이후 본격적인 노동개혁이 이루어지면서 경영자의 권력 강화나 노동시장의 유연화 조치가 이루어졌고 이러한 과정에서 노동자들이 박탈감을 느꼈다는 것이지요. 실제로 국영기업에서 공장장 책임제가 시행된 이후 공장장 살해 사건이 종종 언론에 보도되곤 했습니다.

문화적인 관점에서 운동의 주체인 학생들의 심리와 태도를 분석한 시각도 있습니다. 학생들이 자신들의 요구를 지도부에 전달하는 의식은, 황제의 스승이 되고 싶은 유가 전통 지식인의 관습이 남아 있다는 것이지요. 또한 중국 내부의 고위급 인사가 망명하여 광장의 계엄령 선포 결정 과정을 폭로한 『천안문 페이퍼(The Tiananmen Papers)』라는 책은 권력 엘리트 관점에서 중국의 정책 결정 과정을 잘 보여줍니다.[8]

이밖에 칼 폴라니(Karl Polanyi)의 '이중 운동(double movement)'의 시각에서 천안문 사건을 해석하기도 합니다.[9] 폴라니는 근대 자본주의 역사를 한쪽에는 자본의 원리가 강화되는 시기, 즉 시장의 '자기 조정적' 과정, 혹은 '상품화'의 과정이 있고, 다른 한쪽에는 이러한 시장 확대에 저항하는 사회의 '자기 보호 운동', 즉 '탈상품화'의 과정이 있다고 봅니다. 역사는 이 두 개의 운동이 서로 교차하면서 전개되었다는 것이지요. 사실 물질적 욕망에 따라 돈의 논리를 좇는 것과 이를 거부하고 사회공동체적 가치를 추구하려는 속성이 인간에게 모두 내재해 있다고 볼 수 있습니다. 이러한 폴라니의 개념을 가지고 천안문 사건을 해석하면, 과거 사회주의 체제에서 살았던 인민들이 개혁 이후 시장 논리가 들어오고 상품화가 진행되면서 자신의 권리를 박탈당하게 되자, 일종의 사회적인 자기 보호 운동이 일어난 것으로 보는 것입니다.

이렇게 천안문 사건을 바라보는 다양한 시각이 있지만, 당시의 상황을 놓고 볼 때 분명한 사실은 학생운동의 선명한 노선이나 목표가 없었다는 점입니다. 초기 상당 기간 노동자와의 연대도 거부했고, 사회개혁보다는 학생 자신들의 요구를 들어주길 원했습니다. 뚜렷한 노선이나 목표, 전략의 설정 측면에서 모두 실패한 셈이지요. 따라서 천안문 운동은 중국 지도부뿐 아니라 지식층을 포함하여 운동의 주요 세력들에게도 치명적인 상처를 남깁니다. 광장에서 민주를 요구하는 과정에서 하나로 단결하지 못했고, 노선이나 전략적 측면에서 우왕좌왕하는 모습을 보였다는 반성과 좌절감이 많이 남아 있습니다.

그럼에도 불구하고 천안문 운동은 민주운동이라고 할 수 있습니다. 비록 학생들과 노동자, 시민 등 각자의 불만과 요구 사항이 달랐다 하더라도 사회주의 체제 내에서 더 좋은 사회로 가기 위한 개혁, 각자의 단위나 일터에서 줄어드는 사회·경제적 권리에 대한 저항이라는 공통점이 있다는 측면에서 분명 민주적 성격을 갖습니다. 동시에 이른바 '민주주의 이행론'에서 말하는 자유민주주의 체제를 향한 민주화 운동이 아닌 것도 분명합니다. 당에 더 많은 민주를 요구한 것이지, 민주주의 제도를 요구한 것은 아니었습니다. 사상적으로 중국의 1980년대를 지배했던 것은 자유민주주의는 아니었고, 지식수준이 낮거나 의식이 덜 깬 사람을 깨우쳐 인류의 보편적 진보를 꾀하려는 계몽주의였습니다.

폭력적 시위 진압과 신권위주의 체제의 등장

학생들과 밀고 당기는 대치 과정 끝에 당국은 결국 공권력을 동원해 시위대를 무참하게 진압합니다. 그러나 학생들에게는 상대적으로 관용을 베풉니다. 학생운동을 주도했던 학생들이 천안문 운동에 참여했다는 이유로 사형당한 경우는 없습니다. 몇 년간의 실형 정도를 선고받습니다. 반면 베이징과 각 지역에서 노동자 자치조직을 주도했던 노동자들의 상당수가 사형을 당합니다. 상하이 노동자 자치조직의 경우 80~90명 정도의 노동자들이 반혁명죄로 사형을 당합니다. 문혁 조반의 역사를 기억하는 당국으로서는 노동자의 자발적인 조직화의 움직임에 훨씬 더 민감하게 반응했을 겁니다.[10] 어느 체제나 잠재적인 엘리트인 학생들에게는 비교적 관용적인 태도를 보이지만, 노동자나 농민 등 사회적 약자에게는 훨씬 더 가혹한 제재를 가하는 경우가 많습니다. 한국의 민주화 운동을 살펴봐도 권력이 노동자나 농민들에게 더 잔인했다는 사실을 알 수 있습니다.

천안문 사건 이후 서구의 주요 국가들은 중국에 경제 제재를 가합니다. 사실 중국을 연구하는 서구학자 중에서 당시 중국 당국이 천안문 시위를 이렇게 폭력적으로 진압할 것이라고 예상한 경우는 없었습니다. 당시만 해도 개혁개방으로 경제가 발전하면 자연스럽게 정치개혁과 정치참여에 대한 요구가 늘어나고, 결국 중국 역시 민주화의 순서를 밟을 것으로 생각했습니다. 권위주의적 산업화 단계 이후 정치적 민주화로의 진화 과정을 설정하는 이른바 '근대화 이론'의 시각이지요. 그러나 서구의 희망은 천안문 민주운동에 대한 유혈진압으로 무참히 깨졌습니다.

그렇다면 중국이 과거 사회주의 계획경제 시기로 회귀했을까요? 아닙니다. 몇 년 후 덩샤오핑은 다시 세간의 예상을 깨고 남쪽의 경제특구와 상하이 지역을 돌면서 개혁개방은 중단 없이 계속되어야 한다고 설파하면서 개혁에 대한 강력한 의지를 보입니다. 이것이 1992년 1~2월 사이에 있었던 덩샤오핑의 유명한 '남순강화(南巡講話)'입니다. 일반적으로 중국의 개혁개방이 1978년 11기 3중전회를 기점으로 시작되었다고 보지만, 사실 본격적인 시장개혁에 나선 것은 천안문 사건 이후인 1990년대 들어서라고 볼 수 있습니다.

천안문 사건으로 1987년 13차 당대회 때 명시했던 '당정 분리'나 '사회참여의 확대'와 같은 많은 개혁 의제가 후퇴하고, 정치적으로는 더욱 보수적이고 권위주의적인 분위기가 강화됩니다. 반면 경제적으로는 개혁의 속도와 개방의 범위를 더욱 확대하며 경제 자유화의 길을 열어주게 됩니다. 이른바 '권위주의적인 정치와 자유로운 시장경제의 결합'이라고 하는 신권위주의적인 성격과 개발 독재의 특징이 두드러지게 나타납니다. 이것은 위로부터의 강력한 정치적 지도력을 바탕으로 민주화를 억지함으로써 이를 통해 정치 안정을 확보하고 경제성장 노선을 걸었던 동아시아 국가들의 발전모델입니다. 중국에서는 이러한 특징이 1992년 '사회주의 시장경제'로 공식화되지요. 또한, 광장에서 학생들의 목소리를 억압했지만, 지식인에 대한 처우를 대폭 개선함으로써 지식인들을 체제 내로 포섭하려는 노력을 기울입니다. 천안문 사건을 겪으며 바야흐로 1990년대는 완전히 새로운 시대가 열리게 됩니다.

천안문 사건 이후 중국 당국이 발표한 공식적인 민간인 사망자는 모두 875명입니다. 광장보다는 광장에서 서쪽으로 7km 정도 떨어진 무시디(木樨地) 지역에서의 발포로 인해 많은 사람이 참사를 당합니다. 당시 희생자 유가족들이 '천안문 어머니회(天安門母親會)'라는 모임을 만들어, 해마다 중국 당국에 명예 회복을 요구하고 있습니다. 한국의 '민주화 운동 유가족 협의회'와 유사하다고 할 수 있죠. 중국과 한국 모두 가족의 힘은 참으로 대단한 것 같습니다.

인터넷에서의 패러디나 풍자를 통해 천안문 유혈 진압을 비판하는 일도 계속 이어졌습니다. 레고나 장난감을 활용해 탱크맨을 상징하는 모형을 만들기도 하고, '팔주육사(八酒六四)'라는 천안문 사건을 연상시키는 브랜드의 술을 만든 사람이 체포되기도 했습니다. 이 명칭은 1989년 6월 4일을 말하는데, '아홉 구(九)'와 '술 주(酒)' 자의 중국어 발음이 같습니다. 작가 위화(余華)가 자신의 책에서 밝히고 있듯이 중국 당국의 인터넷 검열을 피하기 위해 네티즌들은 6월 4일 대신 '5월 35일'을 쓴다고 하지요. 천안문 민주운동은 1990년대를 지나면서 '신공민 운동(新公民運動)'이나 다양한 비정부기구(NGO)의 활동으로 이어졌습니다.

천안문 광장에서의 진압이 끝나고 각 기관 단위에서는 학생운동을 지원한 행동에 대한 반성문과 함께 준법 서약을 쓰게 합니다. 서약서를 쓰지 않은 사람은 소속된 조직 내에서 승진을 제한하는 제재를 당하기도 하였지만, 베이징의 많은 시민은 아직도 천안문 광장에서의 학생들의 외침을 생생하게 기억하고 있습니다.

★ 더 읽어보기

『류샤오보 중국을 말하다: 인권 사각지대 중국에서 민주화를 향한 십년간의 기록』(류샤오보 지음, 김지은 옮김, 지식갤러리, 2011)

『왕단의 중국 현대사』(왕단 지음, 송인재 옮김, 동아시아, 2013)

『사람의 목소리는 빛보다 멀리 간다: 위화, 열 개의 단어로 중국을 말하다』(위화 지음, 김태성 옮김, 문학동네, 2012)

『국가의 죄수: 자오쯔양 중국공산당 총서기 최후의 비밀 회고록』(자오쯔양·바오푸 지음, 장윤미·이종화 옮김, 에버리치홀딩스, 2010)

『텐안먼 사건: 1988-1992년』(조영남, 민음사, 2016)

중국 정치체제 I:
당 영도 원칙과 체제 원리

당 영도 원칙과 당정합일 체제

오늘날 한국과 중국의 가장 다른 점은 정치체제입니다. 세계화 시대에 비즈니스나 무역 부분은 상당히 표준화되었고, 양국은 문화적으로도 공통된 특징이 많습니다. 그러나 중국의 정치체제에 대해서는 잘 알지 못하며, 알더라도 우리 사회를 중심으로 보면서 판단하는 경우가 많습니다. 이 강의에서는 중국이 일당제라는 점, 그리고 사회주의 체제라는 점을 감안하면서 중국 정치체제의 특징을 살펴보도록 하겠습니다.

흔히 중국은 공산당 일당 지배 체제이기 때문에 모든 중국인이 공산당 말에 따르고 사회에 대한 강력한 통제가 이루어질 것으로 생각합니다. 그러나 그렇게 완벽한 통제가 이루어진다면, 왜 중국 사회에서 끊임없이 시위가 발생할까요? 또한 반대로, 그렇게 많은 시위가 발생하는데도 왜 중국의 정치 시스템은 공고하게 보이는 것일까요? 불안하면서도 강건해 보이는 중국 체제의 이 모순적인 현상을 우리는 어떻게 이해해야 할까요?

중국 정치체제에 대해 우선 알아둬야 할 점은 중국이 한국과 같은 경쟁적인 다원주의의 원리로 작동하는 체제가 아니라는 점입니다. 다양한 행위자 간의 이익을 둘러싼 갈등과 타협, 그리고 정치 공동체의 통합과 질서를 추구한다는 측면에서 중국의 '정치' 개념은 한국의 그것과 다르지 않습니다. 그러나 중국에서 정치는 공식적, 제도적으로 '일원주의' 원칙에 따라야 합니다. 즉 정치적 갈등은 존재하기 마련이지만, 이러한 정치를 영도(領導)하는 것은 중국공산당이라는 하나의 조직뿐입니다. 중국공산당 이외에 어떠한 대안적 정치 조직도 존재할 수 없지요. 중국공산당이 국가기관뿐 아니라 모든 영역을 영도한다는 이른바 '당의 일원화 영도 원칙'은 항일 투쟁 시기였던 1942년에 확립된 것입니다. 이 원칙은 건국 이후 70여 년의 역사를 통해 점차 제도화되어 왔고, 그것이 중국 체제의 현실적인 조건이자 특징이 되었습니다.

중국에서 발생하는 수많은 시위는 중국공산당에게 민심을 제대로 반영한 정책을 제정하고 펼치라는 요구이자 불만의 표출이지, 중국공산당을 대체하는 정치 세력의 조직화나 다른 정치제도를 요구하는 것은 아닙니다. 물론 1989년 천안문 사건이 있었고, 세계화의 흐름 속에서 대안적 정치제도를 모색하거나 대의민주주의 정치제도를 지지하는 사람들도 있습니다. 1998년 중국민주당 사건*이

....
* 1989년 천안문 민주화운동에 참여했던 일부 사람들이 1998년 항저우에서 민주당이라

대표적이죠. 2008년에는 12월 10일 세계인권선언 60주년을 맞아 중국 지식인과 반정부 인사 303명이 연대 서명한 「08 헌장」 사건도 있었습니다. 「08 헌장」 선언문에는 공산당 일당 독재를 비판하고 헌법 개정과 직접선거, 인권 및 집회·결사·언론·종교의 자유 보장 등 19가지 요구 사항이 담겨 있습니다. 그러나 대다수의 중국 인민 중에서 공식적으로 공산당 지배 체제를 부정하는 사람은 없습니다. 그런 주장을 한다면 당의 일원화 영도 원칙이 제도화되어 있는 조건에서는 '체제전복죄'에 해당하겠죠.

중국 정치체제와 관련하여 고려해야 할 또 다른 점은 정치와 행정의 관계 문제입니다. 모든 정치 공동체는 그 사회의 질서를 유지하고 관리하기 위한 행정체계가 필요하며, 이는 주로 관료제의 형태로 나타납니다. 그런데 관료제 자체가 하나의 조직 원리를 가진 틀로 고착되면, 그 안에서 관리되는 사람들을 억압하는 기제가 되기 쉽습니다. 여기에서 '정치'의 역할이 중요해집니다. 정치는 기존의 불합리한 구조를 변혁하기 위해, 무엇보다 통치구조 속에서 억압된 약자의 권리와 인권 보호를 위해 필요합니다.

일반적으로 '정치'는 권력의 합법성(정당성)과 민주주의, 주권의 문제와 관련되고, '행정'은 효율적인 관리 및 정책 집행 문제와 연관되어 있습니다. '정치'는 계속 변화하고 움직이는 것이며, '행정'은 고정되고 안정된 질서를 지향합니다. 통치와 정책의 관점에서 보면 정치와 행정은 결합하지만, 민주주의와 인권 보호를 위해서는 정치

....

는 정당 등록을 시도했다 거부당한 사건을 말합니다. 이들은 국가 전복을 도모했다는 이유로 징역형을 선고받았고, 이후 추방되어 현재 미국에서 활동하고 있습니다.

와 행정은 분리하지 않을 수 없습니다. 이런 측면에서 정치와 행정은 상호보완적이면서도 상반된 특성을 갖습니다. 이렇게 현대 사회에서 '행정'과 구분되는 '정치'의 영역이 따로 존재하는 이유는 모든 인간의 자유와 민주적 권리를 보장하기 위한 것입니다. 이러한 측면에서 '자유'란 바로 '정치와 행정의 분리'가 가져온 산물이라 할 수 있습니다. 다원적 민주주의 체제에서는 정치와 행정이 분리되어 있습니다.

그렇다면 일당 체제 중국의 경우는 어떨까요? 중국공산당은 중국에서 정치를 영도하는 하나뿐인 당이면서, 국가를 통치하는 유일한 집정 세력입니다. 중국에서는 국민의 선거에 의해 집권 세력이 바뀌지 않습니다. 중앙뿐 아니라 성(省), 시(市), 현(縣) 등 각급 지도자들은 공산당원 신분을 지닌 정치인이면서 행정직을 맡고 있는 행정관료들입니다. 이렇게 정치와 행정이 분리되지 않은 당정합일(黨政合一) 체제에서 과연 '자유'란 존재할까요? 일당 체제에서 '정치'란 과연 어떤 의미일까요? 정치 조직인 당이 관료 조직처럼 행정화될 때 나타나는 관료화의 문제를 어떠한 방법으로 극복할까요? 어떻게 약자의 권리와 이익을 보호하고, 사회를 변혁해 나갈 동력을 어디에서 찾을까요?

일당 체제라 하더라도 행정의 원리만을 가지고 국가를 운영할 수는 없습니다. 실제 통치 과정에서 변화의 동력을 위해서라도 '정치'가 필요합니다. 일당 체제에서 당 조직과 국가기관이 하나로 결합하여 운영되더라도, 당 자체가 국가 관료화되는 것을 막고 민주적 원리를 실현하기 위해서는 정치와 행정의 기능이 구분되어야 합니다. '통치'의 논리로 '정치'의 문제를 대신할 수는 없기 때문입니다.

'정치'의 문제와 관련하여 일당제가 안고 있는 문제는 어떻게 정치를 '정치답게' 만들 것인가입니다. 일당 체제가 지속되려면 당이 관료화되는 것을 막으면서도 지속적으로 정치적 역량과 동력을 창출할 수 있어야 합니다. 새로운 정치적 목표를 끊임없이 제시해야 하고, 이를 실현하기 위해 사회를 관리하는 동시에 조직화해야 하며, 단일한 목표 실현을 위해 단결과 투쟁을 강조하고, 투쟁의 대상을 분명하게 설정해야 합니다. 이는 '정치'와 '행정'이 하나인 일당 체제 구조에서 당이 자기 혁신을 위해 지속적으로 제시해야만 하는, 필수 불가결한 정치적 요건입니다. 즉 당 자신이 '관료국가화'되는 것을 방지하기 위해서는 인민대중들과 끊임없이 소통하고, 자신을 지속적으로 개조하고 변화시킬 수 있어야 합니다. 각종 '노선'이나 '논쟁'을 통해 정치적 동력을 만들어나갈 수도 있고, 새로운 투쟁의 전선을 설정할 수도 있습니다. 반부패 운동이나 대중운동도 정치 변화를 가능하게 만드는 중요한 메커니즘입니다. 이러한 것은 모두 일당 체제에서 '정치 과정(political process)'을 구성하는 중요한 방법들이라 할 수 있습니다.

　이렇게 정치와 행정이 하나로 통합된 체제의 특성을 파악하기 위해서는 정치와 행정의 운행 원리를 함께 알아야 합니다. 그러나 지금까지 중국의 정치체제를 설명할 때에는 대개 '민주주의 이행론'으로 설명해 왔습니다. 중국 정치체제가 기존의 '전체주의 모델'에서 개혁개방 이후 '권위주의 모델'로 이행해 왔고, 아직은 아니지만 향후에는 '민주주의 모델'로 이행할 것이라는 전제에서 분석해 왔습니다. 그러나 이러한 민주주의 이행론이라는 비교정치학의 관점에서 중국 정치체제를 분석하게 되면, 중국의 체제가 어떻게 통치되고 유지되는지, 그 제도적 원리와 운행 방식에 대해서는 파악하지 못하게 됩니다. 반대로 공공 정책이나 행정학적 관점에서 중국의 통치제도와 행정체계를 설명하다 보면, 중국에서 발생하는 수많은 사회적 갈등의 성격과 의미를 파악하지 못하게 됩니다. 요컨대 중국과 같은 당정합일 체제는 기존의 비교정치학이나 행정학의 어느 관점 하나만을 선택하여 설명하는 데는 한계가 있을 수밖에 없습니다. 기존 연구에서는 중국의 통치 특성을 설명하면서 이를 정치의 문제로 파악하거나, 혹은 정치의 문제를 분석하면서 중국의 통치 능력을 과소평가하기도 했습니다.

중국은 정치와 행정이 하나로 통합된 체제이기 때문에, 행정 원리를 이해하지 않고서는 정치의 변화를 알 수 없고, 또한 정치적 원칙을 이해하지 못하고서는 통치의 과정을 알기가 쉽지 않습니다. 이러한 관점에서 중국의 정치와 행정이 어떠한 원칙에 따라 구분되면서 또한 결합하는지, 그 구조적 특징과 변화를 이해하는 것이 중요하다고 하겠습니다.[1]

체제 정당성의 기반인 '인민'

중국은 정당 간 경쟁을 기반으로 하는 다당제가 아닌 '중국공산당 영도하의 다당합작제(多黨合作制)'를 시행하고 있습니다. 2021년 6월 국무원신문판공실이 발표한 「중국 신형 정당제도」 백서에서는 중국공산당이 영도하는 다당 협력과 정치협상제도가 중국의 기본 정치제도임을 강조합니다. 공산당이 집정당(執政黨)이고, 나머지

그림 8-1 인민대회당 전경
©Thomas.fanghaenel

소수정당인 8개 민주당파*는 참정당(參政黨)입니다. 공산당과 민주
당파는 여당과 야당으로 구분되어 주기적인 선거를 통해 정권이 교
체되는 것이 아니라, 공산당이 유일한 집권 세력으로 중대한 결정
을 내리고 민주당파는 주로 정책 건의를 합니다. 말 그대로 정치에
참여할 뿐 결정권은 없지요. 민주당파에는 전문적인 정책 관련 아
이디어를 제기하는 지식인들이 많습니다. 일당제의 기준은 당이 하
나라는 사실에 있는 것이 아니라, 정당 간의 주기적이고 경쟁적인
선거를 통해 권력 교체가 가능한지 아닌지를 놓고 판단하는 것입니
다. 중국의 공식적인 제도에서는 이러한 것이 불가능하기 때문에,
중국을 일당 체제라고 하는 것입니다.

....

* 8개 민주당파는 중국국민당혁명위원회(民革), 중국민주동맹(民盟), 중국민주건국회
(民建), 중국민주촉진회(民進), 중국농공민주당(農工黨), 중국치공당(致公黨), 93학사
(九三), 대만민주자치동맹(臺盟)입니다.

일반적으로 중국의 정치체제를 '당-국가 체제(Party-State Sys-tem)'라고 부릅니다. 당-국가 체제는 레닌의 혁명 이론에 따라 직업 혁명가 집단인 공산당이 전위대(前衛隊) 역할을 하며 혁명을 기반으로 건설된 국가 체제를 말합니다.[2] 이러한 체제는 국가 건설 이후 정당이 만들어진 것이 아니라, 당의 주도적 역할에 따라 국가가 건설되었다는 특징이 있습니다. 당이 먼저 조직되고 나중에 국가가 건립된 체제이지요. 따라서 당은 '제도로서의 정당'이 아니라 그 자체로 '체제'를 구성하는 주체이며 혁명정부를 만들어 유일한 집권 세력이 됩니다. 그래서 흔히 외부에서는 공산당 일당 독재라고 부르지요. 그런데 여기서 일당 독재란 구체적으로 어떤 독재를 말하는 것일까요? 1960년대 이후 한국 사회가 경험한 군사 독재를 말하는 것일까요? 독재와 전체주의 국가는 어떤 차이가 있을까요?

중국의 현대사는 문화대혁명이라는 내전을 방불케 하는 극히 혼란스러운 상황도 있었고 천안문 민주운동이라는 사회적 저항도 있었습니다. 현대사의 진행 과정이 절대 순탄하지 않았죠. 그런데 이러한 사회적 혼란에도 불구하고 왜 중국 체제는 안정적으로 유지되는 것처럼 보이는 것일까요? 중국 체제의 정당성은 어디에서 오는 걸까요?

체제 정당성의 측면에서 얘기해 봅시다. 중국의 공식 국가명은 '중화인민공화국'으로, '중화'와 '인민'을 포함합니다. 중국은 선거로 집권 세력이 교체되는 체제가 아닙니다. 중국공산당이 민심을 잃은 왕조를 뒤집고 '인민을 위한' 국가를 만들었다는 혁명 승리의 역사 그 자체에서 정당성을 가져옵니다. 3강에서 살펴보았듯이 민본 사상을 토대로 하는 전통적인 '천하위공(天下爲公)' 사상이 현대에 와서 사회주의 혁명으로 이어진 것입니다. 물론 이러한 '공(公)'의 사상을 이어받았다는 정당성은 중국공산당이 언제나 인민과 함께하고 인민을 위한 정치를 한다는 전제 위에서만이 확보될 수 있습니다.[3]

중국에서는 당과 인민의 관계를 배와 물의 관계로 비유합니다. 배는 당이고 인민은 물로, 물은 배를 띄울 수 있게 하지만 또한 배를 뒤집을 수도 있다는 것이죠. 바로 백성이 군주를 선택할 수도 있고, 버릴 수도 있다는 순자(荀子) 「왕제(王制)」 편에 나오는 '군주민수(君舟民水)'입니다. 중국공산당은 성난 민심이 공산당 체제를 언제든지 전복시킬 수 있다는 점을 잘 알고 있습니다. 사회·경제적 격차를 줄이기 위한 정책을 강조하는 것도 민심을 얻으려는 하나의 노력이라고 볼 수 있지요. 동시에 선전이나 애국 교육, 조직 동원 등의 방법을 통한 통치 기술을 발전시켜 온 것도, 역설적이지만 이러한 점을 잘 알고 있기 때문이라고 할 수 있습니다.

중국 체제는 한국과는 다릅니다. 한국 사회의 기준으로 중국 체제를 판단하기 어렵고, 마찬가지로 중국의 기준으로 한국의 민주주의 체제를 평가하는 것도 맞지 않습니다. 한·중 양국은 근대 역사 과정에서 각기 다른 체제를 선택하여 발전해 왔습니다. 중요한 것은 양국 구성원이 과연 이러한 과정을 어떻게 만들어왔고 받아들였냐는 것입니다. 중국의 경우 공산당이 정치를 독점하는 일원주의 사회이지만, 당이 인민에게서 멀어지고 인민을 위한 정책을 펴지 않으면 권력의 정당성이 위태롭게 됩니다.

중국공산당은 이미 1989년 천안문 광장의 유혈 진압으로 인해 인민을 위한 당이라고 하기에 무색할 만큼 정당성을 잃었습니다.

이에 대해 중국공산당은 당의 성격과 지위를 기존의 '혁명당'에서 '집정당'으로 바꾸고, 당에 새로운 '집정' 임무를 부여함으로써 당의 영도를 합리화해 왔습니다. 즉 당의 '영도'라는 '정치적 정당성'의 문제를 당의 '집정'이라는 '통치 정당성'의 문제로 전환합니다. 중국공산당이 '집정당'으로서 국가 건설을 위한 새로운 목표를 제시하고, 좋은 성과와 업적을 실현함으로써 결국 자신의 영도 지위를 공고히 한다는 것이죠. 특히 1990년대 이후는 경제 발전의 성과라는 이른바 '업적 정당성(performance legitimacy)'을 가지고 통치 정당성을 유지하였습니다.

민주주의 체제의 경쟁 원리에서는 선거를 통해 절차적 정당성을 확보하고, 만약 정책에 실패하거나 민심을 잃으면 집권 세력이 다른 당으로 교체됩니다. 즉 정치적 정당성은 선거라는 합법적 절차에서 나오지요. 그러나 중국은 공산당이 혁명으로 국가를 세웠고 혁명정부가 집권하며, 이러한 집정 권력은 바뀌지 않습니다. 권력의 주체는 중국공산당 하나이며, 그 정당성은 혁명이라는 역사와 '인민'을 위한 당이라는 논리로 합리화합니다. 혁명 역사에서 비롯된 당의 영도 지위를 확립하면서, 집정당으로서 성과를 내고 국가 목표를 잘 실현하여 다시 당의 영도 지위를 공고하게 지킬 수 있다고 봅니다.

중국의 '인민'은 '국민'과는 다른 개념으로 이해해야 합니다. 중국 헌법에서 규정하고 있는 최고 권력기관인 '전국인민대표대회(全國人民代表大會)'는 국민이 아닌 '인민'으로 표기합니다. 인민은 영어로 'people'이고 국민은 'nation'입니다. 한국에서 '국민'은 네이션과 피플 이 두 가지 개념을 모두 포함하는 법적, 정치적 개념으로 사

그림 8-2 제14차 전국인민대표대회가 진행되는 모습

용하지만, 중국에서는 인민과 국민을 구분합니다. 1949년 9월 중국 인민정치협상회의에서 채택한 임시헌법 「공동강령(共同綱領)」에서 는 "관료 부르주아 계급과 토지를 몰수당한 지주계급은 인민의 범 주에 들어가지 않지만, 중국 국민의 일원이기는 하다. 현재 그들에 게 인민의 권리를 부여할 수는 없지만, 국민의 의무는 지키지 않으 면 안 된다"라고 규정하고 있습니다. 당시 중국에서 대자본가와 지 주는 인민이 아니라 계급적 관점에서 볼 때 '인민의 적'이었습니다. 그러나 이들은 국가의 구성원이라는 측면에서 국민에 속합니다. 중 국에서 인민은 정치적 개념이고, 국민을 지칭하는 공민(公民)은 법 적 개념입니다.

반면 대한민국 헌법 1조 2항 "대한민국의 주권은 국민에게 있 고, 모든 권력은 국민으로부터 나온다"라는 조항에서의 '국민'은 바 로 정치적인 'people'이자 국가구성원인 'nation'의 의미를 동시에 담고 있습니다. '국민' 개념이 이미 인민의 의미를 포괄하고 있지만,

실제로는 인민이라 쓰지 않고 국민이라고 씁니다. 근대 일본의 번역에서 그대로 영향을 받은 점도 있고, 북한이 '인민'이라는 단어를 먼저 썼기 때문에 이념적 이유로 인민이란 단어를 쓰지 않았습니다. 그래서 1948년 7월 17일 대한민국 최초의 헌법인 제헌헌법 초고에 관여했던 유진오 박사는 '인민'이라는 좋은 단어를 북한에 빼앗겼다는 말을 한 적이 있습니다.[4]

중국 헌법 제1조에서는 "중화인민공화국은 노동자계급이 영도하고, 공농(工農) 연맹을 기초로 하는 인민민주독재의 사회주의 국가이다"라고 규정하고 있습니다. 여기서 '인민민주독재'란 무엇일까요? 이것은 중국공산당과 중국이 광대한 인민의 근본 이익을 대표하고, 적대 세력에게는 '독재'의 방법을 사용하면서 인민민주정권을 유지한다는 뜻입니다. 즉 인민과 인민 사이에는 민주적인 방식으로 정치가 이루어지지만, 인민의 적에 대해서는 '전정(專政)', 즉 일체의 정치적 권리를 박탈하고 '독재'를 실행하는 것을 의미합니다. 중국의 '인민주권' 관념에는 뚜렷한 '계급성'을 띠고 있으며, 이에 따라 인민의 적이나 반혁명 분자는 정권에 참여하거나 정치상 자유를 누릴 권리가 없습니다. 마오쩌둥은 "인민 내부의 '민주'라는 측면과 반동파에 대한 '독재' 측면을 서로 결합하면, 이것이 바로 인민민주독재이다"라고 말한 바 있지요.[5]

일반적으로 인민민주전정을 '인민민주독재'라고 번역합니다. 그리고 인민을 영도하는 것은 당이기 때문에 인민민주독재는 현실에서 당 독재라고 불리는 것이지요. 그런데 중국어에서 '독재(獨裁)'와 '전정(專政)'의 개념은 다릅니다. 중국어로 '독재'는 불법적인 쿠데타로 권력을 탈취한 경우나, 형식은 민주주의지만 실제로는 권력의 독단적 횡포가 자행되는 체제를 비판할 때 씁니다. 예컨대 일부 아프리카나 아시아의 군부 독재 국가를 일컬을 경우나 러시아처럼 민주 선거가 있지만 실제로 독재적인 방식으로 통치하는 경우를 말합니다. 중국은 자신의 체제는 독재가 아닌 '전정'이라고 합니다. 인민의 적에 대해서는 인민의 권리를 부여하지 않는 전정의 방식을 사용하지만, 이는 어디까지나 정치적 행위이고, '합법적인' 범주 안에 드는 것이지요. 그런데 한국어에서는 전정과 독재를 모두 '독재'로 번역합니다. 한국 사회는 실제로 군사 독재를 경험했기 때문에 독재는 나쁜 것이라는 기억이 있습니다. 따라서 한국에서 중국 체제를 일당 독재 체제라고 부르는 데에는 이미 나쁘다는 가치판단이 포함되어 있습니다. 그러나 한국의 군사 독재는 무력(武力)으로 정권을 강탈한 불법적인 쿠데타이고, 중국의 인민 독재는 헌법에 규정되어 있는 합법적인 것입니다.

군중노선과 대중운동

앞의 내용을 종합해 보면, 중국에서 정치의 핵심은 결국 '당과 인민의 관계'에 있다고 하겠습니다. 정치를 영도하는 중국공산당이 인민이 자각할 수 있도록 인민을 조직하고 동원하며, 인민의 적극성을 통해 사회 발전을 위한 동력을 만들어내야 합니다. 이러한 측면에서 '운동'이란 중국 체제에서 매우 특별한 의미를 갖습니다. 자유민주주의 체제에서 '운동(movement)'은 주로 사회변혁을 위해 조직된 시민들의 자각적이고 자발적인 행동으로 규정됩니다. 즉 제도권 내의 정당 정치가 한계를 보일 때, 시민들은 광장 정치로 사회 변혁을 촉구하는 것이죠.

그러나 일당 체제에서 운동은 '통치를 위한 수단'이기도 하고, '변혁을 위한 동력'일 수도 있습니다. '운동'은 사회변혁의 원리로서의 'movement'의 의미뿐 아니라, 정치적 동원의 의미를 함축한 'campaign'의 의미도 담고 있습니다. 즉 공산당이 '정치'에 대한 영도권을 독점하고 있는 구조에서 대중의 운동, 그리고 당이 주도하는 정치운동은 이미 '당의 영도 안에서'라는 일정한 범위와 한계가 그어져 있습니다. 그럼에도 불구하고 '운동'은 당의 영도에 따라 인민을 조직하는 과정이면서, 다른 한편으로는 인민 스스로가 정치적 주체성을 획득하는 중요한 경로이기도 합니다. 문제는 당의 전제적 영도력으로 대중의 '정치적 능동성'을 억압하는 문제가 발생할 수 있고, 때로는 대중의 정치적 열망이 당이 허용한 범위를 벗어나서 터져 나올 수도 있다는 것입니다.

일당 체제에서 당의 영도를 유지하면서 동시에 대중의 정치참여를 조직하고 보장하는 일은 쉽지 않습니다. 역사적으로 보았을 때, 중국공산당이 정치 논리로 대중을 동원하면 관료 체제의 질서가 불안정하게 되거나 심지어 문화대혁명 당시와 같이 관료 체제가 파괴되기도 했습니다. 반면 행정 논리로 통치 질서와 안정을 강조하면, 당이 관료집단화되면서 정치적 활력이 사라지고 사회가 억압됩니다. 중국공산당 「당장」에도 명시되어 있는, "당의 정확한 주장을 군중으로부터의 자각적 행동으로 전화(轉化)시킨다"라는 운동의 원칙은 현실에서 관철하기 결코 쉽지 않습니다. 인민의 정치적 권리를 보장하는 일과 안정된 통치 질서를 유지하는 일 사이에서 균형을 잡는 것은 간단한 문제가 아닙니다.

그럼에도 불구하고 이러한 운동의 원리를 담고 있는 '군중노선 (mass line)'은 중국 정치체제에서 매우 중요한 정치 과정의 하나입니다. 마오쩌둥 사상의 중요한 핵심 중 하나가 바로 군중노선입니다. 중국의 군중노선은 소련 사회주의 혁명 경험과 구분되는 특징입니다. 소련은 무산계급에 의한 볼셰비키(Bolsheviks) 혁명이었지만, 중국 혁명의 주력 세력은 농민이었습니다. 농민이 인구 대다수를 차지하는 현실에서 진행된 혁명 과정에서 마오쩌둥은 대중 속으로 직접 들어가 농민들과 함께 생활하며 농민들의 언어로, 농민들의 문화 속에서 인민대중의 열의와 지지를 이끌어냅니다. 바로 "모든 것은 군중을 위해 군중에게 의존하고, 군중 속에서 나와 군중 속으로 들어간다"라는 것이죠.[6] 당이 혁명을 영도하지만, 인민을 위해 인민의 의견을 경청하고 이를 적극적으로 반영하며 다시 인민이 어떻게 느끼는지를 듣는, 부단한 피드백(feedback)의 과정을 말합니다.

마오쩌둥 사상의 핵심은 바로 '인민 군중'에게 있습니다. 지금까지도 중국의 많은 농민은 마오쩌둥이 자신들의 편이었다는 생각을 강하게 하고 있습니다. 이러한 군중노선도 개혁 이후에는 상당히 형식화되어 왔습니다. 그러나 시진핑 집권 이후 다시 '군중노선'을 강조하며 새롭게 인민을 소환하고 있습니다. "당의 초심으로 돌아가자"라는 시진핑의 메시지 속에는 당이 인민군중으로부터 분리되면 안 된다는 군중노선의 정신이 담겨 있습니다. 2013년 12월 26일 마오쩌둥 탄생 120주년 기념 좌담회에서 시진핑은 "군중노선은 우리 당의 생명줄이자 근본적 업무 노선"이라고 강조한 바 있습니다.

중국이 서구와는 다른 길을 갈 것이라고 선언하면서, 시민사회에 기반을 둔 서구식 민주와 달리 군중노선이라는 당의 오래된 원칙에 따라 중국 특색 사회주의를 건설하고, 중국의 모든 국정 활동과 방식에 군중노선의 원칙을 관철해야 한다는 것입니다.

이른바 시진핑의 '신시대'에 접어들면서 군중노선은 국정 운영을 위한 집정 가치로 승격되었을 뿐 아니라 '인민민주' 담론과 연결되어 중국식 정치 모델의 중요한 특징으로 모색되고 있습니다. 군중노선에서 중국식 정치 모델의 이론적 함의를 찾고자 하는 시도는 군중노선이 당의 취약한 사회적 토대를 뒷받침해 줄 뿐 아니라 합법성의 결여라는 약점을 이론적으로 보완해줄 것이라는 기대감 때문이기도 합니다. 또한 자유주의(개인주의)에 반대하는 실천적 근거가 되는 동시에 관료주의 풍조를 극복하는 유효한 수단이기도 합니다. 그러나 시진핑 집권 이후 다시 강조되는 군중노선은 과거처럼 사회변혁을 위한 것이라기보다는 안정과 질서 유지, 그리고 사회 관리와 통제를 위한 효과적인 거버넌스 수단으로 재조명되고 있습니다. 마오쩌둥 시기처럼 군중 스스로 주체가 된 대중운동은 허용하지 않고 있습니다. 정치적 의미는 거세되고, 통치의 수단으로 부각된 것입니다.

민주집중제와 엘리트 체제: 당원 선발과
엘리트 포섭

현대 민주주의는 시민과 시민의 대표들이 협력하여 더 좋은 공동체를 만들려는 노력으로 이루어집니다. 대의민주주의 제도에서의 의사 결정 방식은 다수결 원칙입니다. 그 과정에서 대표자가 민의를 왜곡하거나, 시민들이 군중심리에 의해 잘못된 판단을 하는 등 적지 않은 문제가 발생하기도 합니다. 이처럼 제도의 설계 의도와는 달리, 제도 자체가 모든 것을 해결해 주지는 않습니다. 구성원의 민주적 합의에 따라 지속해서 좋은 제도를 만들어가는 것이 중요합니다. 칼 포퍼(Karl Popper)의 지적처럼 제도는 하나의 '요새'이기 때문입니다. 적을 방어하기 위해 될 수 있는 대로 튼튼한 요새를 세워야 하지만, 요새 자체로 완벽한 방어가 되는 것은 아니지요. 요새를 지키는 것은 결국 사람입니다. 민주주의 제도도 마찬가지라고 생각합니다. 현실 정치에서 제도를 부단히 개선해 나가면서도, 그것을 운영하고 지켜나가려는 인간의 노력이 병행되어야 한다고 생각합니다. 민주주의 제도가 잘 운용되기 위해서는 수많은 '민주주의자'가 필요합니다.

민주주의 제도는 기본적으로 다수결 원칙에 따라 의사를 결정하지만, 다수의 의견이 반드시 정의롭거나 옳은 방향으로 결정되는 것은 아닙니다. 19세기의 아편전쟁, 20세기의 이라크전쟁 모두 영국과 미국 의회에서 다수결로 통과된 정의롭지 못한 전쟁이었고, 전쟁이 가능한 국가로의 전환을 목표로 하는 일본의 평화 헌법 9조 개정 과정 역시 '민주적' 형식으로 추진되고 있습니다. 민주적 투표로 진행한 브렉시트(Brexit) 결정도 많은 영국인이 후회하고 있죠. 또한 민주주의 다수결 원칙은 소수파의 의견이 무시된다는 단점도 갖고 있습니다. 민주주의라는 제도 역시 하나의 완결된 형태로서의 최종 단계가 아니라, 끊임없는 제도 발전의 과정에 있다고 보아야 할 것입니다.

중국은 다수결 원칙이 아니라 '민주집중제(民主集中制, democrat-ic centralism)'를 채택하고 있습니다. 민주집중제는 중국 체제의 중요한 운영 원리로, 공산당의 조직 원칙을 의미하기도 하고 의사 결정 방식을 의미하기도 합니다. 민주집중제란 '민주적 토대 위의 집중'과 '집중이 이끄는 민주'라는 상호 상반된 원칙을 결합함으로써, 당의 유연하고 통일적인 조직 운영과 의사 결정을 유지하려는 제도입니다. 다시 말해 민주 원리와 중앙집권제가 합쳐진 것으로, 어떤 결정이 최종적으로 이루어지기 전에는 내부적으로 반대 의견을 듣고 치열한 토론을 거쳐 이견을 좁혀갑니다. 지속적인 소통을 통해 모든 구성원이 동의할 때까지 상대방을 설득해 의견을 모으고, 이렇게 하나로 모은 의견을 만장일치로 통과시킨다는 것입니다. '민주'와 '집중'의 이상적인 결합이라고 할 수 있지요.

민주집중제가 실제로 제대로 작동된다면 정말 좋겠지요. 집단적 결정이 이루어지기 전까지 구성원들에게 의견을 자유롭게 표출할 기회를 제공하고, 결정된 사항을 집중적으로 집행하면 매우 효율적일 테니까요. 만장일치니까 소수의 의견을 무시할 필요도, 불만을 품는 의견도 없을 것입니다. 그러나 현실에서는 대개 소수가 다수의, 지방이 중앙의, 하부가 상부의 의견에 따라가거나, 당의 독단적인 결정에 따라 거수기 역할을 하기가 쉽습니다. 한번 결정된 뒤에는 다시 번복하기도 어렵죠. 그래서 일각에서는 이러한 민주집중제 방식을 두고 '민주는 없고 집중만 있다'고 비판합니다.

한편 중국의 정치를 알기 위해서는 핵심적인 엘리트를 어떻게 선발하는지 이해하는 것도 매우 중요합니다. 중국에서 핵심 엘리트는 모두 당 기구인 중국공산당 중앙조직부에서 일괄적으로 선발·관리합니다. 이를 '당관간부(黨管幹部)' 원칙이라 합니다. 중국은 당이 국가를 영도하는 체제로, 당의 영도는 주요 직책에 대한 인사 겸직을 통해 이루어집니다.[7] 예컨대 당 권력 서열 1위인 총서기가 행정 수반인 국가주석직을 겸직하고, 서열 2위는 국무원 총리를, 서열 3위는 전국인민대표대회 상무위원장을, 서열 4위는 중국인민정치협상회의 주석의 직책을 맡습니다. 당의 주요 지도자들이 겸직을 통해 국가기관의 수장을 맡는 방식으로, 당에 의한 독점적인 인사권 통제가 이루어집니다.

이처럼 중국은 공산당이라는 전위대, 즉 소수의 엘리트가 영도하고 이끌어나가는 체제입니다. 국정 목표를 설정하고 국가계획을 실천해 나가는 데 있어서, 공산당의 영도력이 결정적인 역할을 합니다. 공산당 내부를 파헤친 리처드 맥그레거(Richard McGregor)에 따르면 중국의 권력 핵심 3백여 명은 모두 붉은 전화기를 설치하여 서로 연결되어 있다고 합니다. 당 조직과 국유기업을 포함한 국가기관 등 핵심 간부 3백여 명이 중국을 움직이는 핵심적인 엘리트지요. 중국 전체에는 당 조직 4백만 개 정도가 포진해 있고, 이들이 서로 네트워크로 연결된 고도로 집중화된 정치 시스템입니다.[8]

그렇다면 누가 당원이 될까요? 중국에서 당원은 어떤 의미를 지닐까요? 개혁개방 이전에는 주로 노동자와 농민이 당원이 되었습니다. 당시 중국 사회는 노동자계급, 농민계급 그리고 지식인 계층으로 구성된 '두 계급, 하나의 계층'의 비교적 단순한 사회 계층 구조로 되어 있었습니다.

개혁개방 이후, 특히 2000년대 이후에는 「당장」을 수정하여 전

나는 중국공산당 가입을 지원합니다. 나는 당 강령을 옹호하고 당 규약을 준수하며, 당원의 의무를 이행하고 당 결정을 집행하며, 당 규율을 엄수하고 당의 비밀을 지키며, 당에 충성하고 적극적으로 일할 것입니다. 공산주의를 위하여 종신토록 분투하며, 시시각각 당과 인민을 위해 모든 것을 희생할 각오를 하고 영원토록 당을 배반하지 않겠습니다.

그림 8-3 중국공산당 당기와 입당 선서문

문직이나 지식인뿐 아니라 자본가 엘리트들을 당원으로 포섭합니다. 인재들이 대거 몰려 당원이 되려는 경쟁은 매우 치열합니다. 특히 대학생 당원을 충원하는 경우에는 경쟁이 훨씬 치열합니다. 애국 교육이나 역사교육을 받아야 하며 공부를 잘하고 모범적이어야 예비 당원을 거쳐 당원이 될 수 있습니다. 당원이 되려는 사람 중에는 정말로 국가와 인민을 위해 봉사하겠다는 사람도 있지만, 대다수는 당원이 됨으로써 얻게 될 기회를 고려해서 입당합니다. 중국에서 당원이 되면 취업의 기회도 많이 주어지고 각 영역이나 조직에서 리더의 역할을 하게 됩니다.

　당원이 되기 위해서는 낫과 망치가 그려진 당기(黨旗) 앞에서 "당 규율을 엄수하고 당의 비밀을 지키며 당에 충성하고 당과 인민을 위해 모든 것을 희생할 각오를 하며 영원토록 당을 배신하지 않겠다"는 서약을 해야 합니다. 입당할 때는 인터내셔널가(國際歌)도 부릅니다. 당원이 된다는 것은 잠재적인 차세대 엘리트가 된다는 의미입니다. 당원으로서 얻는 것이 많기에 어려운 테스트 과정을 뚫고 당원이 되려는 것이겠죠.

중국에서 정치적으로 출세하기 위해서는 우선 당원이 되어야 하지만, 그렇다고 모든 당원이 높은 자리로 올라갈 수 있는 것은 아닙니다. 자리는 한정되어 있고 사람은 많기 때문이죠. 2022년 20차 당대회 개최 당시 당원은 모두 9천6백만 명 정도입니다. 이 중 핵심 엘리트라 불리는 당 중앙위원은 후보위원을 합쳐도 겨우 370여 명에 불과합니다. 시진핑(習近平)은 어느 정도의 시간이 걸려 최고의 자리에 올라갔을까요? 말단 관료가 되고 최고 자리에 올라가기까지 23년이 걸렸습니다. 그나마 시진핑은 부친의 후광이 있었기에 빠른 편에 속합니다. 그가 거쳐 간 정부와 당의 주요 직책도 16개에 이릅니다. 중국공산당 조직은 한마디로 피라미드 형태의 수직형 권력 집중 조직이라고 할 수 있습니다. 능력이 있고 치열한 경쟁을 뚫고 올라오는 엘리트에 의해 지배되는 체제이지요. 당연히 조직에 충성하는 것도 중요한 능력에 포함됩니다.

중국공산당은 자신들의 생존 비결을 시대의 변화에 따라 진화하면서 끊임없이 학습하는 능력에서 찾고 있습니다. 데이비드 샴보(David Shambaugh) 같은 학자들도 공산당이 변화를 두려워하지 않고 유연하게 적응을 해왔기 때문에 백 년 정당이 될 수 있었다고 말합니다.[9]

공산당 생존 비결에서 특히 적대 계급인 자본가계급을 어떠한 논리로 포섭했고, 실제로 이들에게 어떤 대우를 해주었는지를 살펴보는 것이 중요합니다. 중국공산당은 개혁개방 시기 자본가들이 국가 건설에 얼마나 중요한 역할을 했는지 인정하면서 이들에게 중요한 지위를 부여하며 체제 내로 포섭합니다. 그것을 이론으로 정식화한 것이 바로 장쩌민이 제시한 '3개 대표론(三個代表論)'입니다. 장쩌민은 새로운 시대에 중국공산당은 "가장 선진적인 사회생산력, 가장 선진적 문화, 가장 광범위한 인민들의 근본적 이익을 대표해야 한다"라고 주장했습니다. 중국공산당이 사영기업가, 지식인, 농민과 노동자를 상징하는 이 3개 계급의 이익을 대표한다는 '3개 대표론'을 통해, 중국공산당은 모든 계층의 이익을 포괄하는 절대적 위치로 자리매김합니다.

정치적 프레임의 전환이란 측면에서 3개 대표론은 매우 중요합니다. 즉 공산당 자신의 정체성을 '계급 정당'에서 '집정당'으로 바꾼 것입니다. 공산당이 '혁명'을 위한 당이 아니라 '집정'을 위한 당이 되었다는 것으로, 이제는 혁명의 역사가 아닌, 집정의 성과로부터 정당성을 구한다는 것을 의미합니다. 이후 중국은 자본가의 입당을 공식적으로 허용하는데, 중국의 이러한 조치는 국내 좌파와 서구 공산당들로부터 대대적인 비판과 비난을 받습니다. 공산당은 '무산계급'의 이익을 대변하는 조직인데, 어떻게 '자산계급'인 자본가의 입당을 허용하느냐는 것이죠. 이렇게 되면 공산당의 존립 기반이 붕괴하고 정체성이 변질된다는 비판입니다. 이에 대해 중국공산당의 논리는 시대가 변했고, 자본가들이 중국 경제 발전에 중요한 역할을 했기 때문에 일정한 정치적 지위를 주어야 한다, 즉 이들의 공헌을 인정해 주어야 한다는 것이죠.

천안문 사건 이후 지식인들은 우선적인 포섭 대상이었습니다. 중국 사회에서 상당한 영향력을 가진 작가 위화(余華) 역시 권력에 상당히 저항적이지만, 시진핑 정부 출범 당시만 해도 공산당 주도의 개혁에 상당한 기대감을 보였습니다. 중국공산당은 70년 넘게 집권해 오면서 통제와 관리에 최적화된 조직으로 발전해 왔고, 중국 현실에서 이를 대체할 조직은 사실상 없다고 할 수 있습니다. 지식인들은 공산당 권력 독점에 상당한 우려를 표명하면서도, 중국이 직면한 많은 문제를 해결하고 민생을 개선할 주체는 공산당밖에 없다는 현실을 인정합니다.

중국공산당의 민주관과 '중국식 민주'

앞에서 중국의 '인민민주독재'에 대해 살펴보았습니다. '민주'는 사회주의 체제의 핵심 개념 중 하나이며, '통치'의 기본 원리로서도 매우 중요합니다. 1980년대에는 사회주의 민주를 위한 당 안팎의 논쟁이 있었습니다. 중국의 역대 정치지도자들 모두 '민주'를 강조해 왔으며, 중국 학자들도 '민주는 좋은 것(民主是個好東西)'이라며 민주적 참여를 정치개혁의 중요한 특징으로 보았습니다. 그럼에도 불구하고 중국에서 말하는 '민주'가 무엇인지, 어떤 방향으로 민주적 과정을 추진할 것인지는 여전히 모호합니다.[10] 여기서는 중국공산당의 민주관이 반영된, '통치 원리'로서 중국의 민주에 대해 좀 더 알아보겠습니다.

천안문 사건이 비극으로 끝나고 1990년대 이후 '민주'나 '인권'은 주로 서구에서 중국을 압박하는 정치적 담론으로 사용해 왔습니다. 중국공산당 역시 중국 나름의 체제 특성이 있다고만 강조할 뿐이에 대해 적극적으로 대응하지 않았습니다. 그러나 중국 경제의 부상과 함께 2000년대 이후에는 서구의 공세에 맞서 구체적으로 대응하기 시작합니다. 2005년 처음으로 「중국의 민주정치 건설」이라는 백서를 발표하였고, '민주'를 인류 정치 문명의 성과이자 보편적 요구라고 서술합니다. '민주'가 서구만의 가치가 될 수 없고, 중국 역시 인류의 보편적인 가치를 실천하기 위한 나름의 제도를 확립해 간다는 것이죠. 중국은 이를 '중국 특색 사회주의 민주'로 정식화하였고, 인권 관련 백서도 출간했습니다.

그러다 2008년 세계 금융위기가 터지고 이로 인해 서구를 비롯한 많은 민주주의 국가에서 위기를 맞습니다. 경제적 불평등에 대한 저항 운동이 거세게 일어났고, 혐오 정서를 활용하고 대중의 인기에 영합하는 포퓰리즘(populism) 정치도 등장했습니다. 서구 국가들의 위기를 목격한 중국공산당은 민주라는 보편적인 가치를 인정하되 이를 실현해 나가는 제도는 국가마다 다를 수 있다는 기존의 견해를 넘어, 중국의 제도가 서구와 다르다는 점을 좀 더 강경하고 확고하게 정리해 나가기 시작합니다. 우선 2009년 6월 중앙선전부에서는 『여섯 가지의 "왜": 몇 가지 중대 문제에 대한 대답』을 출판하면서, 중국이 왜 마르크스주의의 이념적 지도 지위를 지켜야 하는지, 왜 중국 특색 사회주의만이 중국을 발전시킬 수 있는지, 왜 인민대표대회를 견지하고 '삼권분립'을 하지 말아야 하는지, 왜 서구의 '다당제'가 아닌 공산당 영도를 견지해야 하는지 등 여섯 가지 사항에 대해 정리하고 이를 선전합니다.

이듬해 2010년 10월 17기 5중전회를 앞두고 당 이론지 『구시(求是)』에는 「중국 특색 사회주의 민주정치의 제도적 우월성과 기본 특징」에 대해 발표합니다. 이러한 기조의 연장선에서 2011년 3월 10일 개최된 전인대 상무위원회에서 우방궈(吳邦國) 위원장은 "다당

제, 지도 사상의 다원화, 삼권분립 및 양원제, 연방제, 사유화" 등 이른바 "중국이 하지 않을 다섯 가지 사항(五不搞)"을 강조합니다. 대신 '공산당 영도하의 다당합작제', '마르크스-레닌주의와 마오쩌둥 사상, 덩샤오핑 이론, 3개 대표 중요 사상의 지도적 지위 확립', '인민민주독재와 인민대표대회 제도', '민족구역 자치제도', '공유제를 중심으로 한 다양한 소유제 경제'의 확립이 중국 제도의 특징이라고 밝힙니다.

특히 중국 특색 사회주의 민주가 서구의 민주주의와는 뚜렷하게 구분된다는 것을 강조하면서, 중국 정치체제와 제도의 특징을 묘사하는 언술이 반드시 서구와는 다른 중국의 언어와 문법, 방식으로 구성되어야 한다는 점을 강조합니다. 2013년 11월에 개최된 중국공산당 18기 3중전회에서는 이러한 방침을 공식화합니다. 중국적 현대화의 완성은 반드시 중국 특색 사회주의의 '길'로 완성되어야 하고, 중국 특색 사회주의의 '이론'으로 체계화되어야 하며, 중국 특색 사회주의의 경험과 이론에서 중국 특색 사회주의의 '제도'가 창출되어야 한다고 강조합니다. 이러한 내용은 추후 '노선 자신(道路自信), 이론 자신, 제도 자신'으로 개괄하고, 이후 문화 자신감을 추가하여 '네 가지 자신감(四個自信)'으로 체계화합니다.

이후 2021년 12월 4일 국무원신문판공실에서는 2005년의 백서와는 다른 뉘앙스가 담긴 「중국의 민주 백서」를 발표합니다.[11] 이 「백서」는 미국의 주도로 세계 110여 개국이 참가한 '민주주의 정상회의' 바로 직전에 발표하며, 서구의 중국에 대한 담론 공세에 적극적으로 맞대응하는 성격을 분명히 드러냈습니다. 그러나 미국의 이데올로기적 공세에 대응하는 것만이 목적은 아닙니다. 「백서」에는 중국이 만들어가고 있는 제도와 더불어 중국이 지향하는 민주에 대해 '전 과정 인민민주'라는 새로운 표현법이 등장합니다. 이는 2019년 11월 2일 시진핑이 상하이 지역 주민들과 교류하면서 한 말입니다. 시진핑은 서구의 민주가 선거 때만 번지르르한 구호로 등장했다가 선거 후에는 사라지는 매우 협소하고 형식적인 가짜 민주라고 말하면서, 중국의 사회주의민주는 '전 과정'에 걸쳐 '인민'의 '실질적'이고 '직접적'인 민주까지 포괄하는 가장 진실하고 유용한 것이라고 강조합니다.

또한 '전 과정 인민민주'는 장식용이 아니라 인민의 요구를 해결하는 데 사용돼야 한다고 강조합니다. 한 국가가 민주적인지 아닌지는 "인민이 선거 과정에서 구두로 어떤 약속을 받았는지보다, 선거 후 이 약속들이 얼마나 실현됐는지를 보아야 한다"는 것입니다. 요컨대 인민을 주인이 되게 하려면 "구체적으로, 현실적으로 인민들의 아름다운 생활에 대한 요구를 실현해야 한다"라는 것이죠. 이는 19차 당대회에서 새롭게 규정한 '주요 모순'의 내용을 반영한 것입니다. 19차 당대회에서는 중국의 주요 모순을 기존의 "물질문화에 대한 인민의 요구와 낙후된 생산력 사이의 괴리"에서 "갈수록 늘어나는 아름다운 생활에 대한 인민의 요구와 불평형하고 불충분한 발전의 차이"로 규정한 바 있습니다. 즉 생산력 자체를 높이는 성장뿐 아니라, 고르지 못한 성장을 개선하며 인민들의 질적인 발전 요구에 부합해야 한다는 것입니다.

한국을 포함한 많은 자유민주주의 국가에는 1인 1표의 선거권이 있습니다. 모든 구성원이 정치적으로 평등하다는 전제 위에서 동등한 투표권을 행사하며, 형식과 절차적 과정이 굉장히 중요합니다.

선거는 반드시 제도화되고 공정한 절차를 통해 합법성을 확보해야 합니다. 그러나 중국에서는 선거권이 곧 민주를 의미하는 것은 아닙니다. 중국에서의 민주란 '인민이 주인 되는 것(人民當家作主)'이며, 이는 주인인 인민이 모두 다 잘 사는 것을 의미합니다. '민생' 혹은 '경제적 민주'를 말합니다. 서구의 민주가 '기회의 평등'을 중시하는 것에 반해, 중국은 실질적이고 결과적인 평등을 중요시합니다. 모든 인민에게 혜택이 골고루 돌아가야 한다는 것이죠. 따라서 정치 과정에서 투입(input)보다는 산출(output)을 중시합니다.[12] 한국에서는 주인으로서의 권리를 행사하는 국민의 정치참여를 매우 중시하지만, 중국은 인민을 위한 민생을 실현하는 정치를 강조합니다. 이는 곧 인민을 근본으로 삼는다는 '민본(民本)' 사상을 이은 것이라 할 수 있죠.

2021년 11월에 개최된 19기 6중전회에서는 '공동부유(共同富裕)'가 사회주의의 본질적 요구이며, 이것이 '중국식 현대화'의 중요한 특징임을 선언했습니다. 공동부유는 당장 실현할 수 없는 매우 장기적인 목표이지만, 인민 모두 다 잘 사는 것을 목표로 한 '중국식 민주'의 논리적 귀결이라 할 수 있습니다. 시진핑은 "공동부유는 사회주의의 본질적 요구"라고 강조하며, 이는 "당의 집정 지위와 관련된 중대한 정치 문제"라고 여러 차례 밝혀왔습니다. 공동부유는 사회주의의 본질적 특징이기 때문에, 공동부유가 없으면 사회주의도 없고, 그렇게 되면 당의 집정 지위 근거도 사라지게 된다는 것입니다. 공동부유가 획일적인 평균주의는 아니고 단시일 내에 실현할 수 있는 것도 아니지만, 중국 사회주의가 나아가야 할 바를 제시하는 것이라 할 수 있죠.

그런데 이러한 목표와는 다르게 지금 중국의 현실은 어떨까요? 지니계수를 봐도 알 수 있듯이 빈부격차가 미국만큼 심하고 사회 구조가 위계적이고 불평등합니다. 아무리 공동부유가 장기적인 목표라 하더라도, 지금의 중국 상황에서 볼 때 이러한 목표가 언제쯤 실현될지 가늠조차 하기 어렵습니다. 인민들의 정치참여 역시 매우 제한적이죠.

물론 중국에 맞는 중국의 길과 제도를 만들어야 한다는 원칙 그 자체는 합리적이라 할 수 있습니다. 그러나 자신의 길을 만들어가는 과정에서 인민대중의 요구를 반영하고 역사적 잘못을 성찰하며 사회의 다양한 민주 논의를 수용해야 합니다. 문제는 시진핑 집권 이후 중국이 이러한 공간을 완전히 압살해 버렸다는 것입니다. 현재 중국공산당은 민주를 구체화하는 제도화나 좀 더 공평한 분배에 집중하기보다는, 서구 민주주의 체제나 자본주의의 문제점을 비난하는 데 지나치게 몰두하고 있습니다. 서구 사회에서 나타나는 분열 및 갈등과는 차별화되고 전 인민이 하나로 통합된 민주의 실현을 강조하지만, 위로부터 획일적 방침을 하달하면서 민간의 다양한 목소리를 틀어막는 방식으로는 민주를 실현할 수 없습니다. 지금 중국공산당이 강조하고 있는 '전 과정 인민민주'는 그 어느 과정도 민주적이지 않으며, 예전의 민주 담론보다 내용이 훨씬 더 공허해졌고, 통치의 언어로만 남게 되었습니다.

결국 중국적 상황에서 중국식 민주를 증명하는 길은 재규정된 '주요 모순'의 문제를 해결하는 데 있다고 할 수 있습니다. 이는 또한 중국공산당의 통치(집정)를 정당화하는 중요한 근거이기도 하죠. 이러한 방향의 설정은 20차 당대회에서 일부 나타났습니다. 질적 발전을 포괄한 '신(新)발전 이념'을 제시했고, 불법 소득을 차단하고 고소득을 조정함으로써 앞으로는 불법적인 부의 축적을 용인하지 않겠다는 의지도 내보였습니다. 문제는 이러한 정책의 메시지가 민간 경제의 활력을 죽일 수 있다는 것입니다. 공동부유의 강조가 마오쩌둥 방식으로의 회귀는 아니지만, 공동부유를 위해 총체적 관점에서 자원을 재분배하면서 경제 활동의 자유를 제한하고 통제를 강화해야 하기 때문에, 중국 경제에 일정한 영향을 끼칠 수밖에 없습니다. 관건은 경제성장을 일정 수준으로 유지하면서도 인민들이 공동부유를 실감할 수 있게 하는, 즉 공동부유로 가는 속도와 성과를 적절하게 조정하는 데 있겠죠. 그러나 이는 쉽지 않아 보입니다. 중국공산당이 개혁 과정에서 형성되고 단단해진 기득권층의 반발을 제어하면서 어느 정도까지 정책목표를 실현할 수 있을지 의문이며, 또한 중국 사회 역시 이미 뚜렷한 계급 사회의 성격을 보이기 때문입니다.

시민들의 정치적 참여를 중시하는 자유민주주의 체제라 할지라도, 체제를 유지하는 가장 기본적인 토대는 민생 문제입니다. 성장의 동력을 찾기 어렵고 자본주의 금융 체제의 불확실성이 증대된 현시대에는 더욱 그렇습니다. 불안정한 시장 상황이 초래하는 각종 위험은 대부분 가장 취약한 계층에게 전가되며, 가장 커다란 피해를 줍니다. 이럴 때일수록 민중들의 요구와 삶을 개선하는 정책을 실행하고, 구성원 모두의 민생과 복지의 권리를 제도적으로 보장하는 '민주 정치'가 필요하겠죠. 그러나 현재 한국을 비롯한 많은 민주주의 체제는 '사회적 약자'를 정치적으로 이용하는 우파 포퓰리즘 시대로 접어들면서 민주주의가 퇴행하고 있습니다. 달라진 국제환경 속에서 국가 단위의 경쟁이 치열해지면서, 각국의 지배 권력은 온갖 수단을 동원하여 '통치' 논리를 강화하고 있습니다. 도시빈민, 실업자, 여성, 장애인, 난민, 이주민 등을 공격하고 혐오를 조장하는 방식으로 자신의 지지층을 결집합니다.

이러한 경제적 불안과 정치적 분열의 시대에 우리는 어떻게 해야 할까요? 정치적 혼란을 막고 빠른 정책 결정을 위해, 다시 강력한 철인 정치에 의존하는 방식으로 문제를 해결해야 할까요? 민주주의는 때로는 효율성을 담보하지는 않으며, 누군가에 의해 대리되는 것도 아닙니다. 민주주의는 스스로 주인임을 자각하며 끊임없이 주인의 권리를 행사하는 과정입니다. 선거에 의한 권력 교체 그 자체만이 민주주의일 수 없습니다. 모든 사회 구성원이 '민주주의자'가 되는 노력이 동반되어야 가능하며, 주인으로서의 책임 의식도 가져야 합니다. 민주주의 제도가 유지되려면 민주 교육을 통해 건강하고 비판적인 시민을 길러내야 합니다. '능력주의'로 포장된 엘리트층의 공고한 담합 구조와 지배 권력의 통치 논리를 뚫고, 시민들이 주체가 된 '시민의 정치'를 만들어가야 합니다.

역사학자 에릭 홉스봄(Eric Hobsbawm)의 말처럼 세상은 저절로 좋아지지 않습니다. 권력의 속성은 어느 체제에서나 본질적으로 똑같습니다. 민주주의는 마치 강을 거꾸로 거슬러 올라가면서 계속 노를 저어야 하는 상황에 비유할 수 있습니다. 우리가 권력에 의한 일방적이고 강압적인 지배를 받지 않으려면 권력을 견제하고 감시하며 스스로 자각하고 연대해야 합니다. 잠시라도 쉬면 한순간에 뒤로 밀려나게 됩니다. 중앙 정치뿐 아니라 자신이 속해 있는 작은 공동체, 가정, 학교, 직장에서부터 차별과 편견 그리고 불의에 맞서 자그마한 문제 제기부터 시작해야 합니다. 우리 스스로 바뀌지 않으면 우리로 구성된 사회 역시 좋아질 수 없을 테니까요.

★ 더 읽어보기

『중국공산당의 비밀: 파이낸셜타임스 기자가 파헤친 중국 지도자들의 은밀한 세계』(리처드 맥그레거 지음, 김규진 옮김, 파이카, 2012)

『현대 중국의 정치와 외교: 또 하나의 초강대국은 탄생할 것인가』(모리 가즈코 지음, 이용빈 옮김, 한울아카데미, 2023)

『중국의 민주주의: 민주관념의 생성과 변천』(뤼샤오보 지음, 이정남·유은하·정주영 옮김, 아연출판부, 2019)

『중국의 통치 체제1: 공산당 영도 체제』(조영남, 21세기북스, 2022)

중국 정치체제 II :
정치제도와 권력 구조,
통치 이데올로기

중국에서는 공산당이 유일한 집권 세력이기 때문에, 각 분야의 엘리트 선발 및 관리의 모든 과정을 중국공산당 중앙조직부에서 총괄합니다. 치열한 피라미드 경쟁 구조 속에서 각 부문의 최고 자리에 올라가는 과정은 쉽지 않습니다. 각 분야의 지도자들은 위기 상황에 직면했을 때 어떻게 대처하는지 여러 단계에 거쳐 검증됩니다.

또한 집정당이 바뀌지 않기 때문에, 정책이 비교적 장기적인 안목과 관점에서 결정된다는 장점이 있습니다. 권력이 다른 정치 세력으로 '교체'되는 것이 아니라 공산당 내에서 전임자에서 후임자로 '승계'되는 것이기 때문에, 정책의 일관성이 보장되고 정책에 책임을 지는 정책 집행의 중요성도 강조하고 있습니다. 중국공산당의 강력한 영도력과 정책의 일관성 및 장기적 목표 설정이 가능하다는 점은 확실히 중국 체제가 가진 장점이라 하겠습니다.

그러나 이렇게 후한 평가는 중국의 정책 결정 과정이 이상적으로 운영된 경우를 가정한 것입니다. 이러한 과정이 현실에서 제대로 작동되느냐는 별개의 문제로, 이는 따로 검토해 봐야 합니다. 또한 최고 지도자에 대한 외부 검증을 거치지 않는 점은 한계로 지적됩니다. 공산당 내부의 조직 원리에 따라 선출된 지도자가 당 밖의 시각이나 인민의 기대와 반드시 일치한다고는 볼 수 없기 때문입니다. 중국 체제에서는 대약진 운동과 같이 잘못된 정책이 결정된 경우 견제나 오류 수정 기능이 작동하지 않아 그 여파가 걷잡을 수 없을 정도로 확산될 때도 있으며, 또한 정책을 집행하는 과정에서의 왜곡 현상도 심합니다. 이번 강의에서는 중국의 정치제도와 통치 이데올로기의 특징을 살펴보면서, 중국 체제가 어떠한 원리에 의해 작동되는지 좀 더 구체적으로 살펴보도록 하겠습니다.

당 조직 구조와 당과 국가기관의 관계

중국은 당이 국가를 영도하는 체제(以黨領政)입니다. 8강에서는 중국 체제에서 중국공산당이 매우 핵심적인 역할을 한다는 점을 설명했습니다. 여기에서는 중국공산당이 어떠한 제도를 통해 통치하며 집정당으로서의 역할을 발휘하는지, 공식적인 정치제도를 중심으로 살펴보기로 하겠습니다. 중국에서 공산당이 모든 것을 '영도'한다 하더라도, 아무런 근거나 절차 없이 할 수는 없습니다. 중국공산당은 공식적인 국가 관료기구를 '사용'하여 자신의 의도를 관철해야 하면서도, 이와 동시에 국가 관료 체제가 당의 의도에서 벗어나는 위험을 다스리고 통제할 수 있어야 합니다.[1] 즉 중국에서 당과 국가기관 간의 관계를 어떻게 조정할 것인가는 줄곧 중국 통치의 핵심적 문제라 할 수 있습니다.

우선 중국공산당은 '영도 지위'와 '집정 지위'라는 두 개의 지위를 동시에 갖습니다. 이렇게 두 가지로 나누어보아야 8강에서 언급했던 일당제에서의 정치와 행정의 원리를 더 잘 파악해 볼 수 있습니다.[2] '영도'는 정치적인 영역에 속하고, '집정'은 통치행위와 행정의 영역에 속합니다. 당의 영도 지위는 정치적 영도와 주요 정책 결정을 통해 구체화하고, 당의 집정 지위는 국가기관을 통한 정책 집행으로 실현됩니다.

여기서 당의 '영도 지위'와 '집정 지위'는 구체적으로 어떠한 절차를 통해 실현되는 것일까요? 크게 두 가지 형식이 있습니다. 하나는 국가기관 안에 '당 조직(黨組, 당조)'을 설치하는 것이고, 다른 하나는 당 기관 내에 정부 업무에 상응하는 부서인 '대구부(對口部)'*를 설치하는 것입니다. 국가기관 안에 설립된 '당조'는 당의 노선이나 정책을 해당 부서에서 관철하며 중대한 업무를 논의하고 결정하는 권한을 가집니다. 반대로 '대구부'는 정부 업무에 대응하여 이를 영도하기 위해 만든 당 조직으로, 소조나 영도소조(領導小組), 위원회 등의 다양한 이름으로 불립니다. 1958년 당 중앙정치국에 설치한 재경(財經), 정법(政法), 외사(外事), 과학, 문교(文敎) 등 5개 소조가 대표적입니다. 대구부의 형식 중 하나인 '영도소조'는 여러 부서

....

* '대구부(對口部)'는 구체적인 부서의 이름이 아니라, 말 그대로 '업무 계통에 상응(對口)'하여 만든 조직이라는 뜻입니다. 여기서 '구(口, 커우)'란 업무가 유사한 부문을 하나로 묶은 '시통(系統)'으로, '루트(통로)'를 의미합니다. 당이 이러한 루트를 통해 직능별로 각각 대응하는 행정기관과 기업을 직접 영도하는 것을 말합니다.

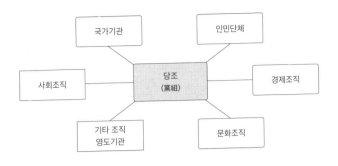

그림 9-1 당조 설립 규정
중국공산당 중앙정치국은 2015년 5월 29일 회의에서 통과시킨 「중국공산당 당조공작조례(시행)」를
통해 당조 설립과 관련된 사항을 규범화합니다. 「조례」에 따르면 당조는 국가기관뿐 아니라 인민단
체, 경제조직, 문화조직, 사회조직, 기타 조직의 영도기관 등 중국 내의 모든 기관과 조직 안에 설립해
야 합니다.

간의 업무와 의견을 조정하는 역할을 하는 일종의 의사조정기구(議
事協調機構)로 발전해 왔습니다. '당조'가 국가기관 안에서 당 중앙
에 대해 보고하는 채널이라면, '대구부'는 당내에 있는 행정담당기
구로 행정기관에 대해 지시하고 명령하는 채널입니다.[3]

중국공산당은 이러한 당조와 영도소조, 위원회 등의 조직을 통
해 국가기관의 업무를 영도하고, 국가기관이 당의 정책을 제대로
집행할 수 있도록 지도합니다. 그런데 이러한 당 기구들은 모두 헌
법에 규정된 기관이 아닙니다. 당 관련 기구들은 중앙, 성, 시·현 등
각급 행정단위에서 거의 모든 중요한 정책을 결정하는 기구임에도
불구하고, 헌법기관이 아닙니다. 중국 「헌법」에서 규정하는 기관은
전국인민대표대회와 정부기관인 국무원, 그리고 법원과 감찰원 등
의 '국가기구'입니다. '당 조직 및 기구'는 헌법의 규정 대상이 아닙
니다. 중국의 정치 시스템은 국가 통치를 위한 '헌법' 이외에 당 영
도를 별도로 두는 이원적 구조로 구성되어 있습니다. 중국 헌법에

는 중요한 정책 결정권을 가진 당의 주요 기구에 관한 관련 규정이 없으며, '법에 의한 통치(依法治国, rule by law)'의 대상은 '국가'이지, '당'이 아닙니다. 당은 헌법의 규정 밖에 존재합니다.

이러한 당과 국가기관이라는 이원적 통치구조에서 중국의 정치 제도를 이해할 필요가 있습니다. 시진핑 집권 이후 예전보다 훨씬 더 '법에 의한 통치'를 강조하지만, 이는 한국 사회에서 생각하는 '법치(rule of law)'와는 다릅니다. "당의 활동과 조직 운영이 일정한 법의 틀 안에서 이루어져야 한다"라고 강조하지만, 이는 국가기관을 통해 당의 '집정 지위'를 실현하는 국가 통치 과정에 대한 것을 말합니다. 즉 국정 운영을 일정한 법에 따라 진행한다는 의미이지, 헌법으로 당의 권한을 구속할 수 있다는 얘기는 아닙니다. 반면 "당이 헌법과 법률 제정을 영도한다"라는 것은 당의 '영도 지위'에 관한 것입니다. 당이 헌법과 법률을 제정하고 개정할 필요가 있다고 판단하는 경우에, 당의 영도 아래 이러한 법 개정을 진행한다는 것이죠. 논리적으로 볼 때 당이 헌법 밖에 있는 구조로 되어 있습니다.

중국의 당 조직은 매우 위계적으로 조직된 피라미드 구조로 되어 있습니다. 혁명 시기인 1921년 창당해 첫 번째 당대회가 열렸고, 2022년 20차 당대회까지 개최되었습니다. 20차 당대회는 중국공산당 창당 100주년을 맞이한 이후 처음으로 개최한 당대회였습니다. 혁명 시기와 1949년 이후 사회주의 건설 시기에는 대약진 운동이나 문혁 등과 같은 정치적 혼란 등의 이유로 불규칙하게 열리다가 5년마다 당대회를 정례화한 것은 11차 당대회부터입니다. 1976년에 마오쩌둥이 사망하고 문혁이 종결된 뒤 1977년 11차 당대회를 개최했고, 이후 5년에 한 번씩 정기적으로 당대회가 개최되고 있습니다. 당대회 개최를 제도화한 사람은 덩샤오핑을 중심으로 한 개혁파 지도부입니다.

5년마다 열리는 당대회, 즉 '중국공산당 전국대표대회'에는 공산당원 가운데 뽑힌 2천여 명의 대표가 모입니다. 당대회에서는 당 주요 기관의 보고를 청취하고 당의 중요 정책을 토의 및 결정하며, 중앙위원을 비롯한 당 지도부를 선출합니다. 그러나 당대회는 5년에 한 번 개최되고 1~2주 내외의 짧은 회기 동안 당과 국가의 정책을 구체적으로 논의하고 결정하기 어렵다는 구조적 한계로 인해, '명목상'의 최고 의결기구라는 평가를 받습니다. 실질적인 정책 논의를 위해 공산당 전국대표 중에서 다시 정위원과 후보위원 3백여 명을 선발하여 공산당 중앙위원회를 구성합니다.

중앙위원회는 당대회 폐회 기간에 당대회의 권한을 위임받아 활동하는 당의 최고 영도기구로, 당대회의 정책 노선과 방침을 실행하고 당과 국가의 중요 정책을 결정합니다. 이들 중앙위원이 바로 중국을 이끌어가는 핵심 엘리트이며, '중공중앙(中共中央)' 또는 '당중앙(黨中央)'으로 불립니다. 중앙위원회에서 총서기와 중앙정치국 위원도 선출합니다. 중앙위원회는 규정에 따라 매년 1회 이상 전체회의를 개최하는데, 이 회의를 '중앙위원회 전체회의', 약칭으로 '중전회'라고 합니다. 첫 번째 회의면 1중전회, 두 번째 회의면 2중전회라고 부르는데요, 당대회 이후 개최되는 회의를 전체적으로 '중국공산당 ○○기 중앙위원회 제○차 전체회의(○○기 ○중전회)'라고 부릅니다. 중국의 개혁개방 정책을 결정한 회의가 바로 1978년에 개최된 '중국공산당 11기 중앙위원회 제3차 전체회의(11기 3중전회)'입니다.

중앙위원회는 당대회에 비해 인원 구성이나 회의 개최 주기의 측면에서 훨씬 효율적입니다. 그런데 중앙위원회 역시 1년에 한두 번 회의를 개최하고, 중앙위원들이 각 분야를 대표하고 지역에 분산하여 활동하고 있어서 상시적으로 모여 긴급한 정책을 결정하지 못한다는 한계가 있습니다. 따라서 중앙위원회 전체회의가 폐회되면 중앙위원회의 권한은 다시 중앙정치국과 정치국 상무위원회에 위임·행사됩니다. 중앙위원 중에서 정치국원을 선발하고 매달 한 번 내외로 중앙정치국 회의를 개최합니다. 중앙정치국 안에는 정치국원 중에서 선발된 상무위원으로 구성된 중앙정치국 상무위원회가 있습니다. 정치국 상무위원은 수시로(주 1회) 모여 정책 협의를 하는 것으로 알려져 있습니다. 중앙정치국과 정치국 상무위원회는 중국공산당 중앙위원회의 권한을 위임받아 당과 국가의 주요 정책을 결정하는, '사실상'의 최고 정책결정기구라 할 수 있습니다. 중국공산당의 의사 결정의 권한 위임 구조는 [그림 9-2]와 같습니다.

복잡하지요. 인형 속에 더 작은 인형이 들어 있는 러시아의 마트료시카(matryoshka)의 구조를 생각하면 될 것 같습니다. 갈수록 숫자는 적어지지만, 핵심에 근접하지요. 역대 정치국원의 수는 정해진 것이 아니고 그 당시의 정치적 상황과 당원 수에 따라 달라집니다. 1977년 11차 당대회 이후를 기준으로 하면 정치국원의 수는 17명에서 25명 사이에서 구성되었습니다. 20차 당대회의 정치국원은 24명입니다. 정치국 상무위원의 구성 역시 정해진 것은 아니고 5명에서 9명으로 다양했고, 18차 당대회 이후 지금까지는 모두 7명으로 구성되었습니다. 상무위원 숫자는 원칙적으로 홀수입니다. 의견 수렴 과정을 거치고 결정을 할 때 홀수로 해야 캐스팅보트(casting

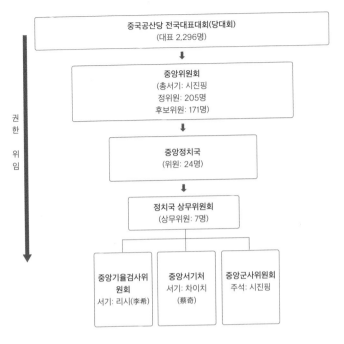

그림 9-2 중국공산당 의사 결정의 권한 위임 구조
(2022년 10월, 중국공산당 20차 전국대표대회 기준)

vote)의 역할이 발휘될 수 있기 때문이죠. 상무위원의 숫자가 많아
진다는 것은 그만큼 권력이 분산된다는 것을 의미합니다.

　중요한 정책이 대개 '중전회'에서 발표된다는 점에서 좀 더 살펴
보면, 매 중전회가 의미하는 바가 다릅니다. 1중전회는 당대회 폐회
후 곧바로 열리며, 주로 당 인사와 관련된 정책을 결정합니다. 2중
전회에서는 당 인사를 바탕으로 주요 국가조직의 기관장을 인선합
니다. 3중전회는 대개 새로운 지도부가 출범한 뒤 1년 뒤에 개최되
는데, 해당 회기 동안 어떠한 방향으로 국정을 운영할 것인지에 관
한 구체적 전략이나 방침이 담겨 있습니다. 그래서 3중전회가 매우

중요합니다. 개혁개방 정책을 결정한 역사적 회의도 11기 3중전회였고, 시진핑 집권 1기 중국 정책의 기조도 18기 3중전회 문건을 통해 확인할 수 있습니다. 역대 3중전회 모두 당과 국가의 정책목표와 장기적인 전략을 내세웠다는 점에서 매우 중요했습니다.

4중전회에서는 대개 국가제도 및 통치와 관련된 방침을 결정합니다. 3중전회 다음으로 중요한 회의는 5중전회입니다. 5중전회에서는 국가의 5개년 계획이 발표됩니다. 가장 최근에 발표된 5개년 계획은 「14차 5개년 규획(2021~2025년)」으로, 이는 19기 5중전회에서 발표되었습니다. 19기 5중전회에서는 2021년에서 2025년까지 5년의 발전 계획과 함께 2035년까지의 장기목표도 제시했습니다. 전면적인 사회주의 현대화 국가 건설을 목표로 하여 주요 경제사회정책에 대한 방향을 제시하고 있습니다. 중국은 권력 승계의 스케줄과는 별도로 5개년 계획이 발표되기 때문에 정책의 연속성을 유지할 수 있습니다. 시진핑 집권 이후에는 건국 100주년이 되는 2049년까지의 장기적인 국가 목표와 정책 방침도 제시하고 있습니다.

6중전회에서는 그 당시 현안을 논의하는데, 18기 6중전회에서는 "시진핑 동지를 핵심으로 하는 당 중앙"이란 표현이 처음 등장하며, '영도 핵심'으로서의 시진핑의 권위를 공식화했습니다. 더불어 '반부패의 제도화'를 강조하였고, 「당내 정치 생활에 관한 준칙」을 제정하며 "전체 당원은 사상, 정치, 행동에 있어서 당 중앙과 고도로 일치해야 한다"라고 강조했습니다. 2021년 11월에 개최된 19기 6중전회에서는 「당의 백 년 분투의 중대한 성취와 역사 경험에 관한 결의」라는 제목으로 중국공산당 역사상 3번째 '역사결의'를 발표합니다.

중국공산당은 1945년과 1981년에 '역사결의'의 형식으로 지난 역사의 오류를 평가·정리하면서, 새로운 정책으로의 전환을 정당화하고 굳은 의지를 내보인 바 있습니다. 1945년 첫 번째 역사결의에서는 소련 유학파인 왕밍(王明)의 교조주의 노선을 부정하면서 중국의 독자적인 길을 강조하는 마오쩌둥의 혁명 노선을 공식적으로 채택했습니다. 1981년 2차 역사결의에서는 문화대혁명의 오류를 지적하고 그 역사를 부정함으로써 개혁개방이라는 새로운 발전의 방향을 제시했습니다. 2021년의 3차 역사결의에서는 서구와의 대결 전선을 보다 분명히 하면서, 지난 10년 신시대에서의 업적과 당의 영도를 합리화했습니다. 무엇보다 "시진핑 동지를 당 중앙의 핵심이자 전당의 핵심 지위로 확립하고, 시진핑 신시대 중국 특색 사회주의 사상을 지도적 지위로 확립"한다는 이른바 '두 개의 확립(兩個確立)'을 분명히 했습니다.[4]

이렇게 매년 열리는 각 중전회는 중국의 핵심 정책을 결정한다는 측면에서 중요합니다. 그러나 중요한 정책 방향과 조율은 좀 더 소수 그룹에 의해 결정됩니다. 앞에서 얘기했던 '영도소조'는 공식적인 기관은 아니지만 주목해야 하는 중요한 조직입니다. 영도소조는 여러 부서 간의 업무와 의견을 조정하는 의사조정기구로, 일상적 기관이 아니라 특정한 시기에 필요에 따라 한시적으로 만들어지며, 부처를 초월한 업무조정 권력을 갖습니다. 예컨대 '삼농(三農, 농촌, 농업, 농민을 가리킴)'과 관련된 정책이라면 농업부뿐 아니라 재정부, 상무부, 국토자원부 및 관련 지방의 당정 간부와의 협의가 필요하죠. 사실 정책이라는 것이 어느 특정 부서 차원에서만 결정할 수 있는 것이 아니고 여러 부서 간의 협조가 필요합니다. 또한 정책에는 반드시 정부 재정이 뒷받침되어야 합니다. 이렇듯 특정 정책과 관련된 기관의 수장과 책임자들이 모여 서로 공조하며 협의하는 기구가 바로 영도소조입니다. 필요에 따라 조직하고 임무가 완성되면 해체되기 때문에, 특정한 인력 편제도 없고 단독으로 문건을 발표하지도 않으며 부서 직인도 없습니다.

그런데 시진핑이 2013년 중앙재경영도소조의 조장을 맡은 뒤부터는 영도소조가 점차 고위층의 정책 결정 역할로 변화하기 시작했습니다. 그러다가 2018년 19기 3중전회에서 단행한 기구 개혁에서는 기존의 영도소조를 '위원회(委員會)'라는 형식으로 바꾸며 정책 결정의 권한을 부여했습니다. 임시적이고 부정기적인 성격이었던 영도소조가 공식적인 제도 형식을 갖춘 위원회 조직으로 기능이 강화된 것이지요. '위원회'는 기존의 영도소조가 맡았던 단순한 의사조정기구가 아니라, 전체 국면과 여러 영역과 관련된 업무를 처리하는 중앙의 '정책 결정 의사조정기구'입니다. 즉 여러 분야에 걸친 사안에 대해 의사를 조율할 뿐만 아니라, 실질적인 정책 결정을 할 수 있는 기구로 자리 잡게 된 것이죠. 대표적으로 '중앙전면심화개혁위원회', '중앙사이버안전및정보화위원회', '중앙재경위원회', '중앙외사공작위원회' 등이 있습니다. '위원회' 체제로의 개편은 제도적으로나 실질적인 권력 측면에서도 당 중앙의 권력이 강화되었다는 의미를 갖습니다. 또한 모든 위원회(일부는 영도소조)의 최종적인 책임도 시진핑이 맡고 있습니다. 당 중앙의 권력을 강화하는 동시에 당의 핵심인 시진핑 개인의 권력도 함께 강화된 것이죠.

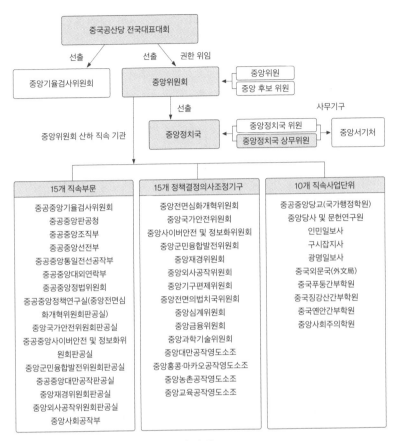

그림 9-3 중국공산당 조직 구조(2023년 기준)

자료 출처: 「策略深度报告」 东吴证券研究所(20220411)와 「澎湃新聞」(2023.3.17)을 참고하여 필자 작성.

정치 세대 구분과 집단 영도 체제 규범

이제 권력 구조와 권력 승계 문제를 살펴봅시다. 우선 중국은 정치지도자를 '세대'로 나눕니다. 한국 사회에도 세대 개념이 있습니다. 젊은 시절 한 세대가 공통으로 겪은 정치적 사건이나 사회적 경험을 바탕으로 공유하고 있는 정서나 기억 등이 세대를 하나로 묶어주는 기반이 됩니다. 산업화세대, 민주화세대, 386세대, 4·19세대 등 경제적·정치적 경험을 바탕으로 만들어진 세대 개념이 있습니다. 88만원세대나 N포세대처럼 사회·경제적인 상황을 반영하는 세대 용어도 있습니다. 유럽의 68세대나 미국의 히피세대처럼 어느 나라에나 그 시대를 상징하는 세대 개념이 있지만, 중국 정치 영역에서 말하는 세대 개념은 정확히 말해 '정치 세대'가 아니라 '정치 엘리트 세대'입니다.

중국 정치에서 '세대'는 덩샤오핑이 당에 활력을 불어넣고 개혁개방을 추진하기 위한 목적에서 젊고 유능한 간부로 교체하기 위해 제기한 개념입니다. 마오쩌둥부터 현재 시진핑 시기의 주요 지도부까지 대략 5세대로 나눕니다. 세대 구분의 기준은 엄밀하지 않으며 상호 경험이 겹치는 부분도 있지만, 대체로 청년 시절 겪었던 주요한 역사 경험과 관련하여 세대를 나눕니다. 이렇게 해서 정치 엘리트 1세대는 마오쩌둥을 중심으로 한 대장정세대, 2세대는 덩샤오핑을 중심으로 한 항일전쟁세대이며, 3세대는 장쩌민을 중심으로 하여 사회주의 개조의 역사를 경험한 세대입니다. 특히 3세대는 1950년대 청년 시기를 보내며 주로 사회주의 소련으로 유학을 가서 기술을 배워왔습니다. 그래서 이공계 출신이 많지요. 4세대는 후진타오를 중심으로 한 문혁세대, 5세대는 시진핑을 중심으로 한 개혁개방세대를 말합니다. 사실 시진핑도 하방의 경험이 있다는 점에서 문혁세대라고 할 수 있습니다.

한 국가의 지도자가 되기 위해서는 그 나라의 역사적 경험과 시대 인식을 공유하며 이에 대한 책임을 지려는 공적 의지가 있어야 합니다. 시진핑이 직접 문혁을 겪었다는 것은 실제로 농촌으로 내려가 몇 년씩 농민과 함께 생활했다는 것을 의미합니다. 이들 하방한 지식청년들은 중국이라는 거대한 국가를 운영하기 위해서는 농촌 문제를 해결하지 않으면 안 된다는 공통된 인식을 하게 됩니다. 이들 세대가 공유했던 역사와 정서가 있고, 이러한 공감은 이후 농촌 중심의 정책을 펴기 시작한 배경이 됩니다.

전반적으로 기존의 1, 2세대인 혁명세대에서 3세대 이후에는 기술관료(technocrat)로 전환됩니다. 전문적인 능력과 지식을 갖추고 국가를 운영하는 세대를 말합니다. 3세대는 이공계 출신이 많지만, 4, 5세대로 갈수록 경제나 법학 전공자가 많습니다. 이들 모두를 전문 지식을 갖춘 기술관료라고 부릅니다. 이러한 정치 엘리트 세대가 정치 세대는 아닙니다. 사회 민간 영역에는 다양한 사람들이 있습니다. 시단의 '민주벽'을 통해 중국의 '제5현대화'인 서구식 정치 개혁을 주장하다 미국으로 망명한 웨이징성(魏京生) 역시 문혁세대라고 할 수 있지만, 엘리트 정치인과는 전혀 다른 경험을 했고 지향하는 바도 다르지요.

사실 '간부 4화(연소화, 지식화, 전문화, 혁명화)'를 통해 젊고 능력 있는 차세대 지도부를 육성한 공로는 덩샤오핑에게 있습니다. '중앙 고문위원회'라는 자문기구를 한시적으로 만들어 원로 지도자들을 고문으로 추대하여 예우해 주면서 자연스럽게 퇴진하게 하고, 이들의 현실 정치에 대한 개입을 차단합니다. 덩샤오핑 자신도 말년에 군 통수권을 가지고 있는 중국공산당 중앙군사위원회 주석직을 제외하고는 공식적인 직함을 갖지 않았지요. 권력 승계의 일정한 제도화를 실현한 공은 덩샤오핑에게 있습니다. 그렇다면 이러한 권력 승계나 세대교체가 완전한 제도화를 이루었다고 말할 수 있을까요? 이를 '집단 영도 체제' 규범의 변화를 통해 살펴보겠습니다.

중국의 집단 영도 체제는 소수로 구성된 중앙정치국 상무위원회와 그 집단 영도 메커니즘을 말하며, 현재 정치국 상무위원은 7명입니다. 집단 영도 체제는 정책 결정에서 한 개인이 아닌 집단 혹은 기구 전체가 책임을 진다는 의미가 있습니다.[5] 마오쩌둥 사망 이후 덩샤오핑은 권력 집중의 폐단을 막고자 집단 영도 체제를 강조했고, 이후 장쩌민과 후진타오 시기에도 잘 유지해 왔습니다. 그러나 시진핑 집권 이후 덩샤오핑이 구상했던 집단 영도 체제는 깨지고 말았습니다. 시진핑이라는 강력한 권력자의 등장으로 인해 깨진 것이기도 하지만, 보다 근본적으로는 집단 영도 체제라는 '불안한 제도' 자체에 내재한 특징으로 인한 것이라 할 수 있습니다.

우선 1980년 덩샤오핑이 구상했던 집단 영도 체제는 권력의 과도한 집중을 방지하기 위해, 그리고 "당정이 분리되지 않은 문제(黨政不分)"와 "당이 정을 대체하는 문제(以黨代政)"를 해결하기 위해 제기된 것입니다. 덩샤오핑은 당과 국가의 업무를 구분하여 분리하고, 주요 지도자가 겸직하지 않도록 함으로써 권력 집중의 문제를 해결하려 했습니다. 또한 덩샤오핑의 집단 영도 구상은 원로 정치와 결합한 것으로, 즉 "원로 책임과 결합한 집단 영도 체제"입니다. 덩샤오핑은 차기 지도자로의 권력 승계뿐 아니라 장기적인 승계 구도에서도 원로들의 적극적인 역할을 중요하게 생각했습니다. 즉 좋은 인재를 선발하기 위해서는 노(老)동자들의 역할과 동시에 세대 간의 협력과 연속성이 중요하다고 강조합니다. 이에 따라 혁명 지분을 가진 원로들이 각자 자기 사람을 차기 상무위원으로 추천하였

고, 이러한 관례를 이어받아 영도 집단 내부에 점차 '계파(派系)'가 형성되었습니다.[6]

장쩌민과 후진타오는 원로들이 직접 추천한 지도자였기 때문에, 원로들의 영향력에서 벗어날 수 없었고 그들의 유훈을 지킬 필요가 있었습니다. 1990년대 중·후반 대부분의 원로가 사망했음에도 불구하고, 장쩌민과 후진타오는 자신의 권력 기반을 유지하고 확대하기 위해서라도 원로들의 권위에 의존할 필요가 있었습니다. 그러나 시진핑은 혁명 원로가 아니라 계파 간의 합의에 따라 선출된 지도자입니다. 원로들의 간섭과 말을 근거로 삼아 자기 계파를 추천할 상황과 조건이 사라지게 되었습니다.[7] 즉 집단 영도 체제를 유지하기 위한 환경과 조건이 변화한 것이죠. 이렇게 원로들의 영향력이 사라지고 난 뒤 새로운 권위 자원이 필요하게 되었으며, 시진핑은 집권 이후 주로 법과 제도에 의존한 영도 체제를 강조해 왔습니다.

집단 영도 체제는 중국의 조직 원리이자 의사 결정 방식인 '민주집중제'를 구현한 제도로, 그 자체로 '민주'와 '집중'의 원리를 모두 담고 있습니다. 집단적인 의사 결정은 '집중'의 원리를, 개인 분담 책임은 '민주'의 원리를 반영합니다. 그러나 '민주'와 '집중' 간의 구체적인 방식이 매우 모호하듯이, '집단 영도'와 '개인 분업 책임' 간의 관계도 명확히 구분하기 어렵습니다. 따라서 시기마다 중앙 영도 체제에는 여러 차례 변화가 있었습니다. 예컨대 당 주석제, 당 주석과 총서기 병행제, 총서기제 등이 있었습니다.

또한 집단적 의사 결정은 자유주의적 시각에서 생각하듯 영도 집단 구성원 각자가 n분의 1이라는 똑같은 몫으로 권한을 행사한다는 의미가 아닙니다. 집단적 의사 결정이 개인 독단에 빠지지 않으면서도 집단의 지혜를 발휘하자는 취지에서 생긴 것으로, 효율적인 결정을 위해 '핵심'을 필요로 합니다. 즉 집단 영도 체제는 '집중에서 민주로'라는 단선적 방향으로 가는 것이 아니라, 당 의사 결정의 효율성을 높이기 위해 민주적 방식과 집중적 방식의 균형을 추구하는 제도입니다. 민주집중제는 민주와 집중 원리의 조화, 즉 그 균형점을 찾아가는 끝없는 과정이라 할 수 있습니다. 따라서 영도 집단 내부의 최고 지도자가 어떠한 당력(黨歷, 당내 활동 경력)과 카리스마를 갖고 있으며, 어떠한 리더십을 추구하느냐에 따라 매우 민주적으로도, 혹은 매우 집중적으로도 운영이 가능한 제도입니다. 그 자체로 매우 불안하고 모호하며 가변적인 제도이지요.

소수의 정치국 상무위원이 당-국가 업무의 분업을 통해 개혁을 이끌어온 '집단 영도 체제'는 분권적 개혁 국면에서 일정한 효과를 발휘했습니다. 그러나 보다 근본적인 개혁이 필요한 국면에서는 이를 돌파할 리더십이 취약하다는 한계에 부딪혔고, 강력하게 개혁을 주도해 나갈 새로운 영도 체제가 필요하게 되었습니다. 특히 후진타오 시기 9명의 정치국 상무위원이 집단 영도하는, 이른바 '구룡치수(九龍治水)' 시대의 구조로는, 구조개혁에 관한 정책 결정을 내리기가 어렵고 중앙의 권위가 쇠퇴하는 문제가 나타났습니다. 중국공산당 중앙은 관료들의 부패나 빈부격차, 환경오염 등의 문제가 개혁을 지속할 수 없을 만큼 심각하고, 강력한 '권위'가 부족한 기존의 분산된 권력 구조로는 이 문제들은 해결하기 어렵다고 판단했습니다. 위기를 해결하기 위해 '당의 권위'를 다시 세울 필요가 있었고, 최종 결정권을 갖는 강력한 지도력이 필요해졌습니다.

이러한 배경에서 중국공산당은 당 중앙으로 권력을 하나로 통일하고 집중시키는 '제도화된 집권(集權)' 속에서 총서기가 권력의 핵심이 되는 새로운 영도 체제의 틀을 구축해 왔습니다. 결과적으로 덩샤오핑이 구상했던 '집단 영도 체제'는 깨졌고, '당 중앙의 집중 통일 영도 체제'로 전환하게 됩니다. 또한 시진핑과 당 중앙의 권력은 서로 연동되어 강화되었고 하나로 일체화되었습니다. 시진핑의 '신시대'에서 어떠한 변화가 있었는지는 다음 강의에서 구체적으로 살펴보겠습니다.

개혁개방을 위한 사회주의 이데올로기 재해석

통치구조의 완성은 제도 정비로만 그치지 않습니다. 당내 최고 지도자는 취임 후 자신의 이론을 당의 지도 사상으로 통일해야 하며, 이를 당대회에서 「당장」의 형식으로 승인받고 국가 이념으로 공식화해야 합니다. 이러한 이데올로기의 계승 및 확립이 이루어져야 권력 승계도 완전하게 이루어집니다. 아울러 사회주의 이데올로기에 대한 재해석을 통해 새로운 정책으로의 전환도 합리화해야 합니다. 중국 제도에 걸맞은 '이념'을 체계화해야 할 뿐 아니라 이러한 이념 아래 사회 구성원들을 교육하고 이를 하나의 주류 문화로 만드는 과정이 병행되어야, 비로소 '중국식 통치(中國之治)'가 완성될 수 있습니다.

우선 개혁개방 정책 추진을 위한 이데올로기의 기초 설계자는 덩샤오핑입니다. 개혁개방 시기 중국의 이데올로기는 관념적이라기보다는 실용적으로 실제 정책과 상당히 연결되어 있습니다. 이를

그림 9-3 선전의 덩샤오핑 초상화
개혁개방 정책의 상징적인 도시인 선전시에 덩샤오핑 초상화가 걸려 있습니다. 초상화에는 "당의 기본 노선 견지는 백 년간 흔들리지 않는다"라는 구호가 적혀 있습니다.

개혁 지도부는 '실사구시' 정신이라고 합니다. 개혁개방의 목표는 '하나의 중심, 두 개의 기본점(一個中心, 兩個基本點)'입니다. 하나의 중심이란 '경제 건설'을 말합니다. 덩샤오핑은 국가가 지향해야 할 목표를 기존의 계급투쟁에서 경제 건설로 전환합니다. 문혁을 거치면서 중국 사회에는 '사회주의', '공산당', '혁명'에 대한 '3대 불신(不信)' 풍조가 만연하고 중국공산당은 최대 위기에 직면합니다. 이에 당내 지도부에서는 당과 국가를 살리기 위해 경제 건설에 매진해야 한다는 합의가 이루어집니다. 그러나 개혁개방을 통한 경제 건설을 어떤 범위와 속도로, 그리고 어떤 방식으로 진행할 것인가를 둘러싸고 다시 당내 의견이 분분해집니다. 개혁 세력들 내부의 이견은 크게 보면 사회주의 계획경제의 원리를 기본적으로 유지하자는 보수적 견해와 시장을 적극적으로 받아들이자는 개혁적 입장으로 나누어집니다. 이러한 보수파와 개혁파 양쪽을 끌어안으며 개혁개방에 따른 부작용을 막기 위한 안전장치로 내놓은 절충적 방식이 바로 '두 개의 기본점'에 담겨 있습니다.

하나의 기본점은 개혁파의 입장인 '개혁개방 노선'이고, 다른 또 하나의 기본점은 보수파의 입장을 반영하여 정치적 지침을 정해놓은 '4개 항 기본 원칙'입니다. 덩샤오핑은 "창문을 열면 밖의 신선한 공기가 들어오지만, 파리와 모기도 같이 들어온다"라며 개혁개방에 따라 불가피하게 부작용이 발생하며, 이러한 부작용을 '4개 항 기본 원칙'으로 막을 수 있다고 보았습니다.

4개 항 기본 원칙은 중국이 개혁개방 정책을 추진한다고 해도 절대적으로 지켜야 하는 원칙으로 "사회주의 노선의 견지, 무산계급 독재의 견지, 공산당 영도의 견지, 마르크스-레닌주의와 마오쩌둥 사상의 견지"를 말합니다. 이후 무산계급 독재의 견지는 인민민주독재의 견지로 표현이 바뀝니다. 마르크스-레닌주의와 마오쩌둥 사상의 견지는 이후 '덩샤오핑 이론', 장쩌민의 '3개 대표론', 후진타오의 '과학발전관', 그리고 시진핑의 '시진핑 신시대 중국 특색 사회주의 사상'으로 최고 지도자가 바뀜에 따라 자신의 이론이 덧붙여지면서 변화합니다. 개혁개방을 거치면서 4개 항 기본 원칙은 상당히 형식화되었지만, '공산당 영도의 견지'라는 원칙은 오히려 더 강력해졌습니다. 특히 2018년 전인대에서 헌법 개정을 통해 "중국공산당 영도는 중국 특색 사회주의의 가장 본질적인 특징"이라는 문구를 추가함으로써, 처음으로 공산당 영도를 헌법 본문에 명시했습니다. 중국공산당이 국가를 영도하는 체제임을 '헌법'이라는 국가의 최고 권위 형식을 통해 공식화한 것이지요.

덩샤오핑이 제기한 일련의 실용주의 개혁 노선을 '덩샤오핑 이론'이라고 합니다. 대표적인 것으로 '흑묘백묘(黑猫白猫)론'이 있습니다. 흰 고양이인지 검은 고양이인지 색깔이 중요한 것이 아니라 쥐를 잘 잡아야 좋은 고양이라는 뜻이죠. 즉 사회주의냐 자본주의냐가 중요한 게 아니라 중국을 잘 살게 하는 것이 좋은 제도이자 이념이라는 것입니다. 이념성보다 실용성을 강조한 것이지요. 이를 위해 사회주의의 본질적인 속성에 대해 유연한 해석을 내립니다.

사회주의의 핵심적 특징 중 하나는 '공유제'이고 다른 하나는 '계획'입니다. 개혁개방 이전까지는 사회주의는 계획경제이고, 자본주의는 시장경제라고 인식했죠. 그러나 덩샤오핑은 시장 메커니즘을 도입하면서 시장이 곧 자본주의가 아니라, 인류 역사상 자본주의 체제 등장 이전부터 시장이 존재했었다는 점을 지적합니다. 시장이 자본주의의 점유물이 아니라면 계획 역시 반드시 사회주의의 것은 아니지요. 다시 말해 시장은 자본주의 산물이 아니라 인류가 생산과 교환 활동을 하면서 생겨난 자연스러운 기제로, 필요하다면 자본주의 체제뿐 아니라 사회주의 체제에서도 쓸 수 있는 하나의 수단이라는 유연한 해석을 내립니다.

사회주의의 또 다른 특징인 공유제에 대해서도 개혁 초기에는 공유제를 유지한다고 했지만, 1990년대 들어 시장경제 확립과 주식회사로의 기업 개혁이 본격적으로 진행되면서, 기업의 공적 소유 부분이 절반이 넘으면 공유제로 본다는 탄력적인 해석을 내립니다. 또한 1998년 헌법을 수정하여 사영 경제에 헌법적 법률 지위를 부여했고, 1999년에는 "다양한 소유제 경제와 여러 종류의 분배 방식을 인정"했으며, "개체 경제와 사영 경제를 중국 경제의 주요 구성 부분"으로 인정하는 내용의 헌법 개정을 단행합니다. 나아가 2004

년에는 헌법에 사유재산을 보장한다는 규정을 추가했고, 2007년에는 「물권법(物權法)」을 제정했습니다. 사회주의 체제에서 개인 소유는 인정하지 않지만, 재산권에 대한 유연한 해석을 통해 개인의 재산권을 법적으로 보장해 주었습니다.

이처럼 개혁 이데올로기는 한마디로 기존 사회주의에 대한 재해석의 과정으로 볼 수 있습니다. 이는 곧 '중국 특색 사회주의'를 만들어가는 하나의 과정이라 할 수 있지요. 특히 천안문 사건 당시 당이 인민에게 총을 겨누면서 공산당은 정당성을 상당 부분 상실합니다. 덩샤오핑이 개혁개방에 더욱 매진한 이유 중 하나는 경제적 성과로 정치적 정당성을 보완하려는 것으로 볼 수 있습니다. 종합적인 국력의 발전, 생산력의 발전, 그리고 인민 생활 수준의 향상이 정책의 중요한 기준이 되어야 한다는 이른바 '삼개유리점(三個有利點)' 역시 이러한 맥락에서 이해할 수 있습니다. 모든 정책의 기준을 경제, 생활 수준, 성과에 맞춰 통치의 정당성을 확보하겠다는 것입니다.

'선부론(先富論)'도 이러한 목적에서 나온 이론이라 할 수 있습니다. 선부론이란 자격과 조건을 갖춘 특정 계층과 지역이 먼저 부자가 되는 것을 허용하자는 것입니다. 중국은 매우 광활하고 많은 사람이 살고 있으므로 현실적으로 동시에 똑같이 잘살게 만들 수는 없다는 것이죠. 언뜻 보면 차별을 인정하는 전략처럼 보이지만, 선부론의 궁극적 목적은 결국 다 같이 잘살게 하자는 '공동부유'입니다. 그러니까 먼저 부자가 된 계층과 지역이 후발 지역과 계층이 발전하도록 도와주어, 결국에는 모두가 잘사는 사회를 만든다는 것입니다.

종합적으로 볼 때 중국의 개혁 이데올로기는 가치 목표를 지향하거나 일정한 청사진을 갖고 제시된 것이 아니라, 개혁 과정에서 나타나는 그때그때의 문제를 해결하면서 제시된 '임시방편적인 이론의 종합세트'라고 할 수 있습니다. 어쩌면 실용주의적 이데올로기가 가지고 있는 특징이기도 합니다. 실용주의라는 것이 목적을 실현하기 위해 수단을 정당화하는 것인데, 그 과정에서 근본적인 것을 성찰하지 않으면 종종 수단 자체가 목적이 됩니다. 즉 중국에는 사회주의적 국가의 실현이라는 목표와 이를 가능하게 하는 경제 발전이란 수단이 있는데, 경제 발전 그 자체가 목적이 되면서 결국 '무엇을 위한', '누구를 위한' 개혁을 하는 것인지 길을 잃게 되는 것이지요.

어쨌든 개혁 이데올로기의 사상적 기반을 제공함과 동시에 사회주의에 대한 끊임없는 변용과 변주의 가능성을 열게 된 것도 모두 실용주의적인 덩샤오핑 이론 안에 내장되어 있습니다. 1980년대와 1990년대 제기되었던 이론들, 예컨대 '사회주의 초급단계론'이나 '사회주의 시장경제론' 등은 모두 '사회주의'의 속성과 외연을 끊임없이 변화시키고 확장하며 제기된 이론이며, 이는 결국 '중국 특색 사회주의'로 나아가게 됩니다. 물론 '중국 특색 사회주의'라는 개념이 처음 제기된 것은 1982년이지만, 개혁을 뒷받침하는 '덩샤오핑 이론'으로 정식화된 것은 결국 이러한 과정을 거친 이후입니다. 개혁개방의 논리를 합리화하고 정당화하기 위한 이데올로기 구축의 과정이라고 할 수 있지요.[8]

시진핑은 전임 지도자들과는 다르게, 총서기 지위에 오른 지 불과 5년 만에 자신의 이름이 들어간 사상을 「당장」에 수록하는 데 성공합니다. 전례가 없는 빠른 성과입니다. 이는 중국공산당 지도부 내부에서 현 정세와 상황에 대한 위기의식을 공유하고 있었기 때문에 가능한 일이었습니다. 개혁 시기를 이끌어온 덩샤오핑 이론은 이른바 '중국 특색 사회주의 이론'이라는 이름으로 개혁개방의 이론적 논거를 제시해 왔습니다. 개혁개방 시대의 가장 큰 정책목표는 경제 발전이었고, 이러한 개혁개방의 요구에 맞춰 마르크스주의를 재해석했습니다. 그러나 이제 경제 분야에서의 쉬운 개혁은 거의 완성되었고, 체제 문제와 관련된 '어려운' 개혁이 남았습니다. 변화된 대내외적 상황에서 2013년 18기 3중전회에서는 중국이 이미 기존의 개혁 시기와는 다른 '전면적'이고 '심화'된 개혁의 단계에 진입했다고 선언했습니다.

이른바 '전면적 심화 개혁'이란 서구의 기대처럼 '시장의 주도적 역할'을 포괄한 전면적 개혁으로 국가의 경제 개입을 축소하고, 국유기업의 독점적 행태를 개혁하겠다는 의미가 아닙니다. '전면적'이라는 말은 이제 경제뿐 아니라 정치, 사회, 안보, 문화 등 모든 영역을 총망라한 총체적인 개혁이 필요하다는 말입니다. 기존의 개혁은 경제성장이 목표였고, 주로 '경제'개혁이었습니다. 이제 경제개혁뿐 아니라 다른 영역에 대한 개혁을 전체적으로 고려하면서 개혁을 관리하고 추진하겠다는 것입니다. 이렇게 되면 기존에 '경제개혁'에 맞춰 시스템을 운영해 왔던 것과는 달리, '전면적 개혁'을 가능하게 만들 수 있는 새로운 제도와 이념이 필요하게 됩니다. 전체적인 '통치'의 관점에서 각 영역을 조화시키는 이념, 즉 전면적 개혁에 적합한 총괄적 통치이념이 필요해졌습니다. 개혁개방의 이념인 덩샤오핑 이론으로는 전면적 심화 개혁을 포괄하기 어렵습니다. 이러한 상황 변화에 따라 제기되고 체계화되어 온 것이 바로 '시진핑 신시대 중국 특색 사회주의 사상'입니다. 통상 '시진핑 사상'으로 불리는 통치 이데올로기에 대해서는 다음 강의에서 더 알아보도록 하겠습니다.

★ 더 읽어보기

『중국의 새로운 사회주의 탐색』(이희옥 지음, 창비, 2004)

『중국의 민주주의는 어떻게 가능한가: 중국의 논의』(이희옥·장윤미 지음, 성균관대학교 출판부, 2013)

『중국의 엘리트 정치: 마오쩌둥에서 시진핑까지』(조영남 지음, 민음사, 2019)

『거버닝 차이나: 현대 중국정치의 이해』(케네스 리버살 지음, 김재관·차창훈 옮김, 심산, 2013)

신시대 선언과
시진핑 체제의 변화

중국공산당은 2017년 10월 18일 개막한 19차 당대회에서 중국이 중국 특색 사회주의의 '신시대'에 진입했다고 선언했습니다. 이전과는 다른 새로운 시대가 시작되었다는 것이지요. 그러나 '신시대'라는 말은 이전과 구분되는 새로운 시대가 시작되었다기보다는, 앞으로 새로운 시대로 나아가야 한다는 의지와 열망이 담긴 말입니다. 기존에 있던 문제들을 바로잡아 나가는 동시에, 중국몽을 향해 나아가자는 하나의 정치적 선언이자 담론으로 볼 수 있죠. 일단 신시대를 선언하게 되면, 기존과는 뭔가 다른 전략이 필요하다는 논리를 만들 수 있게 됩니다. 신시대가 단순히 하나의 시대 구분에 그치는 것이 아니라, 중국공산당이 제시하는 미래 계획에도 일정한 정당성을 부여하게 되는 것이죠. 즉 '신시대'라는 논리로 중국이 나아가야 할 방향을 합리화할 수 있게 됩니다. 1970년대 말 개혁개방 정책으로의 방향 전환을 합리화한 것도 '신시기(新時期)'라는 논리였습니다.

이러한 분명한 노선의 방향을 제시한 것은 18차 당대회였습니다. 2012년은 시진핑(習近平) 총서기에게로 권력 승계가 이루어지던 해였습니다. 당시 총서기였던 후진타오(胡錦濤)는 18차 당대회에서 "폐쇄적이고 경직된 낡은 길(封閉僵化的老路)을 걷지 않고, 또한 기치를 바꾸는 그릇된 길(改旗易幟的邪路)로도 가지 않을 것"이라고 천명하며, 중국이 걸어가야 할 길이 서구와도 다르고 지난 과거와도 다르다는 점을 강조했습니다.[1] 다른 나라의 제도와 모델을 그대로 중국에 옮기지 않을 것이며, 오직 "중국 특색 사회주의의 길"을 확고히 간다는 것이었습니다.

당시에는 중국 특색 사회주의의 길이 어떠한 길인지 분명치 않았지만, 지난 10년간 중국공산당은 일련의 제도개혁을 통해 중국의 길을 만들어왔습니다. 2012년 18차 당대회가 오직 "중국 특색 사회주의의 길"이라는 중국이 나아갈 확고한 '방향'을 정한 대회였다면, 2017년 19차 당대회는 '백 년 만에 맞이하는 대변국(百年未有之大變局)'이라는 시대 인식과 '신시대'라는 새로운 시대 구분으로 "전면적 소강 사회 완성"과 "중화민족의 위대한 부흥"이라는 중국몽을 천명하며, 중국의 '목표'를 새롭게 제시한 대회라 할 수 있습니다. 그리고 다시 5년 뒤 2022년에 개최된 20차 당대회에서는 이러한 중국몽을 향해 "당의 전면적 영도" 아래 전 인민이 한 몸처럼 일치단결하여 매진해 나가자는 "중국식 현대화"라는 '방법'을 제시했습니다.[2]

중국공산당은 왜 정책 노선을 바꾸었을까

지난 10년간 변화된 정책의 특징을 살펴보기 전에, 중국공산당이 왜 노선을 전환했고, 이러한 노선 전환이 어떻게 가능했는지를 알아봅시다. 한마디로 기존 통치모델에 한계가 드러나고 중국이 내우외환에 휩싸여 있다는 지도부 내부의 공통된 인식에서 선택한 방향 전환이라고 볼 수 있습니다.

첫째, 기존의 성장모델이 한계에 부딪히게 됩니다. 중국은 개혁개방 정책을 통해 전례 없는 고속 성장을 달성합니다. 그러나 양적 성장이 어느 정도 이루어진 이후에는 중국 경제 모델의 불균형 문제가 자주 거론되었습니다. 2007년 원자바오(溫家寶) 총리는 "중국 경제의 특징은 불균형, 부조화, 지속 불가능이다. 중국 경제는 구조 개혁과 재균형이 필요하다"라고 지적한 바 있습니다. 중국의 경제 성장은 주로 수출지향적 제조업과 투자에 의존해 왔는데, 이는 더 이상 지속 가능하지 않았고 내부 수요를 강화해 균형을 맞춰야 했습니다. 그러나 재조정은 쉽지 않았습니다. 특히 2008년 세계 금융위기 이후 서구 소비시장은 대폭 감소했고, 이후 중국의 이윤율은 지속해서 감소했습니다. 두 자릿수 고도성장의 역사는 끝났고, 경제 성장의 둔화는 새로운 표준인 '뉴노멀(新常態)'이 되었으며, 인구보너스가 점차 사라지고 고령 사회가 도래하여 이른바 '중등 소득의 함정'을 뛰어넘는 것이 중국의 커다란 도전이 되었습니다.

둘째, 당과 국가기관 간의 관계를 재설정할 필요가 생겼기 때문입니다. 당과 국가기관 간의 관계, 즉 '당정 관계(黨政關係)'는 중국공산당 집정의 핵심적 내용이라 할 수 있습니다. 개혁개방 초기 덩샤오핑(鄧小平)은 권력의 과도한 집중과 당이 행정을 대신하는(以黨代政) 현상을 막기 위해 '당정 분리(黨政分開)'라는 개혁의 방향을 제시합니다. 당의 조직은 총서기가 맡고, 행정기관인 국무원은 총리가 책임지는 방식으로 업무를 구분했지만, 이를 현실에서 구현하는 과정에서 많은 문제에 부딪히게 됩니다. 우선 부서의 중복과 집행의 비효율이라는 문제가 생겼습니다. 분명히 같은 성격의 업무인데, 당 위원회 쪽에 조직을 설치하고, 정부 쪽에도 또 하나를 설치하는 식이 되면서, 직무가 겹쳐서 제대로 집행되지 않는 문제입니다. 이로 인해 실제 운행 과정에서 직책 수가 너무 많아 조율하기 어렵고, 실질적인 정책 결정권을 어떻게 나눌 것인가도 매우 불명확했습니다. 또한 사건 사고가 발생했을 때 대개 행정기관 간부에게 책임을 추궁하고, 당 기관의 간부에게는 거의 책임을 추궁하지 않았습니다. 이것이 바로 국가 부주석인 왕치산(王岐山)이 비판한 책임과 권한의 분리 문제입니다. 애매모호한 당정 분리는 오히려 당의 영도력을 약화시키고, 당의 집정 수준을 떨어뜨리게 된다는 것입니다.[3] 이에 따라 2018년 당·국가기구 개혁을 통해 당의 총괄적인 정책 결정권을 확립하는 것으로 제도 개편을 합니다. 동시에 당과 정부가 동일한 책임(黨政同責)을 져야 한다는 점도 강조합니다.

셋째, 개혁개방을 추진해 오면서 거대한 기득권층이 생겨났습니다. 1980년대 이후 지방과 기업에 일정한 권한과 자율성을 부여하는 분권화 개혁이 추진되면서 급속한 경제성장을 이룰 수 있었지만, 이로 인해 각 지방과 부문에 구조화된 부패 동맹이 등장하게 됩니다. 정치적 자원과 경제 자본을 독점한 세력이 결탁한 이른바 '권력 귀족(權貴)'이죠. 각 지방에서 자원 통제권을 장악한 관료뿐 아니라, 에너지, 통신, 운수 분야에서의 독점 국유기업, 금융업 및 부동산업 등의 영역에서 자본과 권력이 결합한 기득권층이 형성된 것입니다. 이들은 지속적인 경제개혁에 걸림돌이 될 뿐 아니라, 당의 권위와 당 집정의 정당성 기반까지 위협하는 상황에 이르게 됩니다. 아무리 사회주의 체제라 하더라도 기득권층의 이해 구조를 깨는 일은 생각보다 훨씬 어려운 일입니다. 이미 2000년대 초반부터 중국 지도부는 경각심을 갖고 이러한 기득권 구조를 바꾸려 노력해 왔지만, 생각대로 되지 않았습니다. 이에 따라 중국공산당은 당 중앙의 리더십을 강화하는 방향으로 권력 및 통치구조를 바꾸게 됩니다.

넷째, 당 중앙에 도전하는 보시라이(薄熙來)와 저우융캉(周永康) 사건이 발생했기 때문입니다. 혁명 원로 보이보(薄一波)의 아들인 보시라이 전 충칭시 당서기 사건은 단순한 부정부패를 넘어 보시라이 부인의 살인 혐의와 아들 보과과(薄瓜瓜)의 비행까지로 확대되면서 그 파문이 일파만파로 퍼졌습니다. 저우융캉 전 중국공산당 정치국 상무위원 겸 정법위원회 서기는 뇌물수수죄, 직권남용죄, 국가기밀 고의누설죄 등의 혐의로 무기징역을 선고받습니다. 저우융캉 사건은 건국 이후 처음으로 사법 처리된 정치국 상무위원이라는 점에서 상당히 이례적이라 할 수 있습니다. 그런데 더욱 충격적인 것은 당시 군대가 동원되며 무장 충돌로도 이어질 뻔했다는 사실입니다. 후일 3·19 베이징 무장 충돌을 증언한 한 회고록에 따르면, 후진타오와는 원수였던 천하오쑤(陳昊蘇)와 허광예(何光曄)가 저우융캉의 도움을 받아 중난하이를 점령할 계획이었다고 합니다. 이러한 동향을 미리 파악했던 후진타오 당시 총서기가 군대를 이동시켜 저우융캉이 있었던 정법위 청사를 포위했고, 이로써 오해라는 이름으

로 대치 상황을 정리했다는 것이지요.[4]

이 사건은 실제 이루어지지는 않았지만, 명백한 정변 시도라 할 수 있습니다. 중국공산당의 관점에서 볼 때 이 두 사건은 중앙의 권위에 대한 도전일 뿐 아니라 당 통치 자체를 위험에 빠뜨릴 수 있는 매우 심각한 사안이라 할 수 있습니다. 이로 인해 중국공산당은 중앙에 대한 도전을 근본적으로 막아내고, '당의 영도 체계'에 대한 제도적인 보장이 필요하다는 인식을 갖게 됩니다. 당시 보시라이와 저우융캉 사건이 갖는 심각성이 큰 만큼, 반부패나 당의 기강을 잡는 정풍 운동을 당연한 것으로 받아들이는 분위기가 자연스럽게 형성됩니다. 이후 부패 척결의 제도화와 당의 엄격한 규율을 강조하며, 당을 깨끗하고 청렴하게 유지해야 한다는 정치 규율로 발전하게 됩니다. 경제적인 관점에서도 반부패가 중요해집니다. 경제성장이 지속될 때에는 관료 부패로 인한 공적 자산의 약탈이나 자원의 낭비가 크게 문제가 되지 않았지만, 중·저성장 시대로 진입한 이후에는 낭비 요소를 제거하고 정책의 효율성과 집중성을 높일 필요가 있기 때문입니다. 일각에서는 반부패라는 정치운동 때문에 중국 경제가 위축된다고 보지만, 중국 경제가 더는 고속 성장이 불가능하기 때문에 오히려 반부패 운동으로 경제위기에 대응하는 측면이 크다고 하겠습니다.

다섯째, 대내외적으로 발생한 많은 사건이 중국 지도부의 인식에 영향을 미칩니다. 2008년 티베트(시짱) 소요 사태, 2009년 신장 분리독립 운동, 2011~2012년 중동 아랍 지역에서의 재스민(민주화)혁명, 2014년 홍콩의 우산혁명, 2012~2015년 노동 시위 급증 등입니다. 시진핑은 총서기로 당선된 2012년부터 여러 회의를 통해,

만약 당이 부패 문제를 해결하지 않으면 "당과 국가가 망할 수 있다(亡黨亡國)"고 경고해 왔습니다. 또한 해외 적대 세력에 의한 '색깔 혁명'이나 '화평연변(和平演變)'의 기도로부터 중국을 지켜야 한다고 강조했습니다. 화평연변이란 미국을 중심으로 하는 서구 국가들이 표적으로 삼은 국가의 언론이나 비정부기구(NGO), 기독교회, 지식인 네트워크 등을 통해 그 나라 여론에 친서구적 가치를 보급함으로써 최종적으로 사회주의 정권을 무너뜨리는 것을 말합니다. 무력을 사용하지 않고 상대 국가나 체제의 전복이나 전환을 시도하는 것이지요.

시진핑 정권은 출범 당시 중국이 화평연변의 표적으로 지목되고 있다는 강한 위기의식을 갖고 있었습니다. 이 같은 위기의식은 2013년 6월 중국인민해방군, 중국사회과학원, 중국현대국제관계연구원이 제작해 개봉한 교육·선전용 영화《고요한 대결(較量無声)》에서 잘 드러납니다. 이 영화는 미국이 2차 세계대전 이후 세계 각지에서 일관되게 '화평연변'을 실행해 온 역사를 그리고 있습니다. 미국 정부가 전미민주주의기금(NED), 국제공화연구소(IRI), 포드재단 등 각종 단체를 통해 각국 비정부기구와 지식인 네트워크를 연결하여 현지 여론에 영향을 미치며 세계 각 지역에서의 색깔 혁명과 아랍의 봄 등 일련의 평화적인 방법으로 정치적 변화를 수행해 왔다는 것입니다. 이러한 위기의식은 중국공산당 지도부 내부에 공유되었을 것으로 보입니다.

마지막으로 관료 부패와 환경오염, 빈부격차 문제가 커지면서 당내 위기의식이 고조됩니다. 2018년 3월부터는 미국과의 무역 전쟁도 시작되었습니다. 현재는 무역 전쟁을 넘어 4차 산업의 주도권 확보를 위해 치열하게 싸우는 미·중 간의 패권 경쟁 상황으로 변화되었습니다. 중국공산당 지도부는 현재 세계정세를 "백 년 만에 맞이하는 대변국"의 위기로 인식하고 있습니다. 이러한 위기를 맞이하면 뭔가 바꾸지 않으면 안 된다는 생각이 강해지죠. 이러한 상황을 타개해 나가기 위해서라도 '신시대'라는 새로운 정치적 동력과 내부 결집을 위한 강력한 비전의 제시가 필요하게 되었다고 볼 수 있습니다.

신시대 통치구조 개편: 당의 전면 영도 강화

새롭게 개편한 중국의 통치구조는 19차 당대회 이후 추진된 헌법 개정과 당·국가기구 개혁을 통해 명확하게 드러났습니다. 이는 단순히 과거에 반복해 왔던 헌법 개정이나 행정기구 개혁이 아니라, 중국 통치구조의 근본적 변화를 의미합니다. 그 목적은 중국공산당의 국가에 대한 지배력 강화를 공식화하고 정당화하는 것입니다. 19차 당대회에서 개정된 「당장」에 추가된 문구, 즉 "당정군민학, 동서남북중, 당이 모든 것을 영도한다(黨政軍民學, 東西南北中, 黨領導一切)"라는 원칙을 구체적인 제도로 구현한 것입니다.

개편된 통치구조는 크게 두 가지 영역으로 나뉩니다. 하나는 '당의 영도' 부분이고, 다른 하나는 '국가 거버넌스' 부분입니다. 당의 영도를 '전면적'으로 강화한다는 것과 국가 거버넌스를 '현대화'한다는 것이 주요 골자입니다. 중국 정치를 읽을 때 당과 국가, 이 두 영역을 혼동하지 말고 주의해서 봐야 합니다. 9강에서 설명했듯이

그림 10-1 중국공산당의 전면적 영도

중국공산당은 2017년 10월 「당장」을 수정하여 다음과 같은 내용을 추가했습니다. "당정군민학(黨政軍民學), 동서남북중(東西南北中), 당이 모든 것을 영도한다."

중국공산당은 '영도 지위'와 '집정 지위', 두 개의 지위를 갖고 있으며, 당은 국가기관을 통해 집정을 실현하게 됩니다. 당의 영도는 '정치'의 영역에 속하고, 국가기관을 통한 당의 집정 실현은 통치행위로 '행정'의 영역에 속합니다. 중국에서 당 조직을 규율하는 것은 당의 헌법인 「당장」이고, 국가기관의 권한을 명시한 것은 「헌법」입니다. 이원 구조로 되어 있습니다. 중국에서 중요한 정책을 결정하는 당 조직과 기관들, 예컨대 정치국이나 정치국 상무위원회, 각종 영도소조와 위원회 등은 헌법에 명시되어 있지 않습니다. 즉 당은 헌법 밖에 존재하며, 당 조직은 헌법기관이 아니지요. 그래서 중국을 '헌정(憲政) 체제'라고 하지 않고, '당정(黨政) 체제'라고 하는 것입니다.

먼저 당의 영도 강화에 대해 살펴보겠습니다. 19차 당대회에서 개정된 「당장」에서는 "당의 영도는 주로 정치, 사상, 조직 영도이다"라는 1982년부터 사용해 왔던 표현을 삭제합니다. 그리고 이를 대신하여 "중국공산당의 영도는 중국 특색 사회주의의 가장 본질적인 특징이고, 중국 특색 사회주의 제도의 가장 커다란 장점이다. 당정군민학, 동서남북중, 당은 모든 것을 영도한다"라는 문구로 바뀝니다.[5] 이제 당은 정치, 사상, 조직이라는 '특정한' 영도 범주 안에서 규정되는 존재가 아니라, '모든 것을 영도'하는 존재로 바뀌었습니다. 그리고 이듬해인 2018년 3월에 개정된 「헌법」 1조 2항에는 기존에 없었던 "중국공산당 영도는 중국 특색 사회주의의 가장 본질적인 특징이다"라는 문구가 추가됩니다.[6] 이전에는 중국공산당의 집정 지위를 혁명 역사에 대한 서술 방식을 통해 헌법 '서문'에서만 표현했지만, 이제 헌법의 '본문'에 직접 규정한 것입니다. 중국 특색 사회주의의 '본질'적 요소로 '당의 영도'를 규정했다는 것은, 공산당이 영도하는 국가 통치를 공식화한 것인 동시에, 이를 절대적 진리로 간주하며 이와 관련된 그 어떠한 논쟁과 해석도 허용하지 않겠다는 의미가 담겨 있다고 하겠습니다. 제도적으로 '당치(黨治) 국가'를 선언한 것이지요.

19차 당대회 이후 개최된 당 회의에서는 '당의 영도'가 '당의 전면적 영도'라는 수사로 바뀝니다. 당의 영도를 '전면적'으로 견지하고 강화한다는 것은 "당 중앙의 권위와 집중 통일 영도를 수호하고, 당의 영도가 당과 국가사업의 각 영역과 분야, 과정에까지 확실하게 실현되도록 한다"는 것입니다. 그리고 '당의 전면적 영도'를 구체적인 제도로 실현한 것이 바로 19기 3중전회에서 발표한 당·국가기구 개혁입니다.[7] 중국공산당은 당·국가기구 개혁의 목적이 "장기적인 당의 집정과 국가의 안정을 확보하기 위해서"라고 설명합니다. 체제 강점이라 할 수 있는 '당의 영도'를 잘 발휘하여 이를 제도 개혁에 반영하고, 각 기구의 기능을 조화시킴으로써 효율적인 관리와 집행의 메커니즘을 마련한다는 것입니다. 한마디로 당이 "전체 국면을 총괄하면서 각 기구를 조정(總攬全局, 協調各方)"하는 '당의 영도 체계'를 확립한다는 것입니다.

이러한 당·국가기구 개혁은 개혁개방 이후 정치체제 개혁의 핵심이었던 '당정 분리'의 구상을 완전히 포기하고, 당이 모든 정책을 결정하고 감독하는 구조로 바꾼 것입니다. 이후 2023년 3월 개최된 제14기 1차 전인대에서는 다시 「당·국가기구 개혁 방안」을 발표했습니다.[8] 미국과의 경쟁이 치열한 금융과 과학기술, 그리고 사회 관리 분야에 당 중앙기구인 '위원회'를 신설했고, 국무원 산하에 다양하고 방대한 데이터 정보를 통합·관리하는 국가데이터국도 신설했습니다. 이로써 당이 맡아오던 거시경제나 군대, 인사, 선전, 정법, 통일전선의 영역뿐만 아니라 외교, 안보, 사법, 신문·출판·영화, 홍콩·마카오, 금융, 과학기술, 사회 관리 등 거의 모든 분야에 걸쳐 당 중앙기구를 설치했습니다. 이에 따라 당이 모든 정책을 총괄하여 결정하고, 정부기관인 국무원은 실무를 집행하는 경제민생기구의 성격으로 바뀌게 되었습니다. 위원회는 영도소조 시기처럼 더는 정책토론장의 기능을 하지 않으며, 소수의 지도자를 중심으로 정책을 결정하고, 시진핑 개인의 정책 의지를 관철할 수 있는 중요한 제도가 되었습니다. 위원회로 개편되거나 위원회가 신설되면서 시진핑의 실질적인 권력이 강화되었을 뿐 아니라 당정기관 간의 관계도 근본적으로 변화한 것이죠.

신시대 통치제도 개편: 국가 거버넌스의 현대화

다음으로 국가 거버넌스의 현대화 개혁을 살펴보겠습니다. 19
기 4중전회에서는 "국가 거버넌스 체계와 거버넌스 능력의 현대화"
라는 의제를 제시합니다. "각 분야의 제도를 더욱 잘 완비하여 국가
거버넌스 체계와 거버넌스 능력의 현대화를 2035년까지 기본적으
로 실현하고, 신중국 성립 100년이 되는 2049년까지 전면적으로 현
대화하여 중국 특색 사회주의 제도를 더욱 공고하게 하고 그 우월
성을 충분히 드러나게 한다"는 의지를 표명했습니다.[9] 중국의 거버
넌스, 이른바 '중국식 통치(中國之治)'에서 가장 눈에 띄는 점은 앞
에서도 강조했듯이 '당'의 존재입니다. 국가와 지방 정부 차원뿐 아
니라 기층사회와 기업, 사회단체 내부에도 당 조직이 빠르게 건설
되었고, 모두 '당의 영도'에 따라야 합니다. 각급 행정별로 관리체
계가 수직적으로 조직되고, 당은 층위마다 정부와 기업, 사회단체
를 영도하여 거버넌스가 잘 작동하도록 이끄는 역할을 한다는 것입
니다.

당의 영도를 받는 국가 거버넌스의 목표는 법에 의한 통치, 즉
'의법치국(依法治國)'입니다. 이러한 법에 의한 통치는 당의 영도 원
칙과 어떻게 공존하는 것일까요? 중국의 정책 결정은 우선 당 중앙
차원에서의 관련 회의를 통해 정책을 결정하고 난 뒤, 전국인민대
표대회(전인대)라는 국가기관에서 당 중앙의 결정을 법의 형식으로
구체화하여 이를 제정하고 공포합니다. '의견', '방안', '결정'이라는
이름으로 '당의 문건'이 내려오면, 이후 이러한 내용을 그대로 반영
하여 관련 법률이 만들어지는 식이죠. 최근 사례를 꼽자면, 당 차원

에서 애국주의 교육을 강화하는 '방안'을 결정한 뒤, 전인대 상임위에서 심의를 거쳐「애국주의교육법」을 제정·발표했습니다.[10]

중국이 강조하는 '사회주의 법치'는 레닌주의식 정치체제에서의 법치를 말하는 것으로, 이는 민주주의 체제에서의 법치와는 그 의미가 다릅니다. 일반적으로 민주주의 체제에서 개인의 기본권을 보호하는 국가의 중요한 규범은 '법의 지배(rule of law)' 혹은 법치주의입니다. 법의 지배는 사람에 의한 통치인 '인치(人治)'가 아닌 법에 따른 통치로 불립니다. 흔히 '법치주의'를 정부의 권한 행사에 법적 한계를 설정하는 것(법의 지배, rule of law)으로 보는지, 이와는 달리 법에 따라 국민의 권리를 제한하는 원리(법에 의한 지배, rule by law)로 보는지가 민주 사회와 그렇지 않은 사회를 구별하는 중요한 척도가 됩니다. 민주 사회에서 법치주의의 핵심은 시민을 향한 '준법정신'의 강조가 아니라, 통치 권력을 향한 '자의적 통치 권한 행사의 금지'라 하겠습니다.

중국에서 법질서 유지와 관련된 조직 라인을 '정법(政法) 체계'라 부릅니다. 마르크스-레닌주의 관점에 따르면 '정법'이란 국가 의지를 실현하는 법률이 정치에 봉사해야 한다는 것으로, 법은 계급투쟁의 도구입니다. 즉 정법 부문은 국가 장치의 중요한 구성 요소이며, 인민민주독재의 중요한 도구입니다. 이러한 정법 업무를 영도하는 것은 당 조직인 '정법위원회'이며, 이는 당에 의한 국가 사법 지배를 실현하는 조직입니다.

요컨대 '의법치국' 방침은 당 영도에 대한 것이 아니라, 당의 집정을 실현하고 관철하는 구체적인 방법과 관련된 것입니다. 즉 중국에서 '법치'와 '당 영도'의 위상과 영역은 공식적으로 서로 구분되어 있으며, 당 영도는 '법'의 차원을 넘어서 존재합니다. 이것이 중국공산당이 말하는 당이 영도하는 '정치'와 국가 통치를 위한 '법률', 즉 '정법 체계'의 특징입니다. 중국의 '정법' 논리에서 보면, 당이 정치를 독점적으로 영도하고 법은 통치의 수단이기 때문에, 정치를 제약하는 법이 정치의 밖에서 존재할 수 없습니다. 중국공산당은 정치를 영도하는 주체이자 유일한 집정 권력으로, 체제 운영에 필요한 규칙을 바꾸는 힘은 오로지 당에서만 나올 수 있습니다.

신시대 중국 국가 거버넌스의 특징은 한마디로 '당이 영도하는 국가 거버넌스' 모델입니다. 국가 거버넌스의 현대화는 '법체계'라는 제도적 힘으로 완성하되, 이를 추진하는 정치적 힘은 당이 영도하고 이끈다는 것입니다. 그러나 과연 당의 영도를 전면적으로 강화하는 방법으로 국가 거버넌스의 현대화를 이룰 수 있을지는 의문입니다. 근본적으로 당의 영도 원칙은 제도화를 지향하는 국가 거버넌스의 논리 안에 두기 어렵다는 한계를 갖고 있기 때문입니다.

중국에서 말하는 '제도화'는 국가 통치와 국정 운영을 위한 제도화를 말합니다. 일당 체제라는 한계로 인해 '권력'에 대해서는 법 제도의 형식으로 구속하기 어렵습니다. 권력의 논리가 법적인 틀 밖에서 작동한다면, 이러한 모델은 엄밀히 말해 '정치 제도화'라기 보다는 '통치의 제도화'라고밖에는 할 수 없을 것입니다. 즉 국정 운영을 위한 제도화이지 법과 규칙을 제정하거나 권력을 구속할 수 있는 제도화는 아닙니다. 또한 제도의 변화 과정과 결정이 당의 정치적 판단에 따라 이루어지기 때문에, 법과 제도에서 나오는 권위도 취약할 수밖에 없습니다.

시진핑의 권력 강화와
'당 중앙의 집중 통일 영도 체제'로

시진핑은 개혁 이후 등장한 가장 강력한 지도자입니다. 18차 당대회에서 총서기 자리에 오른 시진핑은 20차 당대회에서 두 번까지 연임하는 전례를 깨고 세 번째 임기를 맞은 최초의 총서기가 되었습니다. 20차 당대회에서는 정치국 상임위원 7명이 모두 시진핑과 시진핑의 측근들로 구성되었습니다. 시진핑은 '당정군(黨政軍)' 각 분야의 수장, 즉 중국공산당 총서기, 국가주석, 중앙군사위원회 주석직을 모두 맡아 '삼위일체(三位一體)'를 이루었을 뿐 아니라, 역사상 처음으로 군사위원회 '연합지휘총사령관'직까지 맡았습니다. 이는 시진핑이 군에 대한 조직적·행정적 통제뿐 아니라 실질적인 지휘권을 장악했다는 것을 의미합니다. 덩샤오핑이 구상했던 집단 영도 체제는 이미 끝났고, 최종적인 정책 결정권은 시진핑에게로 집중되었습니다. 그렇다면 2연임 관례나 후계자 사전 선임 등 장쩌민(江澤民) 집권 이후 20년 넘게 유지되어 오던 권력 승계의 규칙들은 어떻게 깨질 수 있었을까요?

집단 영도 체제의 기틀을 마련한 것은 개혁개방 초기인 1980년 8월 18일 정치국 확대회의에서 덩샤오핑이 했던 그 유명한 「당·국가 영도제도 개혁에 관한 연설」입니다.[11] 덩샤오핑은 문화대혁명 시기에 나타났던 폐해인 권력의 지나친 집중 문제를 거론하면서, 이를 '당정분리'의 방식으로 해결하려 했습니다. 이에 따라 당과 국가의 업무를 구분하여 분리하고 주요 지도자가 당과 정을 함께 겸직하지 않도록 했습니다. 총서기가 당의 업무를 맡고, 국무원 총리가

그림 10-2 중국공산당 제20차 전국대표대회(당대회) 폐막식
제20차 당대회에서 시진핑 중국공산당 총서기와 중국공산당 전국대표는 「당장」 수정을 위해 거수
투표를 진행했습니다. ©연합뉴스

국가기관인 정부의 업무를 맡도록 한 것이죠. 덩샤오핑의 연설에
기초하여 1982년 12차 당대회 「당장」에서는 당주석과 부주석 규정
을 없애고 중앙위원회에서 총서기를 선출한다고 규정하였고, 이후
'집단 영도'와 '영도 핵심'이 결합한 '정치국 상무위원회' 제도가 만
들어졌습니다.

　그런데 시진핑 집권 이후 덩샤오핑이 구상했던 집단 영도 체제
는 깨지고 말았습니다. 시진핑은 전임자들과는 달리, 원로들의 간섭
과 원로들의 뜻에 따라 계파를 고려하여 지도부를 구성하는 상황이
사라진 조건에서 최고 지도자가 되었습니다. 또한 중국이 처한 비
상 상황을 위기라고 인식한 당내 지도부의 공감 속에서, 당과 당 중
앙의 권력을 다시 강화하는 방향으로 통치구조를 바꾸었고, 그 과
정에서 시진핑의 권력도 함께 강화되었습니다. 국가에 대한 당의

직접 영도가 제도적으로 실현되면서, 당의 최고 수장인 총서기의 역할도 강화된 것입니다. 장기적인 국가 목표를 달성하기 위해 통치구조를 바꾸었고, 달라진 통치구조에 따라 시진핑 개인의 권력도 막강해진 것이며, 이렇게 막강해진 시진핑 권력은 기존의 집단 영도 체제를 무너뜨리게 된 것입니다.

사실 '집단 영도 체제'는 법률 형식으로 보장된 제도가 아니라, 하나의 당내 규범으로 지켜져 오던 것이었습니다. 정치국 상무위원은 혁명 지분이 있던 원로들이 각자 원하는 인물을 추천한 것이었고, 이것이 계파 간의 안배로 이어지면서 집단 영도 체제라는 관례가 정착된 것입니다. 그러나 시진핑은 집권 초기부터 원로들의 권위에 의존할 필요도 없었고, 원로들의 간섭과 영향도 사라졌습니다. 이렇게 원로들의 영향력이 사라지고 난 뒤 새로운 권위 자원이 필요해졌으며, 시진핑은 집권 이후 주로 법과 제도에 의존한 영도 체제를 만들어왔습니다. 이런 측면에서 시진핑 체제의 등장은 원로 정치, 그리고 원로 정치와 연계된 집단 영도 체제의 종식으로 이해할 수 있습니다.

시진핑은 당 중앙의 결정권을 강화하는 각종 규범 및 규칙 제정 등의 제도개혁과 함께 자신의 권력을 강화해 왔습니다. 중국공산당은 2013년 18기 3중전회의 「전면적인 개혁 심화 결정」을 통해 "정층설계(頂層設計, Top-level Design)"와 함께 "전국이 하나의 장기판(全國一盤棋)"처럼 움직일 수 있도록 하는 '위에서 아래로'의 정치 운영 방식을 강조하였습니다.[12] 중국공산당 '중앙'에서 일괄적으로 정책 결정, 집행, 관리, 감독한다는 것입니다. 이후 중국공산당은 당 중앙으로 영도를 집중시키고 통일시키기 위해 전체 국면과 관련된 중요한 사안에 대해서 당 중앙의 총괄적인 조정권과 결정권을 강화해 왔습니다. 또한 당 중앙의 정점에 있는 시진핑은 인사 결정과 중요 회의의 의제 설정권을 당내 조례로 제정함으로써 확고부동한 권력을 확립했습니다. 2020년 9월 30일 공표된 「중국공산당 중앙위원회 공작조례」에 따르면 중앙정치국과 상무위원회 회의 의제는 총서기가 '확정'하는 것으로 명시했습니다.[13]

이러한 의사 결정 구조에서는 당 중앙으로 영도력이 통일될수록 시진핑 개인에게로 권력이 집중됩니다. 국가기관이 아니라 당과 당 중앙기구가 거의 모든 의사 결정권을 장악하고 있고 또한 당 중앙의 정점에 있는 시진핑의 결정권이 강화되었다는 점에서, 시진핑의 '핵심' 지위는 그 이전의 '핵심'과는 완전히 달라졌습니다. 즉 당 중앙의 정책 결정권이 제도적 형식으로 보장됨에 따라, 당 중앙의 정점에 있는 시진핑이 보유한 권력은 바로 '제도적 힘'에서 나오는 것이며, 이러한 측면에서 시진핑의 권력은 다른 정치국 상임위원들뿐 아니라 이전 총서기의 권력을 훨씬 초월하는 것이라 하겠습니다.

'시진핑 신시대 중국 특색 사회주의 사상'과 불안정한 '일존'

중국의 최고 지도자는 제도적으로 권력을 확보하는 것 이외에도, 자신의 이론을 당내 지도 사상으로 통일하고 이를 국가이념으로 공식화할 수 있어야 합니다. 이데올로기의 계승 및 확립이 이루어져야 비로소 권력 승계도 완전하게 됩니다. 시진핑은 전임 지도자들과는 다르게, 총서기 지위에 오른 지 불과 5년 만에 자신의 이름이 들어간 이념체계를 공식화합니다. 바로 자신의 이름이 들어간 '시진핑 신시대 중국 특색 사회주의 사상'(이하 '시진핑 사상'으로 약칭)입니다. 현역 최고 지도자로서 자신의 이름을 당장과 헌법에 명기했다는 사실 그 자체로 절대적 권력을 상징하며, 이는 헌법을 수정하지 않는 한 시진핑 사상의 지도적 지위를 바꾸지 못한다는 점에서, 상당히 장기적인 법적 근거를 마련했다고 볼 수 있습니다. 역대 중국 최고 지도자 중에서 자신의 이름이 들어간 사상을 당장과 헌법에 명시한 사람은 건국의 아버지 마오쩌둥과 중국을 부유하게 만든 덩샤오핑, 그리고 시진핑 단 세 명입니다. 게다가 2018년 헌법을 수정하면서 국가 공무원의 헌법 선서 조항을 추가했습니다. 즉 헌법에 대한 충성맹세는 헌법에 명기된 '당 영도'와 '시진핑 사상'에도 복종해야 한다는 의미가 됩니다. 개정된 헌법은 공산당 영도와 함께 시진핑 권력을 강화하고 그 절대적 권위를 정당화하는 '법적 근거'가 된 셈입니다.

시진핑 사상은 '전면적 심화 개혁'이라는 기존과는 다른 시대 인식에 기반한 통치이념이자 국정이념이라 하겠습니다. 기존의 개혁은 주로 경제 분야에서의 개혁이었지만, 이제 경제뿐 아니라 정치, 사회 등 다른 영역에 대한 개혁을 전체적으로 고려하면서 개혁을 심화시켜야 한다는 필요성이 제기된 것입니다. 전체적인 '통치'의 관점에서 각 영역을 조화시키는 이념, 즉 전면적 개혁에 적합한 총괄적 통치이념의 필요성이 대두된 것입니다. 개혁개방의 이념인 덩샤오핑 이론으로는 전면적 심화 개혁을 포괄하기 어렵습니다.

중국공산당에 따르면, 시진핑 사상은 하나의 '전면적'인 이론 체

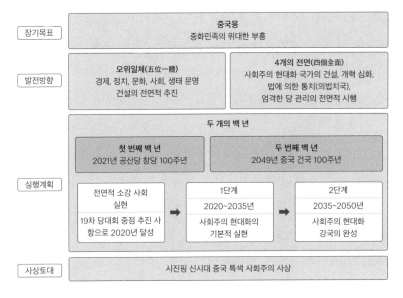

장기목표	**중국몽** 중화민족의 위대한 부흥

발전방향	**오위일체(五位一體)** 경제, 정치, 문화, 사회, 생태 문명 건설의 전면적 추진	**4개의 전면(四個全面)** 사회주의 현대화 국가의 건설, 개혁 심화, 법에 의한 통치(의법치국), 엄격한 당 관리의 전면적 시행

두 개의 백 년

첫 번째 백 년 2021년 공산당 창당 100주년	**두 번째 백 년** 2049년 중국 건국 100주년

	1단계	2단계
실행계획		
전면적 소강 사회 **실현** 19차 당대회 중점 추진 사 항으로 2020년 달성	2020~2035년 사회주의 현대화의 기본적 실현	2035~2050년 사회주의 현대화 강국의 완성

사상토대	시진핑 신시대 중국 특색 사회주의 사상

그림 10-3 중국공산당의 장기적 목표와 전략

계이며, 여러 가지 문제에 관해 '전략적 지도'를 제공하는 것으로, 경제, 정치, 법치, 생태 문명, 외교, 국가안보, 국방, 군대뿐만 아니라 일국양제(一國兩制)와 중국의 통일까지 포괄하고 있습니다. 즉 시진 핑이 어떤 한 분야에 대해 한 발언은 모두 '시진핑 사상'으로 포괄 하게 되는 것입니다. 이런 측면에서 시진핑 사상은 이데올로기 차 원을 뛰어넘어, 중국공산당과 국가 전체를 지도하는 하나의 통치이 념이자 중국 제도 발전과 현대화 실현을 위한 전략적 사상이라 하 겠습니다. 향후 중국의 길과 노선을 가기 위한 중국 이론이자 중장 기적 이념입니다.

　그러나 시진핑 사상은 통치(거버넌스)를 위한 이데올로기로, 변 화나 혁신이 아닌 나의 것을 지킨다는 '수성(守城)'의 이념입니다. 기존 마오쩌둥의 '혁명 사상'이나 덩샤오핑의 '개혁 이론'은 노선과 정책의 변화를 위한 동력을 제공했으나, 시진핑의 통치이념은 기본적으로 정치 안정과 사회질서를 유지하기 위한 국가의 보수적 이념이라 하겠습니다. 이는 국가와 사회 기층에서 안정적인 거버넌스 구조를 만들기 위한 이념이지만, 각 행위자 주체에게 국가 거버넌스 현대화 과정에 적극적으로 참여하게 만드는 동기를 제공하기는 어렵습니다. 오히려 시진핑 시대에는 안정된 통치를 위한 강력한 통제와 사회적 억압이 지속해서 강화되어 왔습니다.

또한 시진핑 사상은 통치를 위한 전략이자 행동 지침이기 때문에, 만약 통치의 효과가 좋지 않을 때 통치이념은 곧바로 도전받을 수 있습니다. 무언가를 '변화시키기 위한 것'이 아니라 '지키기 위한 것'이기 때문에, 통치 실적이 좋지 않았을 때 곧바로 인민들의 불만을 가져올 수 있습니다. 하나의 이론이나 사상체계로서는 매우 취약하다는 한계를 안고 있습니다. 혁명이나 개혁 이론은 기본적으로 '논쟁'을 통해 길을 모색해 가는 성격을 띠었지만, 시진핑 사상이라는 통치이념은 논쟁을 불허합니다. 각 영역의 요소를 조화롭게 만드는 전체적인 균형을 중시하며, 이를 조정하는 권위 있는 핵심의 역할을 강조할 뿐입니다. 게다가 시진핑 사상은 국가 통치와 관련된 모든 것을 포괄하기 때문에, 과거 마오쩌둥 사상이 품고 있던 국제주의적인 보편적 성격은 없습니다. 마오쩌둥 사상은 아시아와 아프리카, 남미, 그리고 유럽 국가에 전파되어 많은 혁명가와 이론가들에게 영감을 주며 이른바 '마오주의자(Maoist)'들을 길러냈습니다. 하지만 '중화민족의 위대한 부흥'을 위한 통합적 이념인 시진핑 사상은 단지 국민국가의 목표 실행을 위한 전략적 이데올로기일 뿐입니다.

그림 10-4 사회주의 핵심 가치관

19차 당대회 이후 시진핑 사상과 함께 많은 대중표어가 등장했습니다. 그중 중국 문화 건설이 지향하는 가치와 원칙으로는 '사회주의 핵심 가치관'을 제시했습니다. 이후 개정된 교육과정에도 사회주의 핵심 가치관을 육성하자는 내용을 반영했고요. 중국의 공공기관뿐 아니라 상점이나 거리 곳곳에 사회주의 핵심 가치관의 표어가 붙어 있습니다. 사진은 베이징의 한 상점 계산대의 모습입니다.

이처럼 시진핑의 권력은 제도와 이념을 통해 매우 강력해졌습니다. 당 중앙과 그 정점에 있는 최고 지도자에게 권력이 집중된 구조에서는 비상 상황에서 가용한 자원을 총동원하여 빠른 시간에 목표를 달성할 수 있다는 점에서 국가 간 경쟁에 유리할 수 있습니다. 그러나 새로운 통치 및 권력구조가 제도화되기는 쉽지 않아 보입니다. 이른바 '일존(一尊)'에 의존한 신속한 정책 결정이 가능해졌지만, 이러한 영도 체제가 언제까지 지속할지, 언제, 누구에게로 권력 승계가 이루어질지, 급변 사태가 발생하면 어떻게 될지, 모든 예측이 불가능해졌기 때문입니다. 총서기에 대한 효과적인 감독 통제

장치가 부족하고, 대다수의 중앙 정치국과 상임위 구성원은 시진핑이 발탁하였기 때문에, 독단적인 정책 결정과 권력의 남용 문제가 잠재되어 있습니다. 기존 규범과 관례가 깨지게 되면서 주요 간부들이 자신의 권력과 영향력을 강화하려는 충성 경쟁이 가열되고, 이로 인해 일인 권력 집중과 우상숭배 현상은 언제든지 다시 나타날 수 있게 됩니다.

부패 척결과 당의 '자아 혁명'

일당 체제를 지속적으로 유지하려면 무엇보다 청렴함을 유지하는 것이 중요합니다. 역대 지도자 모두 반부패를 외쳤지만, 시진핑 집권 이후 추진해 온 부패 척결의 의지와 성격은 과거와는 다릅니다. 단순히 관료 사회의 기강을 잡거나 자신의 권력을 공고히 하기 위한 캠페인성 운동에 그치지 않고, '당의 장기적 집정'을 가능하게 하는 중요한 방법의 하나로 반부패 정책을 채택합니다. 시진핑은 집권 초기부터 안정적인 당의 집정을 유지하기 위해서는 당을 깨끗하고 엄격하게 관리하는 것이 필요하고, 당을 엄격하게 관리하기 위해서는 더욱 강한 리더십이 필요하다는 점을 강조해 왔습니다. 특히 18차 6중전회 이후에는 당내 정풍을 규범화하고 점차 반부패의 제도화를 추진합니다.

2016년 중국공산당 18기 6중전회에서는 당의 영도 체제는 물론이고 당의 정치 생활과 당내 감독을 강조합니다. 19차 당대회 이후에는 당·국가기구 개혁을 통해 당 기관인 중앙기율검사위원회와 국가기관인 국가감찰위원회를 하나로 통합·재편합니다. 당내 감독과 국가기관 감독, 당의 기율검사와 국가 감찰을 유기적으로 통일시켜, 당원뿐 아니라 모든 공직자를 권력 감독의 범위 안으로 편입시킵니다. 반부패를 "전방위적으로, 하나의 예외도 없이, 호랑이와 파리를 함께 타도한다"라는 점을 분명히 한 것이죠.

일당 체제인 중국은 민주주의 체제에서의 권력 '견제'가 아닌 스스로에 대한 권력 '감독'을 통해 유지되는 시스템입니다. 시진핑은 당의 '전면적 영도'와 '장기적 집정'을 실현하기 위해서는 '자아 감독'을 통해 '자아 정화'와 '자아 혁신'의 상태를 이어나가야 한다고 강조합니다. 당 조직 건설과 정치 생활, 당원 관리 등을 엄격히 진행하여 초기 공산당의 사명으로 돌아가고, 초심을 잃지 않음으로써 당의 '선진성'과 '순결성'을 유지하겠다는 것입니다. 이것이 18차 당대회 이후 주창해 온 이른바 '전면적 종엄치당(全面從嚴治黨)'입니다. 당을 전면적으로 엄격하게 관리해 나가겠다는 뜻입니다.

나아가 20차 당대회에서는 이를 당의 '자아 혁명'이라는 말로 개념화합니다.[14] 18대 이후 엄격한 당 관리를 통해 많은 문제를 해결했지만 여전히 부패가 발생할 위험이 있으며, 따라서 전면적인 엄격한 당 관리와 당의 자아 혁명은 "영원히 지속하여야(永遠在路上)"하고, "당의 자아 혁명으로 사회혁명을 이끌어야 한다"고 강조합니다. 당 스스로 엄격하게 당을 관리하는 것이 당 집정 위기를 극복하고 영구히 집권할 수 있는 '답안'이라는 것이지요.

오늘날 '시진핑 체제'의 확립을 가능하게 만든 그 첫 출발은 반부패 투쟁에 있었다고 볼 수 있습니다. 시진핑 집권 초기 당시 대내외적 상황으로 볼 때 반부패 투쟁은 무엇보다 시급한 정치적·경제적 과제였습니다. '반부패 투쟁'은 개혁개방 이후 지속해서 악화한 당의 위기를 극복하면서 다시 당의 권위를 강화하기 위한 중요한 수단이었습니다. 그 과정에서 시진핑은 당 중앙의 권위를 다시 세우는 동시에 자신의 권력을 강화해 왔지요.

제도적인 측면에서 시진핑의 권력은 견고해 보이지만, 시진핑의 권력은 마오쩌둥이 가졌던 절대적 카리스마 권위를 기초로 한 권력은 아닙니다. 당의 영도 아래 개편된 단단해 보이는 통치구조와는 달리, 당과 인민의 관계에서는 취약성을 보입니다. 공산당이 지속해서 집권할 방법에 대해, 마오쩌둥은 80여 년 전에 '민주'라는 답을 내놓았습니다. 인민이 정부를 지속해서 감독해야 정부가 방심하지 않고 관료주의에 빠지지 않으며 인민을 위한 정책을 펼친다는 것이죠. 반면 시진핑은 당 스스로 엄격한 관리를 통해 당을 청렴하게 유지하는 '자아 혁명'에서 영구 집권의 비결을 찾았습니다. 마오쩌둥은 인민의 감독을 받아들이고 인민과 함께한다는 자신감이 있었지만, 시진핑의 논리에는 현실적으로 인민이 설 자리는 없어 보입니다.

현실에서 권력 감독은 크게 상급의 하급에 대한 감독, 동급 감독, 그리고 인민이 관료를 감시하는 아래에서 위로의 '군중 감독'이 있습니다. 그러나 상급에 대한 복종 원칙과 위계적인 행정구조로 되어 있는 체제에서는 여전히 "위로부터의 감독은 너무 멀고, 동급에서의 감독은 물렁하며, 아래로부터의 감독은 어렵다(上級監督太遠, 同級監督太軟, 下級監督太難)"는 문제가 존재할 수밖에 없습니다. 중국공산당은 극히 예외적인 시기를 제외하고는 인민대중에게 통치 권력에 대한 감시권을 준 적이 없습니다. 당의 권위와 조직 위계의 힘으로 통치가 유지되는 구조에서 관료에 대한 비판은 자칫 당 권위에 대한 도전으로 이어질 수 있기 때문입니다. 따라서 부패의 원인을 일당 체제에 내재한 구조적 문제가 아니라, 일부 공직자들의 이기적인 마음과 정치적 신념 부족으로 인한 개인의 일탈로 돌리면서 문제를 해결하려 합니다.[15]

그러나 당 스스로에 대한 엄격한 관리를 강조할수록, 각급 당정 관료들이 아무것도 하지 않으려는, 이른바 '부작위(不作爲)' 행위는 늘어날 수밖에 없을 것입니다. 현재 사정 정국이 휘몰아치면서 관료 자살률은 급증했고, 십수 년 전의 일을 가지고 각급 관료들을 처벌하고 있습니다. 개혁 시기 다양한 혁신과 정책 모델을 내놓았던 각 지방 정부에선 현재 그 어떠한 시도도 하지 않고 새로운 일을 벌이려 하지 않습니다. 중국 사회가 점점 더 경직되고 있습니다.

★ 더 읽어보기

『중국식 현대화와 시진핑 리더십: 중국공산당 제20차 전국대표대회 분석』(이희옥·조영남 엮음, 책과함께, 2023)

『중국공산당 100년의 변천(1921~2021): 혁명에서 '신시대'로』(이희옥·백승욱 엮음, 책과함께, 2021)

『당치(黨治)국가 중국: 시진핑 시대 통치구조와 정치의 변화』(장윤미 지음, 서강대학교출판부, 2023)

『중국의 통치 체제 2: 공산당 통제 기제』(조영남 지음, 21세기북스, 2022)

11강

중국 사회 구조의 변화와 저항: 노동 영역의 쟁점

이제 상층에서의 제도 설계가 아니라 아래에서 위로 올라오는 힘들을 봅시다. 중국이 아무리 일당 체제이고 공산당이 정치를 영도한다 하더라도, '정치'의 본질은 계속 변화하고 움직이는 것입니다. 정치는 생물이라고 하죠. 일당 지배가 유지되기 위해서는 당이 인민의 요구와 민심을 파악하고 이에 호응하는 것이 매우 중요합니다. 일정한 집정 능력을 보여주지 않으면 당의 집정 지위가 흔들리고, 그렇게 되면 궁극적으로 당의 영도 지위에도 의문을 갖게 될 수 있습니다.

중국의 언론은 기본적으로 당의 선전 매체 역할을 수행하며, 이른바 '긍정적인 뉴스(正能量)'만 보도하고 민감한 이슈는 잘 보도하지 않습니다. 따라서 공식 뉴스만 보면 중국이 표면적으로는 안정적인 사회처럼 보이지만 실제로는 그렇지 않습니다. 사회 및 민간 영역의 자율성이나 지방의 독자성 그리고 지식인, 노동자, 농민, 농민공(農民工) 계층 등 저항의 목소리들이 곳곳에 존재합니다. 중국 사회에는 언제든지 폭발할 수 있는 민감한 문제들이 많습니다. 토지 분쟁이나 노동자 파업뿐 아니라, 중산층의 관심 사항인 먹거리, 안전사고, 생명, 환경 등의 이슈도 휘발성이 강한 문제입니다. 코로나19 팬데믹 3년간의 격리 속에서 또한 많은 사건과 사고들이 있었죠. 이해 갈등이 증폭되고 민감 이슈가 많아질수록 공공지식인, 기자, 인권변호사나 노동활동가들에 대한 정치적 탄압도 커져왔습니다.

중국의 개혁 과정에서 등장한 문제의 해결을 둘러싸고 자생적으로 커진 사회적 힘이 있고, 천안문 사건 이후 해외에 기반을 두고 중국의 인권 개선이나 언론 자유를 요구하는 움직임도 있습니다. 이번 강의에서는 중국 사회 내부에서의 변화를 이해하는 데에 중점을 두고, 개혁 이후 중국 도시에서의 사회 구조의 변화와 노동 영역의 쟁점에 대해 살펴보도록 하겠습니다.

개혁 이전과 이후의 사회 구조 변화

"중화인민공화국은 노동자계급이 영도하며, 공농(노동자·농민) 연맹을 기초로 한 인민민주독재의 사회주의 국가이다." 중국 헌법 제1조입니다. 중국 헌법에서 규정하고 있듯이 사회주의 중국의 노동자계급은 '영도 계급'입니다. 다시 말해 다른 계급을 지도하고 이끄는 국가의 주인이라는 것이지요. 이론대로라면 중국의 노동자들에게 기업이나 공장은 돈을 벌기 위한 장소일 뿐 아니라, 주인의 권리와 책임을 다하는 삶의 터전이라고 할 수 있습니다.

　우리와 같은 자본주의 사회에서 노동자로 살아간다는 것은 무엇을 의미하는 걸까요? 자본주의 사회에서는 자본이 곧 힘이고 자본가가 최상위 계급입니다. 개별 노동은 자본 앞에 무력합니다. 자본주의 체제는 그대로 두면 약육강식의 사회가 됩니다. 따라서 민주주의 사회에서는 자본 및 자본가와의 비대칭적인 힘의 불균형에 대응할 수 있도록 노동자들에게 노동3권을 법으로 보장해 줍니다. 단결권, 단체교섭권, 단체행동권을 통해 노동자의 인간적인 생활을 보장하고 노동을 법적 틀 내에서 보호하는 것이지요. 물론 이러한 법과 노동자들의 법적 권리가 현실에서 잘 지켜지고 보장되는지는 결국 각 국가의 사회적 합의와 정치적 힘의 관계에 따라 매우 다른 양상으로 나타납니다.

　사회주의는 공동체의 원리가 중시되는 사회입니다. 원칙대로라면 자본과 권력에 대해서도 사회가 가진 공동체적 가치가 우위를 발휘해야 합니다. 따라서 국가의 주인이라고 하는 노동자들이 주체로서의 권리를 행사하고 사회적 논의에서 주도적인 힘을 발휘해야 하는데, 과연 현실은 어떨까요?

　중국의 노동 문제를 얘기하기 전에 우선 중국 사회 구조의 특징과 개혁 이후의 변화를 살펴봅시다. 중국 정치나 경제에 관한 소식은 언론 매체에 많이 보도되지만, 그것만을 가지고 중국 사회를 이해하기는 어렵습니다. 중국의 기본적인 사회 구조가 어떠한지에 대한 갈피를 잡고 있어야 중국 전체를 시야에 넣고 이해할 수 있습니다. 1978년 말 개혁개방 정책이 결정되고 시행된 시점을 기준으로 그 전후의 사회 구조 변화를 살펴보도록 하겠습니다.

우선 개혁 이전에는 시장이 아닌 국가가 주도하여 자원을 배분하는 '계획경제' 체제였습니다. 혁명으로 새로운 국가를 건설했지만, 당시 중국은 매우 가난한 농업 대국이었습니다. 모든 사람에게 골고루 혜택이 돌아가는 평등한 복지와 민생 등 사회주의적 약속을 실현할 수 있는 경제적 토대와 국가 재정이 존재하지 않았습니다. 따라서 공업화 정책 추진을 통해 근대적 국가 경제를 건설하는 것이 시급한 과제였습니다. 이렇게 부족한 자원 조건과 냉전의 영향 아래 중국이 선택한 발전 방식은 우선 필요한 곳에 자원을 집중하여 배치하고 물자를 배분하는 것이었습니다. 이러한 자원 배분에 맞춰 정치와 사회 영역을 하나로 통합했고, 이러한 모델하에서 국가의 힘은 역사적으로 전례가 없을 정도로 기층사회에 깊숙하고도 광범위하게 침투했습니다.

도시에서는 '단위(單位)*'를 통해 노동자들에게 일자리를 배분하고 노동력을 관리하는 시스템을 만들었습니다. 농촌에서는 농업의 집단화 과정을 거쳐 '인민공사(人民公社)'에서 토지를 집단으로 소유하고 자체적으로 생산과 분배의 문제를 해결하도록 했습니다. 또한 농촌에서 도시로의 이주를 제도적으로 금지하는 '호구(戶口)제도'를 시행함으로써 도시의 부담을 줄여주고, 농촌과 도시가 완전히 분리된 '도농 이원 구조'를 형성하게 됩니다.[1] 이렇게 도시와 농촌, 지역과 지역이 서로 다른 공간으로 분리되어 자급자족하는 사

....

* 단위는 도시 기층의 사회 관리 형식으로, 원래 개별 직장을 이르는 말입니다. 단위에 소속된 직원에게 고용과 복지를 제공할 뿐 아니라 단위에서의 정치 학습을 통해 사회적 통제도 이루어집니다. 사회주의 시기 중국 도시에서의 가장 기본적인 생산과 생활 공동체의 조직원리라 할 수 있습니다.

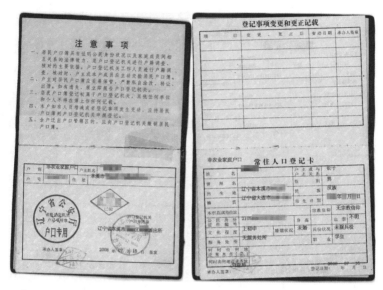

그림 11-1 주민호구부

중국의 주민호구부(居民戶口簿)의 모습입니다. 관할구의 호구 등록 기관에 가서 주민호구부를 발급받아야 하고, 변경 시 이를 신고하고 호구 지역을 옮겨야 합니다. 여기에는 이름과 출생지뿐 아니라 민족, 학력, 종교 상황도 기록하게 되어 있습니다.

회 구조를 형성함으로써, 사회주의 건설 시기에도 전통적인 '숙인(熟人) 사회'의 속성이 그대로 유지되었습니다. 자신이 태어난 곳을 떠나지 않고 생산 활동에 종사했고, 이에 따라 지역 공동체와 전통적인 사회관계도 지속될 수 있었죠.

물론 건국 초기부터 노동력의 이동이 불가능한 것은 아니었지만, 1950년대 점차 많은 인구가 도시로 몰리면서 이를 제한하기 위해 1958년 「호구등록조례」를 제정합니다. 전체 인구를 '농업 인구'와 '비(非)농업 인구'로 나누어, 농촌에서 태어나면 농업 인구, 도시에서 태어나면 비농업 인구로 분류합니다. 아버지가 농민이면 아들의 호구도 농촌에 두고, 아버지가 도시 노동자라면 아들도 도시 호구를 갖는 세습적·신분적 성격을 띱니다. 혁명 이념에 기반을 두고 건국한 근대적 국가였지만, 역설적으로 부모의 신분을 물려받는 봉건적 특징이 지속하여 나타납니다.

도시 호구가 있고 없고의 가장 큰 차이는 '공공재'에 대한 접근권에 있습니다. 사회주의 계획경제 시기에 시장이 거의 발달해 있지 않았기 때문에, 노동자는 단위를 통하지 않고서는 일상생활에 필요한 것을 얻기가 불가능했습니다. 도시 호구를 가진 사람은 자신이 속한 단위에서 생계 수단과 더불어 주택, 의료, 교육 등 각종 복지혜택을 받습니다. 농촌의 경우 각자의 노동 성과에 따라 작업점수를 받고, 일정한 기준에 따라 자체적으로 생산물을 분배받았습니다. 그러나 주택이나 의료 등의 복지는 도시와 같은 혜택을 받지 못했고, 인민공사 내부에서 학교나 병원을 지어 자체적으로 해결했습니다. 당연히 지역이나 인민공사 규모와 생산 상황에 따라 복지 수준에 차이가 날 수밖에 없었죠. 이러한 상황은 도시의 단위 역시 마찬가지였습니다.

건국 초기 중국경제는 소련의 모델을 따라 중공업 우선 발전 전략을 채택합니다. 당시 자본과 기술이 없고 노동력이 풍부한 중국의 조건에서는 경공업 발전모델이 더욱 적합한 전략이었지만, 현실 정책은 그 반대였죠. 오히려 자본과 기술 집약적인 중공업 발전 전략을 추진합니다. 왜 그랬을까요?

냉전이라는 국제환경 속에서 먼저 군수산업을 발전시켜야 할 이유도 있었고, 또한 앞서 나간 사회주의 국가 건설 모델이 중공업 중심의 소비에트 모델밖에 없었습니다. 중국은 소련의 자본과 인적·기술적 지원을 받아 산업화를 추진합니다. 중공업 발전모델은 자본 집약적 특성으로 인해 고용 창출에는 한계가 있었기 때문에, 농민을 토지에 묶어두고 도시로의 인구 이동을 막는 제도적 장치가 필요했습니다. 그래서 앞서 말한 호구제도가 시행된 것입니다. 지속적인 공업화를 추진해 나가기 위해 도시 기업 단위에서 저임금 체제를 유지했고, 대신 국가가 농촌으로부터 식량을 수매해서 도시 노동자들에게 싸게 공급하는 '식량 배급제도'를 실시합니다. 단위에 속한 간부와 노동자들에 대한 인사 관리 시스템인 '당안(檔案)제도' 역시 도시를 관리하고 통제하는 중요한 제도 중 하나였습니다.

개혁 정책이 시작되면서 시장 시스템이 부분적으로 도입됩니다. 이는 기존의 계획 부문 이외에 시장을 통해서도 필요한 재화와 서비스를 공급받을 수 있다는 것을 의미합니다. 기존의 식량 배급 시스템 안에서는 농민이 도시에서 식량을 구할 수 없었지만, 시장에 의한 자원 배분이 허용되면서 식량을 구할 수 있었던 농민들이 돈을 벌기 위해 비공식적으로 도시로 이주하기 시작합니다. 또한 문혁이 끝나고 하방되었던 대략 1,500만~2,000만 명의 청년들이 도시로 돌아오지만, 도시는 이미 포화상태로 이들에게 배분할 수 있는 충분한 일자리가 없었습니다. 이에 따라 당국에서는 어쩔 수 없이 개인이 자력으로 일자리를 구하고 생계를 유지하는 방식을 인정하게 됩니다. 점차 시장이라는 기제를 통해 취업하는 사람들이 늘어나고 자영업자(個體戶)도 급증합니다. 기존 사회주의 체제 밖의 영역에 종사하는 노동자들이 증가하기 시작합니다.

1970년대 말 농촌의 일부 지역에서는 생존을 위해 당국의 허락을 받지 않고 비밀리에 집단농장 체제에서 개별 가족 단위 농사 방식으로 바꿉니다. 이러한 생산조직 방식의 변화는 농민들의 생산

동기를 자극하여 농작물의 생산량이 급증합니다. 이러한 변화를 목격한 당국은 가족 단위로 토지를 도급하여 농산물을 생산하는 '농가생산책임제'를 승인합니다. 이후 각 농가는 30년간 토지를 도급(承包)받아 사용할 수 있는 권한을 갖게 되고, 농촌 토지를 개발하는 권한은 지방 정부가 가지게 됩니다.

1980년대 들어 도시에서의 노동개혁이 추진되면서 단위 체제가 해체되기 시작합니다.[2] 기존의 '철밥통(鐵飯碗)'으로 상징되는 완전 고용이 '노동계약제'로 바뀌고, 의료나 주택, 교육 등의 복지도 점차 개인의 부담이 늘어나는 형태로 상품화·시장화됩니다. 특히 주택의 경우 1998년 전면적인 시장화 정책이 이루어지면서, 기존 단위로부터 무상 분배받았던 주택을 유상 구매하는 주택 상품화 정책이 시행됩니다. 이때 소속 단위로부터 싼 가격에 주택을 구매했던 사람들은 2000년대 이후 전 세계적인 부동산 가격 상승에 따라 도시 중산층으로 진입하지만, 당시 단위 주택을 구매할 시기를 놓친 사람들은 이후 천정부지로 오르게 된 주택 가격을 감당하기 힘들어집니다. 대학생들에게 일자리를 배정해 주던 정책도 1993년에 변화를 겪습니다. 노동력 시장이 커지면서 이제는 본인 스스로 희망하는 기업에 지원하고 시장에서 자유롭게 직업을 선택할 수 있게 된 것입니다. 하지만 1999년도부터 대학 모집 정원을 확대하고 대학 진학률이 상승하면서 좋은 일자리를 둘러싼 취업 시장에서의 경쟁은 갈수록 치열해졌습니다.

개혁 정책은 대외 개방과 동시에 이루어졌고, 이에 따라 일부 연해 지역을 중심으로 특구(特區)가 설립되면서 외자기업과 화교 자본이 중국 동남부 지역으로 들어옵니다. 때마침 자국의 치솟은 인건비를 감당하기 어려워 더 낮은 임금 지역을 찾던 노동집약적 산업들이 중국 연해로 들어온 것이죠. 부품을 단순 조립하고 가공해서 다시 외국으로 수출하는 기업들로서는 값싼 노동력이 필요한데, 이러한 기업들이 필요로 하는 인력은 중국 농촌노동력으로 채워집니다. 농촌을 벗어나 도시로 이동했지만, 호구제도로 인해 여전히 농촌 호구를 가지고 시민으로서의 혜택을 받지 못하는 이른바 '농민공(農民工)'이 형성된 것이죠.[3] 중국 경제 건설의 주력군인 이들은 2022년 기준으로 약 2억 9,562만 명 규모에 달합니다.[4]

경제 발전 과정에서 농민공의 중요성이 커지면서, 이후 도시에서 생활하는 농민공들을 위한 복지정책이 조금씩 확대됩니다. 점차 이들 농민공을 도시의 시민으로 인정해 주고 대우해 주는 제도를 마련하게 된 것이죠. 호구제도도 점차 완화되거나 폐지되는 방향으로 개혁되었습니다. 이렇게 해서 중국의 사회 구조는 기존의 '도농 이원 구조'에서 점차 '도농 통합'의 방향으로 변화되어 옵니다. 그러나 완전한 도농 통합에는 매우 기나긴 시간이 소요될 것입니다. 빠른 시일 안에 이러한 정책을 안착시키기에는 인구도 많고 재정에도 한계가 있으므로 쉽게 진행되기는 매우 어렵습니다. 여전히 각 지역, 특히 대도시에서는 제도적 위계와 차별을 두고 있으며, 이로 인해 많은 농민공이 도시 주변부에서 불안하고 위험한 노동과 취약한 거주 환경 속에서 살아가고 있습니다.

사회주의 노동자계급: '공장의 주인'에서 '주변 노동자'로

중국의 사회 구조 변화에 대한 소개를 마치고, 이제 사회주의 체제에서의 노동자계급이 어떠한 변화를 맞게 되었는지 좀 더 구체적으로 살펴보겠습니다. 우선 노동자계급을 두 개의 범주로 나누어 살펴볼까 합니다. 하나는 사회주의 시기에 형성된 전통적인 국유기업 노동자입니다. 다른 하나는 개혁개방 이후 도시에서 필요한 노동력을 공급하기 위해 농촌에서 이주한 새로운 노동자들, 바로 농민공들입니다. 전자는 '사회주의 노동자' 혹은 '구 노동자(老工人)'로, 후자는 '농민공' 혹은 '신 노동자(新工人)'로 불립니다. 사실 하는 일이 같은 노동자계급이지만 역사적, 정책적 이유로 명칭을 따로 불러왔습니다.

우선 국유기업은 '전민소유제(全民所有制)' 형태의 기업으로, 원론적으로 말하자면 이 기업은 전 인민의 소유입니다. 이곳에서 일하는 직원들은 관리직이든 생산직이든 상관없이 모두 기업에 대한 소유권을 갖고 있습니다. 특히 과거 사회주의 시기에는 노동자가 경영에 참여하는 각종 제도나 정책들이 있었고, '영도 계급'이라는 정치적 지위가 부여되면서 노동자들은 상당한 자부심이 있었습니다. 그러나 개혁 이후 중국 경제 상황의 변화와 산업 구조조정이 이루어지면서 기존의 국유기업들은 경쟁력을 잃게 됩니다. 또한 노동정책의 변화로 기존의 종신고용 개념이 깨지고, 고용 형태도 점차 노동계약제로 바뀝니다. 시장의 변화 상황에 적응하지 못한 많은 국유기업이 문을 닫거나 대대적인 구조조정을 진행하면서 노동자들도 대량 해고라는 상황을 맞게 됩니다. 국유기업 분야에서 노동자 정리 해고는 1990년대 말에서 2000년대 초반 사이에 대규모로 진행됩니다.

그런데 경제 효율과 시장 논리에 따라 국유기업에 대한 투자 및 공장 설비의 감축과 함께 대대적인 인력 해고가 이루어지는 것이 당연한 일일까요? 사실 중국에서 국유기업은 단순한 이익 창출을 위한 경제 활동의 행위자가 아니라 정치적 통제와 사회적 안정을 유지해 나가는 중요한 기반입니다. 국유기업 노동자들은 예전 사회주의 시스템에서 저임금을 받고 일했는데, 이러한 저임금 체제의 유지가 가능했던 것은 퇴직 이후 안정적인 노후 보장을 받을 것이라는 미래에 대한 약속이 있었기 때문입니다. 낮은 임금을 받으면서도 노후 보장과 사회주의 건설을 위해 청춘을 바친다는 자부심으로 일해왔는데, 세상이 바뀌었다고 해서 이들을 해고한다면 당장 폭동이 일어나겠죠.

이에 따라 중국 정부는 노동자들에게 기업과의 노동관계를 일순간에 완전히 끊는 것이 아니라 '면직(下崗)'이라는 과도기적 고용 형태를 유지하게 해줍니다. 즉 공장이 문을 닫게 되어 더는 일을 하지 못하는 경우 곧바로 실업자가 되는 것이 아니라, 자신이 속했던 단위에서 보조금을 받으면서 의료나 연금의 혜택을 일정 기간 지속하게 되는 것이죠. 이러한 정책 시행에 필요한 재정은 국유기업이 소속된 각 지방 정부나 중앙 정부의 보조금으로 충당합니다. 국유기업은 건국 초기 소련의 지원을 받아 산업기반을 건설한 동북 지역이나 제국주의로부터의 위협을 피하기 위한 '3선 건설(三線建設)' 정책에 따라 산업기지를 내륙으로 옮긴 산시성(陝西省), 허난성(河

그림 11-2 쇠락하는 국유기업을 그린 영화들
지아장커 감독의 영화 《24 시티》에 나오는 문을 닫기 직전의 국유공장의 모습입니다. 이 영화 외에도 국유기업의 쇠락을 담은 영화로는 왕빙(王兵) 감독의 다큐멘터리 《철서구(鐵西區)》, 장맹(張猛) 감독의 영화 《철피아노(鋼的琴)》가 있습니다.

南省), 쓰촨성(四川省) 등의 지역에 집중되어 있습니다.

이렇게 국유기업 노동자들은 사회주의 노동자라는 자부심으로 평생을 일해 왔지만, 개혁과 함께 자신이 속해 있던 산업과 기업이 쇠락하고 구조조정의 대상이 되면서 시장 체제의 주변인 또는 낙오자라는 상실감을 겪게 됩니다. 지아장커(賈樟柯) 감독이 만든 영화 《24 시티(二十四城記)》를 보면 이러한 노동자들의 심정을 절실히 느낄 수 있습니다. 이 영화는 1958년 국가가 세운 국유공장이 개혁 이후 시장화 과정에서 경쟁력을 상실하여 문을 닫고 그 일대가 재개발되는 과정을 그립니다. 이 과정에서 일자리를 잃은 사회주의 노동자들의 절망감을 노동자들과의 직접 인터뷰를 통해 담아냅니다. 사회주의 체제에 불어닥친 자본과 개발의 논리 속에서 예전의 영광스러운 노동자계급의 극적으로 변화된 처지와 이들의 불안한 마음

퉁강 사건

2009년 7월 24일 지린(吉林) 퉁화(通化)시에 위치한 국유기업 퉁화철강(通鋼) 그룹 만여 명의 노동자들이 회사의 민영화 방침에 반대하며 시위를 벌이다가 이 회사를 인수·합병하려던 사영기업 젠룽(建龍) 철강의 임원 천궈쥔(陳國軍)을 구타해 숨지게 한 사건을 가리킵니다. '퉁강 7·24사건'이라 불리지요. 사건이 발생하기 전인 2005년 퉁강 그룹은 구조조정을 통해 16,000명의 직원을 해고한 바 있고, 이로 인한 노동자들의 탄원(上訪)이 잇달아 발생했습니다. 2008년 겨울에는 20여 일간 난방 공급이 중단되어 노동자들의 엄청난 불만을 가져오기도 했고요.

퉁강 사건(通鋼事件)의 원인에 대해 대부분의 중국 언론에서는 '성사성자(姓社姓資, 사회주의냐 자본주의냐)'나 '국진민퇴(國進民退, 국유기업은 약진하고 민간기업은 쇠퇴)'라는 이념적 이유보다는 합법적인 절차를 무시하고 무리하게 회사 합병을 진행한 데다가 사회 불공정에 대한 문제 제기가 폭력적 충돌로 이어졌기 때문이라고 진단했습니다. 퉁강 사건 이후 국유자산 관리제도나 합법적인 국유기업 경영권 인수 문제에 대한 사회적 관심이 증가했지요.

을 생생하게 그려냅니다.

국유기업 노동자들은 현실에 대한 절망과 상실감에 그치지 않고, 노동자 집단행동으로 불만을 표출합니다. 첫 번째 대대적인 시위의 물결은 2002~2003년에 일어났습니다. 대표적으로 2002년 3월 베이징에서 양회(兩會)가 열리는 동안 랴오닝성(遼寧省) 랴오양

(遼陽)에서는 철합금 공장의 노동자들을 중심으로 대규모 노동자 시위가 발생합니다. 십여 개 공장의 수만 명의 노동자는 마오쩌둥의 초상화를 어깨에 메고 "궁상우(龔尙武, 당시 랴오양시 당서기) 파면, 랴오양시 해방", "우리는 밥을 원한다! 빚진 돈을 갚아라!" 등의 현수막을 높이 들고 부패한 지방 관료의 처벌과 국유자산 보호, 노동자 기본 권리의 보호 등을 요구합니다. 9일 동안 지속된 노동자들의 시위는 결국 정부의 폭력 진압으로 끝났고 시위를 주동했던 4명의 노동자 대표가 잡혀갔으며 그중 2명이 '국가전복죄'로 실형을 선고받습니다.

국유기업 노동자들의 시위는 이후 지속되다가 2009년에 발생한 퉁강(通鋼) 사건으로 정점에 이릅니다. 2009년 7월 지린성(吉林省) 퉁화(通化)의 국유기업인 퉁화철강 노동자 수만 명이 회사의 민영화 방침에 반대하며 시위를 벌이다가 이 회사를 인수·합병하려던 사영기업 젠룽(建龍)철강의 임원 천궈쥔(陳國軍)을 구타해 숨지게 한 사건입니다. 퉁화철강 사건이 발생하자 전국의 국유기업 노동자들은 뜨거운 반응을 보였고, 허난성의 한 국유기업에선 "퉁강 노동자 형님들로부터 배우자", "마오쩌둥 사상으로 우리의 진지를 점령하자"라는 현수막을 내걸기도 합니다. 퉁화철강 사건 이후 중화전국총공회(전국 단위 노동조합)에서는 직공대표대회(국유기업 내 경영진, 직공대표, 노동조합으로 구성된 3자 협의기구)의 동의를 얻지 못한 구조조정은 무효라고 발표합니다. 국유기업 구조조정을 할 때는 반드시 노동자의 의견을 묻도록 한 것이죠.

2016년 3월에는 헤이룽장성(黑龍江省) 솽야산(雙鴨山) 룽메이(龍煤) 그룹의 노동자들과 가족들이 임금과 연금 체불에 항의하며 벌인 대규모 시위가 발생했습니다. 솽야산 지역 노동자 시위에서는 "우리는 살고 싶다, 밥을 먹고 싶다"라는 구호 외에도 "부패 범죄 분자를 타도하자", "공산당은 돈을 돌려 달라"는 현수막이 등장합니다. 룽메이 그룹의 또 다른 광산이 위치한 허강(鶴崗)과 치타이허(七台河) 지역에서도 같은 해 4월 퇴직노동자들이 연금 삭감과 난방비 미지급에 대해 항의하며 시위를 벌이지요. 산업환경이 변화되면서 화석에너지 의존 산업은 모두 어려움을 겪으며 대대적인 구조조정이 진행 중입니다. 세계적으로 시장 수요가 줄어들었기 때문이죠. 그러나 노동자들은 시장 수급 상황의 변화로 인한 적자는 어쩔수 없는 현실로 받아들이지만, 관료들의 부정부패엔 분노합니다. 2000~2012년 시장 호황기에 발생한 그 많은 이익은 누가 가져갔느냐는 것이죠.[5]

중국 국유기업 노동자들은 퇴직 이후 연금을 받지만, 치솟는 집세와 물가를 감당하기 어렵습니다. 이들의 불만의 목소리는 엄청나게 높지만, 대개 기업 단위 안에서 불만을 토로하고 지방 정부가 성의를 갖고 문제를 해결해 주길 바랍니다. 조직적 힘은 없지만, 사회주의 체제에서의 경험과 기억이 이들의 행동을 정당화하는 중요한 자원이 됩니다. 노동자가 주인이라고 선전되던 과거의 기억을 오늘날 주변으로 밀려난 현실과 대비시킵니다. 사회주의 원리를 가지고 공산당의 정책을 비판하는 것이지요. 그래서 당국에 항의할 때마다 마오쩌둥의 초상화를 내걸고 부패 분자를 타도하자고 외치는 겁니다. 그러나 이들의 저항은 전체 공산당을 겨냥한 것이 아니며, 당내 자산계급을 몰아내고 초기의 공산당으로 돌아가야 한다고 주장하는 것입니다. 외신 보도처럼 독재 정권을 전복하고자 하는 그런 운동은 아닙니다.

그렇다고 중국 사회가 안정적인 것은 아닙니다. 중국 지도자들도 이들의 불만이 어느 상황 이상으로 터져 나오면 체제 자체의 위험 요인으로 촉발될 수 있다는 점을 잘 인식하고 있기에, 이들의 불만이 집단행동으로 분출되는 것을 엄격하게 통제하고 있습니다. 중국의 고민은 연해 지역과는 너무 다른 이들의 정서와 요구를 어떻게 해결하고 수용하느냐에 있다고 볼 수 있습니다. 이들의 목소리는 2013년 일본 NHK 방송사에서 제작한 다큐멘터리 《모택동의 유산》에 보면 잘 나타나 있습니다. 허난성(河南省) 정저우(鄭州)의 국유공장 노동자들이었던 이들은 "우리는 마오 시대의 공산당이 그립다"라고 외칩니다.

2022년 말부터는 광저우(廣州), 우한(武漢), 다롄(大連) 등 주요 도시의 퇴직자들이 의료보험 개혁에 항의하는 일명 '백발(白髮) 운동'도 잇달아 발생했습니다. 시위자 대부분이 머리가 희끗희끗한 노인들이고, 바로 전에 코로나 격리 정책에 항의하며 전국적으로 퍼진 '백지(白紙) 시위' 이름에 빗대어 백발 운동이라고 부르게 된 것이죠. 각 지역의 퇴직자 의료보험료가 50~70%씩 줄어들면서 의료보험제도 개혁에 대한 국민의 반감이 커졌습니다. 이는 최근 몇 년 동안 상황이 악화하고 있는 지방재정과 관련이 있으며, 특히 막대한 코로나19 방역 지출로 인해 의료보험기금 일부를 전용하는 등의 문제가 있었습니다. 여기에 전반적인 중국 경제의 하강, 부동산 경기의 악화 및 자금 부족으로 짓다 만 건물(爛尾樓) 문제 등도 지방정부의 재정을 악화시킨 주요한 요인입니다.

신자유주의 세계화와 중국 농민공의 등장

앞에서 서술한 기존 사회주의 체제 안의 노동자 이외에도 중국에는 시장화 개혁 이후 등장한 '농민공'이라는 새로운 노동자들이 있습니다. 이른바 '체제 밖'이라고 불리는 민간 영역에서 활동하는 기업들은 시장을 통해 노동력을 공급받는데, 이들은 주로 농촌에서 올라온 농민들이었습니다. 농민공은 자신의 호구 소재지(농촌)를 떠나 도시 및 연해 지역 등 경제가 발달한 곳으로 이주하여 '비농업'에 종사하는 '이농민 출신 임금 노동자'를 지칭하는 개념입니다. 도시에 거주하며 노동하지만, 호구제도로 인해 도시의 시민으로 인정받지 못하는 계층을 말하지요.

일반적으로 근대 경제의 산업화 과정에서 농촌 지역의 많은 노동력이 도시로 이동하는 현상이 나타납니다. 중국의 농민공 역시 개혁개방이라는 발전 노선에 따라 조정된 산업구조 변화와 도시산업화 과정에서 형성됩니다. 산업화와 도시화의 과정에 필요한 많은 인력이 농촌에서 도시로 유입된 것이죠.

또한 농민공의 등장을 대외적 차원에서 보면 전 지구적으로 진행되었던 세계화의 배경을 빼놓을 수 없습니다. 1970년대로 들어서면서 기존 자본주의 세계체제의 수익 구조는 한계에 달합니다. 뭔가 변하지 않으면 지속적인 이윤 축적은 불가능한 상황이 된 것이죠. 이에 따라 글로벌 기업들은 제품의 생산 공정을 세밀하게 쪼개어 노동비용이 낮은 지역으로 공장을 이전하는 '생산의 지구화' 과정을 진행합니다. 이러한 세계 경제 환경의 변화가 중국의 개혁개방 정책으로의 전환 시기와 맞아떨어집니다.

지난 120여 년간의 자본주의 노동운동 역사를 분석한 베버리 실버(Beverly Silver)의 『노동의 힘(Forces of Labor)』이라는 책을 보면, 자본이 축적의 위기를 맞으면 언제나 변신을 꾀한다는 것을 알 수 있습니다.[6] 실버는 이를 '재정립(fix)'이라는 용어로 개념화합니다. 네 가지 형태의 재정립을 통해 축적의 위기를 모면하면서 자본주의 형태를 지속해서 확장해 올 수 있었다는 것이죠.

첫 번째는 '공간적 재정립'입니다. 임금이 더 싼 지역으로 생산 기지를 옮기는 것이죠. 미국이나 일본에 있었던 제조업이 1960, 1970년대 한국으로, 한국의 임금이 상승하니까 1980년대 중국으로, 다시 최근에는 중국 내륙이나 동남아로 지리적 재배치를 통해 이윤을 확보하는 것을 말합니다.

두 번째는 '과정의 재정립'입니다. 생산 자동화나 고용 관계의 변화를 통해 노동비용을 절감하는 형태를 말합니다. 그중 하나가 하도급 시스템을 만들어 고용에 대한 기업 부담을 털어버리는 방식입니다. 수익의 한계에 도달한 자본가들이 비용을 절감할 목적으로 직접고용을 간접고용 형태로 전환하고, 이를 노동시장의 유연화로 포장한 것입니다. 이에 따라 비정규직 고용형태가 등장하고, 다층적인 하도급 시스템이라는 생산방식도 출현하게 됩니다. 이에 따라 다국적 기업의 본부는 선진국에 있고 공정 일부를 떼어내어 인건비가 싼 지역에 주문생산을 맡깁니다. 연쇄적인 생산 사슬로 '생산의 지구화'가 전개되며, 전체 과정을 다국적 기업이 통제하게 되지요. 생산 공정 일부가 중국으로 들어오면서, 1980, 1990년대 중국은 조립과 가공을 기반으로 한 '세계 공장'으로 떠오르게 된 것입니다.

나머지 두 가지 재정립의 형태는 '제품 재정립'과 '금융 재정립'

입니다. 제품 영역에서 수익이 없으면 금융업으로 변신하여 이윤을 확보합니다. 금융화 단계로 가면 지표상으로는 성장하지만, 고용이 창출되지 않는 '고용 없는 성장'이 빠르게 진행되며, 일반 노동자들에게는 수익의 혜택이 돌아가지 않습니다.

1970년대 말과 1980년대 초반은 바로 '생산의 지구화'와 '신자유주의 금융화'가 시작된 시기이며, 이러한 세계 경제의 구조적 변화에 따라 중국의 개혁도 가능해집니다. 중국은 이미 대중교육의 보급으로 일정한 교육을 받은 값싸고 질 좋은 노동력을 갖추고 있었고, 개방 초기 화교 자본이 중국으로 유입되면서 자본축적을 이룰 수 있었습니다. 그러나 생산 사슬의 말단에 있는 중국에서 자본의 이익 추구란 거의 노동비용을 절감하는 방법을 통해 이루어졌기 때문에, 하도급에 재하도급을 거치는 끝없는 '바닥으로의 경주(race to the bottom)'가 펼쳐집니다.[7]

2015년에 제작된 중국 다큐멘터리 《폭스콘: 하늘에 발을 딛는 사람들(飛昇)》에서는 "2010년 아이폰 한 대당 이윤의 58.5%는 애플사가, 21.9%는 원자재 공급업체가, 4.7%는 한국이 가져가고, 아이폰을 조립한 폭스콘에 남는 몫은 2%에 불과했다"라고 폭로합니다. 아이패드 한 대당 애플은 150달러(30%)의 이익을 취하고, 부품공급으로 한국이 34달러(6.8%)의 이익을 가져갈 때, 중국 조립공정의 노동자는 겨우 8센트(1.6%)를 월급의 형태로 가져간다고 합니다. 생산 사슬 상층에 있는 다국적 기업이 독점적으로 상당한 이윤을 가져가는 것이죠. 이러한 불공정하고 착취적인 수익분배구조가 폭스콘에서 일하는 노동자들을 절망의 나날로 몰아넣었습니다. 중국 농민공들의 임금은 2010년 이전까지 거의 20년간 아무런 변화가 없었습니다. 중국 농촌에는 일자리를 원하는 농민들이 여전히 많았고, 물론 이들에게 도시민으로서 정착하고 복지 혜택을 받을 수 있는 도시 호구도 주지 않았지요.

개혁 이후에도 호구제도를 폐지하지 않고 값싼 노동력을 지속해서 제공할 수 있는 저임금 구조를 계속 유지합니다. 노동수요가 있을 때는 도시에서 일하다가 도시 경기가 좋지 않아 일거리가 없을 때는 다시 농촌으로 돌아가라는 것이죠.[8] 중국 경제학자 원톄쥔(溫鐵軍)의 지적처럼 제도비용*과 희생을 농촌과 농민들에게 전가하는 것입니다. 중국의 경제성장이 어떻게 가능했는지에 관한 많은 논쟁이 있지만, 농민공들의 엄청난 희생과 공헌이 있었기에 경제성장이 가능했다는 사실을 잊지 말아야 합니다. 2008년 베이징 올림픽의 경기장뿐만 아니라 도시의 랜드마크 건물들과 공공 인프라 시설들 모두 농민공의 피와 땀으로 건설한 것입니다.

중국 농민공은 다양한 이름으로 불리며 차별을 받아왔습니다. 도시로 밀려드는 맹목적인 유입자라는 뜻의 '맹류(盲流)'라는 표현은 농민공을 떼거지처럼 도시로 몰려드는 사람이라고 비하하는 호칭입니다. 농민공은 도시에서 일하면서 살고 있지만, 시민의 권리와 혜택을 누리지 못하는 '2등 시민'과도 같은 처지입니다. 한국에서 일하는 외국인 노동자들도 비슷한 처지겠지요. '공돌이(打工仔)', '공순이(打工妹)'라는 호칭도 있습니다. 마치 1960, 1970년대 한국

....

* 제도비용이란 국가의 제도가 시장 거래에 불리하게 작용할 때 높아지는 거래 비용을 말합니다. 농민공의 경우 시장의 수급 상황에 따라 노동력을 제공하고 임금을 받지만, 호구제도라는 국가가 만든 제도적 장벽으로 인해 도시에서의 복지 혜택은 받을 수 없기 때문에 별도의 비용을 지불할 수밖에 없습니다.

그림 11-3 다큐멘터리 영화 《차이나 블루》의 한 장면

에서 가난한 가족을 부양하기 위해 서울로 올라와 공장에서 일하던 젊은 청춘들과도 같습니다. 농민공이 사회적 논쟁거리가 된 것은 1993년 선전(深圳)의 한 외자기업인 장난감 공장의 화재 사건 때문입니다. 열악한 작업환경과 엄격한 감독 시스템 속에서 화마를 피하지 못하고 희생된 여공들 87명의 일기와 부치지 못한 편지들이 발견되어 사람들의 마음을 안타깝게 했습니다.[9]

선전의 한 청바지 공장에서 일하는 10대 여공의 일과 생활을 담은 2005년 다큐멘터리 《차이나 블루(China Blue)》를 보면 당시 농민공들의 생활을 엿볼 수 있습니다. 여공들은 주문량이 많을 때는 거의 잠을 자지 못하면서 작업을 하고, 8명이 비좁은 방에서 함께 생활하며, 작업장은 CCTV로 24시간 감시됩니다. 쓰촨성(四川省)에서 온 17세 소녀 샤오리는 청바지 실밥을 뜯어내는 작업을 하는데, 한 벌 작업을 완성하는 데 걸리는 시간은 30분이고 수당은 5마오입니다. 하루에 10시간 일하면 10위안을 버는 셈인데, 12~15시간 정도 일을 해야 최소한의 생활비를 벌 수 있습니다. 작업장 벽에는 "오늘 열심히 일하지 않으면, 내일 열심히 일 찾으러 다닌다(今天不努力工作, 明天努力找工作)"라는 협박성 문구도 붙어 있습니다.

이렇게 노동자들의 피와 땀을 짜내어서 만들어진 청바지는 나이키, 리바이스 등의 상표를 달고 세계 각국에서 수십 달러에서 수백 달러의 비싼 가격으로 팔립니다. 우리가 입는 옷과 신발이 전 지구적인 생산 사슬의 말단에 있는 제3세계 노동자들의 희생과 땀으로 만들어진 것이라는 점을 알아야 합니다. 노동자들의 노력만큼 그들에게 정당한 몫의 대가가 돌아가는지도 관심을 기울여야 합니다.

신노동자계급, 농민공의 무기력과 저항

중국 농민공 역사에서 농민공의 인권 문제를 대중적으로 환기한 계기는 2003년 3월에 발생한 쑨즈강(孫志剛) 사건입니다. 후베이성(湖北省) 출신의 디자이너인 쑨즈강은 대도시 선전(深圳)에서 일했습니다. 당시만 해도 타지에서 일하려면 임시 거류증을 만들어야 하고, 만약 이를 소지하지 않으면 불시검문을 통해 강제로 구류하고 송환시키는 법이 있었습니다. 쑨즈강도 불시검문에 걸려 구치소에 갇혔다가 공안에 의해 구타를 당하고 죽게 됩니다. 이 사실이 인터넷을 통해 신속하게 알려졌고, 중국 여론을 움직이며 오프라인의 언론 매체에서도 잇달아 보도하고 사회적 논쟁거리가 됩니다. 이 사건 이후 중국 정부는 강제 구류 및 송환을 금지하는 법안을 전국인민대표대회에서 통과시킵니다. 이 사건은 농민공에 대한 차별과 인권유린을 보여주는 사건으로, 이후 농민공 인권 개선과 호구제도 개혁을 위한 중요한 계기를 마련하게 됩니다.

중국 동남 연해 지역의 외자기업이나 사영기업의 열악한 노동조건에서 장시간 노동에 시달리는 농민공들의 주요 노동 이슈를 살펴봅시다. 우선 임금체불 문제가 심각합니다. 제조업과 건설업이 전체 임금체불의 70%를 차지하며 경기가 좋지 않은 때에는 더욱 심각합니다. 특히 건설업에서는 작업반장(包工頭)이 자기 고향 사람들을 데리고 다니는데, 이들이 중간에서 임금을 착복해서 도망가는 사건이 많았습니다. 대규모 건설사업의 경우 건설사가 하청업체에 업무를 도급하고, 하청업체는 재하청을 거쳐 마지막으로 작업반장에게 현장 일을 맡기는데, 건설사는 노무관리 비용을 아끼기 위해 작업반장에게 임금, 고용, 노동관리 등 모든 권한을 부여합니다. 대개 건설업계는 분기별로, 혹은 완공이 된 후 작업반장을 통해 일괄적으로 임금을 지급하기 때문에, 한꺼번에 많은 돈을 받은 작업반장이 도주하는 일이 빈번하게 일어나는 것이죠. 임금을 떼인 농민공들은 다양한 방식으로 임금을 돌려받고자 합니다. 무릎을 꿇고 애걸도 하고 정부 청사를 찾아가 청원도 하며 풍자 형식으로 항의도 합니다. 그러다 받을 가능성이 없다고 생각되면 절망감에 빠져 건물에서 뛰어내려 자살하는 비극이 발생합니다.

2010년 언론을 통해 노동자 연쇄 자살 사건이 알려진 폭스콘(Foxconn) 공장의 경우 다른 공장에 비해 임금 조건이 상대적으로 좋다고 알려졌지만, 작업 환경은 마치 군대와도 같은 엄격한 규율과 비인간적인 감시 시스템을 갖춘 곳이었습니다.[10] 같은 작업장에서 일하는 동료 이름조차 알 수 없을 만큼 아무 대화도 할 수 없는 침묵의 공간이었습니다. 연속해서 자살 사건이 발생하자 회사 측에서는 기숙사 건물 아래 그물망을 쳐놓는 임시방편을 대책이라고 내놓았죠. 폭스콘에서 일했던 노동자 시인 쉬리즈(許立志) 역시 2014

그림 11-4 폭스콘 노동자 시인 쉬리즈
농민공 시인들의 인터뷰를 담은 다큐멘터리 영화 《나의 시편(我的詩篇)》에 등장하는 쉬리즈의 모습.

년 자살을 하는데, 그가 남긴 시가 인터넷에 올라오면서 사람들을 울렸습니다. "눈앞의 종잇장 하늘이 노래진다"라는 시구로 시작되는 〈그렇게 서서 잠이 든다〉라는 시와 〈작업장, 나의 청춘이 여기서 좌초되다〉, 〈생활에 매장된 마음〉 등을 읽다 보면 공장에서의 애환과 빛바랜 청춘의 절망감과 슬픔이 느껴집니다.

2014년 개봉한 중국의 유명한 6세대 감독 지아장커(賈樟柯)가 만든 《천주정(天注定)》이라는 영화에도 농민공에 관한 일화가 나옵니다. 지아장커 감독은 당시 신문에 보도된 네 가지 실제 사건을 소재로 영화를 만들었습니다. 그중 한 에피소드가 2010년 폭스콘 공장 노동자의 연쇄 자살 사건입니다. 폭스콘은 애플, 인텔, 삼성 등 다국적 기업의 주문을 받아 값싼 노동력을 이용해 제품을 생산하는 세계 최대 조립가공 회사로, 중국 각지에서 고용하고 있는 인원이 거의 백만 명 정도에 이릅니다.

개인적이고 소극적인 저항 이외에 농민공들의 적극적인 집단행동도 급증했습니다.[11] 대표적인 사례가 2010년 5월 난하이(南海) 혼다자동차 파업입니다. 폭스콘과 같은 전자제품의 부품 조립은 개별적이고 고립적인 작업 성격의 특징으로 인해 노동자가 힘을 합치기가 매우 어려운 환경이지만, 자동차 산업의 경우 컨베이어벨트가 어느 한 곳에서 멈추어버리면 전체 작업이 가동을 멈추기 때문에 공장 전체에 영향을 미치게 됩니다. 노동자들이 집단으로 행동하여 자신들의 권리와 이익을 얻어내기 위한 협상력을 발휘할 수 있는 작업구조입니다. 1980년대 한국 노동자의 '노동자 대투쟁'이 가능했던 업종도 대개 자동차나 조선, 중공업 등이었습니다. 난하이 혼다자동차 노동자들은 임금인상뿐만 아니라 지역 관변노조와의 몸싸움을 거치면서 노동자들의 자발적인 힘으로 조직된 민주노조의 결성을 요구했습니다.

그런데 이 파업이 외부에 알려지게 된 이유 중 하나는 중국 당국에서 일시적으로 언론 보도를 허용했기 때문입니다. 그 배경에는 정부의 경제전략 전환이라는 배경이 있었습니다. 2008년 글로벌 금융위기 이후 서구 수요시장이 크게 위축되면서 중국의 수출주도 성장전략은 한계에 직면했고, 예전 같은 수출시장을 확보하기 어려운 상황이 되었습니다. 따라서 중국으로서는 기존의 수출주도형 성장이 아니라 내수 확대를 통해 좀 더 안정적인 시장을 확보해야 했습니다. 이러한 전략에 따라 2011~2015년 기간에 임금을 두 배로 올린다는 정책을 마련했고, 기업들이 노동자 임금을 올릴 수 있도록 정책적 권유를 했습니다. 그 결과 혼다자동차 파업 이후 임금이 30%가량 인상되었고, 다른 연해 지역의 공장에서도 잇달아 임금이

혼다자동차 노동자 파업[12]

광둥성(廣東省) 푸산(佛山)에서는 난하이(南海) 혼다자동차 2천여 명의 노동자들이 2010년 5월 17일부터 6월 4일까지 19일간 파업을 벌였습니다. 난하이 혼다는 혼다 그룹의 부품 공급업체로 자동차 변속기를 생산하는 공장입니다. 2천여 명의 일선 노동자 중 약 80%가 인턴 노동자로 오랫동안 저임금과 엄격한 관리에 시달리다 임금인상을 요구하며 파업을 벌인 것이죠. 대다수를 차지하는 1급 노동자의 경우 평균 임금이 1,510위안이고 보험 등을 공제한 뒤 받는 실질 임금은 1,211위안 수준으로, 월세와 기본 생활비를 제외하고 실제로 남는 돈은 매우 적었습니다.

파업 과정에서 지역 노동조합 간부들이 파업 참가자들을 구타하는 사건이 발생하면서 노동자들은 노조 재편을 요구하기도 했습니다. 결국, 학계와 노동계의 중재로 6월 4일 노사 양측이 34%의 임금인상에 합의하지요. 2008년 세계 금융위기 이후 중국 노동자 파업이 급증해 오다, 2010년 혼다자동차 파업을 계기로 연해 지역의 수많은 공장에서 노동자 파업 물결이 이어집니다. 혼다자동차 파업은 임금인상이라는 경제적 문제뿐 아니라 노동자 권리나 노조 재편 등 정치적인 이슈를 제기하며 중국 노동 투쟁의 새로운 전기를 마련했다는 평가를 받습니다. 이 파업을 주도한 노동자들은 1980년대 이후 태어난 '농민공 2세대'였지요.

인상되었습니다. 그러나 인상된 임금보다 더 빠른 속도로 물가가 상승합니다. 특히 날마다 치솟는 도시의 주거비는 농민공으로서는 감당하기 매우 어려운 비용입니다.

일반적으로 중국에서 파업은 체제 안정과 관련된 민감한 문제 중 하나이기 때문에 주류 매체에서는 잘 보도하지 않습니다. 그러나 '중국노동통신(China Labour Bulletin)'이라는 사이트에서는 중국의 파업 상황을 한눈에 알 수 있는 파업 지도 서비스를 제공합니다. 이 사이트는 1989년 천안문 사건 당시 베이징 노동자 자치조직을 만든 한둥팡(韓東方)이 홍콩에서 노동자 인권 개선을 위해 만든 사이트입니다.[13] 이 사이트를 보면 2015년의 파업이 2014년에 비해 두 배로 증가했음을 알 수 있습니다. 지역적으로는 자본과 공장이 몰려 있는 광둥성과 쓰촨성, 허난성에서 많이 발생합니다. 2015년 노동자 파업이 전년도보다 두 배 증가한 것은 당시 광둥성을 중심으로 한 연해 지역 기업들이 내륙 지역으로 공장을 이전하려는 문제와 관련됩니다. 연해 지역은 2010년 이후 노동자 임금이 많이 상승했고, 해당 지방 정부도 산업구조의 고도화를 위한 각종 정책을 내놓고 있어 기존에 있던 노동집약적 산업은 이미 경쟁력을 잃었습니다. 이러한 노동집약형 공장이 내륙으로 이전되는 과정에서 노동자에 대한 보상 문제를 둘러싸고 갈등을 빚었습니다. 우리나라 기업이 많이 진출해 있는 산둥성과 연해 지역에서도 파업이 증가했습니다. 자본이 가는 곳에 노동 저항도 따라가는 것이겠죠. 중국 정부도 문제의 심각성을 인지하고 강압적인 방법으로 노동활동가에 대한 탄압을 가하면서도, 다른 한편으로는 노동 상황 개선을 위한 방안을 지속해서 모색했습니다.

농민공의 사회보험 문제도 이슈화되었습니다. 1980, 1990년대 연해 지역으로 건너와 돈을 벌었던 농민공도 2010년대가 되면 어느덧 40, 50대가 됩니다. 1세대 농민공의 은퇴가 얼마 남지 않은 상황에서, 많은 기업이 이들의 노후 연금을 위한 사회보험료를 제대로 납부하지 않은 사실이 밝혀지게 됩니다. 15년 납부해서 받을 수 있는 금액도 고작 매달 4~5백 위안 정도에 불과합니다. 치솟고 있는 물가 상승을 고려할 때 이 금액으로 생활하기에는 턱없이 부족한 실정이죠. 회사 측의 사회보험료 미납에 대해 분노한 노동자들은 "사회보험료와 주택공적금을 돌려 달라!"며 집단항의를 벌였습니다. 2014년 광둥성 둥관(東莞) 위위안(裕元) 신발공장 노동자들의 파업이 대표적입니다. 주택공적금은 장기주택기금으로 회사와 노동자 개인이 공동으로 납부하고, 노동자 개인 명의의 주택공적금 계좌로 예치되는 금액은 모두 노동자 개인이 소유하게 됩니다. 농민공에 대한 사회보험제도의 도입은 2003~2005년 사이에 이루어졌기 때문에 기간이 짧습니다. 그마저도 가입률이 낮아, 연금(양로금)의 경우 농민공의 가입률은 2018년 기준으로 22% 수준에 불과합니다.

파견노동자 문제도 심각합니다. 중국은 2008년 「노동계약법」 실시 이후 파견노동자가 급증합니다. 전체 노동자의 약 20%에 해당하는 6천만 명 규모라는 발표도 있습니다. 특히 정규직 규모를 편제(編制) 형태로 미리 정해놓은 국유기업과 같은 공공부문에서 파견노동자를 많이 쓰고 있습니다. 예컨대 중국 국가전력회사의 경우 누구나 들어가고 싶어 하는 좋은 직장이지만, 일선 노동자 80만 명을 파견의 형태로 고용하고 있습니다. 임금, 복지, 상여금, 승진, 작업환경 등에서 파견노동자는 차별적인 대우를 받습니다. 이에 따라 "동일 노동, 동일 임금"과 "노동법을 준수하라"라고 외치며 정규직으로의 전환을 요구하는 파견노동자들의 시위가 급증하고 있습니다.

비정규직이라는 차별적 고용 형태를 두어 기업의 비용을 절감하고 노동에 대한 통제를 강화하려는 경향은 중국이나 한국이나 모두 똑같습니다. 중국이 사회주의 국가라는 점에서 더욱 아이러니한 상황이죠. 우리나라의 경우 대기업 정규직의 임금 수준을 100으로 놓으면, 대기업 비정규직은 62, 중소기업 정규직은 60~70, 중소기업 비정규직은 35의 수준이라는 조사 결과가 있습니다. 중국은 지역과 업종에 따라 차이가 크지만, 정규직과 파견직 사이의 임금 격차가 6~8배 수준까지 벌어진 지역도 있습니다.

농민공의 조직화: 노동 비정부기구와 공동체 마을

중국에서 노동자 파업은 어떻게 일어날까요? 중국에서 노조는 노동자들에 의해 자발적으로 조직되는 것이 아니라 행정 위계적으로 구성된 관변노조로, 완전히 노동자 편에 선 노동자 조직이라 할 수 없습니다. 이에 따라 2005년 이후 광둥 지역을 중심으로 한 연해 지역에서는 노동자들이 어려움에 부닥쳤을 때 도움을 주기 위해 민간 영역에서 자발적으로 세운 노동자지원센터가 많이 생겨났습니다. 가장 많았을 때가 광둥성에만 100여 개가 있었다고 합니다. 노동자지원센터에서는 단체협약이나 임금 체불 문제, 사회보험 등과 관련된 법률 상담을 해주거나 산재나 직업병 문제를 해결하는 과정에서 도움을 주기도 합니다. 노동자들을 대상으로 정기적으로 노동법 관련 강좌를 개설하여 노동자의 법적인 권리에 대해 알려줍니다. 이 과정에서 자연스럽게 노동자 파업을 자문하거나 파업 과정에 개입하기도 합니다.

이러한 흐름 속에서 노동자 파업이 급증하고 점차 조직화되자, 중국 당국에서는 파업의 배후 세력이라고 지목하며 노동활동가들에 대한 대대적인 탄압을 시작합니다. 노동자 권리나 취약 계층의 인권을 보호하는 단체의 활동가들에 대해, 2015년 7월 대대적인 체포가 단행됩니다. 2016년 4월에는 「해외 비정부기구 관리법」을 제정하여 사회단체나 비정부기구 등이 해외 지원을 받는 것을 엄격하게 제한합니다. 당국이 체포한 노동활동가들의 죄목은 대부분 해외 세력과의 불순한 연계를 빌미로 삼았습니다.

2000년대 초반만 하더라도 전직 관료나 지식인들이 노동자들에게 도움을 주는 지원센터를 만들었지만, 시간이 지남에 따라 노동자 스스로 파업 과정을 거치면서 자발적인 활동가가 된 경우가 많습니다. 이들은 미국이나 한국 등 다른 나라의 노동 역사를 함께 공부하면서 관련 자료나 영화를 보기도 합니다. 한국 노동운동의 사례도 참고하는데, 조영래 변호사가 쓴 『전태일 평전』과 구해근 교수가 쓴 『한국 노동계급의 형성』이 중국어로 번역되어 있습니다. 《아름다운 청년, 전태일》과 《변호인》과 같은 영화도 좋아합니다. 노동 분야에도 한류가 있는 셈이죠.

농민공들은 돈을 벌기 위해 고향을 떠나온 사람들로 도시에서의 생활은 굉장히 힘들고 외롭습니다. 그래서 농민공들이 삼삼오오 모여 살기 시작한 마을에서 자치적인 공동체를 만든 경우가 있습니다. 대표적인 곳이 베이징(北京) 차오양구(朝陽區) 피촌(皮村)에 있는 '노동자의 집(工友之家)'입니다. 베이징 관할 구역이 외연을 확장하면서 베이징으로 편입되었지만, 여전히 촌이라는 행정 명칭을 사용하는 '도시 안의 농촌(城中村)'이라 할 수 있습니다. 원래 주민은 천여 명에 불과하지만, 임대료가 저렴했기에 15,000여 명 정도의 농민공이 이곳에 모여 살았습니다.

음악 교사였다가 베이징으로 돈을 벌러 온 쑨헝(孫恒)이라는 사람이 바로 이곳에 농민공들을 위한 '노동자의 집'을 만듭니다.[14] 중앙에는 공연과 모임을 위한 소극장도 있고 도서관도 있으며 농민공의 역사를 기록하고 보관한 노동자문화예술박물관도 있습니다. 농민공들의 정서와 마음을 담은 노래를 직접 만들어 부르는 밴드도 결성했습니다. "우리의 문화가 없으면 우리의 역사도 없다"라는 도서관에 걸려 있는 현수막에서도 엿볼 수 있듯이, 스스로의 존엄과 삶의 의미를 찾기 위한 여러 가지 공동 작업을 진행하고 있습니다. 자립을 위한 협동농장도 운영하고 있고 노동자 대학을 만들어 청년들을 위한 강좌와 세미나도 활발하게 운영하고 있습니다. 중고 물품을 거래하는 사회적 기업이나 창업센터를 만들어 지속 가능한 경제, 대안의 경제, 지역 공동체에 대한 고민도 함께하고 있습니다.

피촌 농민공 밴드가 부른 노래 중의 한 곡인 〈노동자 찬가〉는 우리나라 〈임을 위한 행진곡〉의 곡에 가사를 만들어 붙인 곡입니다. 한국의 5·18 민주화 운동을 상징하는 민중가요인 〈임을 위한 행진곡〉은 이미 중국뿐 아니라 동남아, 타이완, 홍콩 등 아시아 곳곳의 시민사회에서 불리는 노래입니다. 물론 가사는 현지 상황에 맞게 바꾸었기 때문에 우리와는 다르죠. 〈노동자 찬가〉에는 중국의 도시 건설에는 농민공의 피와 땀이 서려 있고, 노동자 권리는 스스로 쟁취해야 한다는 내용이 담겨 있습니다.

그림 11-5 베이징 차오양구 피촌의 '노동자의 집'

베이징 차오양구 피촌에 위치한 '노동자의 집'입니다. 왼쪽 아래는 도서관 입구로, "우리의 문화가 없으면 우리의 역사가 없고, 우리의 역사가 없으면 우리의 미래도 없다"라고 쓰여 있습니다.

　이곳 피촌에는 농민공 아이들을 위해 설립한 농민공 자녀 학교도 있습니다. 여기에서 7백여 명의 학생들이 함께 공부하고 있습니다. 사실 농민공들은 경제적인 차별뿐 아니라 사회적인 기본 권리에서도 불평등한 대우를 받습니다. 대표적인 것이 교육입니다. 농민공의 자녀들은 호구가 농촌에 있어서 부모를 따라 도시로 이주했다 하더라도 원칙적으로는 도시의 공립학교에는 갈 수가 없습니다. 만약 도시 공립학교에 입학하려면 상당한 돈이 필요합니다. 이 때문에 대부분의 농민공 자녀는 조부모와 함께 농촌에 남겨진 경우가 많습니다. 이들을 '남겨진 아이들(留守兒童)'이라고 부릅니다. 성장 과정에서 부모의 사랑을 제대로 받지 못하고 자란 아이들인데, 중국 전역에 약 6천만 명 정도 있다고 합니다. 부모를 그리워하며 혼자 남겨진 아이들이 민감한 사춘기 시절 잘못된 마음을 먹고 비행을 저지르기도 합니다. 부모는 아이들을 위해 돈을 벌러 도시로 떠났지만 정작 가족은 뿔뿔이 흩어지고 가정은 해체된 것이죠. 따라서 농민공이 거주하는 지역에 자체적으로 설립한 농민공 자녀 학교는 그 의미가 매우 큽니다. 최근에는 중국의 여러 지방 정부에서 이들 농민공 자녀에 대한 입학 차별을 없애는 정책을 확대하고 있지만, 교육환경이 좋은 학교의 경우 학비가 너무 비싸 현실적으로 갈수 없는 경우가 많습니다.

이러한 농민공 공동체 마을에 대해 지방 정부는 기본적으로 '묵인'의 태도를 보여왔습니다. 일을 크게 벌이지만 않으면 관여하지 않았습니다. 이미 농민공은 엄청난 규모로 존재하고, 기존 도시 시스템 안에서 각종 혜택을 받지 못하는 상황에서 스스로 알아서 살아간다면 해당 정부로서도 나쁠 게 없으니까요. 이들이 서로 돌보고 서로 의지하며 도시에 부담을 주거나 공산당을 부인하지 않는 이상은 '암묵적으로' 허용해 왔습니다. 그러나 2016년부터 베이징시 전체에 새로운 개발 정비 계획이 진행되면서, 피촌의 공동체도 설 자리를 잃게 되었습니다.

당시 베이징시가 불법적 거주 지역을 무리하게 철거하면서, 2017년 11월 18일 베이징 외곽의 다싱구(大興區)에서 대형 화재 사고로 19명이 사망하는 비극이 발생합니다. 이때 베이징시는 이들 농민공을 가리켜 '저단 인구(低端人口)'라고 불렀습니다.[15] 저소득, 저학력, 산업 가치사슬의 가장 밑단에 종사하는 노동자들이나 이주노동자를 지칭하는 말이죠. '저단'이란 말은 원래 '고단'에 상대되는 개념으로 산업 사슬 부가가치의 고저(高低)를 나타내는 말이지, 사람에게 써서는 안 되는 말입니다. 그런데도 정부의 공식 문건에서는 이 용어를 빈번하게 사용해 왔습니다. 피촌 '노동자의 집'은 몇 년을 버티다가 2023년 5월 20일 철거되기 전 마지막 밤을 보냅니다. 그동안 달라진 정부 정책에 저촉될까 봐 해외단체나 외부와의 교류도 끊고 공동체 사업을 지속해 왔는데도, 결국 도시 정비라는 큰 흐름 속에 밀려나고 맙니다. 농민공 스스로 500여 개의 물품을 수집하여 전시한 노동자문화예술박물관도 2008년 5월 1일 개관한 지 15년 만에 역사 속으로 사라지게 되었습니다.[16]

지금까지 사회주의 시기의 노동자와 개혁 이후 형성된 신노동자를 구분하여 이들이 처한 상황과 주요 노동 쟁점에 관해 이야기했습니다. 열악하고 힘든 상황에서 절망하기도 하지만, 자신의 존엄과 삶의 가치와 의미를 잃지 않고 살아가려는 노동자들의 마음이 느껴집니다. 그런데 이렇게 힘든 중국 노동자들의 이야기가 남의 나라 이야기로만 들리나요? 2022년 국제노동조합총연맹(ITUC)이 전 세계 148개국의 노동권 수준을 평가한 내용을 담은 '글로벌 권리 지수(Global Rights Index)' 보고서를 발표했습니다. 한국은 중국과 같은 최하위인 5등급 국가로 분류되었습니다. 5등급은 노동자 권리가 전혀 보장받지 못하는 사회를 말합니다. 경제협력개발기구(OECD) 회원국 가운데 5등급을 받은 국가는 한국과 튀르키예뿐입니다. 우리나라는 민주주의 체제이고 노동3권이 법으로 보장되어 있습니다. 상식적으로 민주주의 사회라고 하면 법에 따라 노동자 권리가 보장받을 수 있을 것으로 생각하지만, 우리의 노동 현실은 권위주의 국가인 중국과 별반 다르지 않습니다.

지금 우리가 사는 세계자본주의 시스템에서 '노동 문제'는 정치 체제를 초월하여 어느 곳에서나 나타날 수 있는 생존과 관련된 이슈이며, 동시에 한 국가 내에서의 의식 수준과 사회적 힘에 따라 달라질 수 있는 정치적 문제라 할 수 있습니다. 우리 대부분은 노동자로 살아갑니다. 노동에 대한 사회적 관심을 기울여야 우리 스스로 행복한 삶을 누릴 수 있다는 사실을 직시해야 할 것 같습니다. 노동 가치에 대한 존중 없이 민주주의는 불가능합니다. 특히 지금 세계는 '4차 산업혁명'이나 인공지능(AI) 시대를 말하고 있고, 제조 공정에서도 산업로봇이 인간을 빠르게 대체하고 있습니다. 이러한 시대에 과연 노동의 가치와 인간으로서의 존엄이 무엇인지, 의미 있게 살아간다는 것이 무엇인지에 관한 사회적 고민이 필요해 보입니다. 인간다운 삶을 영위하기 위한 최소한의 생계 보장과 누구나 자신의 잠재적 능력을 발휘할 수 있는 사회를 어떻게 만들 수 있을지 함께 생각해 봐야 할 것 같습니다.

★ 더 읽어보기

『중국 신노동자의 형성: 도시와 농촌 사이에서 길을 찾는 사람들』(려도 지음, 정규식·연광석·정성조·박다짐 옮김, 나름북스, 2017)

『중국 신노동자의 미래: 변화하는 농민공의 문화와 운명』(려도 지음, 정규식·연광석·정성조·박다짐 옮김, 나름북스, 2018)

『중국의 노동자와 노동 정책: '단위 체제'의 해체』(백승욱 지음, 문학과지성사, 2001)

『중국의 도시화와 농민공: 1억 3,000만 인구의 대이동』(얀샨핑 지음, 백계문 옮김, 한울아카데미, 2014)

『중국을 인터뷰하다: 새로운 중국을 만들어가는 사람들』(이창휘·박민희 지음, 창비, 2013)

『아이폰을 위해 죽다: 애플, 폭스콘, 그리고 중국 노동자의 삶』(제니 챈·마크 셀던·푼 응아이 지음, 정규식·윤종석·하남석·홍명교 옮김, 나름북스, 2021)

12강

국가-사회 관계와
사회 통제

전 세계는 코로나19 팬데믹 시기를 거치면서 많은 것이 달라졌습니다. 바이러스의 전파가 이제 어느 한 지역만의 문제가 아닌 인류 공통의 문제라는 점을 분명히 인식하게 된 동시에, 이러한 전염병에 대처하는 방식이 각 국가의 정치체제나 문화 및 관습에 따라 커다란 차이가 있다는 점도 알게 되었습니다.[1] 특히 코로나19를 거친 3년 동안 중국 정부의 대응 과정은 중국 체제의 특징을 확연하게 보여줍니다. 코로나19 발생 초기 서울 인구보다 많은 1천만 명 이상이 거주하는 우한(武漢)을 완전히 봉쇄했고, 격리시설 및 임시 병원을 불과 열흘 만에 건설했으며, 주요 도시마다 주민을 대상으로 핵산(PCR) 검사를 매일 진행했습니다.[2] 이러한 일은 중국에서는 가능하지만, 다른 국가에서는 상상할 수 없는 일입니다. 중국 방역에 대한 가치 평가나 '정치화'된 판단을 하려는 것이 아닙니다. 강조하고 싶은 것은 다른 국가에서는 불가능한 일을 할 수 있다는 사실 그 자체로 중국의 특성을 보여준다는 점입니다.

게다가 팬데믹 시기를 거치며 중국 정부는 최첨단 기술력과 기층에서의 대규모 인력 동원을 통해 전 국민을 대상으로 한 추적과 집중 관리의 능력을 진화시켜 왔습니다. 코로나19 발생 이전부터 '안정 유지' 정책의 일환으로 구축해 왔던 감시체계가 기술의 발전과 결합하고 전염병 상황이라는 실전의 경험이 더해지면서, 더욱 정밀한 관리 시스템으로 진화한 것입니다.[3] 중국은 바이러스 발생 초기에는 감염확산 통제에 실패했지만, 이후 지역 봉쇄라는 강력한 '제로 코로나(清零)' 정책으로 감염자 수를 극적으로 감소시키는 데 성공했습니다. 2020년 6월을 기준으로 할 때, 중국은 인구 100만 명당 3.3명 사망한 데 비해, 미국은 100만 명당 2,600명이 코로나19로 숨졌습니다. 이러한 극명한 대비가 증명하듯, 중국은 코로나 위기를 잘 통제했다는 자신감이 있으며, 이를 우월한 중국 제도와 체제 덕분이라고 선전해 왔습니다. 그러나 '방역' 개념 자체가 감염의 확산을 방지하는 것 이외에도 공공의료 체계, 경제, 민생, 안전 및 인권과 개인 정보의 보호 등을 모두 포괄하기 때문에, 어떤 단일한 기준을 가지고 평가하기는 어렵다고 생각합니다. 또한 바이러스의 상황 변화에 따라 매 시기 평가도 달라질 수밖에 없고요.

여기에서 어떤 체제나 제도가 방역에 더 유리하다는 점을 말하고자 하는 것이 아닙니다. 코로나19에 대응하는 과정에서 중국이 보여준 방식과 과정은 확실히 다른 체제와의 차이를 뚜렷하게 보여줍니다. 이 강의에서는 이러한 중국식 통제와 코로나19를 거치면서 더욱 촘촘하게 재편된 사회 거버넌스에 대해 살펴보고자 합니다. 더불어 중국이 안고 있는 각종 사회 문제에 대해서도 짚어보겠습니다.

국가와 사회의 관계, 그리고 당

중국이 어떻게 사회에 대한 관리 체제를 구축해 왔는가를 논하기 전에, 우선 중국의 국가와 사회의 관계에 대해 간단히 설명하고자 합니다. 개혁개방 시기 중국 사회의 변화를 설명하면서 가장 많이 적용되었던 이론 틀은 '국가-사회 관계'입니다. 시장화 개혁으로 인해 국가의 통제 영역이 축소되면서, 사회의 자율적 공간이 증가했기 때문이죠. 물론 중국은 생산수단의 공유제를 기반으로 한 사회이고, 또한 개별 공민에게 정치적 자유나 권리를 부여하고 있지 않기 때문에, 서구의 역사적 경험에 바탕을 둔 시민사회론을 그대로 적용할 수는 없습니다. 그럼에도 불구하고 개혁개방 시기 법적 권리를 지닌 '공민(公民)' 주체를 단위로 한 공민사회(시민사회) 운동은 나름 순기능을 하며 발전해 왔으며, 이러한 현상들을 국가와 사회의 관계라는 관점에서 설명해 왔습니다. 특히 대도시를 중심으로 지식인 주도의 시민사회 운동이 전개되며, 많은 비정부기구가 농민공, 여성 등 사회적 약자의 이익을 대변하고 미디어의 관심을 받기도 했습니다. 중국 정부가 한때 이러한 운동을 긍정적으로 평가한 것은 이들의 활동이 정부의 역량이 미치지 못하는 약자 보호의 역할을 하면서도 약자의 저항을 순화시키는 기능이 있다고 보았기 때문입니다.

그러나 중국공산당이 사회의 이익 갈등을 조정하고 해결하는 민간 조직과 시민사회의 역할에 대해 비교적 낙관적인 태도를 보인 것은 2010년경까지였습니다. 2010~2011년 사이 아프리카 북부의 튀니지에서 시작되어 중동 지역으로 확대된 이른바 '아랍의 봄'이라는 민주화 물결이 일어난 뒤, 2011년 1월 중국공산당 중앙선전부는 언론 매체들에 '공민사회'라는 표현을 사용하지 말라는 통지를 내려보냅니다.

2013년 1월 『남방주말(南方周末)』 신년 사설에는 "중국몽(中國夢)은 헌정몽(憲政夢)"이라는 문구가 게재되는 사건이 발생합니다. '헌정몽'이란 권리의식을 가진 정치적, 법적 주체인 '공민'을 기반으로 하여 헌법에 기초하여 통치되는 사회를 목표로 합니다. 헌정몽 주장은 당의 권위에 직접적으로 도전하는 것이었습니다. 이 사건으로 신문 편집장과 관련 기자는 제재를 받았습니다. 2013년 4월에는 당 중앙이 「현시기 이데올로기 영역 상황에 대한 통보」를 통해 공민사회에 대한 선전을 금지했습니다. 일선 교육 현장에서도 이 용어를 쓰지 못하게 했습니다.

이후 '공민사회'라는 용어 대신 '인민사회'라는 개념이 강조됩니다. 이는 중국공산당이 서구에서 도입된 '시민사회' 개념이 아닌, 중국공산당의 역사와 중국 특색 사회주의에서 비롯된 '인민'을 기반으로 한 사회 관리 모델을 만들려는 계획과 관련됩니다. 시민사회 모델은 사회 스스로 자발적으로 조직하고 관리하는 모델입니다. 중국공산당의 관점에서 보았을 때 중요한 문제는 사회조직을 잘 활용하면서도 어떻게 하면 당의 통제에서 벗어나지 않게 할 것인가입니다. 그러나 "작은 정부, 큰 사회(小政府, 大社會)"라는 슬로건에서 보여주듯이, 사회의 자발적인 공간이 커지게 되면 자연스럽게 국가 통제의 영역이 축소되며, 이는 다시 당 권위의 약화에도 영향을 미치게 됩니다. 특히 2000년대 이후 더욱 확대된 세계화와 시장화 추세에 따라 국가와 사회의 관계는 갈수록 첨예하게 대립하는 양상을 보이게 됩니다. 전국 각지에서 다양한 주체들에 의한 집단적 저항, 이른바 '군체성(群體性) 사건'이 급속하게 증가했고, 급기야는 앞에서 말한 '헌정'을 요구하는 정치적 목소리도 나오게 된 것입니다.

중국공산당의 시각에서 급증하는 다양한 주체들의 생존 투쟁과 집단행동은 당의 집정 지위를 흔드는 매우 위태로운 것이었습니다. 이에 따라 첨예해진 사회적 갈등과 위기를 해결하기 위해 새로운 사회 관리 방식을 도입해야 할 필요성이 갈수록 커지게 되었고, 이에 대해 새롭게 제기된 것이 바로 '사회 거버넌스'라는 개념입니다. 요컨대 위에서는 당이 영도하는 국가 거버넌스 구조를 만들고, 기층에서는 당 조직을 중심으로 하여 각 주체가 공동으로 참여·관리하는 거버넌스 구조를 만들겠다는 것입니다. 이러한 거버넌스 특징을 지닌 '인민사회'의 핵심적 특징은 당과 인민의 밀접한 관계에 기반한 사회를 말합니다. 사회 스스로 자발적으로 조직하고 관리하는 시민사회 모델과는 다른, 당의 영도에 따라 조직되고 동원되는 사회 관리 모델을 말하죠.

이러한 변화는 단순히 국가와 사회라는 양자 간의 관계에서만 보아서는 파악할 수 없습니다. 당과 국가, 그리고 사회라는 삼각 구도에서 살펴봐야 합니다. 기존의 사회 관리 모델은 당과 국가의 권한을 구분하면서 사회 영역에 더 많은 자율적인 공간이 생겨났던 것이고, 신시대 선언 이후에는 당이 모든 것을 영도하고 그 아래에서 국가와 사회가 상호 협력하는 관리 구조로 재편한 것입니다. 그리고 당은 자신의 혁명 자산인 '군중노선(群衆路線)'을 활용하여 인민을 정치적으로 영도하고 동원할 수 있다는 구상입니다. 다시 말해 개혁 시기에 당(정치)과 국가(행정)의 권한을 구분하면서 사회 영역에서 자유의 공간이 열리게 된 것이었는데, 다시 당이 국가기관을 지배하는 통치구조로 개편하면서, 사회 영역에서의 자유 공간도 닫히게 되었습니다.[4]

'자유'는 정치와 행정의 분리가 가져온 현대정치의 산물이라 할 수 있습니다. 국가의 통치행위나 행정의 영역과는 구분되는 정치의 영역이 있어야 사회의 자유가 보장됩니다. 일당 체제가 지속되려면 당은 정치와 행정, 이 두 가지 기능을 동시에 수행할 수 있어야 합니다. 즉 안정적인 관리 구조를 만들면서도, 지속적으로 정치적 동력을 창출할 수 있어야 합니다. 그러기 위해서 당은 국가기관과 긴장 관계를 유지하면서도, 나름의 권력 정당성과 정치적 조직력 및 동원 능력을 갖춰야 합니다.

그러나 신시대 이후 당이 국가를 지배하는 구조로 일원화되면서, 사회에서 자유의 공간은 닫히고 시장화 과정에서 자생했던 조직들은 탄압받게 되었습니다. 중국공산당 스스로는 더욱 제도화된 견고한 통치제도를 확립했다고 평가하겠지만, 이러한 구조에서는 당이 관료화되고 행정화되기 쉬우며, 당 고유의 정치적 기능을 상실할 수 있습니다.[5] 당과 인민의 관계는 정치적 관계인데, 이를 통치의 논리로 압박하게 되면 인민들의 외면이나 저항에 부딪힐 수밖에 없을 것입니다. 따라서 중국공산당은 어떻게 해서라도 정치적 동원의 기능을 활성화해야 할 필요가 있습니다. 한편에선 인민과의 소통을 위한 정치적 동원 기제를 작동시키면서도, 다른 한편으로는 법에 의한 통치를 실현하여 사회를 관리하고 질서를 유지할 수 있어야 합니다. 그러나 이 두 가지 일을 동시에 한다는 것은 쉽지 않습니다.

사회 거버넌스의 재편

시진핑 집권 이후 중국공산당은 급증하는 사회적 저항과 혼란에 대응하기 위해, 더욱 제도적인 틀 안에서 사회 관리를 규범화해야 한다고 생각합니다. 이에 따라 새로운 사회 관리 방식이 도입되고, 2013년부터 '사회 거버넌스(治理)'라는 이름으로 기층의 사회 구조를 새롭게 재편해 왔습니다.

우선 당과 인민의 관계 측면에서 살펴보겠습니다. 중국공산당은 '인민'을 강조하면서 기층 당 조직 건설과 군중 단체 역할의 강화를 통해 당과 인민 관계를 밀착시키고 있습니다. 기층사회에서의 당 조직 건설은 전방위적으로 이루어지고 있는데, 말단 행정 구역인 가도(街道)와 사구(社區)에서뿐 아니라 민간기업과 사회단체에까지 전 분야에 걸쳐 확대되고 있습니다. 이는 중국공산당이 기층(정부), 시장(기업), 사회(사회단체) 각 영역에서 당의 영도를 확립하는 동시에, 다양한 주체의 이익 관계를 선제적, 주동적으로 조정하여 정치 통합과 사회 안정을 달성하겠다는 목적에서 빠르게 추진되고 있습니다. 특히 사회단체 안에 당 조직을 설립한다는 것은 기존과는 확연하게 달라진 조치입니다. 각 민간 단체에 당 조직을 심어둠으로써 '조직화된 통제'가 가능해졌습니다. 이에 따라 시장화 과정에서 자생해 온 기존의 사회단체, 특히 약자의 권리 보호나 공민의 자유와 인권 문제에 대해 목소리를 내왔던 비정부기구에 대해서는 철저하게 탄압하고 있습니다. 사회단체의 성격과 활동 특성에 따라 '포섭과 배제'라는 이중적 조치가 진행된 것입니다.

또한 중국공산당은 군중단체를 매개로 하여 인민과의 친밀성을 높이고 있고, 당의 영도 아래 정치적 동원의 성격을 강화했습니다. 전통적으로 당이 영도해 왔던 군중단체를 통해 인민대중을 대상으로 한 '정치운동'을 전개하고, 이러한 과정에서 대중을 효과적으로 동원함으로써 안정적인 거버넌스 구조를 정착시킨다는 구상입니다. 이에 따라 노조인 공회(工會), 부녀자 연합단체인 부련(婦聯, 부녀자연합회), 공청단(共靑團, 공산주의 청년단) 등 기존 군중단체 조직의 정치성, 선진성, 군중성을 강화하고, 기층 수준에서 당과 대중을 연계하는 이들 조직의 매개 역할을 강화하고 있습니다. 이 세 개 단체는 각각 중국의 노동자, 여성, 청년 집단을 대표하는 군중단체로, 사회단체이지만 행정기관의 성격을 띠는 '이중적 속성'을 지니고 있습니다. 한편으로는 당과 군중을 연계하고, 다른 한편으로는 군중 이익을 대표하고 군중의 요구를 반영합니다. 공산당의 외곽 조직인 군중단체의 기능을 다시 강화하면서, 이를 매개로 하여 시장화 환경 속에서 등장한 민간 조직에 대한 선별적인 포섭이 이루어진 것이죠.

다음으로 '국가(정부)와 사회'라는 행정 차원에서의 사회 관리 제도를 살펴보겠습니다. 국가 차원에서 '거버넌스의 현대화'를 제창한 만큼, 기층사회 차원에서도 법에 의해 관리되는 거버넌스를 지향합니다. 기층에서의 중요한 거버넌스 업무는 주로 사회·경제적 이슈와 관련됩니다. 이는 크게 민생 영역과 종합치안(안정유지), 그리고 도시 공공서비스 제공의 3대 영역으로 나눠볼 수 있습니다. 정부는 이러한 업무를 집행하고 관리하기 위해 사용할 수 있는 자원과 능력, 행정력에 한계가 있기 때문에, 다양한 사회조직과의 협력을 통해 문제를 해결하고자 합니다. 특히 공공서비스 제공 분야가 그렇습니다. 따라서 도시 공공서비스는 주로 '정부의 서비스 구매(政府購買服務)' 방식으로 제공합니다. 정부가 재정 자금을 사용하여 전문적 능력을 갖춘 각종 기업이나 비정부기구와 계약의 방식으로 공공서비스를 구매하는 제도입니다. 즉 정부의 공적 기능을 시장으로 이전하여 각종 사회단체와 협력하는 형식이지요. 정부가 구매하는 서비스 범위는 독거노인, 저소득층, 장애인, 고아와 같은 취약 계층에 대한 각종 지원과 취업 알선, 권익 보호, 가족계획 등 매우 광범위합니다.

기층 거버넌스를 위한 행정구역 체계도 재편했습니다. 중국에서 기층은 '사구(社區)'를 말합니다. 중국의 행정은 중앙을 정점으로 하여 성(省)-시(市)-현(縣)·구(區)-향(鄕)·진(鎭)·가도(街道)라는 다층적 구조로 이루어져 있습니다. 향·진·가도 아래에 설치된 것이 사구이고, 사구 안에는 '거민위원회(居民委員會)'라는 군중 자치조직이 있습니다. 사구의 규모는 지방마다 설치 기준도 다르고 실제 상황도 다양하지만, 대략 작은 규모는 1,000가구, 큰 규모는 4,000~5,000가구 정도에 이릅니다. 사구를 다시 일정한 '격자(grid, 網格)'로 나누고, 하나의 격자에서 수백 세대를 관리하는 촘촘한 매트릭스 구조를 갖추고 있습니다. 이를 '격자망(網格化) 관리'라고 부릅니다. 해당 격자마다 '격자원(網格員)'이라는 관리인을 배치하여 관할 구역에서 발생하는 각종 상황을 구(區) 정부에 설치된 '격자망화 관리센터'에 보고하게 합니다. 사구에서는 치안유지나 범죄 및 분쟁의 예방뿐 아니라 노동력 관리, 취약 계층에 대한 돌봄과 복지 제공, 기층사회의 조직화 등 여러 가지 사회적 기능을 하나로 통합하여 관리하고 있습니다.[6]

종합해 보면, '사회 거버넌스'라는 개념을 제기한 후 재편해 온 기층사회 구조는 이중적 특징을 가집니다. 한편으로는 당이 영도하면서 국가와 사회가 분업·협력하는 안정적인 거버넌스 구조가 만들어지고, 다른 한편으로는 군중단체의 매개적 역할을 강화하는 동시에 독립적인 사회조직을 철저히 배제합니다. 군중단체는 당의 외곽 조직으로 행정과 사회의 이중적 속성을 지니기 때문에 이러한 매개적 역할을 적극 담당합니다. 반면 시장화 개혁 시기를 배경으로 하여 성장한 사회단체는 국가와는 구분되는 영역과 기능이 있어 정부의 부당한 행정명령에 항의할 수 있지만, 정치적으로는 당의 영도에 복속되는 구조입니다. 게다가 국가 영역에서 '법에 의한 통치'를 강조하기 때문에, 인민들의 정치적 항의까지도 법적 구속력에 의해 원천 봉쇄되고 있습니다. 공안 정국이 강화되면서, 중국 맥락에서 '정치의 사법화' 현상이 등장한 것입니다.

방역 정치와 사회 통제

지난 10년 동안 구축해 온 사회 거버넌스는 코로나19 팬데믹을 겪으면서 더욱 진화합니다. 가장 급속한 발전을 보인 분야는 디지털 감시 기술입니다. 코로나 상황에서 감시 수단으로 급부상한 기술은 '건강코드(健康碼, Health Code)' 앱(Application)입니다. 각 지방 정부는 IT, 플랫폼 기업들과 협력하여 개인의 위치, 여행력, 핵산 검사 결과, 기타 건강 데이터에 근거하여 모든 사용자의 개인 파일을 만들었습니다. 제로 코로나 정책이 시행될 당시, 건강코드의 색상은 녹색, 노란색, 빨간색으로 표시되며, 이는 건물이나 공공장소에 출입할 수 있는지를 결정했습니다. 감염자와 접촉한 경우 건강코드가 자동으로 빨간색으로 바뀌어 통행이 금지되고 격리 조치에 들어가게 됩니다.

문제는 이러한 기술을 방역뿐 아니라 정치적으로 민감한 사건이나 주요 감시 대상인 인물에 대해서도 사용한다는 점입니다. 상하이의 한 인권변호사가 확진자와 접촉하지 않았음에도 불구하고, 자신의 건강코드가 녹색에서 빨간색으로 바뀌어 공항 경비원에게 강제로 격리당한 일이 있었습니다. 수년간 상방(上訪) 탄원을 제기했던 사람이 기차에 타자 건강코드가 노란색으로 변해 연행되어 다시 고향으로 돌려보내지기도 했습니다. 2022년에는 허난성(河南省) 정저우(鄭州)에서 '건강코드 조작 의혹' 사건이 사회적 이슈가 되기도 했습니다. 지방 방역 당국 간부들이 방역용 휴대전화 건강코드를 조작해 시 정부에 항의하는 주민들의 이동을 통제한 사실이 확인된 것이죠. 중국의 디지털 감시 기술이 발전할수록, 일상생활에서 통제의 경험을 겪은 시민들의 감시 사회에 대한 우려는 날로 커지고 있습니다.

중국의 3대 온라인 플랫폼 서비스 기업으로 불리는 바이두(Baidu, 百度), 알리바바(Alibaba, 阿里巴巴), 텐센트(Tencent, 腾讯), 일명 'BAT'는 유비쿼터스, 네트워크, 빅데이터 분석, 인공지능(AI) 등 관련 산업에서 폭발적으로 성장해 왔습니다. 그러나 BAT의 성장은 경제적 측면에서의 발전만을 의미하는 것은 아닙니다. 제도 설계나 기업에 대한 컨트롤 등을 통해 '디지털 경제'가 중국공산당이 국민을 직접 감시하는 수단이 되고 있습니다. 중국 전역에는 약 5억

그림 12-1 하늘에 달린 눈
중국 천안문 광장을 주시하는 감시 카메라들 ©Joshua Doubek

대 이상의 세계에서 가장 많은 보안용 감시 CCTV가 설치되어 있고, 그중 AI 감시 카메라가 스카이넷(天網) 보안 시스템에 의해 네트워킹되고 있습니다. 또한 중국은 인터넷 관리, 사회 신용 시스템 구축, DNA 데이터베이스 구축을 빠르게 완성해 왔고, 특히 당국에 의한 빅데이터 독점을 적극적으로 추진하고 있습니다.[7] 2023년 봄에 단행한 당·국가기구 개혁에서는 각종 데이터 자원의 저장과 관리·감독을 맡는 '국가데이터국'을 신설했습니다. 과학기술의 발전과 제도개혁을 통해 정비된 관리 시스템은 더욱 안전한 사회환경을 제공해 주기도 하지만, 편리함과 안전함 속에 강한 사회 통제와 감시의 불안도 함께 도사리고 있습니다. '빅 브라더(Big Brother)' 사회라는 말이 나오는 이유입니다. 독일의 정치학자 헤일만(Sebastian Heilmann)은 이러한 방식을 '디지털 레닌주의(Digital Leninism)'라고 부르기도 했습니다.[8]

중국의 감시 기술은 표면적으로는 선진적으로 보이지만 여전히 많은 인력이 필요한 노동집약적 형태를 보입니다. 중국 관영 매체에 따르면 방역 과정에서 450만 명의 '격자원'을 동원했는데, 이는 대략 성인 250명 당 한 명꼴입니다. 격자원들은 관할 구역에서 지역 동태를 살피며 여러 가지 허드렛일을 맡아왔는데, 코로나 발생 이후 출입 통제 및 격리자 관리의 일이 모두 이들에게로 떠넘겨졌습니다. 주거 단지의 입구를 지키고 모든 출입자의 신분을 기록하며, 주민들에게 전화를 걸어 바이러스 검사와 백신 접종을 받았는지도 확인했습니다. 집에 격리된 사람들의 쓰레기를 수거하는 일까지도 했습니다.

한편 봉쇄와 격리의 관리 과정에서 결함도 드러나게 됩니다. 예컨대 제로 코로나 정책 상황에서는 격리를 감시할 인력도 필요하지만, 격리된 지역과 사람에게 필요한 물자를 공급하는 것도 매우 중요합니다. 그래야 제로 코로나 정책을 지속해서 관리해 나갈 수 있습니다. 그러나 봉쇄 과정에서 일부 지역에 물자 공급이 원활하게 이루어지지 않았습니다. 2022년 봄 상하이(上海)시 봉쇄 초기 단계에서의 물류 실패가 대표적입니다. 이에 사구 건설의 단점을 보완한다는 조치가 발표되었고, 이와 함께 '통합 사구(完整社區, complete community)'의 구상도 발표됩니다.

'통합 사구'란 주거뿐 아니라 서비스, 치안, 위생, 교육, 교통, 오락, 문화공원 등 모든 하드웨어와 소프트웨어를 포괄하여 완전한 체계를 갖춘 커뮤니티를 말합니다. 코로나 팬데믹 상황에서 장기간의 격리 조치가 이어지면서 지역 커뮤니티인 사구가 가정과 외부 세계를 이어주는 중요한 매개 공간으로 부상했습니다. 최소한의 외출만 허용된 상황에서 사구는 주민들에게 주거 공간뿐 아니라 방역, 위생 관리, 물자 공급, 정보 전달의 기능을 담당하는 중요한 장소가 되었습니다. 이에 통합 사구의 건설을 통해 돌발적인 상황에서도 안정적인 일상 유지가 가능한 거버넌스의 구조를 만들려는 것입니다.

통합 사구의 구상에는 필요한 물자 공급뿐 아니라 사구 내 공동의식 및 이웃 관계 형성, 사구의 정신과 문화 창출, 그리고 소속감의 형성도 포함됩니다. 사구에 대한 소속감을 높여 심리적으로도 안정적인 공동체를 만들려는 것이죠. 각 개인이 사구에 소속되어 정체성을 갖게 함으로써 전체 사회가 안정되고 전 국가가 일치단결할 수 있는 그야말로 "사회주의 대가정(大家庭)"의 꿈을 목표로 한 거버넌스 구상이라 할 수 있습니다. 이는 양면적 가능성을 포괄하고 있습니다. 전염병 확산과 같은 비상 상황에서는 지역 공동체에서 힘을 모아 사람과 물자의 이동을 통제하고 필요한 물자를 신속하게 지원할 수 있습니다. 이와 동시에 전쟁과 같은 상황에서 언제든지 신속하게 물자와 사람을 동원하고 필요한 곳에 이를 투입하고 배치할 수 있는 구조입니다. 요컨대 중국의 사회 거버넌스는 비상 상황에서도 인력 통제와 물자 공급을 통해 장기전에 대비하고 언제든 동원 가능한 구조를 갖추고 있는 것입니다. 그것이 '자치와 동원'의 결합, '사회 안정과 국가안보'의 결합이라는 이름으로 진행되고 있습니다.

한편 팬데믹 기간에 이러한 촘촘한 통제 구조를 뚫고 여러 가지 사건도 일어났습니다. 2022년 2월 베이징 동계올림픽 개최 당시까지만 해도 중국인들은 바이러스 전염과 사망률을 매우 낮게 유지하는 정부 성과에 대한 자부심이 컸습니다. 그러나 전파력이 매우 높은 코로나19 오미크론 변이가 퍼지면서 상황이 달라집니다. 막대한 돈과 인력을 쏟아붓는 고비용의 통제모델로는 매우 강력한 전염력을 지닌 오미크론의 확산을 막아내지 못합니다. 그럼에도 불구하고 중국 당국은 정치적 이유로 제로 코로나 정책을 지속합니다.

2022년 3월 말부터 인구 2천만 명이 넘는 거대 도시 상하이가 두 달 이상 봉쇄되었습니다. 전국의 주요 도시가 봉쇄되었고 모든 이동을 획일적으로 통제하면서 각종 사고가 잇달았습니다. 시안(西安)의 봉쇄 기간에는 병원의 진료 거부로 아이를 잃은 임산부의 소식이 많은 이의 공분을 사기도 했습니다. 9월에는 구이양(貴陽)에서 밀접 접촉 의심자들을 한밤중에 격리시설로 옮기던 중 사고가 발생하여 버스에 타고 있던 27명이 사망하는 참극이 일어났습니다. 11월에는 허난성 정저우에 있는 폭스콘 공장에서 약속한 임금을 지급해 달라고 요구하는 노동자들의 시위가 있었고, 이 과정에서 당국이 노동자를 폭행하는 일이 발생합니다. 20차 당대회를 앞두고 베이징 대학가의 중심지에 있는 쓰퉁(四通)교에는 "코로나 검사와 봉쇄 말고 밥과 자유를 원한다, 노예가 아니라 공민이 되겠다, 시진핑을 파면하자"라는 현수막이 내걸렸다가 철거되기도 했습니다. 인터넷상에서 많은 사람이 이 현수막을 건 사람을 '용사(勇士)'라고 부르기까지 했습니다.

지나친 봉쇄와 통제 정책으로 누적된 불만은 2022년 11월 24일 신장(新疆) 우루무치(烏魯木齊)의 한 아파트에서 발생한 화재를 계기로 폭발했습니다. 당시 100일 넘게 봉쇄된 상황에서, 주거 단지 밖으로 나가지 못한 주민 10명이 죽고 9명이 다쳤습니다. 방역 강화 차원에서 아파트를 봉쇄하기 위해 가져다 놓았던 설치물들이 소방차의 진입과 신속한 진화를 방해했다는 주장이 소셜 미디어(SNS)에서 급속히 퍼졌습니다. 분노한 우루무치 시민들은 봉쇄 해제를 요구했고, 이어 베이징, 상하이 등 중국의 주요 도시에서 봉쇄 정책에 항의하는 시위가 동시다발적으로 일어났습니다. 중국 당국의 검열을 조롱하는 의미로 아무것도 적지 않은 백지를 들고 항의하는 일명 '백지 시위'가 잇달아 발생하였고, 일부 지역에서는 "공산당 타도, 시진핑 하야"라는 당국을 비판하는 정치적 구호가 등장하기도 했습니다.[9]

　봉쇄 해제를 요구한 백지 시위는 지난 30년간 있었던 시위와는 확연히 다른, 전례 없는 양상을 보입니다. 기존의 시위는 대개 지역 관료들을 겨냥한 것이었는데, 이번 시위는 명확하게 공산당 당국과 최고 지도자인 시진핑을 비판하고 있으니까요. 그러나 중국에서 정보는 소셜 미디어를 통해 매우 조심스럽게, 제한적으로만 유통되고 있어 대다수 국민은 알지 못합니다. 어떻게 보면 집단적 분노는 장기간의 봉쇄로 쌓였던 불만과 감정적 피로를 표출한 것으로 보입니다.

　백지 시위에서 정권을 비판했다고 해서 이를 민주화에 대한 요구로 보기는 어렵습니다. 사실 중국에서는 늘 시위가 있었습니다. 하지만 중국공산당 체제가 시위로 인해 붕괴할 가능성은 희박하고,

인민들이 백지 시위를 계기로 반란을 일으킬 가능성도 극히 낮습니다. 그럼에도 불구하고 백지 시위를 단순한 분노의 표출이나 일시적인 감정의 폭발로만 볼 수는 없습니다. 중국인들은 극단적인 봉쇄 상황을 경험하면서, 자유롭지 않다는 것이 무엇을 의미하는지 체감했고, 이전보다 더 많은 중국인이 자신들이 말할 수 없고 억압받고 있다는 사실을 이해해 가고 있습니다. 무엇보다 공산당과 정부 당국을 더 이상 신뢰할 수 없다는 정서가 조용히 확산되고 있습니다.

중국 앞에 놓인 많은 사회 문제

최고의 시간이었고, 최악의 시간이었다. 지혜의 시대였고, 어리석음의 시대였다. 믿음의 세기였고, 불신의 세기였다. 빛의 계절이었고, 어둠의 계절이었다. 희망의 봄이었고, 절망의 겨울이었다.[10]

영국의 유명한 소설가 찰스 디킨스(Charles Dickens)가 쓴 『두 도시 이야기(A Tale Of Two Cities)』의 첫 문장은 이렇게 시작합니다. 이 소설에서는 19세기 유럽의 자본주의를 묘사하지만, 이 구절은 어쩌면 오늘날의 세계, 그리고 한국 사회와 중국 사회를 단적으로 표현한 문장일지 모릅니다. '시장화'와 '세계화'가 우리에게 풍요로운 부(富)를 가져다주었지만, 그 결과가 모두에게 똑같은 것은 아니었습니다. 어떤 이에게는 천국이지만 어떤 이에게는 지옥일지 모릅니다. 한국은 1997년 이른바 'IMF 체제' 이후 30여 년간, 중국은

1990년대 말부터 본격적으로 시작된 국유기업 구조조정 과정에서 이러한 현상이 두드러지게 나타나게 되었습니다. 한국과 중국의 체제는 다르지만, '세계화'라는 조건하에서 비슷한 문제와 현상이 나타난 것이죠.

2018년 발표된 「세계 불평등 보고서」에서는 1980~2016년 사이 소득 상위 1%와 하위 50% 간의 비교를 통해 글로벌 소득 불평등이 얼마나 심각한지 보여줍니다.[11] 각 국가나 지역의 소득 불평등이 비슷한 추세를 보이더라도, 국가 간 차이도 큽니다. 특히 미국과 서유럽을 비교해 보면, 미국 상위 1%의 소득은 전체 소득의 20%를 차지하는 반면 유럽은 12% 수준입니다. 미국의 소득 불평등이 얼마나 심각한지 알 수 있습니다. 게다가 이 통계는 '소득'을 기준으로 하기 때문에, 부동산이나 자산은 포함하지 않습니다. 부동산이나 자산까지 포함하면 불평등이 얼마나 심각한지 상상하기도 힘듭니다.

통계에 의하면 중국의 경우 1979년 상위 1% 소득이 전체에서 6.4%, 하위 50% 소득은 26.9%를 차지했는데, 2015년에는 상위 1% 소득은 13.9%, 하위 50% 소득은 14.8%를 차지하여, 불평등이 크게 확대되었다는 것을 알 수 있습니다. 한국의 경우 1996년 상위 1% 소득은 전체에서 7.8%, 상위 10% 소득은 35%를 차지했지만, 2011년 상위 1% 소득은 12%, 상위 10% 소득은 43.1%를 차지하여, 유럽만큼 불평등한 사회가 됩니다. 2016년 중국의 소득 상위 10%는 전체 소득의 41%를 차지하였고, 같은 해 유럽은 37%, 북미는 47%였습니다.

이렇듯 국가마다 차이는 있지만 지난 40년간 세계는 점점 불평등해졌고, 코로나 팬데믹을 지나며 그 차이는 더욱 크게 벌어졌습

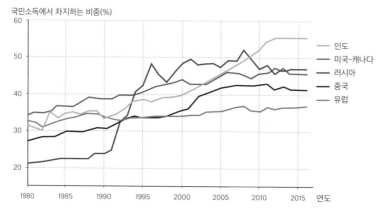

국민소득에서 차지하는 비중(%)

인도
미국-캐나다
러시아
중국
유럽

연도

그림 12-2 국가별 소득 상위 10%가 전체 소득에서 차지하는 비중 변화(1980-2016)
소득 불평등은 세계 어디에서나 증가하고 있습니다. 그러나 국가별로 약간씩 차이를 보입니다.
2016년 중국의 소득 상위 10%는 전체 소득의 41%를 차지했습니다. (자료 출처: 2018 세계 불평등
보고서)

니다. 중국은 국유기업 개혁의 흐름 속에서, 한국은 IMF 체제를 거
치면서 불평등이 확대되었고, 이러한 과정은 모두 '신자유주의 세
계화'라는 세계적 차원의 조건과 흐름에서 진행된 것입니다. 생산
분업과 금융의 자유로운 이동, IT기술의 혁신 속에서 엄청난 부를
일구었지만, 그 성과는 매우 불공정하게 분배된 것이죠.

　우리나라도 마찬가지이지만, 특히 청년층의 취업과 빈곤 문제가
심각합니다. 이러한 현상을 반영하며 등장한 신조어로 문제의 심각
성을 알 수 있죠. 도시에서의 높은 주거비 때문에 등장한 '개미족(蟻
族)'과 잠만 자고 나오는 '캡슐 집(胶囊公寓)'이나 '달팽이 집(蝸居)',
독립할 나이가 되었지만 여전히 부모에게 의지해서 사는 '캥거루족
(啃老族)', 결혼을 두려워하는 '쿵훈족(恐婚族)' 등이 있습니다. 결혼
을 할 수 있는 조건 자체가 되지 않는, 벌거벗은 결혼을 뜻하는《뤄
훈(裸婚) 시대》라는 드라마도 화제가 되었습니다. 취업, 연애, 결혼,

출산, 집 등을 포기한 우리나라의 'N포세대'와 비슷한 의미입니다. 특히 베이징이나 상하이와 같은 대도시에서의 경쟁이 치열하며 이 지역의 호구를 얻기란 하늘의 별 따기와 같습니다.

출생 지역을 기준으로 한 호구제도는 2014년에 공식적으로 폐지되고 거주민 호구로 통합되었습니다. 대학을 가면 도시 호구를 얻을 수 있지만, 베이징이나 상하이와 같은 초대형 도시는 호구 전환 조건이 매우 까다롭고 원하는 사람이 많아 경쟁이 치열합니다. 상하이시의 경우 유동 인구를 대상으로 A, B, C 세 종류의 거주증 제도를 시행합니다. A와 B는 학사 이상의 학력을 가진 인재를 대상으로, C는 농민공을 대상으로 하며, 각 기준 항목에 따라 일정 수준 이상의 점수를 얻은 사람에게만 호구를 발급해 주는 호적제도를 만들었습니다. 기본 지표는 나이, 전문기술, 교육 수준, 사회보험료 납부 기한 등으로 구성되는데, 상하이시가 추구하는 도시경쟁력 강화를 위한 목적에 부합하는 사람들에게 더 많은 가산점을 부여합니다. 예컨대 전문대졸은 50점, 박사 학위자에게는 110점을 부여하는 식이죠. 당연히 고학력자에 젊을수록 자산이 많을수록 호구를 얻기가 유리합니다. 학력, 기술 수준, 재산, 주택 소유 여부, 나이 등에 따라 차등적 점수를 매기고 또한 이를 당연한 것으로 받아들이는 사회적 인식은 매우 중국적인 특징입니다.[12] 한국 같으면 당장 위헌 소송으로 이어질 사안입니다.

부모의 지위가 대물림되는 현상 또한 심각합니다. '부자 2세대(富二代)', '혁명 2세대(紅二代)', '가난 2세대(窮二代)' 등의 신조어가 이를 대변합니다. 2010년 허베이대학교(河北大學) 교내에서 운전하던 중 교통사고를 내고 도주하다 잡힌 청년이 차에서 내리면서 "우리 아빠가 리강이다(我爸是李剛)"라고 말한 사건이 있었습니다. 그 지역의 공안국장이었던 아버지의 든든한 배경을 믿고 사람을 치어 죽였는데도 뻔뻔한 태도로 나온 것이죠. 이후 여론의 뭇매를 맞고 이들 부자가 사과했지만, 그 해 중국 세태를 반영하는 최대 유행어가 됩니다. '리강 사건'을 풍자하는 지역의 도로 표지판에는 "천천히 운전하시오. 당신 아버지가 리강은 아닙니다(朋友, 開慢點! 你爸不是李剛)"라는 문구가 등장하기도 했지요.

청년들의 실업 문제도 심각합니다. 2023년 6월 기준 16~24세 청년층의 실업률은 21%에 달했고, 한 학자는 이마저도 과소평가되었다면서 실질 실업률은 46.5%에 달한다고 주장하기도 했습니다. 급기야 중국 국가통계국은 7월부터 그동안 공개하던 청년실업률 통계를 발표하지 않았습니다. 아무리 노력해도 취업하기 어려운 세태를 풍자하며, '내권(內卷)'이나 '당평(躺平, 드러눕기)' 같은 말이 유행하기도 합니다.[13] '내권'이란 무의미한 일을 끝없이 반복하고, 많은 노력을 기울였지만 정당한 보상을 받지 못하는, 극심한 경쟁 사회를 풍자하는 말입니다.[14] '당평'이란 경쟁 대열에 참여하지 않고 드러누워 아무것도 하지 않겠다는 뜻으로 소극적인 저항을 의미합니다. 최악의 취업난에 몰린 청년들은 "졸업과 동시에 실업"이라며 '당평'하는 졸업사진을 찍어 올리면서 답답한 심경을 표현합니다.

극심한 경쟁 사회에서 정신적으로 도피하고자 하는 '불계 청년(佛系靑年)'이나, 희망이 없고 비관적인 세태를 풍자하는 '상(喪)문화'라는 말도 유행했습니다. 취업이 잘 되지 않는 세태를 반영하며 최근에는 '따공런(打工人)' 담론이 유행했는데, 이는 화이트칼라로의 계층 상승을 꿈꾸던 대학생들이 현실 앞에서 꿈이 좌절되자 자신의 정체성을 블루칼라인 농민공과 동일시하기 시작한 것입니다.[15] 아예 취업을 포기하고 집에서 가사를 도우며 일정한 월급을 받겠다는 '전직자녀(全職兒女)'라는 신조어도 생겼습니다.

정치 권력과 자본과의 결탁 현상도 심각합니다. 일각에서는 중국을 '관료 자본주의' 혹은 '홍색 자본주의'라고 부릅니다. 정치 권력과 경제 권력이 중국 사회의 부와 권력을 독점하며 일종의 공고한 카르텔을 형성한 것이죠. 2016년 탐사 보도로 알려진 조세회피처 파나마의 페이퍼 컴퍼니(paper company)에서도 중국 전·현직 권력자들의 친인척 이름이 다수 등장했습니다. 관료 부패에 대한 민심의 분노는 매우 심각합니다.

그러나 이는 대부분 지방 권력자를 향한 것이지, 당 중앙 최고위급에 대한 정보 공개는 전략적으로 강력하게 통제하고 있습니다. 그래서인지 민심의 분노는 대개 지방을 향해 왔습니다. 대다수 중국인은 중앙의 지도자에 대해서는 신뢰하지만, 직접 대면하는 지방 관료에 대해서는 비판적입니다. 부패한 관료에게는 반대하지만, 황제에게는 순응하는 것이라고 할까요. 그래서 중국에는 "중앙은 은인(恩人), 성(省)은 친근한 사람(親人), 시(市)는 좋은 놈, 현(縣)은 나쁜 놈, 향(鄕)은 악인, 촌(村)은 불구대천의 원수"라는 말이 있습니다. 자신의 일상생활에서 쉽게 만날 수 있는 관료들에 대해 훨씬 불신하는 태도를 보입니다. 특히 코로나 봉쇄 기간 가도판사처와 거민위원회 등 기층 간부들이 해당 주민들에게 보였던 고압적인 자세나 인권을 무시하는 업무 태도로 인해, 이들에 대한 불신과 불만은 더욱 커졌습니다.

★ 더 읽어보기

『중국 딜레마: 위대함과 위태로움 사이에서, 시진핑 시대 열전』(박민희 지음, 한겨레출판, 2021)

『도시로 읽는 현대중국 1, 2』(박철현 엮음, 역사비평사, 2017)

『팬데믹 이후 중국의 길을 묻다: 대안적 문명과 거버넌스』(백영서 엮음, 책과함께, 2021)

『주변의 상실: 방법으로서의 자기』(샹바오 지음, 김유익·김명준·우자한 옮김, 글항아리, 2022)

『민간중국: 21세기 중국인의 조각보』(조문영 엮음, 책과함께, 2020)

『문턱의 청년들: 한국과 중국, 마주침의 현장』(조문영 엮음, 책과함께, 2021)

『행복한 감시국가, 중국: 디지털 기술과 선택 설계로 만든 '멋진 신세계'』(가지타니 가이·다카구치 고타 지음, 박성민 옮김, 눌와, 2021)

13강

중국 경제 발전과
대외 전략

언론 매체가 보도하는 중국 관련 기사 중 가장 많은 부분을 차지하는 분야는 역시 경제입니다. 개혁개방 이후 40년이 넘는 기간에 중국이 왜, 어떻게 경제성장을 지속할 수 있었는지, 그리고 앞으로도 이러한 성장이 지속 가능한지 등의 문제가 많은 사람의 관심거리입니다. 코로나 팬데믹 이후에는 중국 경제가 장기적인 저성장에 빠져들 것이라는 전망이 많아졌습니다. 기존 성장 방식의 한계와 함께 중국 경제의 구조적 불균형 문제를 해소하지 못했다는 것이죠. 미·중 간의 분쟁도 중국 경제에 커다란 영향을 미치고 있습니다. 중국 경제가 놀라운 속도로 성장할 때도, 그리고 중국 경제에 대한 비관적 전망이 늘어날 때도 중국 경제는 여전히 뜨거운 관심사입니다. 중국 GDP가 세계 경제에서 차지하는 비중은 2012년 11.3%에서 2021년에는 18.5%로 높아졌습니다. 세계 경제에서 중국 경제가 차지하는 비중이 커진 만큼, 중국 경제가 나빠진다면 세계 경제도 좋아지기 어렵다는 얘기죠. 중국 경제에 대한 전망은 세계 경제와 떼어놓고 보기 어렵습니다.

또한 개혁 시기 중국의 경제성장 원인과 과정에 관한 내용은 비즈니스 업계뿐 아니라 사회과학적인 관심 주제이기도 합니다. 주로 정치와 경제 간의 상관관계에 관한 것이죠. 그런데 중국 지도부에게 경제 문제란 곧 정치적인 과제입니다. 구체적인 경제 전략 수립과 추진은 장기적인 국가 목표와 함께 정치적으로 결정되며, 단순히 경제만을 생각하고 정책을 펴지 않습니다. 사실 정치와 경제, 외교를 분리해서 다루는 것 자체가 기능적이고 편의적이긴 하지만, 현실 정치에서 국가 이익을 따지거나 국가 전략을 수립할 때 이러한 영역을 나누기는 어렵습니다. 특히 중국이나 미국과 같은 대국의 경우, '종합적 사고와 전략'이라는 문제는 매우 중요합니다. 경제적 문제가 곧 정치적인 문제이고, 외교 역시 경제적인 측면에서 전략적 고려가 이루어집니다. 안보 외교만큼 경제 외교도 매우 중요하며, 이들은 서로 따로 떼어놓을 수 없습니다. 특히 미·중 대립으로 지정학적 위기가 높아진 지금, 모든 국가가 '경제 안보'를 중시하고 있는 실정입니다.

그래서 여기서 살펴보는 중국의 경제 문제 역시 국가 전략이나 대외 관계의 측면으로 확장하여 살펴보려 합니다. 지난 30~40년간 중국 경제가 어떠한 과정을 겪어왔고 새롭게 직면한 위기는 무엇이며, 이를 어떻게 타개해 나가려고 하는지 알아보겠습니다. 이는 중국의 대외 전략과도 밀접한 관련이 있습니다. 대외적으로 새로운 플랫폼을 만들어 내부적인 경제적 난국을 해결하려 하기 때문이죠. 경제의 새로운 판을 짠다는 것은 기존 국제질서를 수용하되 부분적이든, 점진적이든 변화를 시도하려는 전략이 들어 있습니다. 따라서 중국 경제를 얘기하면서 대외 전략 재편과 이에 따른 외교의 전략적 측면을 관련지어 얘기해 보겠습니다.

중국의 경제성장을 바라보는 다양한 시각

개혁개방 이후 중국 경제는 2008년 세계 금융위기를 기준으로 전후를 나누어 상황을 얘기해야 할 것 같습니다. 중국은 개혁 정책을 시행한 이후 2008년까지 약 30년의 기간 동안 평균 9.8%의 성장률을 달성했습니다. 인류 역사상 유례가 없는 기록이죠. 이렇게 오랫동안 고속 성장을 지속할 수 있었던 비결은 무엇일까요? "중국 경제성장의 원인은 무엇인가?"라는 문제는 많은 경제학자의 주요 관심사였습니다. 여기에는 다양한 의견과 해석이 있습니다. 유튜브에 올라와 있는 경제학자 장하준의 〈경제학 강의〉 동영상을 보실 것을 권해 드립니다.[1] 한 국가나 지역의 성장 원인을 설명할 때 어느 해석이 맞고 틀리고가 아니라, 경제를 보는 다양한 설명 방식과 시각이 존재한다는 것을 알려주는 동영상입니다.

마찬가지로 중국 경제성장의 원인을 두고 시장주의자와 국가주의자의 논쟁, 제도적 관점과 문화적 해석 등 여러 가지 시각이 있습니다. 사실 자본주의라는 거대한 틀 속에서 우리가 더 세밀하게 살펴봐야 하는 문제는, 어떤 정세에서 혹은 어떤 조건에서 어떤 정책이 더 효과를 발휘할 수 있을지, 좋은 정책이 현실에서 어떻게 집행되어 구체화되는지 등과 같은 정치적 과정일 것입니다. 사실 중국은 사회주의 이념을 강조하고 선전해 왔지만, 중국 지도부가 늘 우선시했던 것은 '국가 이익'입니다. 이런 우스갯소리가 있습니다. "1949년에는 사회주의가 중국을 구했고, 1978년 개혁개방 당시에는 자본주의가 중국을 구했으며, 1989년에는 중국이 사회주의를 구했고, 2008년 금융위기에는 중국이 자본주의를 구했다"라는 것입니다. 다양한 해석을 가능케 하는 말이지만, 중국이 이념에 구애받지 않고 오로지 현실 변화에 따라 스스로 유연하게 변신해 왔다는 점을 말해주는 것이겠지요.

그렇다면 개혁 이후 중국 경제가 성장한 원인은 무엇이었을까요? 신고전학파의 설명으로는 중국이 시장을 개방하고 자유무역 원칙에 따라 세계화를 확대했고 정부가 탈규제 조치를 단행했기 때문이라고 설명합니다. 실제로 중국이 어떻게 대외 개방을 했고, 국내외 시장을 확대했는지 등을 분석하는 것이죠. 제도주의적 관점에서는 중국 경제의 성장이 시장 도입 자체가 아니라 정부가 경제 발전을 위해 적절한 제도와 지원 정책을 마련했기 때문에 가능했다고 설명합니다. 예컨대 특정 산업을 육성하기 위해 재정이나 세제 지원 정책을 실시한 정부의 역할을 강조하는 시각이죠. 특히 시장이라는 경쟁 메커니즘 속에서 경제성장을 주도한 중국 지방 정부의 역할을 강조합니다.

이러한 해석 외에도 '중국 모델론'이나 '문명론'적 시각이 있습니다. 앞의 두 가지 해석이 '시장이냐 정부냐'라는 정치경제학계의 오래된 쟁점을 둘러싸고 중국 경제를 해석한 것이라면, 중국 모델론이나 문명론은 이와는 다른 시각에서 접근합니다. 좀 더 장기적인 관점에서 중국만의 발전 특징을 찾아내거나 중국 고유의 문명적 특징을 강조하는 것이죠. 중국 모델론은 주로 중국 관방학자들의 주장으로 개혁의 드라이브를 쥐고 있는 공산당의 강력한 리더십을 강조합니다. 문명론적 시각은 중국의 경제부상을 좀 더 긴 시간대에서 역사적으로 해석하는 것입니다. 중국은 단순히 근대 이후 탄생한 민족국가가 아니라 오래된 국가의 전통도 있고 매우 발달한 시장과 무역 네트워크를 갖고 있던 국가입니다. 이러한 역사적 사실을 감안하여, 특히 경제사학자들은 중국 경제의 추이를 역사적으로 추적하면서 지난 몇십 년 동안의 고속 성장이나 중국의 부상이 역사적으로 처음 있었던 현상은 아니라고 말합니다.

대표적으로 영국의 앵거스 매디슨(Angus Maddison)은 세계 경제에서 각 지역이 차지하는 비중을 역사적으로 살펴보았습니다.[2] 아편전쟁 이전 중국 경제가 세계 경제에서 차지하는 비중은 줄곧 30%대를 유지했고, 인도도 상당 부분을 차지했습니다. 중국과 인도를 포함한 아시아 지역이 세계 경제에서 차지하는 비중은 오랫동안 60%대를 유지해 왔습니다. 지금의 유럽 중심의 경제 질서와는 다릅니다. 유럽은 계속 낮았다가 근대 역사로 접어들면서 비약적으로 상승하고, 1870년경에 이르러 중국을 추월합니다. 이러한 측면에서 보면 최근 역사에서의 중국 부상은 '재부상' 혹은 '귀환'이라고 부를 수 있겠지요.

중국이 오랫동안 세계 경제에서 차지하는 비중이 높았던 이유는 무엇일까요? 그 많은 인구를 어떻게 먹여 살렸을까요? 중국은 명·청 시기에 인구가 급증합니다. 명 말 1억 5천만 명에서 청나라 시기인 18세기 말에 3억 명까지 2배로 증가합니다. 인구가 증가했다는 얘기는 그 많은 인구를 먹여 살릴 수 있을 만큼 생산성이 높아졌다

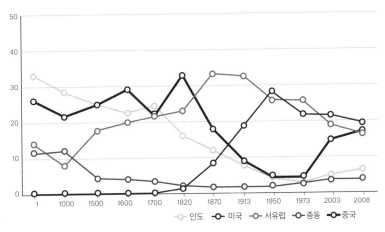

그림 13-1 세계 경제에서 중국이 차지하는 비중

(자료 출처: 매디슨 프로젝트)

는 것이겠죠. 경작지 총량은 제한되어 있었기 때문에 단위 면적당 투입되는 노동력을 계속 늘리는 방식으로 생산량을 증가시킵니다. 그래도 남는 노동력은 양잠업(養蠶業)에 종사합니다. 양잠업은 단위 면적당 투입되는 노동력이 많습니다. 예컨대 벼농사가 일정한 면적을 재배하는 데 필요한 노동력이 1이라면 양잠업의 경우 같은 면적을 재배하는 데 필요한 노동력은 20~30입니다. 벼농사에서 남는 노동력을 투입하여 양잠업을 발전시키고 이를 토대로 양질의 비단을 만들어 유럽으로 수출했죠. 이에 따라 농업을 기반으로 한 가내 수공업도 발전합니다. 이러한 방식은 농업에 대자본이 투입되는 대량 생산 방식이 아니라, 일정한 면적 안에서 가족 단위의 노동력을 집약적으로 활용하는 '소농 경제'적 특징을 갖습니다.[3]

경제학자 조반니 아리기(Giovanni Arrighi)는 시장경제가 반드시 자본주의는 아니고, 자본주의가 등장하기 전부터 시장이 발달했었다는 점에 주목합니다. 중앙아시아의 '실크로드(Silk Road)'로 상징

되는 것처럼 중국은 이미 아시아와 유럽을 잇는 시장 교역 네트워크를 갖고 있었던 것이죠. 시장 네트워크는 발달했지만 지금과 같은 자본주의 사회는 아니었습니다. 즉 시장은 오랫동안 존재해 왔지만 전반적인 자원 배분의 역할을 한 것은 시장이 아니라 정치 권력이었습니다. 정치 권력이 다양한 경제 주체들의 시장 활동을 지배하고 조정하며 억누르는 방식을 유지해 왔습니다. 요컨대 중국은 오랫동안 '비자본주의적 시장경제'의 형태를 유지해 왔다는 것이죠.[4] 따라서 개혁개방 시기 '시장'이 자본주의 체제의 것만은 아니라는 사고의 전환이 쉽게 받아들여질 수 있었다고 볼 수 있습니다.

중국 경제에 대해 논의하면서 왜 학계에서는 이러한 역사적이고 문명적인 특징에 관심을 갖는 것일까요? 직접적인 이유는 최근 수십 년간 중국이 부상해서 세계 경제에서 차지하는 절대적인 위치와 비중이 커졌다는 점에 있겠지만, 만약 이러한 변화가 단순히 기존 패권국의 지위를 대체하는 것이라면 아마 문명적인 특징에 관심이 없었을 것입니다. 그러나 '중국 부상'의 배경에 중국적 특징이 있고 이것이 발현되어 어떻게든 현실에서 작동하며, 또한 그것이 기존 질서를 바꿔놓는 데 영향을 미치게 된다면 얘기는 다르겠지요. 당연히 관심은 중국의 문명적 특징은 무엇이고 이것이 기존의 질서를 어떻게 바꿀 것인가, 중국의 부상으로 세상이 더 좋아질 수 있을까, 혹은 더욱 권위주의적인 힘의 논리가 지배하는 세상이 될까, 또한 이러한 상황에서 중국에 무엇을 기대하고 요구할 것인가 등의 문제로 모이게 될 것입니다.[5]

오늘날 자본주의 체제의 위기 중 하나로, 유례없는 성장을 거두었지만 한쪽에서는 부의 혜택을 엄청나게 누리고 다른 한쪽에서는 굶어 죽는 분배 정치의 실패, 즉 빈부격차의 문제가 있습니다. 중국이 더 많은 영향을 미치게 될 세계 경제는 과연 이전보다 좀 더 평등한 분배가 이루어질까요? 중국 경제와 문명을 돌아보는 시선에는 당연히 이런 기대와 희망이 섞여 있습니다. 식민지라는 외부 착취를 기반으로 부를 쌓아 올린 서구와는 다른 중국적인 발전의 특징이란 무엇일까요? 소농 경제는 중국에서 오랫동안 자본축적을 억제하고 지역 공동체를 유지해 온 물적 토대였는데, 과연 이러한 특징이 향후 중국 경제에서 어떠한 형태로 지속될 수 있을까요? 사회과학에서는 어떤 시간대와 연구 범위에 관심을 두느냐에 따라 설명할 대상과 방법이 달라집니다. 경제학도 마찬가지입니다. 계량경제학이나 제도경제학이 대상으로 삼는 관심의 시간대가 상대적으로 짧은 반면, 경제사학자들은 수백 년에 이르는 훨씬 더 긴 역사적 시간에 걸쳐 장기적으로 지속되어 온 현상에 관심을 가집니다. 더구나 중국과 같이 과거 문명 국가의 형태가 오늘날까지 지속되어 온 경우에는 더욱 호기심을 자극할 만한 대상이겠죠.

개혁 시기 중국 경제성장의 비결

중국 경제의 성장은 종종 다른 국가의 경험과 비교되어 설명되기도 합니다. 그중 하나가 같은 사회주의 체제였다가 시장경제로 전환한 구소련과 동유럽의 사례입니다. 물론 비교 대상의 기간은 사회주의 체제의 개혁과 이행기입니다. 1997년 동아시아 금융위기가 최고조로 치닫자, 러시아에서도 외국자본이 이탈하고 주가와 루

블화 가치가 폭락하면서 모라토리엄(moratorium)을 선언합니다. 관심의 초점은 러시아는 체제 전환과 경제성장에 실패한 반면, 중국은 어떻게 개혁에 성공적이었나 라는 문제입니다. 양국 개혁의 초기 조건이나 탈사회주의 이행 과정, 개혁의 범위와 속도, 순서, 방식 등의 차이를 비교하는 것입니다.

러시아는 급진적인 사유화와 시장화 등의 '빅뱅식 쇼크 요법(shock therapy)'으로 개혁을 진행하였는데, 많은 대중은 자신의 몫으로 할당받은 쿠폰을 팔았고 재산이 급속히 소진되면서 빈민층으로 전락합니다. 반면, 중국은 농촌 영역에서의 개혁을 우선 진행하며 개혁에 대한 광범위한 지지를 형성하고 이후 제도개혁으로 나아가는 점진적, 부분적인 개혁이었다는 것이죠. 질문 자체가 "왜 러시아는 실패했고, 중국은 성공했나?"라는 것으로, 이미 중국을 성공한 대상으로 전제하고 그 요인을 찾는 것에 집중되어 있습니다.[6] 그러한 요인을 가능하게 했던 국내외적 환경이나 분석 대상의 시기를 좀 더 확대해서 보면, 또 다른 설명이 가능해질 수 있죠.

그렇다면 실제로 중국의 경제성장은 어떻게 가능했을까요?[7] 중국의 경제성장을 이끌었던 요인은 시기마다 다른데, 대체로 다음 세 가지 측면에서 설명됩니다. 첫째, 개방입니다. 흔히 '개혁개방'이라고 말하지만, 개방이 없었다면 개혁도 불가능했을 것입니다. 물론 일부 연해 지역을 중심으로 한 부분적 개방이었고, 외부의 개방 압력에 의한 것이 아니라 필요한 부분만 개방하는 '자기 주도적 개방'이었습니다. 개방 초기 중국에 투자한 자본은 대부분 화교 자본이었고, 이후 개방의 폭을 조금씩 확대하여 중국 경제는 세계 경제와 다시 연결되며 통합의 과정을 걷게 됩니다. 개방된 지역은 '특구'로

그림 13-2 중국의 경제성장을 보여주는 상하이 푸동(浦東) 지역의 야경

서 자본주의 제도의 실험장으로 활용되었고, '경쟁'의 원리를 우선 적용하고 확대함으로써 중국 경제 발전의 견인차 역할을 했다고 볼 수 있습니다.

두 번째는 개혁을 뒷받침한 중국 농촌의 역할입니다. 개혁과 더불어 중국에 시장이 부분적으로 도입되는데, 처음 개혁이 시작된 곳은 기존 체제의 핵심인 도시가 아니라 농촌이었습니다. 안후이성 (安徽省)이나 쓰촨성(四川省)의 일부 농촌 지역에서 먼저 기존의 공동 경작 방식을 가족농 체제로 바꾸었고, 생산의 일정량을 상납하고 나머지는 농가가 갖는 인센티브 생산방식이 부활합니다. 그 결과로 농업 생산량이 급증합니다. 집단농업에서 가정농업으로, 생산 조직 방식의 전환이라는 '조직 혁명'의 결과라 할 수 있죠. 농업 생산량의 급증에 따라 늘어난 농촌의 잉여 노동력은 농업 외의 다른 산업 부문에 종사하게 됩니다. 개혁 이전에 인민공사나 생산대대에서 설립한 기존 사대기업(社隊企業)을 이어받아, 지방 향진(鄕鎭) 정부에서는 향진기업을 세우고 농촌의 잉여 노동력을 흡수하여 노동 집약적인 산업을 발전시킵니다. 향진기업은 농촌에 기반을 두고 향진 정부에서 운영하는 집체소유제 기업으로, 1980년대 중국 고속 성장의 주역이 됩니다. 1990년대 중반 이후에는 대부분 사유화되며 급격한 변화를 맞습니다.

세 번째는 정부의 역할입니다. 중앙 정부에서는 시장 도입을 위한 제도 개선과 개혁의 목표 등 거시적 방향을 정해주고, 구체적인 정책 지원이나 행정 개입은 분권화를 통해 일정한 재량권을 갖게 된 지방 정부의 주도로 이루어집니다. 이렇게 보면 중국 성장의 배경에는 시장과 정부의 역할이 모두 중요하게 작용했고, 대외 개방이나 외부 환경 등 복합적 요인에 의해 가능했다고 볼 수 있습니다. 성장의 견인차 역할을 한 것은 시기적으로 다른데, 1980년대는 주로 향진기업의 역할이 컸고, 1990년대는 외국투자기업과 국유기업이 성장률을 높이는 데 기여했으며, 2000년대 이후에는 동아시아 분업 시스템에서 중국이 부품의 조립가공을 맡아 '세계 공장'으로 부상하게 되면서 지속적인 성장을 유지하게 됩니다.

이상의 세 가지 주요 요인 이외에도 경제 주체인 개인의 역할을 꼽을 수 있습니다. 상인이나 상업이란 말 자체가 장사 기술이 뛰어난 상(商)나라로부터 비롯되었다는 말이 있듯이, 중국인들은 수천 년 이래 타고난 장사꾼이었습니다. 지역을 기반으로 성장한 중국의 상인 집단인 상방(商幫)은 중국식 비즈니스 모델의 전형이며, 오늘날에도 세계적인 네트워크를 통해 활약하며 경제성장을 이끌고 있습니다.[8] 기원전 1천 년경에 이미 주판을 발명했고, 자본주의의 상징이라고 할 수 있는 지폐와 어음을 서양보다 몇 백 년 앞서 사용해 왔습니다. 실용적인 4대 발명품을 만들어냈고, 송대에는 상업혁명이 일어났습니다. 이익에 매우 민감한 중국인들의 유전자(DNA)가 개혁개방과 만나면서 활성화된 결과가, 오늘날의 경제 발전이라 할 수 있습니다.

중국 모델론:
'워싱턴 컨센서스' vs '베이징 컨센서스'

중국 경제성장의 과정을 설명하기 위해 '중국 경험'이나 '중국의 길' 등 다양한 개념이 등장했고, 2000년대 중반에는 '중국 모델론'까지 등장하게 됩니다. 중국 당국에서는 이미 1982년 문건에서 '중국 특색 사회주의'라는 개념이 등장하죠. 경제성장 방식에 중국적인 특징이 있다는 것을 강조하는 용어들입니다. 중국 모델론을 살펴보기 전에 우선 '워싱턴 컨센서스(Washington Consensus)'라는 것부터 알아볼까요.

1970년대 이후 자본주의 진영에서는 자본수익의 한계라는 위기를 타개할 방법으로 금융 자유화와 더 넓은 지역으로의 시장 통합을 추진하게 됩니다. 이에 따라 1980년대부터는 본격적인 신자유주의적 구조조정을 진행하게 되지요. 그러나 국제금융기관으로부터 차관을 빌렸던 동유럽이나 중남미 등 많은 개도국은 갑자기 급등한 금리에 상환 부담이 늘어나면서 금융위기를 맞게 됩니다. 이에 후발 개도국들에 대한 개혁 처방을 결정한 것이 바로 워싱턴 컨센서스입니다. 1990년대 미국 행정부와 국제통화기금(IMF), 세계

은행(World Bank)이 모여 있는 워싱턴에서 주요 국가의 정책 결정자들은 개도국 경제의 구조조정과 발전을 위한 제안을 발의합니다. 그 내용은 경제위기 극복을 위한 긴축재정, 사회 인프라에 대한 공공지출 삭감, 외환시장 개방, 시장 자율 금리, 변동환율제, 무역자유화, 외국인 직접투자 자유화, 탈규제, 국가 기간산업의 민영화, 재산권 보호 등을 골자로 합니다. 워싱턴 컨센서스는 바로 미국과 국제금융 자본이 개도국들에 미국식 시장경제 체제를 적용하도록 한 합의라 할 수 있습니다.[9]

이러한 구조조정 프로그램은 남미뿐 아니라 1990년대 초 구소련 및 동유럽 지역, 그리고 1997년 동아시아 금융위기 당시에도 위기를 극복하기 위한 처방전으로 제시됩니다. 국제금융기관을 통해 외화를 지원해 주는 대신 일련의 프로그램에 따라 구조조정을 강요한 것이죠. 이론적 기반은 바로 신자유주의입니다. 워싱턴 컨센서스는 이러한 신자유주의 이론에 기반을 두고 만든 정책 패키지라 할 수 있죠. 한국 역시 1997년 당시 IMF로부터 차관을 가져오는 조건으로 그들의 조언에 따라 대대적인 구조조정을 진행하게 됩니다. 이후 한국 경제는 신자유주의 정책이 본격화되었고, 이에 따라 우리 사회의 성격도 근본적으로 달라지지요.

그런데 2004년 조슈아 쿠퍼 라모(Joshua Cooper Ramo)가 워싱턴 컨센서스에 반론을 제기합니다. 그는 신자유주의 정책을 주도하는 국제금융기구의 권고대로 경제구조를 조정한 국가에서 성장률과 경제 상황이 개선되지 않았다고 주장합니다. 그리고 워싱턴 컨센서스에 따랐던 국가들은 경제개혁에 실패했지만, 오히려 이러한 구조개혁 방안에 따르지 않았던 중국과 인도가 급속한 성장을 했다고 말합니다. 라모는 특히 중국의 30년간 지속된 10% 성장률에 주목하며 그 비결이 무엇인지 분석합니다. 그러면서 워싱턴 컨센서스에 빗대어 제기한 개념이 바로 '베이징 컨센서스(Beijing Consensus)'입니다.[10] '중국 스타일'의 발전 방식이 있었다는 것이죠.

그가 말하는 첫 번째 중국식 발전의 특징은 끊임없는 '혁신'입니다. 중국의 개방 정책은 특구에서 먼저 실험해 보고 이것이 잘되면 확대하는 방식으로 진행했고, 향진기업이라는 형식도 기존 자본주의 기업의 형태가 아닌 지방 정부 소유의 공적 기업입니다. 기존의 서구 제도와는 다른 일종의 제도적 혁신이 있었다는 것이죠. 두 번째 특징으로 그는 지속 가능성과 평등을 우선 고려했다는 점을 제시합니다. 그러나 이것은 중국의 경제성장 과정에서 보여준 실제 특징과는 매우 다릅니다. 개혁 정책 시행 당시 덩샤오핑(鄧小平)이 제시한 개혁의 방향이 불평등 전략인 '선부론'이었다는 점은 이미 앞에서 설명한 바가 있습니다. 중국의 경제성장 과정에서는 난개발로 인한 환경오염이나 개발지상주의, 상상을 초월하는 빈부격차나 사회적 불평등 등 자본주의 발전 과정에서 나타날 수 있는 모든 문제가 압축적으로 나타납니다. 세 번째 특징은 개혁을 자기 주도적(self-determination)으로 진행했다는 것입니다. 내부 개혁이든 외교 전략이든 중국의 속도에 맞게 자신의 프로그램에 따라 자기 주도적으로 진행했다는 것이죠. 이는 일정 부분 사실이지만 중국과 같은 규모이니까 가능한 것이기도 합니다.

베이징 컨센서스가 논의된 후에 이를 토대로 중국 발전 방식의 독특성을 규명하고자 제기된 정치경제학적 개념이 바로 '중국 모델'입니다. 주로 학계를 중심으로 논의되고 있으며 중국 지도부에서는 중국 모델이라는 용어를 공식적으로 쓰지 않습니다. 이른바 '모델'이라는 것은 일정한 규칙성과 함께 타 지역에 적용 가능한 보편적 특징을 지니고 있어야 하는데, 중국의 발전 경험 자체가 이례적이고 무엇보다 중국과 같은 규모와 특성 자체는 다른 국가에서 모방 불가능한 것이기 때문입니다.[11]

한편 선진국 사이에서 '워싱턴 컨센서스'는 남미의 경제위기를 극복하는 데 기여했고, 무엇보다 2001년 중국의 세계무역기구(WTO) 가입을 촉발하며 세계화를 주도하는 데 커다란 기여를 했다고 평가됩니다. 그러나 최근에는 변화된 국제정세로 인해 세계화를 주도했던 워싱턴 컨센서스가 한계에 도달했다는 인식을 하게 됩니다. 중국이 급부상하며 세계 경제에서 차지하는 비중이 커졌고, 특히 코로나19 대유행을 계기로 안전한 글로벌 공급망의 확보가 중요해졌기 때문입니다. 이에 따라 2023년 5월 일본 히로시마에서 진행된 G7 정상회의에서 주요 선진국들은 '신워싱턴 컨센서스(New Washington Consensus)'를 선언하며, 사실상 세계화의 종료를 선언합니다. 이 용어는 2023년 4월 27일 제이크 설리번(Jake Sullivan) 미 국가안보보좌관이 제기하여 주목받은 개념입니다.[12] 그는 미국 산업의 공동화, 중국의 군사적 야망과 러시아의 우크라이나 침공 같은 지정학적 안보 위협, 기후 위기와 에너지 전환 시급성, 불평등과 민주주의 위기 등의 문제를 거론하며, 미국의 경제안보 경쟁력을 유지해야 한다고 강조합니다. 미국의 리더십을 재건하면서도, 미국 주도의 새로운 자본주의 세계 경제 질서를 재구축하고자 하는 구상이죠. 주요 선진 국가들이 미국의 자국 이익을 위한 전략에 합의를 해준 것은, 결국 러시아의 우크라이나 침공이나 중국의 타이완 위협 및 급속한 기술 발전에 위협감을 느끼기 때문이겠죠. 이에 따라 자국 우선의 산업 정책을 첫 번째 의제로 내세우며 선진국의 보호주의적 경향이 강화되는 추세입니다. 이러한 상황은 WTO 체제가 사실상 유명무실해졌으며, 2차대전 이후 거의 80여 년간 지속되어 왔던 세계적 시스템이 무너지면서 커다란 전환을 맞고 있다고 하겠습니다. 급변하는 국제정세와 재편되는 세계질서에 대해서는 14강에서 살펴보도록 하겠습니다.

신창타이와 '신형 도시화' 전략

2008년 세계 금융위기 이후 중국의 성장률은 점차 하락합니다. 개혁 이후 30여 년간 지속되어 왔던 고속 성장은 이제 더 이상 가능하지 않게 되었습니다. 대내외 환경이 변하면서 기존의 경제성장 방식에 한계가 온 것이죠. 기존의 성장 노선이 직면한 위기는 무엇일까요? 이를 해결하기 위해 중국이 새롭게 추구해 온 발전 전략은 무엇일까요? 개혁 초기와 비교해 볼 때 분명하게 달라진 것은 중국 경제가 세계 경제에 미치는 영향이 갈수록 커져왔다는 사실입니다. 중국은 제조업 분야에서 세계 3대 공급망의 중심 국가입니다. 중국 상무부 국제무역경제합작연구원의 발표 자료에 의하면, 중국은 UN이 지정한 41개 산업 대분류에 속한 제품을 모두 생산할 수 있는 유일한 국가이며, 세계 최대 공업 대국으로 성장했습니다.[13] 세계 경제와의 상호 관계 속에서 중국 경제를 생각해야 합니다.

우선 위기를 돌파하기 위한 중국 경제의 새로운 전략은 무엇이었을까요? 경제구조의 측면에서 보면, 기존의 성장 방식은 수출주도형, 도시 중심 발전, 소비 억제 모델이라는 특징을 보입니다. 2000년대로 접어들면서 본격적으로 동아시아 생산 분업체계가 형성됩니다. 동아시아 내에서의 국제 분업 네트워크란 핵심적 기술은 일본이 제공하고, 중간재(반도체, 핵심 부품)는 한국과 타이완에서, 최종 소비재(가공, 조립)는 중국에서 만들어, 이를 미국과 서구 시장에 수출하는 것이지요. 2000년대 동아시아 지역의 성장은 이러한 분업 구조 안에서 이루어진 것입니다. 이에 따라 한국 경제의 대중 의존도가 점차 증가합니다. 급기야 2015년 한국의 대중 수출액은 대미 수출액의 2배까지 증가합니다.

또한 과거 사회주의 시기 모든 인력과 자원이 농촌으로 집중되었다면 이러한 흐름의 역전이 바로 도시 중심의 개혁이었고, 개혁개방 이후 이러한 흐름은 지속되어 왔습니다. 투자와 기업 이윤은 지속적으로 상승하는 반면 GDP에서 민간 소비와 임금이 차지하는 비중은 지속적으로 하락하여 30%대까지 접근했죠. 거의 70%에 가까운 미국의 소비 비중과 비교하면 상당히 불균형한 경제구조를 확인할 수 있습니다.[14]

중국에서 성장률은 매우 중요합니다. 중국과 같은 거대한 규모의 국가에서는 성장이 있어야 일자리 창출이 가능하고, 일자리가 있어야 사회 안정의 토대를 구축할 수 있기 때문이죠. 사회 안정이 바로 공산당 집권을 가능하게 해주는 기본 조건입니다. 그래서 역대 지도자들은 성장률을 중요시하고 전인대의 「정부 공작 보고」를 통해 이를 공표해 왔습니다. 그러나 이제는 더 이상 고성장이 불가능해졌습니다. 과거와 같은 양적 성장의 시대는 끝났고, 앞으로는 중저속 성장이 정상적인 상황으로 인식되는 '뉴노멀(New-normal)'의 시대, '신창타이(新常態)'의 시대입니다. 지금까지 보여주었던 성장은 더 이상 가능하지 않으며, 성장이 둔화하고 느려질 것이라는 생각이 새로운 상식이 되었습니다.

이에 따라 중국 지도부 내에서 경제에 관한 일정한 합의가 있습니다. 하나는 향후 5~6% 정도의 중속 성장이 지속될 것이라는 점과 다른 하나는 성장과 동시에 경제구조에 대한 개혁이 이루어져야 한다는 것입니다. 한마디로 과거 30년간 지속되어 왔던 성장의 패턴을 바꾸고 중국 경제의 구조적 균형을 맞춰야 한다는 것입니다. 수출을 줄이고 내수를 확대하며, 도시와 농촌의 균형을 맞추고, 정부 투자를 줄이고 민간 소비를 늘리자는 것이지요. 지역 간 균형, 수출과 내수 간의 균형, 투자와 소비와의 균형, 노동과 자본 간의 균형 등 한마디로 '재균형(rebalancing)'이 필요합니다.

그러나 2010년대에 경제구조의 재균형 정책은 계획대로 진행되지 않았습니다. 세계 금융위기 이후 중국 경제의 회복은 소비와 수출보다는 투자 부문에서 이루어지는데, 이는 기존 성장 방식에서 크게 벗어나지 못한 것이지요. 각 지방과 기업에서는 돈을 빌려 고속철도를 건설하고 부동산 개발 프로젝트에 집중합니다. 또한 경제가 위축될 때마다 국유은행 대출을 통해 경제를 부양했고, 정부 입장에선 실업으로 인한 사회적 파장이 크기 때문에 국유기업을 파산하게 둘 수 없습니다. 투자 중심 정책으로 생산력이 급증하면서 과잉생산 현상이 나타납니다. 반면 이를 소화할 수 있는 가계 소득과 가계 소비는 빠르게 증가하지 못했고, 이에 따라 중국 경제가 가진 불균형과 모순은 결국 해소되지 못합니다.[15] 게다가 코로나 팬데믹 기간에 실시한 3년간의 봉쇄 정책으로 인해 중국 경제가 둔화되었고, 지방 정부와 가계의 부채 위기가 커지고 대형 부동산 기업들이 파산을 맞이했습니다. 2018년까지만 해도 중국이 미국을 제치고 세계 최대의 경제 대국이 될 것이라는 전망이 우세했지만, 이제 중국이 미국을 결코 따라잡지 못할 것이라는 예측도 나오고 있습니다.[16]

한편 수출주도 성장을 내수 확대 모델로 바꾸기 위해서는 중국이 미국과 같은 소비 대국이 되어야 합니다. 그렇다면 어떻게 내수 시장을 확대할 수 있을까요? 이러한 목표를 실현 가능하게 만드는 계획 중의 하나가 바로 '도시화'입니다. 중국은 경제 발전 수준에 비해 여전히 도시화 비중이 낮습니다. 2011년 상주인구 도시화율이 처음으로 50%를 넘었지만, 호구 인구를 기준으로 하면 여전히 30% 대에 머물렀습니다. 2020년 기준으로 상주인구 도시화율이 63.89%까지 상승했지만, 선진국의 도시화율 80% 수준에 비하면 여전히 낮습니다.

2014년부터 중국 정부는 '신형 도시화(新型城鎮化)' 계획을 추진합니다.[17] 기존 도시의 규모 확장을 의미하는 과거 대도시 전략과는 다른 새로운 도시화입니다. 신형 도시화는 도시 규획을 합리적으로 재배치하면서도, 기존에 확대되어 왔던 도시와 농촌 간의 격차를 줄이겠다는 취지에서 내놓은 전략입니다. 도시에서 일하지만 아직 호구를 얻지 못하거나 정착하지 못한 사람들에게 도시 주변부에 뉴타운을 만들어 주택을 공급하고, 이들을 순차적으로 시민으로 만들어서 잠재적 소비 계층을 확대한다는 계획입니다. 예전의 도시화가 도시 공간과 인프라를 만들고 확대하는 '공간의 도시화', '양적 도시화'였다면, 신형 도시화란 농민을 시민으로 만드는 '사람의 도시화',

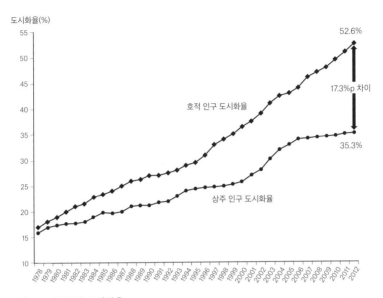

그림 13-3 중국의 도시화율

자료 출처: 国家新型城镇化规划(2014~2020年) https://www.gov.cn/zhengce/2014-03/16/content_2640075.htm

'질적 도시화'라 할 수 있습니다. 지난 30여 년간의 도시 건설 과정은 도시 공공재에 접근할 수 있는 권리를 호구제도의 장벽으로 차단하여 제한함으로써 도시 재정 비용을 절감했지만, 동시에 도시에서 소비 가능한 계층을 확대하지 않음으로써 지속 가능한 경제성장의 잠재력을 키우지 못했다고 볼 수 있습니다. 이에 따라 신형 도시화에서는 농민공을 비롯한 농민과 서민의 소득수준을 올리기 위해 12차 5개년 규획 기간(2011~2015년)에 임금 수준을 2배로 올린다는 '임금 배증 계획'과 함께, 이들에게 기초적인 사회 안전망을 제공한다는 방침도 포함하고 있습니다.

또한 공간 발전의 측면에서 신형 도시화는 도시군(都市群), 거대도시(megalopolis) 중심으로 이루어집니다. 전체 중국을 3종(서부,

중부, 동부), 2횡(황하, 장강)으로 나누고 이러한 선이 교차하는 주요 지점에 도시군을 만들어 산업이나 소비의 파급 효과를 보겠다는 것입니다. 중국과 같은 대국에서나 가능할 수 있는 '규모의 경제' 효과를 기대하는 전략이지요. 예컨대 베이징(北京)과 톈진(天津)을 연결하는 징진지(京津冀) 지역 일대에 있는 주변 중급도시를 지역 내로 포괄하여 산업, 물류, 소비 등을 하나로 묶는다는 것입니다. 이러한 구상이 가능해진 이유는 바로 지난 10년 동안 놀라운 속도로 발전한 중국의 철도 시스템 때문입니다.

2016년 KBS에서 제작 방영한《슈퍼 아시아》4부에서는 중국을 다뤘는데, 중국이 대규모로 철도를 건설하여 드넓은 중국 대륙이 빠르게 연결되고 있다는 사실을 알 수 있습니다. 흔히 중국의 서부 대개발을 미국의 서부 개척사와 비교하기도 하는데, 가히 중국의 '철도 혁명'이라고 할 수 있습니다. 철도는 상품과 사람, 문화와 문명 그리고 서비스를 연결해 주는 혈관과도 같습니다. 서로 빠르게 연결된다는 것은 지속적인 경제 발전을 위한 중요한 토대라고 할 수 있는데, 중국 국가철도국에 따르면, 2012~2022년 10년간 중국의 철도 길이는 9만 8천km에서 15만 5천km로 확장되었습니다. 그중 고속철도 길이는 9천km에서 4만 2천km로 늘어 세계 1위를 기록했습니다.

일대일로 구상과 중국의 도전

철도는 중국 내륙뿐 아니라 주변 지역으로 이어집니다. 중국의 '서진(西進)' 정책이라고도 불리는 '일대일로(一帶一路, One Belt, One Road)'는 2013년 과잉생산과 경제위기를 타개하기 위한 하나의 방법으로 제안되었지만, 이후 중국 주도의 경제 네트워크 설립을 넘어 미국 주도의 세계질서에 대항하는 의미로까지 확장되어 왔습니다. 일대일로는 육로와 해상 실크로드를 포함한 인프라·무역·금융·문화 교류의 경제벨트입니다. 중국 매체에서는 2023년까지 약 10년간 151개 국가와 32개 국제기구가 일대일로 건설에 동참했으며, 중국 기업들이 일대일로 참여국에 총 3천979억 위안(약 75조 6천억 원)을 투자해 42만 1천 개의 일자리를 창출했다고 보도했습니다. 일대일로는 '신실크로드'라고도 부르는데, 과거 최고의 전성기를 누리던 당 제국 시대의 교역로 이름에 어원을 두고 있습니다. 당시 동서 간의 거대한 무역 교역로를 '실크로드'라고 불렀는데, 21세기 현재 중국의 국가 비전을 실현하기 위한 용어로 1,500년 전의 이름을 다시 소환한 것입니다. 육상의 길은 철도로 연결하고, 해상의 길은 뱃길로 연결하는, 그야말로 지리와 공간에 대한 재구성을 통해 경제적 공간을 창출하고 극대화하려는 거대하고 장기적인 프로젝트라 할 수 있습니다.[18]

전통적으로 중국은 스스로 대륙국가라고 인식해 왔지만, 최근 10년 동안 '해양 대국'으로서의 정체성을 강조해 왔습니다.[19] 2012년 제18차 당대회 보고에서는 해양 강국 추진, 해양 권익 보호, 해양 경제 발전 전략 등을 구체적으로 제시했습니다. 쟁점은 조금씩 다르지만, 남중국해, 타이완 해협, 센카쿠 열도에서의 분쟁은 모두 중국의 해양 전략과 미국의 동아시아 지역에 대한 전략적 조정이 충돌하는 지점에서 발생한 것이라 할 수 있습니다. 2013년 시진핑(習

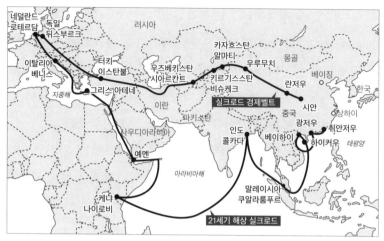

그림 13-4 중국의 일대일로 프로젝트

近平) 주석은 미국의 앞마당이라 인식되어 오던 태평양을 두고 "태평양은 미국과 중국을 둘 다 품을 수 있을 만큼 충분히 넓다"라는 발언을 합니다. 예전과는 확연하게 달라진 중국의 자기 인식과 행보를 보여주는 표현입니다. 해양 강국을 지향하며 과거 300척이 넘는 중화 제국의 원양 보선을 이끌고 아프리카 동북부까지 진출하여 중국 문명의 선진성을 뽐냈던 명 제국의 정화(鄭和)를 재조명하기도 했습니다.

일대일로는 중국 지도부가 집중적으로 추진하게 될 경제적 전략이자 국제질서의 새로운 판을 짜기 위한 하나의 플랫폼이라 할 수 있습니다. 세계 최대 도매 물품의 집산지인 저장성(浙江省) 이우(義烏)에서 스페인까지 연결되는 화물 열차에는 안경, 장신구 등 다양한 '메이드 인 차이나'의 물건들이 실려 운반되는데, 이렇게 철도를 통해 유럽으로 직접 가게 되면 배로 돌아서 가는 것보다 물류 비용과 시간이 훨씬 절감됩니다. 기차 경로는 프랑스, 독일, 러시아

등 유럽뿐 아니라 중앙아시아의 다양한 국가도 지나는데, 특히 아직 개발되지 않은 중앙아시아 국가들은 중국과 직접 연결됨으로써 얻게 되는 경제적 특수를 누리고자 합니다.

또한 중국은 일대일로에 맞춰 아시아인프라투자은행(AIIB) 등 금융 지원 제도를 새롭게 만들었고, 새로운 경제 플랫폼에 맞는 각종 규범을 주도적으로 만들어 가고 있습니다. 2023년 7월 4일 개최된 상하이협력기구(SCO)는 중국의 일대일로에 대해 공식적인 지지를 표명했습니다. 상하이협력기구는 2001년 중국과 중앙아시아 일부 국가 간의 국경 분쟁을 해결하기 위해 만들어진 지역협력기구였지만, 사회·경제 분야뿐 아니라 군사·안보 영역까지 협력의 범위를 확장하여 G7과 같은 서구 주도의 협력기구에 대항하는 정도로 그 영향력을 확대해 왔습니다. 일대일로 구상은 기존의 국제 역학 관계를 흔들며 미국 중심의 세계 경제 질서를 견제하고 변화시킬 수 있는 전략이라 할 수 있습니다. 물론 최근에는 일대일로에 참여한 국가 중에서 채무의 늪에 빠져 더 이상 빚을 갚지 못한다고 선언한 국가도 속출하고 있습니다. 이는 세계적인 경제 불황의 상황과도 관련이 있기 때문에, 일대일로 구상 자체가 실패했다고 보기는 어렵습니다. 중국은 일대일로를 장기적인 계획으로 보기 때문에 향후 어떻게 진행될지는 더 지켜봐야 할 것 같습니다.

중국의 영향력이 더욱 확대되고, 지역 강대국을 넘어 세계 패권국으로 부상하게 되면 이 세계는 어떻게 변할 것인가? 이 문제에 대해 전문가들을 비롯하여 많은 사람이 관심을 보여왔습니다. 이에 대해 중국 위협론, 중국 붕괴론, 중국 기회론, 중국 편승론 등 다양한 반응과 분석이 있었습니다. 지역과 위치, 입장에 따라 중국의 부상을 둘러싼 다양한 시각들이 존재해 왔지요.

2020년부터는 중국이 '세계 시장'으로서의 역할을 넘어, 미국으로부터 상대적으로 자유롭고 새로운 세계 경제 질서의 규범을 만들려 한다는 예측이 많아지고 있습니다. 시진핑이 제시한 '중국의 길(中国道路)'이라는 것도 바로 이러한 점을 염두에 두고 있습니다. 지금은 달러가 기축통화이지만, '인민폐의 국제화' 문제도 지속적으로 논의되어 왔죠. 미국이 패권국의 지위를 유지할 수 있는 중요한 이유는 달러를 무제한적으로 발행할 수 있는 달러 특권이 있기 때문인데, 이러한 구조에서는 중국이 아무리 애써 봐도 기존 질서와 구조를 바꾸기 힘듭니다. 중국은 역내 지역 차원의 무역 거래에서부터 인민폐 결제 비중을 조금씩 확대해 나가면서 인민폐의 국제적 신용을 증가시켜 나간다는 방침을 세우고 있습니다.[20]

지난 40년간 국제질서에서 중국의 위상을 보면, 주로 기존 질서에 대한 '규칙 추종자(rule follower)'에 머물러 있었습니다. 서구가 만들어놓은 경제 질서에 편승하며 고속 성장을 한 것이죠. 그러나 2000년대 이후 스스로 막대한 자본을 축적한 이후로는 기존 경제 질서에 도전하는 '규칙 도전자(rule challenger)'로 떠오르게 됩니다. 세계 시장으로서의 역할을 점차 넓혀가면서 중국 시장에 진입하려는 기업이나 자본에 일정한 제약이나 조건을 제시합니다. 2018년 시작된 미·중 무역 갈등의 원인 중의 하나도 바로 중국 진출 기업에 대한 합작 투자 형식 및 기술 이전 강요였습니다. 특히 거대한 중국 시장을 바라보고 진출한 다국적 기업에는 정치적 금기나 일정한 통제의 기준을 요구합니다. 이러한 측면에서 중국은 이미 하나의 '규칙 제정자(rule maker)' 역할을 하고 있다고 봐야 합니다. 단순히 기존 질서를 따르는 것이 아니라 새로운 규칙을 만들어나가는 중요한 행위자인 것이죠. 중국이 자신의 정체성을 기반으로 한 새로운 질서를 구상하고 제시함에 따라, 미국을 중심으로 한 서구의 반격이 시작됩니다. 이러한 내용은 다음 강의에서 살펴보도록 하겠습니다.

중국 근대화에 관한 상반된 시각과 세계화의 퇴조

2022년 개최된 20차 당대회에서 중국공산당은 '중국식 현대화'를 공식화합니다. 시진핑 집권 2기에 들어서면서부터 중국의 길이나 중국 제도를 더욱 강조해 왔지만, 그 이전부터 중국의 발전 방식을 근대화 모델과 관련하여 해석하는 여러 관점이 있었습니다.

중국의 부상을 바라보는 대표적인 상반된 시각으로 다음 두 가지를 들 수 있습니다. 하나는 『중국이 세계를 지배하면』이란 책을 쓴 마틴 자크(Martin Jacques)의 관점이고,[21] 또 다른 하나는 『왜 중국은 서구를 위협할 수 없나』의 저자인 에드워드 스타인펠드(Edward S. Steinfeld)의 시각입니다.[22] 마틴 자크는 중국의 영향력이 커진 세계는 서구가 지배하던 기존 질서와는 다를 것으로 예측했지만, 스타인펠드는 중국이 경제성장을 했으나 미국을 대체하긴 힘들다고 전망합니다. 물론 두 사람이 강조하고 있는 측면이나 시기, 범위가 다릅니다.

마틴 자크는 중국이 오래된 문명 국가라는 점을 강조하면서 이러한 문명적 특징이 지금까지도 유지되고 있고, 향후 중국의 행위에도 영향을 미칠 것이라고 봅니다. 역사적 시각을 가지고 좀 더 장기적인 시간대에 주목한 것이죠. 반면 스타인펠드는 중국의 부상이 기존의 세계화 질서 속에서 이루어진 것으로 중국이 서구가 만들어 놓은 제도의 제약을 받는 한 기존 규범에서 벗어나서 행동하긴 어렵다고 봅니다. 주로 제도적인 관점에서 최근 40년간의 시간대를 관심 범주에 넣고 있습니다.

당연히 이 두 사람이 '근대'를 바라보는 시각도 다르죠. 스타인 펠드에게 '근대화'란 개방을 통한 세계화로 주로 서구가 만들어놓은 근대화, 다시 말해 '서구화'를 의미하지만, 마틴 자크는 각 지역의 역사와 속성에 따라 다양한 방식의 근대로 가는 길이 있고, 따라서 근대화란 하나가 아닌 다양한 방식, 즉 '복수의 근대화'가 가능하다고 봅니다. 정치체제에 대해서도 스타인펠드는 경제성장에도 불구하고 결국 당 독재라는 구조적 제약으로 인해 개혁이 지체될 수밖에 없다고 봅니다. 반면 마틴 자크는 중국은 서구식 민주에는 관심이 없으며 문명 국가로서 오랫동안 유지해 왔던 안정된 통치 시스템과 통치 전략이 중요하다고 강조합니다. 중국 부상에 대한 이러한 상이한 평가와 전망은 지금까지도 계속 이어지고 있습니다.

스타인펠드의 시각은 2008년 세계 금융위기를 계기로 드러난 기존 자본주의 체제의 한계와 최근 각 지역에서 나타나고 있는 민주주의 위기라는 흐름을 읽지 못하고 있습니다. 반면 중국 부상이 문명 전환의 속성을 지니려면 기존 자본주의 문명에 대한 대안적인 길을 제시할 수 있어야 하는데, 이러한 측면에서 마틴 자크는 중국에 대해 지나치게 낙관적으로 전망한다고 할 수 있습니다. 중국의 경제성장이라는 것이 서구가 주도해 온 기존 세계 경제 질서의 틀 안에서 이루어졌는데, 과연 중국이 기존의 불평등한 구조를 깨고 성장의 혜택을 각 지역과 다른 국가들과 나눌 수 있는 보다 더 공정한 구조로 바꿀 수 있을까요? 만약 가능하다면 어떤 방식으로 실현할 수 있을까요? 중국은 최근 제기한 일대일로 구상이 "함께 논의하고(共商), 함께 건설하며(共建), 발전의 결과를 함께 누리는 것(共享)"임을 강조합니다. 과연 중국이 제시한 목표처럼 일대일로 구상은 관련 지역과 국가 모두에 혜택을 가져다주는 동반성장을 가능하게 하는 전략일까요? 이로써 세계 지역 간 불평등 구조는 조금 균형적으로 바뀔 수 있을까요?

미·중 간의 전략적 경쟁이 치열해지고 이러한 대립과 갈등이 장기화하는 가운데, 미국과 중국 모두 자국의 이익을 우선으로 생각하고 있습니다. 미국은 가치를 내세우며 동맹을 규합하고 있고, 중국은 경제 규모와 시장의 힘을 활용해 많은 개도국의 지지를 모으고 있습니다. 미·중 간의 치열한 경쟁이 지속되는 한, 기존 자본주의 세계체제가 안고 있는 모순을 완화하며 좀 더 좋은 방향으로 개선될 여지는 보이지 않습니다. 그럼에도 불구하고 우리는 현재 빠르게 진행되고 있는 변화를 역사적 과정에서 면밀히 관찰하며, 그 속에서 우리가 지켜야 할 원칙이 무엇인지, 어떠한 사회를 구상하며 대비해야 할지를 모색해 나가야 합니다.

개혁 초기 중국은 자유무역 질서를 적극적으로 받아들이면서 성장했고 규칙을 따르는 규칙 추종자였지만, 2000년대 이후부터는 기존 질서의 국가 간 비민주성, 불평등성에 대해 꾸준히 문제를 제기해 왔습니다. 서구 자본주의 국가들 스스로는 민주주의 국가라고 하지만 국가와 국가 간의 관계는 대단히 불평등하고 비민주적이라고 지적하면서, 세계 금융위기 이후로 적극적으로 자기 목소리를 내기 시작했습니다. 일대일로나 AIIB 등을 통해 새로운 경제 질서를 만들어나가면서 군사안보에서도 자국의 핵심 이익과 관련된 것은 지켜나가겠다는 것이죠.

그러나 코로나 팬데믹과 러시아의 우크라이나 침공으로 인해 세계 정세는 급변했습니다. 러시아가 우크라이나의 영토 주권을 침략하면서, 2차대전 후 형성되어 왔던 자유주의적 세계질서를 무너뜨렸습니다. 이 전쟁으로 인해 세계적으로 식량 및 에너지 위기가 고조되었고, 기존의 세계화는 퇴조하고 있습니다. 미국의 세계 전략은 이미 변화했고, 중국 역시 이에 대응하여 초강대국을 향한 국가 부흥의 목표를 보다 분명히 하고 있습니다.

★ 더 읽어보기

『중국경제: 시장경제의 적응과 성장』(베리 노턴 지음, 한광석 옮김, 한티에듀, 2020)

『127가지 질문으로 알아보는 중국경제』(아서 크뢰버 지음, 도지영 옮김, 시그마북스, 2017)

『중국 100년의 꿈, 한국 10년의 부: 중국 2020년, 2025년의 비전을 알아야 한국이 가야 할 길이 보인다』(전병서 지음, 참돌, 2016)

『중국모델론: 개혁과 발전의 비교 역사적 탐구』(전성흥 지음, 부키, 2008)

『베이징 컨센서스』(황핑·조슈아 쿠퍼 레이모 외 6인 지음, 김진공·류준필 옮김, 소명출판, 2016)

『중국의 미래』(데이비드 샴보 지음, 최지희 옮김, 한국경제신문, 2018)

『중국과 혁신: 맥락과 구조, 이론과 정책 함의』(은종학 지음, 한울아카데미, 2021)

14강

변화하는 세계질서와
중국의 대응 전략

지정학과 자유주의 세계질서의 변화

미국과 중국은 1970년대부터 공동의 적 소련을 두고, 지정학적 이유로 관계 개선을 위해 노력했고 그 결과로 미·중이 수교하였습니다. 그러나 지금은 중국의 부상과 미국의 쇠퇴로 인해 다시 지정학이 변화했고, '신냉전'으로 불릴 만큼 미·중 관계가 나빠졌습니다.[1] 사실 1991년 소련이 붕괴하면서부터 기본적으로 미·중 간에 정치적, 지정학적 우호 관계를 맺을 조건이 사라졌다고 볼 수 있습니다. 1990년대 미국 클린턴 정부는 중국에 미국 시장을 열어주고 낮은 관세를 매기는 대신, 중국 정부에 인권 개선을 요구합니다. 그러나 중국은 자국의 거대한 시장을 노리는 미국 기업으로 하여금 인권 개선 사항을 면제받도록 미 정계에 로비하게 했고, 이후 미국 월가의 자본과 중국 정부 간의 밀월 관계가 이어집니다.[2] 미국 정부 역시 경제적 이유로 중국과의 협력을 확대해 왔습니다. 물론 경제 협력과 교류가 확대되고 중국 사회 각 영역에 시장 규범이 자리를 잡고 중산층이 확대되면, 중국 역시 더욱 자유로운 체제로 변화될 것이라는 기대가 깔려 있었습니다.

그러나 미국의 기대와는 달리 중국은 경제적 힘이 세질수록 '중국의 길'을 더욱 강조하였고, 국제사회에서의 담론을 주도하는 힘을 강화해 왔습니다. 2000년대 들어 중국의 영향력이 더욱 커졌음에도 불구하고, 9·11 이후 미국은 중동 지역에서 '테러와의 전쟁'에 힘을 쏟아왔습니다. 2011년 미국은 '아시아로의 회귀(Pivot to Asia)' 전략을 선언했지만,[3] 여전히 동아시아나 아시아-태평양 지역에 집중하지 못했습니다. 오히려 미국은 아시아를 안정시키기 위해 북핵이나 남중국해, 타이완 해협의 문제에 있어 중국에 많이 의존해 왔습니다. 2000년대 미·중 간에 '전략경제대화'가 이어지면서, 이른바 'G2' 개념에 걸맞게 지역적 차원과 글로벌 차원의 의제에 대한 협력도 심화시켜 왔습니다.

이러한 관계는 2010년 이후 흔들리기 시작합니다. 2008년 세계 금융위기 이후 중국 정부의 정책적 지원에 힘입어 중국 국유기업들이 세계적인 기업으로 부상합니다. 미국 경제지『포춘(Fortune)』이 선정한 글로벌 500대 기업 수에서 2019년 중국(129개)은 미국(121개)을 초월했고, 중국 기업 대다수는 국유기업이었습니다. 미국 기업들은 중국 정부가 자국 기업에 지원과 특혜를 제공하는 등 불공정한 개입을 하고 있다고 불만을 토로하기 시작합니다. 지적재산권 침해 불만도 증가합니다. 중국 현지 회사가 기술을 훔쳐서 훨씬 싸게 동일 제품을 만들어 미국 기업과 경쟁하기 시작한다는 것입니다. 중국이 일대일로 정책을 추진하면서부터 미·중 기업 간의 경쟁은 제3국의 시장을 두고도 일어났습니다. 중국의 기업이 커지고 사업을 확대하자 미국 기업들의 중국 시장 점유율은 하락하였고, 다른 개도국에서도 중국 기업에 밀리기 시작한 것입니다.

이렇게 되자 손해를 본 미국 기업들이 불공정 무역에 대응하기 위한 미국 법을 강화해야 한다고 요구했고, 마침내 트럼프 정부는 무역 전쟁을 선포하며 관세를 인상했습니다. 이후 2021년 바이든 정부가 들어서면서부터 관세뿐 아니라, 기술, 금융 및 제도 규범 등 전방위적으로 중국에 대한 견제와 압박을 강화합니다.[4]

지난 40여 년간 진행되어 온 세계화의 추세 속에서 중국은 자신의 정치 규칙을 바꾸지 않고 개방을 통해 고속 성장을 거두었고, 미국 등 서구 세계는 중국 내에서의 인권 문제 및 권위주의적 정치 강압에 눈감으면서, 중국 제조와 시장을 통해 최대한의 이익을 누려 왔습니다. 중국은 일당 체제를 유지하는 선에서는 무엇이든 개방할 수 있다고 보았고, 미국은 자유로운 개방 원칙이 진행되면 중국 체제를 변화시킬 수 있다고 판단했습니다.

그런데 중국이 세계 경제에서 차지하는 비중과 영향력이 적었을 때는 서구 세계도 예외적인 중국 정치의 규칙을 위협적이라 느끼지 않고 어느 정도 용인했지만, 지금은 상황이 다릅니다. 이러한 중국을 그냥 내버려 두고 만약 중국의 영향력이 더 커진다면 자유나 민주의 가치마저 위협받을 수 있다는 서구 세계의 위기감이 최고조에 달하고 있습니다. 2022년 2월 러시아의 우크라이나 침공으로 이러한 위기감은 현실이 되었습니다.

미국은 중국 체제가 자유주의적 질서로 수렴할 것이라는 기대와 이에 기반을 둔 기존의 대중국 전략이 철저히 실패했음을 자인했습니다. 이에 따라 미국은 이전과는 다르게 국가 이익뿐 아니라 미국의 '가치'를 내세우며 중국을 압박합니다.[5] 2022년 5월 26일 토니 블링컨(Tony Blinken) 미국 국무장관은 "미국이 주도한 규칙에 기반을 둔 국제질서에 중국도 따라야 하며, 이를 지키지 않을 경우 따를 수밖에 없는 환경을 조성하겠다"라는 의지를 확고히 밝혔습니다. 즉 중국을 둘러싼 전략적 환경을 바꾸겠다는 것이지요. 2022년 10월 12일 바이든 정부는 새로운 국가안보 전략(NSS)을 발표하면서, 중국을 "탈냉전 시대 이후 세계질서를 재편할 의도와 힘을 가진 유일한 경쟁자"이자 "가장 결정적인 지정학적 도전"으로 규정합니다.[6] 미국의 자체 경쟁력을 강화하면서 동맹 규합을 통한 협공과 중국 봉쇄의 의지를 분명하고도 아주 노골적으로 밝혔습니다.

이러한 분위기에서 중국공산당 제20차 당대회가 2022년 10월 16~22일에 열렸습니다. 중국공산당은 미국의 견제라는 대외환경 변화에 적극적으로 대응하기 위해 내부 단결과 투쟁 정신을 강조했습니다. 시진핑은 '우환의식(憂患意識)'을 높이고 '거칠고 사나운 풍랑(驚濤駭浪)'과 같은 시련을 겪을 준비를 단단히 하자고 강조했습니다. 특히 타이완 문제 해결에 대해서는 "무력 사용을 포기한다고 절대 약속하지 않는다"라고 발언하면서, 타이완 해협에서의 무력 충돌의 가능성을 고조시켰습니다.[7]

지금 기존의 세계질서가 흔들리며 급변하고 있습니다. 특히 동아시아 지역은 20세기 식민-제국주의가 남긴 역사 문제가 해결되지 않은 가운데, 한반도를 둘러싼 대외환경이 지각변동을 일으키고 있습니다. 미국의 대중국 견제, 북한의 핵 보유, 중국의 타이완 압박, 일본의 반격 능력 보유 선언 등 동아시아에서의 전쟁과 무력 충돌의 가능성도 점차 고조되고 있습니다. 지정학·지경학적으로 동아시아 지역과 강하게 연동되어 있는 한국으로서는 평화와 생존을 위해 다방면의 노력을 기울이지 않으면 안 될 때입니다. 이 강의에서는 이러한 정세 변화를 염두에 두면서, 최근 5년간 급변한 세계 정세에 대응하기 위한 중국의 전략과 국가 목표에 대해 살펴보도록 하겠습니다.

미·중 간 전략적 경쟁과 '총체적 국가안보관'

2018년 미국과 중국 간의 무역 전쟁이 시작되었습니다. 미국 무역대표부(USTR)는 중국의 핵심 품목을 겨냥하여 고율의 관세를 부과했습니다. 대부분 중국이 미래산업 육성을 위해 발표한「중국 제조 2025」에서 명시한 품목들입니다.「중국 제조 2025」는 2015년 5월 중국 정부가 발표한 제조업의 질적 성장을 위한 전략적 계획입니다.[8] 중국의 전통적 강점인 제조업을 첨단기술과 결합하여 제조업 대국에서 '제조업 강국'으로의 전환을 목표로 하는 30년 장기 혁신 계획 중 첫 번째 단계에 해당합니다. 가장 주목할 점은 중국의 10대 핵심 산업의 23개 분야에서 핵심 기술 부품과 기초 소재의 국산화율을 2025년까지 70%의 수준으로 끌어올리겠다는 것입니다.「중국 제조 2025」는 단순한 경기부양책이 아니라 강국이 되기 위한 중국의 종합적인 전략입니다. 또한 국제사회의 각종 표준과 규범, 규칙(rule)을 장악함으로써 자신의 경제 활동 및 정보 수집 등을 유

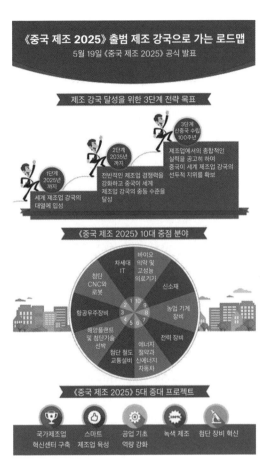

그림 14-1 「중국 제조 2025」 홍보 포스터

리하게 전개하기 위한 목적에서 내놓은 것입니다. 요컨대 경제 분야만이 아니라 중국 경제를 정치, 외교, 군사 등과 연관시켜 종합적으로 내놓은 하나의 장기적이고 공세적인 산업 전략이었습니다.

미국은 중국의 야심 찬 계획에 대해 제재를 가하기 시작했습니다. 「중국 제조 2025」와 연관된 불공정한 무역 정책과 기술 이전 강요 등이 미국이 우위를 누리는 첨단 산업에 위협을 가하고 있다고 인식한 것입니다. 미국은 중국이 먼저 국제 규범에 대한 '현상 변경'을 시도함으로써 냉전을 걸어왔다고 주장하면서, 다른 한편으로는 중국을 견제하는 상황을 구조화함으로써 중국의 힘을 약화시키려고 합니다. 중국은 지난 40년간 일당 체제의 속성을 유지하면서도 세계 시장과의 통합 속에서 최대한의 이익을 확보할 수 있었고, 중국 체제와 세계 시장 간의 균형을 끊임없이 관리해 왔습니다. 그러나 이제 세계화의 흐름이 투자와 교역을 넘어, 제도와 기술 및 금융의 영역으로까지 확대되면서 중국의 체제 속성이 근본적으로 변화될 수 있는 임계점에 도달했습니다. 과학기술이 첨단 군사 무기에 적용되면서 기술과 안보의 관련성이 갈수록 밀접해졌고, 경제와 안보를 따로 분리하여 생각하기 어렵게 되었습니다. 기술 자체가 안보화되면서, 오히려 안보 논리가 경제 논리를 압도하는 시대가 되었습니다.[9] 여기에 덧붙여 '강국'을 목표로 '추격'하는 중국의 자신감과 '패권'을 유지하기 위해 쫓기는 미국의 '불안'이 상호 과도한 작용을 일으키며, 미·중 갈등은 이제 돌이킬 수 없는 국면으로 접어들게 되었습니다.

미국은 기존의 글로벌 가치사슬(Global Value Chain)에서 선별적으로 중국을 배제한 뒤에, 이를 신뢰 가능한 동맹이나 우방과의 공급망으로 재편하려 합니다. 이른바 '신뢰 가치사슬(Trusted Value Chain)'이라는 미국의 보호주의 진영화 전략이 투사된 글로벌 공급망의 재편입니다. 미국은 각종 법안의 형식으로 중국을 배제하고 있고, 이를 동맹국에도 요구합니다. '인도·태평양 경제 프레임워크(IPEF, Indo-Pacific Economic Framework)'나 반도체 생산·공급을 위한 '칩4(Chip4)'와 같은 논의가 대표적입니다. 이에 대해 중국은 국

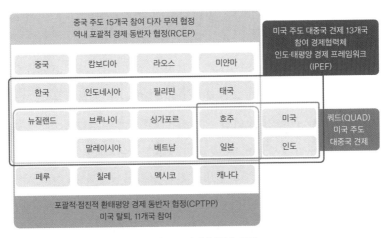

중국 주도 15개국 참여 다자 무역 협정 역내 포괄적 경제 동반자 협정(RCEP)				미국 주도 대중국 견제 13개국 참여 경제협력체 인도·태평양 경제 프레임워크 (IPEF)
중국	캄보디아	라오스	미얀마	
한국	인도네시아	필리핀	태국	
뉴질랜드	브루나이	싱가포르	호주	미국
	말레이시아	베트남	일본	인도
페루	칠레	멕시코	캐나다	퀴드(QUAD) 미국 주도 대중국 견제
포괄적·점진적 환태평양 경제 동반자 협정(CPTPP) 미국 탈퇴, 11개국 참여				

그림 14-2 미·중 갈등의 양상을 보여주는 경제 협력체 현황

가의 역량과 각 분야의 자원을 총동원하는 종합적인 전략으로 대응하고 있습니다. 경제 정보 등을 종합적으로 동원한 새로운 안보관을 제기했습니다.

시진핑은 이미 2014년 중앙국가안전위원회 제1차 전체회의에서 '총체적 국가안보관(總體性國家安全觀)'이라는 전략 사상을 제시한 바 있습니다. '총체적 국가안보관'에는 모두 20개의 중점 분야가 포함되는데, 정치 안보뿐 아니라, 군사, 국토, 경제, 금융, 문화, 사회, 과학기술, 사이버, 식량, 생태, 자원, 핵 및 해외 이익에서의 안보를 모두 포괄합니다. 또한 우주, 심해, 극지, 생물 및 인공지능, 데이터 등 새로운 첨단기술 분야에서의 안보도 총망라합니다.

2023년 5월 30일 20차 당대회 이후 첫 번째로 열린 중앙국가안전위원회 회의에서 시진핑은 "국가안보가 직면한 복잡하고 엄준한 형세를 심각하게 인식하고, '신안보 구도(格局)'로 '신발전 구도'를 보장하여, 국가안보 사업의 새로운 국면을 여는 데 노력하자"라고 강조했습니다.[10] 안보의 구조를 바꿔야 새로운 발전의 구조 역시 확보할 수 있다는 것입니다. 회의에서는 투쟁 정신과 함께 '총체적 국가안보관'의 견지와 발전, 그리고 국가 주권, 안보, 발전 이익의 수호를 강조했습니다. 특히 '발전'과 '안보'의 심층적 통합을 촉진해야 한다고 하면서, 각 영역의 유기적 연결과 연동 결합을 촉진했습니다. 시대 변화에 대응하는 '중국판 경제안보관'이라 할 수 있죠.

중국공산당의 설명에 따르면, '총체적 국가안보관'은 당 역사상 최초로 국가안보에 관한 지도 사상으로 확립된 중대한 전략 사상입니다. 현재 직면한 "거칠고 사나운 풍랑"과도 같은 시련을 견딜 준비를 단단히 하기 위해서는, 국가안보 리스크에 대응하는 종합적 대응체계를 만들어야 한다고 강조합니다. 총체적 안보관의 핵심은 국가안보 사업에 대해서는 "당의 절대적인 영도"를 견지해야 한다는 것입니다. 아울러 국가안보의 중요한 내용으로 '정치안보'가 포함되어 있습니다. 정치안보는 국가안보의 근본이자 생명선으로, 정치안보의 핵심은 정권과 제도의 안전을 지키는 것이고, 가장 근본적으로는 중국공산당의 영도 지위와 집정 지위, 그리고 중국 특색 사회주의 제도를 수호하는 것이라고 밝히고 있습니다. 즉 국가안보를 지키는 일이란 '당의 절대 영도' 아래 '정치안보'를 지키고, 이는 결국 공산당의 집권과 중국 제도를 수호하는 일이라며 당의 정권 유지와 국가안보를 직접 연결하고 있습니다.

또한 국가안보에 관한 총체적인 인식 변화와 임무를 대중교육을 통해 '사회화'하는 작업도 동시에 수행하고 있습니다. 즉 '중국 특색 국가안보의 길'을 지키기 위해서는 인민들의 역량을 기초로 하여, 방역이라는 총체전, 저격전 등 각종 형태의 전쟁에 인민들이 총

동원되는 '인민전쟁'을 치러야 한다는 것이죠.[11] 이에 따라 현재 중국공산당은 전 국민을 대상으로 한 국가안보 교육을 실시하고 있습니다. 이미 2015년부터 매년 4월 15일을 전 국민의 '국가안보 교육의 날'로 규정하였고, 일정한 교육과정을 통해 총체적 국가안보관을 관철할 수 있는 사회적 토대를 만들어야 한다고 강조합니다. 아울러 국가안보와 관련한 법 규범을 강화하며, 「국가안전법」 제77조에서는 국가안보 영역에서 공민이 지켜야 하는 의무도 규정하고 있습니다. 국가안보를 위협하는 단서나 사안을 즉각 보고하고, 국가안전기관, 공안기관 및 관련 군사기관에 필요한 지원과 협조를 제공하며, 알게 된 국가정보는 비밀로 유지해야 한다는 것이죠.[12] 이제 국가안보에 관한 책임은 관련 국가기관만이 아니라 전 국민의 의무가 되었습니다. 그것도 '법률'의 형태로 강제하고 있습니다.

결국 장기화하는 미·중 경쟁의 구도에서 중국이 가장 강조하는 것은 국가안보입니다. 그리고 국가안보의 영역을 사회 각 분야와 행정단위뿐 아니라, 모든 주체와 전방위적으로 연결합니다. 이는 '군민 융합(軍民融合)' 정책으로 구체화되었고, 2015년 3월에 개최된 전인대 12기 3차 회의 인민해방군대표단 전체회의에서 국가 대전략으로 승격됩니다. '군민 융합' 정책이란 군사 기술과 민간 기술의 상호협력을 강화해 국가 발전을 추진하려는 국가의 거시적인 전략이며, 이는 산업적 측면과 군사안보적 요소를 동시에 내재하고 있습니다. 2017년에는 '중앙군민융합발전위원회'라는 군과 민의 융합 발전을 일괄적으로 영도하는 중앙기구도 설치했습니다. 이 위원회의 주임인 시진핑은 중화민족의 부흥이라는 중국몽과 강한 군대를 구축하기 위해서는 군민 융합 정책이 성공적으로 추진되어야 한다고 강조합니다. 시진핑은 중국인민해방군에 대한 통수권을 가지고 있는 중앙군사위원회 주석의 자격으로 국가의 국운을 걸고 군민융합 정책을 직접 총괄하고 있습니다.

중국이 본격적으로 전쟁 준비를 한다고는 볼 수 없지만, 만약 전쟁과 같은 유사 상황이 발생한다면, 모든 인력과 물자 공급을 통제하여 장기전에 대비하며 언제든 동원 가능한 구조를 갖추고 있습니다. 국가의 명운이 걸린 안보 문제에 대해 모든 인민에게 그 책임과 의무를 부과하고 있으며, 그것이 자치와 동원의 결합, 사회 안정과 국가안보의 결합이라는 이름으로 진행되고 있습니다. 그것을 뒷받침하는 전략적 사상이 바로 '총체적 국가안보관'입니다.

쌍순환 전략과 공동부유, 중국식 현대화

중국공산당은 '새로운 안보 구도'에 맞는 '새로운 발전 구도'도 제기했습니다. 미국의 견제 강화와 코로나19 확산 속에서, 기존의 '국제 대순환' 전략에서 '쌍순환(雙循環) 전략'으로 크게 방향을 틀었습니다. '국제 대순환'이란 세계화에 편승하는 형태로 개혁개방을 추진하는 것인데, 중국은 이 전략으로 2001년 WTO에 가입했고, 이후 세계 분업 시스템 속에서 경제성장을 지속할 수 있었습니다. 하지만 2010년 이후 변화하는 국제정세 속에서, 중국 경제구조의 불균형을 바로 잡고 내수를 확대하고자 했습니다. 이와 같은 경제구조 재조정의 내용을 담은 '쌍순환 전략'이 2020년 5월 14일 중국공산당 중앙정치국 상무위 회의에서 처음으로 제기되면서, 중국 경제의 새로운 발전 구도를 형성하기 위한 전략적 개념으로 부상했습니다.

'쌍순환 전략'은 대외적 불확실성이 증대되는 상황에 대응하여, 내수 확대를 기반으로 지속 가능한 성장을 확보하기 위해 제기된 전략입니다. '쌍순환'은 국내 순환(내순환)과 국제 순환(외순환) 두 가지를 포괄하고 내수와 수출입이 함께 성장하여 시너지 효과가 나타나도록 하는 전략입니다. 국내 순환의 경우 수요 측면에서 민간 소비를 확대하면서 공급 측면에서는 수입 의존도를 낮출 수 있는 독자적인 국내 공급망 구축과 기술 자립을 목표로 합니다. 국제 순환에서는 향상된 기술력을 기반으로 한 첨단·고부가가치 상품의 수출을 확대하고, 내수 시장을 위한 수입 증대를 목표로 합니다. 국내 순환과 국제 순환을 상호보완적으로 발전시켜 나가는 구조지만, 국내 순환이 주된 요소이고 핵심입니다. 중국이 세계 시장과 공급망에 계속 참여하되, 외부 수요가 아닌 국내 시장에 의존해 성장을 이끌겠다는 의미입니다. 이는 세계 경제가 침체되고 첨단기술의 공급망 사슬에서 중국을 배제하려는 미국의 공급망 재편에 대응한 전략이라 하겠습니다.

그러나 쌍순환 전략의 중요한 한 축인 '국제 순환'은 처음부터 만만치 않은 외부의 저항에 부딪히고 있습니다. 미국은 2022년 「반도체 과학법(CHIPS and Science Act)」과 반도체 장비 수출 통제 조치를 발표하여, 관련 기업들이 중국 본토에서 철수하거나 투자 규모를 축소 혹은 투자를 중단하도록 강요하고 있습니다. 급등한 인플레이션을 완화하고 전기차 가치사슬에서 중국을 배제하려는 「인플레이션 감축법(Inflation Reduction Act)」, 일명 IRA 법안도 발효되었습니다. 광물, 소재, 배터리 등 전기차를 완성하는 데 필요한 모든 단계에서 중국 제품이 들어오지 못하게 한다는 강력한 법안입니다. 2023년 5월 유럽연합은 업그레이드된 '신(新)산업 정책'을 마련하여 중국의 산업 도전에 대응하고 있습니다. 11월에는 전기차 배터리와 반도체에 필요한 핵심 원자재의 제3국 의존도를 낮추는 것을 목표로 한 「핵심 원자재법(Critical Raw Materials Act)」이 유럽연합의 입법 관문을 통과했습니다.

이러한 첨단기술 분야에서의 국제사회와의 분리에 대응하여 중국은 '신형 거국 체제(新型擧國體制)'라는 독자적인 혁신 시스템을 구축하려고 합니다. 2019년 시진핑이 달 탐사 프로젝트 관계자들을 만나 처음 제기한 '신형 거국 체제'는 주로 중국 과학기술의 공백 부분을 겨냥하여 국가가 집중적으로 자원을 투입하여 약점을 빠르게 극복하겠다는 구상입니다. 과거 마오쩌둥 시대에 '전국적인 힘을 모아(擧全國之力)' 외국의 과학기술 봉쇄를 극복한 사례가 있었습니다. 덩샤오핑 시대에는 이러한 경험을 "힘을 모아 큰일을 해낸다(集中力量辦大事)"라는 사회주의 중국의 제도적 우위로 표현한 바 있습니다. 시진핑 시대에 이르러서는 이를 '신형 거국 체제'라고 표현합니다.

2023년 4월 중국과학원은 현재 외국에 '목이 졸려 있는(卡脖子)', 중국이 반드시 뚫어야 하는 기술 리스트를 발표하며, 핵심적인 35개의 기술 중에서 이미 21개를 해결했다고 했습니다. 아직 확보하지 않은 14개의 기술에는 반도체 제조의 핵심 장비인 광각기와 포토레지스트, 그리고 항공 관련 기술 등이 있습니다. 중국이 미해결 기술을 언제쯤 확보할 수 있을지는 알 수 없지만, 이러한 기술 리스트를 발표했다는 것 자체로 과학기술 혁신에 대한 집념과 성과에 대한 기대를 보여준다고 하겠습니다.[13] 2021년 전인대에서 당시 리커창(李克强) 총리는 "10년 동안 단 하나의 칼을 가는 심정(十年磨一劍)"으로 기술 발전에 매진할 것이라고 밝힌 바 있습니다. 2023년 전인대에서는 미국과의 경쟁이 치열한 금융과 과학기술 분야에 당 중앙기구인 '중앙 금융위원회'와 '중앙 과학기술위원회'를 신설하면서, 중국의 기술 자립에 대한 강한 의지를 보여줍니다.

한편 '국내 순환' 역시 만만치 않습니다. 이미 1990년대 후반부터 중국 경제의 불균형 문제를 지적해 왔지만, 언제나 성장이라는 우선순위에 밀려 제대로 실현되지 않았으니까요. 이번에는 국내 순환 위주의 경제구조 전환을 위한 재분배 정책도 발표했습니다. 그것은 바로 '공동부유(共同富裕)'입니다. 덩샤오핑의 개혁개방 이론은 "조건을 갖춘 일부 지역과 계층에게 먼저 부자가 되는 것을 허용한다"라는 이른바 '선부론(先富論)'이었습니다. 그러나 이제 변화된 상황 속에서 공동부유가 공식적인 목표로 제기되고 완수해야 할 당면 과제로 부각되었습니다. 사회주의 국가인 중국에서 '공동부유'를 말하는 것은 자연스러우며, 마오쩌둥을 필두로 역대 지도자들 모두 언급하고 강조해 왔던 목표입니다. 공동부유는 결코 부정된 적이 없는 중국 사회주의의 숙원이었지만, 현실 상황을 고려하여 계속 미뤄두며 고속 성장의 현실에서 잊혀 왔습니다. 그러나 이제 다시 제기된 것이죠.

시진핑은 중국에서 절대빈곤 문제가 해결되고 '전면적 소강(小康)사회'가 완성됨에 따라, 이제는 공동부유를 내실 있게 추진할 수 있는 역사적 단계에 와 있다고 판단합니다. 2021년 8월 17일 개최된 중앙 재경위원회 10차 회의에서 시진핑은 "공동부유는 사회주의의 본질적 요구이며, 중국식 현대화의 중요한 특징"이라고 말합니다.[14] 이 회의에서는 중국 발전 단계의 새로운 변화, 즉 '두 번째 백 년'의 목표를 향해 나아가는 새로운 발전 단계에 들어섰기 때문에, "전체 인민의 행복 도모를 위해 공동부유의 촉진을 주력 과제로 삼고, 이를 토대로 당의 장기적 집정의 기초를 다져야 한다"라고 강조합니다. 시진핑은 집권 이후 "공동부유 실현은 경제 문제만이 아니라 당의 집정 지위와 관련된 중대한 정치 문제"임을 여러 차례 밝혀왔습니다. 공동부유는 사회주의의 본질적 특징이기 때문에, 공동부유가 없으면 사회주의도 없으며, 그렇게 되면 당의 집정 지위 근거도 사라지게 된다는 것입니다.

경제적인 측면에서 보면 공동부유는 "불평형하고 불충분한 발전"이라는 주요 모순을 극복할 수 있는 핵심 정책입니다. 구체적으로 '고품질 발전(高質量發展)', '소득분배 개혁', '공공서비스 균등화' 정책을 추진하고 있습니다. '고품질 발전'은 산업과 경제를 고부가가치 방향으로 발전시킨다는 것이고, 나머지 두 가지는 사회적 평등과 균형 발전의 추구를 목표로 합니다. 20차 당대회의 업무 보고에서는 개인이 부를 축적하는 방식을 관리하겠다는 의지를 분명히 했습니다. 개인의 불법 소득 차단, 탈세 방지 및 개인 소득세 강화 등 과도한 고소득을 합리적으로 조절하겠다는 것입니다. 또한 고소득층의 자발적 기부를 유도한다는 방침인데, 이것은 시장에서의 1차 분배와 정부에 의한 2차 분배와는 다른, 3차 분배의 핵심입니다. 중국공산당은 이미 여러 규제 정책을 통해 많은 민간기업을 정비한 바 있습니다. 교육 산업, 게임 산업, 엔터테인먼트 산업, 과학기술 산업, 인터넷 대기업, 전자 상거래 등과 관련된 민간기업들은 당의 공동부유 정책에 호응하며 자선 기부에 나서고 있습니다. 알리바바, 텐센트가 천억 위안 규모의 '공동부유' 기금을 기부하였고, 바이트댄스(ByteDance, 字節跳動), 핀둬둬(拼多多), 징둥(京東) 등 인터넷 기업들도 기부 목표와 계획을 밝혔습니다.

중국은 현재 '공동부유'를 장기적인 발전 전략으로 보고 있으며, 그 목표는 2025년까지 주민 소득과 실제 소비 수준의 격차를 점차 좁히고, 2035년까지 공동부유에 도달하는 더욱 뚜렷한 실질적인 진전을 이루며, 2050년에는 공동부유를 기본적으로 실현하는 것입니다. 중국공산당 간행물 『구시(求是)』는 2022년 8월 시진핑의 글을 발표합니다.[15] 시진핑은 "인민의 공동부유를 촉진하는 것은 장기적인 과제"이며, "급하게 추진해서도 안 되고, 그렇다고 지체할 수도 없는(急不得, 也等不得)"일이라고 밝히면서, 당 중앙으로 집중되고 통일된 영도를 강조합니다. 공동부유는 단순히 경제 문제가 아니라 정치적 사명을 띤 목표라는 뜻입니다. 또 적절하게 속도를 조절해 가면서 실천해 간다는 의지를 보여주고 있죠.

중국이 '공동부유'를 추진하는 것은 본질적으로 경제가 빠르게 발전한 후 파생된 많은 불균형과 불평등 문제를 해결하려는 시도라 볼 수 있습니다. 물론 최근 중국의 경제성장이 둔화하면서 공동부유 정책은 일시적으로 분배의 속도를 늦추고 있습니다. 부나 소득의 재분배와 관련된 정책을 추진하면, 투자와 소비에 대한 신뢰를 떨어뜨릴 수 있기 때문이죠. 그러나 공동부유 정책이 더디다고 해서 정책 방향이 바뀐 것은 아닙니다. 오히려 중국은 분배 메커니즘을 개선하겠다는 의지가 강합니다. 예를 들어, 중국 국가세무총국은 2022년 말 '스마트 세무 시스템 4기(金稅四期)' 개발 작업을 기본적으로 완료하고, 개인 소득세 정보 클라우드 플랫폼을 구축했습니다. 이미 1994년부터 중국은 전국 세무 기관 데이터를 활용해 부가가치세 전용 영수증과 사업자 부가가치세 납부 현황을 모니터링하는 '스마트 세무 프로젝트'를 통해 세금 관리의 통합 시스템을 구축해 왔습니다. 이러한 세무 디지털 시대에는 모든 사람의 납세 정보와 신용이 중시되며, 탈세 등의 위험을 방지할 수 있겠죠.

이러한 공동부유 정책의 목표는 사회 공정을 촉진하고 빈부격차를 개선하는 데 있지만, 실제로는 포퓰리즘적 함정에 빠질 수도 있습니다. 즉 사람들의 부의 창출 의욕을 떨어뜨리고 기업 투자와 혁신 동력을 위축시키는 결과를 초래할 수 있다는 것입니다. 분명한 점은 경제 전망이 불확실하다면 공동부유 역시 달성하기 어렵다는 것입니다. 관건은 경제성장을 일정 수준으로 유지하면서도 인민들이 공동부유를 실감하게 하는, 즉 공동부유로 가는 속도와 성과를 적절하게 조정하고 공유하는 문제일 것입니다. 이 과정에서 심각한 빈부격차를 어느 정도까지 좁힐 수 있을지, 또한 1차 분배와 정부에 의한 2차 재분배, 그리고 3차 분배에 관한 구체적인 제도 설계와 세심한 집행을 어떻게 진행할 수 있을지에 따라 공동부유의 운명이 달라질 수 있을 것입니다. 경제가 침체되면 공동부유의 추진이 미뤄질 수도 있지만, 빈부격차가 좁혀지지 않는다면 공동부유 실현을 위한 속도를 급격히 높일 수도 있을 것입니다.

공동부유가 경제 주체들의 의욕을 꺾을 수 있다는 문제뿐 아니라, 그 자체로 '정치화'되어 관료들의 정치적 충성과 정책 반응을 테스트하는 또 다른 도구가 될 수도 있습니다. 어떻게 해서라도 중앙의 정책을 실현해야 하는 지방 정부로서는 공동부유를 위해 반(反)상업적인 사회 분위기를 조성할 수 있고, 이러한 분위기는 기업 투자의 증대와 혁신 동력의 창출 등과 모순되어 중국 경제의 활력을 저하하고 기업 성과의 위축을 가속화할 수도 있을 것입니다.

중국의 대외 전략과 외교 담론의 변화

중국의 대외 전략 역시 시진핑 집권 이후 크게 바뀝니다. 변화의 배경으로는 2010년 중국 경제가 일본을 제치고 세계 2위의 경제 대국이 되었다는 점과 2008년 금융위기 이후 나타난 미국의 리더십 약화 등을 꼽을 수 있습니다. 이에 따라 시진핑 지도부는 중국과 미국이 갈등이 아닌 협력을 하고, 중국의 부상을 미국이 인정하며, 상호 핵심 이익을 존중하자는 내용을 골자로 하는 '신형 대국 관계(新型大國關係)'를 제안했고, 적극적으로 새로운 국제질서의 건립을 추진해 나갑니다. 개혁개방 이후 중국은 외교·안보적 갈등보다는 경제에 모든 힘을 집중하고자 했기 때문에, 대외적 갈등 이슈에 대해 유연하게 대처해 왔습니다. 1990년대 덩샤오핑은 힘을 숨기고 때를 기다리는 '도광양회(韜光養晦)'를 강조하며, 일본과의 센카쿠 열도(중국명 댜오위다오) 분쟁에 대해 얘기하지 말자고 했습니다. 2000년대 후진타오(胡錦濤) 시기에는 '평화적 발전(和平發展論)'이나 '조화로운 세계(和諧世界論)' 등의 담론을 펼쳐왔지요.

시진핑 집권 2기가 시작되는 2017년에 들어서면서 중국의 외교 담론은 더욱 세계적인 메시지를 포괄하면서 강경한 어조로 바뀝니다. 당시 중국 지도부는 미국의 패권이 점차 약화하고 있으며, 지금이 미국을 추월할 수 있는 전략적 기회의 시기라고 파악합니다. 중국의 주요 관변학자들은 시진핑이 제기한 '백 년 만의 대변동기'가 중국이 부국(富起來)에서 강국(強起來)으로 갈 수 있는 중요한 시기라고 보았습니다. 이러한 배경에서 시진핑은 2017년 10월 19차 당대회 보고에서 '중국 특색의 대국 외교'를 강조하고, 대미 외교의 원칙으로 '신형 국제관계(新型國際關係)'를 제시했으며, 이와 함께 '인류 운명 공동체' 건설이 중국 외교의 목표임을 천명합니다.[16]

'신형 국제관계'는 기존의 신형 대국 관계와는 다르게, 미국뿐만 아니라 다른 강대국, 아시아 국가 및 제3세계를 포괄하는 새로운 외교 담론입니다.[17] 신형 대국 관계는 미국이 중국의 부상을 인정해 줄 것과 상호 핵심 이익을 존중하자는 데 초점이 있었습니다. 그러나 신형 국제관계는 중국이 부상하더라도 위협이 되지 않는다는 점을 강조합니다. 중국 부상 이후의 미래 질서를 염두에 둔 개념입니다. 또한 신형 대국 관계에서는 미국과 전쟁하지 않을 것을 강조했지만, 신형 국제관계는 글로벌 거버넌스를 개혁하겠다는 의지를 담고 있습니다. 미국을 핵심으로 하는 '동맹'의 국제질서가 아닌 다자간의 '상호존중, 공평 정의, 협력 공영'을 통해 글로벌 파트너십 네트워크를 건설하고 새로운 질서를 수립하자는 의미를 담고 있습니다. 유엔뿐 아니라 브릭스(BRICS), 상하이협력기구, 아시아 교류 및 신뢰구축 회의(CICA) 등의 기구에서 역량을 강화하고, 일대일로 협력을 추진하면서 발족한 아시아인프라투자은행이나 실크로드 기금 등을 통해 국제 금융 분야에서도 영향력을 확대하고자 합니다. 아울러 대국 외교를 중심으로 하여 주변 외교나 개발도상국과의 협력

등 적극적인 다자 외교도 강조하고 있습니다.

중국공산당은 '중화민족의 위대한 부흥'이라는 꿈과 '사회주의 현대화 강국' 건설이라는 목표를 제시하면서, 동시에 중국의 꿈이 '세계의 꿈'이 될 수 있도록 '인류 운명 공동체' 건설을 추진할 것이라고 강조합니다. '인류 운명 공동체'라는 담론을 통해 '중국 이야기 (中國故事)'를 전파하고, 세계인들에게 "중국의 경제 발전이 중국의 이익뿐 아니라 세계인의 이익에 도움이 된다"라는 것을 대대적으로 선전합니다. '인류 운명 공동체'라는 담론으로 서구에서 말하는 동맹 대신 '파트너십 네트워크'를 강조하고, 서구 주도의 글로벌 거버넌스와 패권 국가에 의한 독점에 반대하며 '국제 체제의 민주화'를 주장합니다.

20차 당대회 이후에는 기존의 이른바 '전랑(戰狼, 늑대전사) 외교'라고도 표현되는 공격적인 외교 행태 대신 평화 중재의 행보를 넓혀왔습니다. 이란과 사우디아라비아, 러시아와 우크라이나, 이스라엘과 팔레스타인 등 여러 지역에서 발생하는 국가 간 갈등까지 중재하려 나서고 있습니다. 한편으로는 미국의 무기력과 실패가 드러난 외교 무대에서 자신의 실력을 보여주려는 동시에, 국제사회가 직면한 각종 안보 리스크에 대응하기 위해 각국과의 협력 필요성을 강조합니다. '글로벌 발전 이니셔티브(GDI, Global Development Initiative)'와 '글로벌 안보 이니셔티브(GSI, Global Security Initiative)' 뿐 아니라, 문명의 다양성 존중과 공존을 골자로 하는 '글로벌 문명 이니셔티브(GCI, Global Civilization Initiative)'까지 '3대 글로벌 이니셔티브(三大全球倡議)'를 제시하며, 다양한 글로벌 협력사업 및 파트너십을 확대하고 있습니다. 다양한 국제 분쟁 이슈에서 중국의 평화로운 중재 역할을 강조하며 대대적인 선전 캠페인을 벌이고 있는 것입니다. 또한 상하이협력기구 등 다양한 형식의 국제기구를 통해 유라시아 지역을 새롭게 규합하고, 유럽에 대해 지속적인 유인책을 제공하면서도, 중동, 아프리카, 동남아, 남미 등 비서구 지역에 대해 자신이 보유한 국가 자본과 에너지 구매력, 광대한 시장 규모를 통해 영향력을 넓혀나가려 합니다.

서구 세계는 이러한 중국의 외교 담론 변화를 기존 국제질서에 대한 현상 변경으로 인식하고 있습니다. 중국 지도부는 중국의 부상이 위협이 아니며, 오히려 다른 국가와 지역에 더 많은 기회를 제공할 것이라고 말하지만, 미국을 중심으로 한 서구 세계에서는 위협적으로 느끼고 있습니다. 사실 중국은 개혁개방 이후 국력이 커지면서 자연스럽게 자신에 대한 인식과 위상 규정을 바꿔왔지만, 서구는 세계에서 차지하는 중국의 경제 비중이나 영향력이 커질수록 기존의 국제질서를 타파하려는 것으로 느낄 수밖에 없습니다. 게다가 코로나 팬데믹 상황에서 중국이 공격적인 태도를 보이면서 '전랑 외교'라는 비난까지 받게 되었으니까요.

세계체제론자들은 자본주의 확산 과정에서 나타나는 헤게모니(hegemony) 교체를 얘기합니다. 헤게모니는 '주도권', '지도력' 혹은 '패권' 등으로 번역되는데, 헤게모니를 장악하기 위해서는 상대방을 움직이게 만드는 물리적 힘인 하드 파워(hard power)뿐 아니라 자발적인 동의와 복종을 끌어내는 힘인 소프트 파워(soft power)를 가지고 있어야 합니다. 즉 강자의 논리에 따르는 이유는 강자에게 복종하지 않았을 때 받게 되는 폭력적 보복이 두려워서가 아니라, 자발적으로 동의하고 복종하게 만드는 힘, 즉 도덕적인 권위의 힘이 있기 때문입니다. 다른 나라들이 본받을 만한 혹은 따르고 싶게 만드는 어떤 문화적 힘이 있어야 합니다. 예컨대 20세기 역사를 미국이 헤게모니를 장악한 시대라고 본다면, 이는 단순히 경제력이나 군사력과 같은 하드 파워 때문만은 아닌, 미국이 내세우는 보편적 가치인 민주, 인권, 자유 등 소프트 파워의 '매력' 때문에 가능했던 것이죠. 파워 연구의 세계적인 권위자인 조지프 나이(Joseph S. Nye) 교수는 상황 지능(contextual intelligence)을 바탕으로 하드 파워와 소프트 파워를 적절히 구사할 수 있는 스마트 파워(smart power)도 강조합니다.[18]

그렇다면 향후 세력전이(power transition)가 이루어지면서 과연 중국이 헤게모니 국가로 부상할까요? 경제력의 총량 측면에서 보면 코로나19 이전까지는 중국이 머지않은 장래에 미국을 추월할 것이라고 예상했습니다. 군사력은 미국이 여전히 압도적 우위를 차지하고 있지만, 중국도 빠르게 추격하고 있고요. 그렇다면 중국은 세계를 이끌만한 매력적인 소프트 파워가 있을까요? 다른 국가를 자발적으로 따르게 만드는 중국의 문화적, 도덕적 힘이 무엇일까요? 일당 지배 체제이고 권위주의 체제인데 어떤 매력이 있을까요? 이런 측면에서 많은 학자는 중국에는 아직 보편적으로 인정할 만한 가치나 문화적 힘이 부족하다고 지적하며, 중국을 여전히 '불완전한 강대국(partial power)'이라고 평가합니다.[19]

물론 또 다른 관점에서 보면 '가치'란 매우 주관적이며, 결국 힘이 있는 국가가 내세우는 가치가 보편타당한 것으로 인정받는다고 볼 수도 있습니다. 이런 시각에서 소프트 파워나 가치 담론을 빼고 보면, 실제 미·중 갈등은 제도와 규범을 둘러싼 경쟁이라 할 수 있습니다. 제도와 규범은 거대한 질서를 유지하는 힘입니다. 중국이 과연 미국을 대신하여 제도와 규범을 창출하고 새로운 대안의 질서를 내놓을 수 있을까요?

한국의 관점에서 이 문제를 봅시다. 한국은 개인의 자유에 기반을 둔 시장 경제와 다원적 민주주의 체제 기반의 국가입니다. 지난 역사에서 군부 독재의 지배를 받기도 하고 체제 위기도 있었지만, 조금씩 민주주의의 방향으로 진화하며 민주적 정체성을 세워 온 나라입니다. 한국은 법적인 근거 없이 정부가 기업의 이익을 침해하기 어렵고, 언론과 시민사회의 권력 감시가 법적으로 보장되어 있으며, 민간의 자유로운 학술 비판과 문화 활동이 가능한 국가입니다. 물론 현실 정치에는 정경유착이나 권력 간의 야합이 여전히 강하게 존재합니다. 언론과 노동계, 시민사회에 대한 광범위한 탄압과 폭력도 자행되고 있습니다. 그럼에도 불구하고 성숙하고 깨어 있는 시민들의 노력으로 민주적 규칙이 지켜지는 방향으로 진화해 왔습니다.

반면 중국에서 기업은 당의 정책과 지침에 따라야 합니다. 공산당 일당 체제에서 정치와 경제는 하나의 원리로 움직이고, 역사와 문화는 국가적 관점에서 규정되고 제한됩니다. 언론은 당의 선전 매체이며, 상층 권력에 대한 인민들의 감시는 불가능하고 주요 지도자에 대한 정보 또한 알지 못합니다. 전체 사회의 균형을 잡고자 하는 사회주의적인 특징도 나타나지만, 당의 자애로운 정책과 기층 당원의 희생과 봉사에 의존해야 한다는 한계도 있습니다. 중국은 자신이 발신하는 담론이 서구 주도의 체제에서 전달되지 않거나 왜곡된다고 생각하지만, 외부 세계에서 볼 때 중국의 규칙은 보편성을 인정받기 힘든 규범입니다. '당의 전면적 영도'에 따라야 하는 정치 규칙은 중국 바깥 세계의 질서를 유지하는 규범이나 제도가 될 수 없습니다. 중국도 이러한 점을 잘 알기 때문에, 미국에 자신의 체제나 제도를 강요하지 말 것을 요구하는 동시에 중국 자신의 제도 역시 다른 나라에 강요하지 않을 것이라고 강조합니다. 그런데 이러한 체제나 제도의 상이함은 중국이 세계 경제에서 차지하는 비중이 적었을 때는 크게 문제가 되지 않았지만, 중국의 힘이 점차 커지게 되면서 많은 문제를 야기할 수 있습니다.

일각에선 현재 미·중의 대치 상황을 '민주주의 대 권위주의'라는 이념적 대립으로 보는 시각이 많지만, 미·중이 대치하는 더욱 실질적인 이유는 서로 다른 제도와 규범을 갖고 있기 때문입니다. 이러한 점에서 한국은 중국과는 다른 규칙으로 운영되는 국가이며, 중국과 접점을 찾기 어려운 점이 많은 것도 사실입니다. 물론 이웃한 국가로서 중국과의 관계를 잘 유지하고 척지지 말아야 하며 리스크를 관리해야 합니다. 그러나 가장 중심에 두고 생각해야 할 것은 한국 스스로 어떠한 비전을 가지고 국가를 만들어나갈 것인지, 그리고 장기적인 평화와 번영을 위한 미래의 전략은 무엇인지를 세워야 한다는 점입니다. 이러한 문제에 대해서는 마지막 강의인 한·중 관계 부분에서 다뤄보도록 하겠습니다.

★ 더 읽어보기

『탈냉전기 미중관계 타협에서 경쟁으로』(김재철 지음, 사회평론아카데미, 2023)
『롱 게임: 끝까지 해내는 승리자들의 전략적 사고법』(도리 클라크 지음, 김연정 옮김, 다산북스, 2022)

『중국의 외교정책과 대외관계』(David Shambaugh 지음, 김지용·서윤정 옮김, 명인문화사, 2021)

『중국은 어떻게 실패하는가: 미중 패권 대결 최악의 시간이 온다』(마이클 베클리·할 브랜즈 지음, 김종수 옮김, 부키, 2023)

『2023년: 세계사 불변의 법칙』(옌쉐퉁 지음, 고상희 옮김, 글항아리, 2014)

한·중 관계의
현안과 미래

한·중 양국은 1992년 수교 이후 다른 국가 간의 사례를 찾아보기 어려울 만큼 경제 교역이 급성장합니다. 양국의 정치체제와 지향하는 이념은 다르지만, 세계화라는 흐름 속에서 경제적, 문화적 교류가 크게 성장해 왔습니다. 그러나 2016년 사드 배치 문제를 둘러싼 갈등이 시작되고, 이후 한류 콘텐츠를 제재하는 사실상의 한한령(限韓令)과 팬데믹 위기, 인터넷에서의 역사 및 문화 논쟁 등을 거치면서 양국 국민의 상대국에 대한 호감도가 급격히 하락합니다. 경제적 관계 역시 중국 자체의 기술 경쟁력이 상승하면서 수교 초기의 양국 간 상호 보완성이 약화하고 상호 경쟁 구조로 바뀐 분야가 많아졌습니다. 코로나19 팬데믹을 거치면서 주요 선진국의 여론에서 반중 정서가 확산했고, 특히 한국은 청년층의 혐중 정서가 심각한 상황입니다. 2019년 홍콩의 민주화 시위에 대한 지지를 놓고 한국의 주요 대학 캠퍼스에서 한국 대학생과 중국 유학생 간에 물리적인 충돌이 발생하기도 했습니다. 이는 특히 청년 세대들에게 상대 국가에 대한 반감 정서가 증폭된 하나의 전환점이 된 사건이라 할 수 있습니다.

다른 한편으로 미·중 간의 경쟁이 치열해지면서 미국 역시 한국에 압력을 넣고 있습니다. 미국은 중국을 견제하기 위한 하나의 수단으로 동맹국인 한국에 대중국 수출이나 교류를 제한하라는 압박을 가하고 있습니다. 타이완 해협에서의 위기감도 고조되면서 한반도의 불안 요인으로 이어지고 있습니다. 이른바 40여 년간 부상해 온 중국이 이제 성장의 한계에 다다랐다는 '피크 차이나(Peak China, 중국 정점론)'라는 비관론도 나오고 있고,[1] 서구의 주요 선진국에서는 중국 경제와의 '디리스킹(derisking, 위험 제거)'을 위한 구체적인 전략도 연달아 쏟아내고 있습니다. 이렇게 급변하는 정세 속에서 한·중 관계는 어떻게 될까요? 우리는 중국과의 관계를 어떻게 유지하고, 무엇을 준비해야 할까요? 한중수교 30년이 지나고, 새로운 30년을 어떻게 맞이해야 할까요?

중국 경제가 어려운 것은 사실입니다. 과거와 같은 고속 성장은 더 이상 불가능하며, 인구 감소와 고령화, 식량 및 에너지 부족, 실업과 사회적 양극화의 심화 등 내부적으로 해결해야 할 문제도 많습니다. 그러나 중국은 거대한 규모를 지녔고, 지역마다 다양한 조건을 구비한 국가입니다. 빠르게 진행되는 글로벌 공급망 재편 과정에서 기존에 가공무역과 수출을 담당했던 연해 지역 도시들의 경제성장은 감소하고 있지만, 풍부한 자원과 에너지, 그리고 저렴한 노동력을 갖춘 서부 내륙 지역의 성장률은 상승하고 있습니다. 다른 국가들에 비해 낮은 도시화율을 봐도 향후 성장의 여지가 상대적으로 크다고 할 수 있습니다. 중국은 이미 자본축적을 이룬 거대한 국가이며, 제조업 분야에서 자기 완결성을 갖춘 생산 대국입니다. 국가 차원에서 주력 산업의 기술 분야에 대한 전폭적인 지원 정책도 진행하고 있습니다. 지난 몇 년간 국가 전략에 맞춰 디지털 경제와 에너지 전환의 시대에 대응하는 자체 공급망을 완성하는 데 주력해 왔습니다.

이에 반해 한국은 생산 능력은 뛰어나지만, 제품을 생산하고 수출하는 데 필요한 소재·부품·장비(소부장)를 수입해 와야 하는 산업 구조를 갖고 있습니다. 즉 한국 경제는 외부 의존도가 높으며, 대외적인 개방을 지속해야만 현재 경제 규모를 유지할 수 있습니다. 따라서 기존 시장 논리가 아니라, 안보와 자국 이익의 논리에 따라 재편되는 글로벌 공급망 상황에서는 어려운 처지에 놓일 수밖에 없습니다. 에너지나 자원을 전적으로 수입에 의존해야 하기 때문입니다.

향후 한국의 대중국 교역 비중이 감소한다고 해도, 중국을 대체할 시장이나 공급처를 찾지 않는 한 중국과 교역을 지속할 수밖에 없습니다. 서구 선진국들도 중국을 배제한 공급망으로 재편하려 하지만, 각종 중국산 소재나 광물이 다른 국가나 지역으로 우회하여 들어가 오히려 비용만 상승하는 결과를 초래하기도 했습니다. 미국이 중국에 대해 제재와 압박을 가한 지난 몇 년 동안 미·중 간의 교역 규모는 결코 줄어들지 않았습니다. 이런 점에서 볼 때 현재 국제 상황은 탈세계화라기보다는 세계화의 재편이라고 보는 것이 더 정확할 것 같습니다.

한편 중국은 경제적인 측면뿐 아니라 한반도의 평화와 안정을 위해서도 중요한 파트너 중의 하나이며, 역사·문화적으로도 얽혀 있는 국가입니다. 우리나라를 다른 곳으로 옮기는 것이 불가능하므로, 상호 관계 속에서 중국을 상대하며 우리의 미래를 준비해야 합니다. 좋든 싫든 중국은 우리가 반드시 알고 정확하게 이해해야 할 대상입니다. 마지막으로 이 강의에서는 한·중 간에 놓인 갈등의 쟁점이 무엇인지, 그리고 향후 우리가 중국에 대해 어떻게 대응하며 관계를 맺어나가야 할지에 대해서 생각해 보기로 하겠습니다.

한·중 간 역사·문화 갈등을 둘러싼 인식의 격차

한국과 중국은 역사적으로 긴밀한 관계를 유지해 왔고 오랫동안 같은 문명권 안에 있었습니다. 냉전 시기 잠시 관계가 단절되었다가 탈냉전의 흐름 속에서 1992년 8월 24일 한중수교를 맺게 됩니다. 그후 지난 30여 년간 양국의 교역은 전례를 찾아볼 수 없을 만큼 급격한 속도로 확대됩니다. 경제나 무역뿐 아니라 민간 단체와 유학생 교류를 포함한 사회문화적·인적 교류 역시 급증했죠. 이러한 교류의 확대가 가능했던 것은 서로 다른 체제임에도 불구하고, 정치와 경제 논리를 서로 분리해서 대응해 왔기 때문입니다.

그러나 중국의 힘이 점차 커지고 이전과는 다른 국가 목표를 제시하면서 정치와 경제의 영역 구분은 점차 모호해집니다. 중국은 자국의 목표를 관철하고자 점차 경제적 힘을 활용하여 타국에 제재를 가하기 시작했고, 국가안보 논리가 문화와 역사 영역까지도 좌우하게 됩니다. 한국과 관련해서는 사드 배치에 대한 경제적 보복이나 한한령이 대표적이라 할 수 있지요. 이처럼 2016년 이후의 상황은 한중수교 초기와는 많이 달라졌습니다. 이러한 상황에서 우선 중국이 특정한 사안에 대해 우리와 어떻게 다르게 인식하고 있는지를 알고 이해하는 것이 중요합니다. 특히 역사나 문화적 이슈를 둘러싼 갈등이 첨예하며, 이러한 이슈에 대한 인식의 격차는 각자의 정체성과 관련이 되기 때문에 해법을 찾기 쉽지 않습니다.

한국과 중국은 역사적으로 오랫동안 긴밀한 관계를 유지해 왔고, 문화적으로도 유교와 한자, 농경 생활 측면에서 비슷한 문화를 공유해 왔습니다. 이러한 문화적, 역사적인 친밀성이 수교 초기에는 상대를 이해하는 데 도움이 되었지만, 최근에는 역사를 보는 관점의 차이나 문화 귀속을 둘러싸고 갈등이 점차 커져왔습니다. 중국의 '동북공정(東北工程)'이나 문화 원조를 둘러싼 갈등으로 인해 한국인의 중국에 대한 호감은 일순간에 위협감과 반감으로 바뀌었습니다. 강대국이 자신의 힘을 투사하는 전형적인 사례라고 인식하기 시작하면서 중국에 대한 경계심이 급속히 증가합니다. 여기에는 중국과 한국의 규모와 국력의 비대칭성에서 오는 위기의식이 깔려 있으며, 배타적 중화 민족주의 현상에 대한 경계도 있습니다. 중국인들은 민족주의가 강화되는 것은 동아시아 각국의 공통된 특징임에도 불구하고 유독 중국의 민족주의 현상만 문제 삼는 것에 대해 불만이 많습니다. 그러나 한국인들은 중국이 동북공정과 같은 사안에 대해서는 현재의 '영토'를 기준으로 그 지역이 자국의 역사에 속한다고 주장하고, 남중국해 문제에 대해서는 '역사'를 기준으로 자국의 영유권을 주장하는 이중적 잣대에 대해 전형적인 강대국의 힘의 논리라고 생각합니다.

동북공정

동북공정(東北工程)은 2002년 시작하여 5년간 진행된 역사 연구 프로젝트로, 정식 명칭은 "동북변강 역사 및 현황에 관한 연속 연구공정"입니다. 중국사회과학원 변강사지연구센터(邊疆史地研究中心)와 동북3성 정부가 공동 주관하였지요. 동북공정의 과제에는 연구와 번역, 고문서 자료 등 세 가지 영역이 포괄되었고, 주로 고대 중국의 강역 이론, 동북 지방사와 민족사, 고조선과 고구려 및 발해국, 중조(中朝) 관계사 등에 관한 연구가 진행되었습니다.

동북공정 연구 결과에서 고구려가 중국 고대 지방 민족 정권에 속한다고 발표하여 논란이 일었습니다. 한국에서는 이를 '문화적 팽창주의'로 보며 중국에 대한 한국인들의 부정적 시각이 늘어났습니다. 중국이 북한 유사시 대응을 위한 사전 포석, 즉 북한 영토의 점령을 역사적으로 정당화하려는 정치적 목적을 갖고 이를 추진하고 있다고 본 것이지요. 동북공정에 대한 한국인의 반발이 커지자 중국은 역사문제로 인해 한·중 우호 협력 관계가 손상되지 않도록 노력하고 이를 정치 문제로 삼지 말자는 등 다섯 개 항에 관한 양해 사항을 한국 정부와 합의했습니다.

역사를 '기억하는 자의 것', '책임지는 자의 것'이라고 한다면, 역사에 대한 감도와 역사를 보는 관점에서도 한·중 간에 근본적인 차이가 있습니다. 예컨대 '동북공정'에 대해 한국인은 우리 모두의 역사 문제이고 한국인의 정체성과 관련된 사안이라고 인식하지만, 중국인에게는 그저 '국가'가 하는 일, 혹은 동북 지역 사람들의 일일

뿐입니다. 20세기 초 한반도 식민의 역사는 한국인 모두의 뼈아픈 역사이지만, 중국인들은 '만주국'의 역사를 자국의 역사로 보지는 않습니다. 중국에서 지역의 역사는 국가의 역사와 분리되어 있지만, 국가의 역사는 필요한 경우 지역의 역사를 모두 집어삼킵니다. 전체적으로 볼 때 중국은 '국가' 중심적인 역사관과 민족관을 갖고 있으므로, 현재 중국 영토에 속하는 경우 그 지역의 역사와 문화 그리고 민족 모두 현재 중국 국가에 속한다고 인식하며, 그렇게 교육하고 있습니다. 반면 한국은 '민족(ethnic group)' 중심적인 근현대 사관을 갖고 있고, 역사관을 둘러싼 정치적 논쟁이 존재하며 민간에서도 다양한 관점이 공존하고 있습니다.

또한 중국은 스스로 세계 4대 문명 중의 하나인 황하 문명의 발원지로 오랫동안 동아시아의 문명 종주국이었다는 자부심이 강하며, 주변 국가의 문화가 중화 문명에서 비롯되었다고 생각합니다. 문명 국가라는 정체성과 함께 문화적 자부심도 강하죠. 문제는 과거의 문명적 표준을 그대로 현재로 가지고 와서, 현재의 문화를 판단하는 잣대로 삼는다는 데에 있습니다. '문명'이 질서를 만들고 유지하는 하나의 표준이 되는 속성을 갖는다면, '문화'는 현지 환경과 조건에 맞게 토착화되며 끊임없이 변하는 것입니다. 문화는 소유하는 것이 아니라 끊임없이 흘러들어 현지의 자연환경과 풍속에 맞게 변형되고 안착하며 전승되는 것입니다. 아울러 한 방향이 아닌 상호 간에 다양한 방향으로 영향을 미치죠. 그러나 중국은 '과거 문명'과 '현재 문화'를 구분하지 못하고 동일한 것으로 혼동하고 있으며, 현재 중국 영토 안에 존재하는 다양한 문화를 모두 '현재 국가'에 종속된 것으로 보는 패권주의적 시각을 보입니다. 반면 한국은 근대로의 전환 시기 식민의 역사를 겪으며, 과거 왕조 시기와 근대 이후의 역사를 단절적으로 인식하는 경향이 강합니다. 반도라는 지정학적 조건에서 문명 수용국의 위치에 있었지만, 외부의 '문명'을 수용하고 토착화하여 독창적인 '문화'를 창조했다는 점에서 자부심이 강합니다. 그러나 동시에 문화를 지나치게 소유의 관점에서 이해하는 경향이 있습니다.

2022년 베이징(北京)에서 개최된 동계올림픽 기념행사에 등장한 조선족의 한복이 논쟁거리가 된 적이 있습니다. 한국의 언론들은 우리의 한복을 중국 자신들의 것으로 만들려고 한다며 '문화공정'이라는 말도 만들어냈죠. 그러나 냉정하게 생각해 봅시다. 중국의 소수민족 중 하나인 조선족은 '민족의 옷'을 입은 것입니다. 조선족이 자체 민족성을 대표하여 한복을 입지 않는다면, 과연 무슨 옷을 입어야 할까요? 우리야 한복이라고 부르지만, 북한에서는 조선옷이라 부르고, 중국 조선족들은 민족의 옷이라고 부릅니다. '한복'이라는 명칭도 19세기 후반 서양 문물로 들어온 양복과 구별하기 위해 만들어진 용어입니다. 또 같은 옷이지만 북한과 한국의 한복 형태는 이미 많이 달라졌습니다. 이렇듯 문화는 현지로 흘러들어 가면 현지의 풍속에 맞게 변형되며, 현지 사람들이 애정을 가지고 즐겨야 그 문화가 지속되고 전승되는 것입니다. 자신의 유형·무형의 문화를 즐기지도 않고 알지도 못하면서, '우리의 것'이라고 주장만 하는 것이 무슨 소용이 있을까요? '문화적 소유'라는 프레임에 갇혀 사고하지 말고, 유연하게 생각할 필요가 있습니다. 조선족이 한복을 입었다는 사실보다는, 중국이 국가적 행사에 어떻게 소수민족의 문화를 활용하는지를 비판적으로 볼 수 있어야 합니다. 한

복과 김치는 이미 옥스퍼드 사전에 한글 발음 그대로 수록되어 있고, 대부분의 중국인 역시 한국의 문화라고 생각합니다. 우리 스스로 문화에 대해 개방적이고 포용적인 인식으로 전환할 필요가 있습니다.

이처럼 한·중 간에는 체제·이념적 갈등뿐 아니라 역사·문화적 사안에서도 서로 다른 인식과 긴장 관계가 있습니다. 사실 영토나 역사 분쟁은 단기간에 해결되기 어렵습니다. 오랫동안 지역 공동체의 정체성을 유지하며 살아오다가 근대 국민국가가 탄생하면서 그 경계에 놓이게 된 지역의 경우는 언제나 국가 간 주도권 분쟁의 중심이 되었습니다. 독일과 폴란드도 영토 분쟁을 2백 년간 지속해 왔습니다. 역사 분쟁이든 영토 분쟁이든 모두 현재적 관점에서 점유권을 주장하는 것인데, 뒤집어 말해 현재의 관계가 바뀐다면 또다시 변화할 수 있는 문제겠지요. 따라서 이러한 문제는 현재 관점에서 판단하기보다는, 학술적 고증을 통해 함께 밝혀나가는 장기적 비전을 가져야 합니다.

우리의 중국 동포인 조선족 문제 역시 힘이 작동하는 영토 논리나 추상적인 역사 논쟁이 아니라 그 땅에서 살아가는 사람을 먼저 생각해 봅시다. 장기적인 역사를 보았을 때 그 땅에 대해 누가 애착을 갖고 자신의 터전으로 생각하는지가 중요합니다. 국가는 짧지만, 사람은 영원하니까요. 그래서 같은 민족인 중국 동포들이 자부심을 느끼고 그 땅에서 잘 살 수 있도록 협조하는 것이 중요하죠. 그런데 현재 중국 동포들은 자신들의 터전을 떠나고 있습니다. 현재 170여만 명 정도의 조선족 인구 중 70만 명 정도가 한국에 와 있습니다. 남아 있는 사람 중 상당 부분은 돈을 벌기 위해 발전한 중국의 동남 연해 지역으로 이동했습니다. 특히 젊은 조선족 청년들은 기회를 찾아 대부분 중국 대도시나 일본, 한국으로 갑니다. 조선족은 중국 내에서 거의 유일하게 두 개의 모국을 가진 소수민족입니다. 국적은 중국인이지만, 민족적·문화적 모국은 한국이나 북한인 이중적인 정체성을 가지고 있습니다. 조선족 문제를 어떻게 바라보아야 할까요? 우리가 조선 민족 이민의 역사에 대해 얼마나 알고 있을까요? 재외 동포들을 선진국과 그렇지 못한 국가로 구분하여 차별적으로 바라보는 문제, 조선족에 대한 한국 내에서의 차별적인 시선 등에서 한국인의 민낯이 그대로 드러납니다.

한·중 간에는 단오제나 아리랑, 농악 등 세계 무형 문화유산 등재와 관련된 논쟁도 있었습니다. 이러한 문제는 관리할 수 있고, 오히려 문화에 대해 다시 생각하게 만드는 계기를 제공해 주는 것 같습니다. 예컨대 2005년에 세계 무형 문화유산으로 등재된 '강릉 단오제'는 중국의 단오절과는 다른 문화이며, 어떻게 다른지를 알아가는 과정에서 문화의 차이를 인식할 수 있습니다. 강릉 단오제는 지역의 전통 축제이고, 중국의 단오는 초나라 굴원(屈原)의 죽음을 추모하며 생긴 풍습이라는 것이 주류적 해석입니다. 또한 유네스코가 왜 강릉 단오제를 세계 무형 문화유산으로 인정했는지, 그리고 문화유산 등재의 기준은 무엇인지 등에 대해 이해하게 된다면, 문화를 바라보는 관점도 달라질 수 있을 것입니다. 최근에는 줄다리기나 매사냥 등 비슷한 문화를 가진 여러 국가가 공동으로 세계 문화유산 등재를 추진하는 사례가 있습니다. 남북한이 함께, 또는 한국과 일본이 공동 등재를 추진한 사례도 있습니다. 중국 동북 지역의 문화는 지리적, 지형적 특성이 유사하여 우리의 문화와 상당 부

그림 15-1 중국의 단오절(왼쪽)과 강릉단오제(오른쪽)

분 중첩됩니다. 이러한 특성을 활용하여 중국과 북한과 한국이 공동으로 문화유산의 등재를 추진하는 것도 의미가 있을 것입니다.

한·중 관계의 미래를 어떻게 준비해야 할까

그렇다면 정치체제, 이념, 역사관, 문화 등의 측면에서 우리와는 다른 인식을 가진 중국과 어떻게 지내야 할까요? 한·중 관계에서는 역사나 문화 이슈와 관련하여 야기된 갈등이 정치, 경제적인 이슈보다 더 심각할 수 있습니다. 이는 한 국가의 주권자로서의 정체성, 자국에 대한 자부심, 국가에 의해 교육된 역사관이나 민족적 자의식 때문에 생겨나는 것으로 자신의 가치관이나 세계관과 관련이 되기 때문입니다. 게다가 인터넷의 발달로 과장되고 왜곡된 정보의 전달과 유통이 거의 실시간으로 이루어지고 있고, 또한 직접적 접촉 없이 상상과 관념 속에서 상대를 대상화하고 공격하기 용이한 환경이 만들어졌기 때문에, 한·중 양국 간의 경쟁 구도와 경계 심리는 더욱 확대되었습니다.

이러한 측면에서 한·중 관계는 이미 사드 갈등 이전으로 돌아가기 어렵습니다. 그 주요한 이유는 한·중 관계를 둘러싼 대외적 환경 자체가 변화되었고, 한국과 중국 두 나라 모두 그 이전의 위상과는 달라졌기 때문입니다. 한·중 관계를 이끌어왔던 상호 이익의 협력 구조는 이미 사드 갈등 이전부터 균열하기 시작했습니다. 기존의 제조업과 탄소 에너지 기반에서 확대되어 온 양국 간의 경제협력의 영역은 점차 축소되어 왔고, 산업구조와 기술 측면에서 한·중 양국은 점차 극심한 경쟁적인 상황에 놓이게 되었습니다.

그렇다면 향후 한·중 관계를 어떻게 준비해야 할까요? 우선 시대의 흐름을 읽는 지혜가 필요합니다. 지금은 새로운 전환의 시대입니다. 특히 코로나19 팬데믹 위기로 한층 더 촉발된 대전환의 시대입니다. 우리는 탄소 중립으로의 에너지 전환, 디지털 경제로의 전환, 복지와 성숙 사회로의 사회적 전환이라는 '다중적 전환의 시대'에 놓여 있습니다. 신에너지와 인공지능(AI) 기술을 중심으로 산업이 재편되면서, 우리는 새로운 도전과 함께 기회도 맞이하고 있습니다. 디지털 경제라는 조건은 여러 측면에서 비대칭적인 중국과의 관계를 극복하면서, 전혀 다른 조건에서 새로운 시대를 열어나갈 기회를 제공해 주고 있습니다.

물론 중국의 과학기술은 지난 10년 동안 놀라운 발전을 거두었고, 자체 보유한 막대한 인구와 시장 규모를 가지고 데이터, 인공지능, 5G 등의 분야에서 앞서나가고 있습니다. 그러나 중국은 당이 통치하는 일당 체제 국가로 내부적인 안정과 통합을 위해 인터넷에 대한 통제를 강화하고 점차 이를 법제 형식으로 규범화하고 있습니다. 내부 통제 목적으로 가상 공간에서 강화해 온 '방화벽(Firewall)'

은 중국이 자유주의 세계에 대한 완전한 개방 조치를 할 수 없을 것이라는 현실을 상징처럼 보여줍니다. 일당 체제인 중국에게는 해외 정보 차단으로 인한 사회적 불이익을 감수하더라도 인터넷을 통제하여 사회 안정을 유지하는 것이 그 어떠한 목표보다 중요하기 때문입니다.

반면 한국은 해양 세력과 대륙 세력, 패권국과 도전국, 서구 문화와 아시아 문화가 중첩되고 충돌되는 지정학적 위치에 있습니다. 새로운 전환의 시대, 이러한 구조적 제약을 오히려 구조적 장점으로 전환해야 합니다. 그러기 위해서는 더 많은 지역과 사람과 사물을 연결할 수 있는 적극적인 '개방형 사회'로 나아가야 합니다. 그리고 이러한 디지털 경제로의 전환은 비단 경제적 이익을 창출하는 영역에만 그쳐서는 안 되며, 한국 스스로 성숙한 문화 가치를 형성하고 문화 담론을 선도해 나갈 수 있는 커다란 전환적 계기로 삼아야 합니다.

다음으로 이러한 문화적 측면에서 한국의 대전략을 만들어나갈 수 있어야 합니다. 현재 한국의 문화 콘텐츠가 다양한 지역의 젊은 세대에게 영향을 미치고 있습니다. 이를 단순히 국가경쟁력 제고 차원만이 아니라 더 좋은 사회로 나아가기 위한, 더 많은 사람이 혜택을 누릴 수 있는 보편적인 방향으로 진화시킬 수 있어야 합니다. 한국은 지정학적 위치로 인해 국제질서를 둘러싼 미·중 간 갈등이라는 제약에서 벗어나기 어려운 것이 사실입니다. 중국은 한국과 북한이라는 '투 코리아(Two Korea)' 전략을 쓰고 있고, 미국은 한국을 대중 견제의 지렛대로 활용하고 싶어 한다는 점에서, 미·중 모두 한반도 문제의 진정한 해결을 바라지 않는 어려운 상황입니다.

이러한 상황에서 문화를 하나의 우회적 경로로 보는 전략적 관점이 필요합니다. 예컨대 한국의 문화적 영향력을 활용하여 글로벌 차원에서 다자적 네트워크 관계를 잇고, 이를 통해 문화 매개로서의 역할을 확장해 나가는 '지문화적(Geo-Cultural)' 관점이 필요합니다. 사람의 연결, 사물의 연결, 마음의 연결 등을 통해, 국경이나 지정학, 국가 단위 정치를 우회하거나 초월하는 문화지도를 그릴 수 있어야 합니다.

한국의 지문화적 전략은 문화 제국주의라는 비판을 받았던 서구의 일방적인 문화 전파 모델이 아니라 인류가 보편적으로 공감하고 자발적으로 수용할 수 있는 상호적 문화협력에 기반을 둔 것이어야 합니다. 문화적 침투로 오인받지 않도록 상호적 관계와 교류에 기반하여 상대국의 문화를 존중하면서 보편적인 방향으로 주도해 나가야 합니다. 이러한 글로벌 차원의 문화전략에 당연히 중국을 끌어안아야 합니다. 단지 중국과는 별도의 정책을 만들어 대응해 나가야 합니다. 중국 체제의 특성상 문화 소재나 양식에 대한 금기가 많은 상황에서 한국 문화 콘텐츠가 중국 시장으로 진출하는 데 강한 제약이 있을 수밖에 없습니다. 이러한 문제를 두고 중국 시장이나 자본의 눈치를 봐야 한다는 식으로 생각할 필요는 없으며, 사고를 능동적으로 전환해야 합니다. 즉 세계 시장에 맞춰 보편적인 방향으로 우리의 문화 콘텐츠를 진화해 나가는 동시에, 중국을 하위 시장으로 두고 중국에 맞는 이른바 '맞춤형 전략'을 세우는 것입니다. 한국이 가진 사회·문화적인 이점을 발휘해 나가는 동시에, 중국으로 하여금 한국을 서구와의 문화 충돌의 완충 지대 및 소통의 창구로 활용할 수 있게 해야 합니다.

또한 중국의 담론 전략에도 적극 개입하면서, 이와 차별화된 우리의 담론과 어젠다를 제시할 수 있어야 합니다. 중국은 현재 자국 중심의 신문명의 질서를 모색하고 있으며, 그 일환으로 중국식 담론체계를 적극적으로 만들어 가고 있습니다. 중국의 바로 옆에 있는 한국으로서는 중국이 발신하는 담론을 적극 지지할 수도, 그렇다고 완전히 무시할 수도 없는 상황에 직면해 있습니다. 이에 대해 중국의 담론 제안을 견제할 수 있는 한국의 창의적 인문 담론 생산이 필요합니다. 즉 중국이 제안하는 문명 담론 논의 과정에 적극 개입하면서 동시에 중국의 역량을 상대화하고 이를 견제하는 전략이 동시에 진행되어야 합니다. 이를 위해서는 한국 사회가 지향하는 사회 비전과 가치를 담은 담론을 생산하고 일관되게 알리는 것이 필요하며, 이와 동시에 다양한 지역의 국가들과 인문 유대 및 가치 교류 네트워크를 적극적으로 구축하여 중국의 담론 주도권을 상대화시켜야 할 필요가 있습니다.

중국이 제시하는 담론이나 슬로건을 무시하자는 얘기가 아닙니다. 중국이 주도하고 발신하는 메시지에 주목하고 긍정적인 내용에 적극 동의하면서도, 중국 중심의 담론이 아니라 지역 공공재 창출을 위한 담론 개발이라는 전략적 방향으로 나아가야 한다는 것입니다. 평화와 공존을 위한 메시지에는 공감대를 형성하면서도, 중국 중심적 사고가 깔린 담론의 한계와 위험성을 지적할 수 있어야 합니다. 한국이 발신하는 담론은 중화 중심적 세계질서를 재해석하여, 중화 문명 중심적 사고에 담긴 위계 구조를 해체하면서도 동시에 다양한 지역의 평등한 관계에 초점을 맞춘 방향으로 세계질서를 재구성하는 것이어야 합니다. 이러한 일은 한국의 장기적인 국가

대전략과 관계되며, 정부와 학계, 재계, 시민사회 등 다양한 전문가의 지혜를 모아야 하는 일로, 결코 쉬운 일은 아닙니다. 그럼에도 불구하고 한국의 미래를 위해 매우 필요한 일입니다.

한편 정치·안보적 측면에서도 기존의 한·중 관계를 유지해 왔던 환경이 급변했습니다. 미·중 간의 전략적 경쟁과 글로벌 가치사슬의 재편 과정에서 불확실성이 더 커졌습니다. 미·중 간의 전략적 경쟁은 양보할 수 없는 체제 간의 대결입니다. 미·중 모두 자국에 유리한 표준을 만들고 선점하려는 경쟁이라는 점에서 패권 경쟁이라고 할 수 있습니다. 이러한 경쟁은 단기간에 끝나지 않고 장기간 지속될 것입니다. 그러나 어느 한쪽의 승리로 끝나지는 않을 것입니다. 중국 체제가 지닌 속성으로 인해, 현재 질서 속에서 중국이 미국을 대체하는 패권 국가가 되는 일은 거의 불가능합니다. 또한 미국 역시 중국을 완전히 주저앉히거나 파괴하지는 못할 것입니다. 미국의 중국 때리기나 중국의 기존 질서로부터의 독립 모두 양국에 커다란 손실을 가져다주기 때문에, 이다음에도 일시적 협력이나 대화 혹은 일시적 갈등 및 대립이 반복되어 나타날 가능성이 큽니다. 미·중 간의 '경쟁적 갈등 관계'가 지속될 것으로 보입니다. 이러한 미·중 간의 대립 시대를 뒤집어 생각하면 미·중 간의 '공치(共治) 시대'라고도 볼 수 있죠. 한국은 긴 호흡으로 이러한 상황을 관리하고 대비할 수 있어야 합니다.

이러한 현실 변화에 대응하여 일각에서는 "한국은 미국 편에 설 것인가, 중국 편에 설 것인가"라는 양자택일의 구도에서 선택해야 한다는 주장이 있습니다. 이러한 주장의 근거는 한반도의 지정학적 위치 때문입니다. 한국은 반도 국가이고, 반도는 해양 세력과 대륙 세력이 확장하며 만나는 곳입니다. 기존 패권과 신흥 패권 사이에 끼어 있는 위치이기 때문에, 패권국이 교체되는 시기에는 언제나 선택을 강요받는다는 것입니다.

원·명 교체기, 명·청 교체기, 19세기 청일전쟁 당시 동아시아 세력 교체기 등 세력전이가 일어나는 시기마다 한반도는 원치 않는 전쟁에 휘말렸습니다. 대표적으로 17세기 명·청 교체기에 청이라는 새로운 세력이 중원을 차지하며 대륙의 판세가 바뀌는 현실에서도 조선은 명에게 '재조지은(再造之恩)'해야 한다며 무너져 가는 명을 붙잡고 있었습니다. 청은 계속해서 조선을 굴복시키고자 하지만 조선은 명에 대한 의리와 사대를 고집합니다. 결국 조선에 참혹한 전쟁이 일어나고 남한산성에 갇혀 있던 인조가 청 황제 홍타이지(皇太極) 앞에 무릎을 꿇고 항복하는 삼전도(三田渡)의 굴욕을 당하게 됩니다. 잘못된 외교와 사대주의 관념으로 살육당하고 가장 큰 피해를 본 것은 언제나 이 땅의 평범한 민초였습니다.

그러나 양자택일에만 길이 있는 것은 아닙니다. 게다가 지금은 국가가 크든 작든, 그것이 실질적이든 형식적이든 간에, 상대국의 주권을 존중해 주어야 하는 시대입니다. 베트남이나 핀란드 등의 사례에서 찾아볼 수 있듯이 강자들 사이에 끼어 있는 위치를 활용해 얼마든지 능동적인 외교를 펼칠 수 있습니다. '약소국의 힘'을 발휘할 수 있는 것이죠. 또한 한국은 과거와 달리 세계 10위권 내외의 국력을 지닌 중견국입니다. 조선이 인식하던 세계는 동아시아가 전부였고 압도적 힘의 우위를 차지하고 있던 대륙 세력과의 관계가 운명을 결정할 수밖에 없었습니다. 그래서 사대주의 정치 세력은 언제나 중국 대륙을 국내 정치의 통치 명분으로 활용했던 것이죠. 지금은 엄연히 국가 간의 주권 관계가 작동하고 우리가 활용하고 움직일 수 있는 공간도 훨씬 넓어졌는데, 왜 우리는 여전히 미국이냐 중국이냐는 양자택일의 구도에서 벗어나지 못하는 것일까요? 그것은 여전히 강대국에 의존하여 권력을 유지하고, 또한 한반도 분단 상황을 이용하여 기득권을 유지하려는 세력이 있기 때문이라고 생각합니다. 이러한 상황을 극복하지 못하면 역사적으로 되풀이되었던 한반도의 구조적 운명에서 벗어날 길이 없습니다.

이제는 다른 방법을 강구해야 합니다. 강대국만 바라볼 것이 아니라 우리와 비슷한 규모와 처지에 있는 국가들과의 연대와 신뢰가 필요합니다. 중동과 유럽, 동남아, 중남미 등 다양한 국가들과의 협력을 넓히고 운신의 폭을 넓힐 필요가 있습니다. 한국이 만들어왔던 제도나 가치, 표준을 지키고 개선해 나가면서도, 중국 시장에 맞춘 경제·문화 전략도 세워야 합니다. 첨단기술과 금융, 제도 측면에서 서구 세계와 중국 시장 간의 분리가 가속화된다면, 한국은 세계 시장과 중국 시장이라는 투 트랙(two track)으로 나누어 전략을 짜야 합니다. 최근의 IMF 보고서에서는 중국 경제가 어렵다 하더라도 2035년이면 미국의 경제 규모를 추월할 것으로 전망합니다. 또한 구매력평가지수(PPP)로 계산하면 2023년 브릭스(BRICS, 브라질, 러시아, 인도, 중국, 남아프리카)의 GDP 규모가 세계의 31.5%를 차지하며, 주요 선진국인 G7이 차지하는 비중인 30.7%를 이미 추월했습니다. 한국의 경제 규모를 생각한다면 중국 시장 없는 지속적인 경제성장은 생각하기 힘듭니다. 에너지, 원자재, 식량 등의 자원을 해외에 의존할 수밖에 없는 한국의 조건을 생각하면, 우리는 더욱 다양한 지역과 교류하며 개방적인 태도로 나아가야 합니다.

중국은 시진핑 집권 이후 서구의 자유민주주의 체제와는 다른 통치 형태로 '중국의 길'을 강조하며 통치구조를 재편해 왔고, 자신의 체제 우월성에 자신감을 갖도록 선전해 왔습니다. 오늘의 중국은 우리가 알던 개혁개방 시기의 중국이 아닙니다. 중국은 우리에게뿐 아니라 세계 모든 국가가 직면한 실존적 문제가 되었습니다. 이러한 중국과 어떻게 마주하고 소통해야 할까요? 중국을 우리 사회의 관점에서 이념적, 감정적으로 판단하고 평가할 것이 아니라, 정부와 학계, 민간의 각 경제 주체와 시민사회가 각자의 영역에서 최선을 다해 중국과 어떻게 관계를 맺을지 지혜를 모아내야 합니다. 중국과의 대화와 소통, 협력을 지속적으로 유지하고 관리하여, 그 어느 때보다 치열해진 국가 간 경쟁에서 한반도가 극단적이고 위험한 상태에 빠지지 않도록 해야 합니다.

또한 한국의 국격을 높이고 독자적인 공간을 넓히려면, 미·중 간의 갈등 문제를 넘어 글로벌한 어젠다를 제시할 수 있어야 합니다. 환경이나 보건 등 인류 사회의 협력을 유도할 수 있는 수준 높은 담론과 대안을 만들 수 있어야 합니다. 인류 보편적인 방향으로 다양한 문화를 교류·매개·혁신하는 플랫폼이 되도록, 반도라는 지정학적 위치를 네트워크 시대의 지리·문화적 장점으로 승화시켜 문화적인 창조력을 발휘하고 주도해 나가야 합니다.

강의를 마치며 마지막으로 진정한 공부는 끝없이 질문하는 과정이라는 사실을 강조하고 싶습니다. 사회에 대한 끊임없는 문제 제기는 더 좋은 사회로 나아가기 위한 고민의 과정입니다. 우리 사회에 대한 비전을 갖고 우리의 손과 힘으로 미래를 만들어가고자 한다면, 가까운 이웃이자 이전보다 영향력이 더 커진 중국에 대해 잘 알고 있어야 합니다. 중국이 나아가는 방향을 주시하면서 한·중 간의 갈등적 이슈까지도 그 쟁점이 무엇인지 분명히 알아야 합니다. 정해진 미래가 우리를 기다리는 것이 아니라, 우리 스스로 미래를 바꿔나갈 수 있습니다. 현실에 대한 냉정한 분석과 세계에 대한 이해가 그 어느 때보다 절실해진 시대입니다.

이상으로 강의를 마칩니다. 감사합니다.

★ **더 읽어보기**

『차이나 리터러시: 혐중을 넘어 보편의 중국을 읽는 힘』(김유익 지음, 한겨레출판, 2023)

『문화의 시대 한중 문화충돌』(김인희 엮음, 동북아역사재단, 2022)

『한중 수교 30년, 평가와 전망: 갈등과 협력의 한중 관계, 상생의 길을 묻다』(서울대학교 국제학연구소 지음, 21세기북스, 2022)

『이욱연의 중국 수업』(이욱연 지음, 휴머니스트, 2021)

주와 참고 자료

1강

1 로이드 E. 이스트만, 『중국 사회의 지속과 변화: 중국 사회경제사 1550~1949』, 이승휘 역, 서울: 돌베개, 1999.
2 리영희, 『전환시대의 논리』, 서울: 창작과 비평사, 2006.

2강

1 미조구치 유조, 『방법으로서의 중국』, 서광덕·최정섭 역, 부산: 산지니, 2016.
2 장웨이웨이, 『중국은 문명형 국가다』, 성균중국연구소 역, 서울: 지식공작소, 2018.
3 차태근, 『제국주의 담론과 동아시아 근대성: 현대 중국의 정치적 무의식을 찾아서』, 서울: 소명출판, 2021.
4 Lucian W. Pye, *The Spirit of Chinese Politics*, Cambridge, MS: Harvard University Press, 1992.
5 전인갑, 「제국에서 제국성 국민국가로(Ⅰ): 제국의 구조와 이념」, 『중국학보』 65, 2012; 전인갑, 「제국에서 제국성 국민국가로(Ⅱ): 제국의 지배전략과 근대적 재구성」, 『중국학보』 66, 2012.
6 마틴 자크, 『중국이 세계를 지배하면: 패권국가 중국은 천하를 어떻게 바꿀 것인가?』, 안세민 역, 서울: 부키, 2010.
7 이혜경, 『천하관과 근대화론: 양계초를 중심으로』, 서울: 문학과지성사, 2002.
8 박한제·김호동·한정숙·최갑수, 『유라시아 천년을 가다: 역사학자 4인의 문명 비교 탐사기』, 서울: 사계절, 2002.
9 양하이잉, 『('오랑캐' 주변국 지식인이 쓴) 反중국 역사』, 우상규 역, 파주: 살림, 2018.
10 요코야마 히로아키, 『중화민족의 탄생: 중국의 이민족 지배논리』, 이용빈 역, 파주: 한울아카데미, 2012.
11 권중달, 『중국분열: 새로운 시각으로 본 중국사』, 서울: 삼화, 2014.
12 가오훙레이, 『절반의 중국사: 한족과 소수민족, 그 얽힘의 역사』, 김선자 역, 서울: 메디치미디어, 2017.
13 진관타오·류칭펑, 『(중국 근현대사를 새로 쓰는) 관념사란 무엇인가 1: 이론과 방법』, 양일모·송인재·한지은·강중기·이상돈 역, 서울: 푸른역사, 2010.
14 거자오광, 『중국사상사 2: 7세기에서 19세기까지 중국의 지식과 사상, 그리고 신앙세계』, 이등연·심규호·양충렬·오만종·김기현·진성수·주광호·송인재 역, 서울: 일빛, 2015.
15 서광덕, 『루쉰과 동아시아 근대: 루쉰을 따라가는 동아시아 사상의 여정』, 부산: 산지니, 2022.

16 이성규, 「왜 아직도 '중국'인가」, 김광억·양일모 편, 『중국 문명의 다원성과 보편성』, 서울: 아카넷, 2014.

17 거자오광, 『이 중국에 거하라: '중국은 무엇인가'에 대한 새로운 탐구』, 이원석 역, 파주: 글항아리, 2012.

18 마틴 자크, 『중국이 세계를 지배하면: 패권국가 중국은 천하를 어떻게 바꿀 것인가?』, 안세민 역, 서울: 부키, 2010.

19 許紀霖, 『家国天下』, 上海: 上海人民出版社, 2017.

20 黄宗智, 「中国过去和现在的基本经济单位: 家庭还是个人?」, 『学术前沿』 2012年 3月.

3강

1 페이샤오퉁, 『향토중국: 중국 사회문화의 원형』, 장영석 역, 서울: 비봉출판사, 2011.

2 미조구치 유조, 『(개념과 시대로 읽는)중국사상 명강의』, 최진석 역, 서울: 소나무, 2004.

3 Amnesty International, *Refugees Welcome Survey 2016: Views of Citizens Across 27 Countries: Topline Report from GlobeScan*, May 2016.

4 쑨거, 『중국의 체온: 중국 민중은 어떻게 살아가는가』, 김항 역, 파주: 창비, 2016.

5 조셉 니덤, 『중국의 과학과 문명: 사상적 배경』, 콜린 로넌 축약, 김영식·김제란 역, 서울: 까치글방, 1998.

6 조엘 모키르, 『성장의 문화: 현대 경제의 지적 기원』, 김민주·이엽 역, 서울: 에코리브르, 2018.

7 리쩌허우, 『중국현대사상사론』, 김형종 역, 서울: 한길사, 2005.

8 John King Fairbank, *The Chinese World Order: Traditional China's Foreign Relations*, Harvard University Press, 1973.

9 하마시타 다케시, 『조공 시스템과 근대 아시아』, 서광덕·권기수 역, 서울: 소명출판, 2018.

10 Brantly Womack, "Asymmetry and China's Tributary System," *The Chinese Journal of International Politics*, 5(1), 2012.

11 김규현(역주), 『불국기』, 서울: 글로벌콘텐츠, 2013.

12 이삼성, 『동아시아의 전쟁과 평화 1: 전통시대 동아시아 2천년과 한반도』, 서울: 한길사, 2009.

4강

1 권중달, 『중국 분열: 새로운 시각으로 본 중국사』, 서울: 삼화, 2014.

2 이종화, 「중국의 대일통(大一統)과 일국양제(一國兩制) 홍콩 그리고 제국성(帝國性)에 관한 시론적 연구」, 『국제·지역연구』 26(1), 2017.

3 이종화, 「중국의 '통일국가(大一統)' 정체성 형성과 의미: 중국의 통일과 분열의 역사 순환을 어떻게 볼 것인가?」, 『중소연구』 38(3), 2014.

4 葛劍雄, 『统一与分裂: 中国历史的启示』, 北京: 中华书局, 2008.

5 전인갑, 『현대중국의 제국몽: 중화의 재보편화 100년의 실험』, 고양: 학고방, 2016.

6 가라타니 고진, 『제국의 구조: 중심·주변·아주변』, 조영일 역, 서울: 도서출판b, 2016.

7 김영진, 『중국, 대국의 신화: 중화제국 정치의 토대』, 서울: 성균관대학교출판부, 2015.

8 國立政治大學 選擧研究中心, 「臺灣民眾臺灣人/
中國人認同趨勢分佈(1992年06月~2023年06月)」, 2023年 7月 12日. https://esc.nccu.
edu.tw/PageDoc/Detail?fid=7804&id=6960

9 國立政治大學 選擧研究中心, 「臺灣民眾統獨立場趨勢分佈(1994年12月~2023年06月)」,
2023年 7月 12日. https://esc.nccu.edu.tw/PageDoc/Detail?fid=7805&id=6962

10 Jean C. Oi, "The Role of the Local State in China's Transitional Economy", *The
China Quarterly* 144, 1995.

5강

1 조너선 D. 스펜스, 『천안문』, 정영무 역, 서울: 이산, 1999.

2 해리슨 E 솔즈베리, 『새로운 황제들: 마오쩌둥과 덩샤오핑의 중국: 톈안먼 사태 이후
시진핑 출범까지』, 박월라·박병덕 역, 파주: 다섯수레, 2013.

3 백영서, 『중국현대사를 만든 세가지 사건: 1919, 1949, 1989』, 파주: 창비, 2021.

4 서진영, 『중국혁명사』, 파주: 한울아카데미, 2017.

5 이시카와 요시히로, 『중국근현대사 3: 혁명과 내셔널리즘 1925~1945』, 손승회 역,
서울: 삼천리, 2013.

6 야마무로 신이치, 『키메라 만주국의 초상』, 윤대석 역, 서울: 소명출판, 2009.

7 윤휘탁, 『중일전쟁과 중국혁명: 전쟁과 혁명의 이중주: 전쟁혁명』, 서울: 일조각, 2003.

8 김일평, 『중국혁명과 군중노선』, 서울: 정음사, 1987.

9 윌리엄 힌튼, 『번신: 혁명은 중국의 한 농촌을 어떻게 변화시켰는가 1,2』, 강칠성 역,
서울: 풀빛, 1986.

10 찰머스 A. 존슨, 『중국혁명과 농민민족주의』, 서관모, 서울: 한겨레, 1985.

11 Mark Selden, *China in Revolution: Yenan Way Revisited*, 2nd edition, Routledge,
1995.

12 에드거 스노, 『중국의 붉은 별』, 홍수원·안양노·신홍범 역, 서울: 두레, 2013.

13 님 웨일즈·김산, 『아리랑: 조선인 혁명가 김산의 불꽃 같은 삶』, 송영인 역, 서울: 동녘,
2005.

14 루시앵 비앙코, 『중국혁명의 기원: 1915~1949』, 이양자 역, 부산: 신지서원, 2004.

6강

1 마리 클레르 베르제르, 『중국현대사: 공산당, 국가, 사회의 격동』, 박상수 역, 서울: 심산,
2009.

2 아마코 사토시, 『중화인민공화국사』, 임상범 역, 서울: 일조각, 2016.

3 첸리췬, 『망각을 거부하라: 1957년학 연구 기록』, 길정행·신동순·안영은 역, 서울:
그린비, 2012.

4 구보 도루, 『중국근현대사4: 사회주의를 향한 도전(1945~1971)』, 강진아 역, 서울:

삼천리, 2013.

5 밀로반 질라스, 『위선자들: 새로운 수탈계급과 전체주의의 민낯』, 이호선 역, 서울:
도서출판 리윈, 2020.

6 백승욱, 『문화대혁명: 중국 현대사의 트라우마』, 파주: 살림, 2012.

7 劉國凱, 『人民文革論』, 香港: 博大出版社, 2006.

8 프랑크 디쾨터, 『문화대혁명: 중국인민의 역사 1962~1976』, 고기탁 역, 서울: 열린책들,
2017.

9 계선림, 『우붕잡억』, 이정선·김승룡 역, 서울: 미다스북스, 2004.

10 백승욱, 『중국 문화대혁명과 정치의 아포리아: 중앙문혁소조장 천보다와 '조반'의
시대』, 서울: 그린비, 2012.

11 王紹光, 『理性與瘋狂: 文化大革命中的群衆』, 香港: 牛津大學出版社, 2004.

12 손승회, 『문화대혁명과 극좌파: 마오쩌둥을 비판한 홍위병』, 파주: 한울아카데미, 2019.

13 楊曦光, 「中國向何處去?」, 『文革大字報精選』, 譚放, 趙無眠 選輯, 香港: 明鏡出版社, 1996.

14 周倫佐, 『"文革"造反派眞相』, 香港: 田園書屋出版, 2006.

15 모리스 마이스너, 『마오의 중국과 그 이후 2』, 김수영 역, 서울: 이산, 2004.

16 印紅標, 「文革後續階段的民間思潮」, 『二十一世紀』 117, 2010.

17 宋永毅, 孫大進, 『文化大革命和它的異端思潮』, 香港: 田園書屋, 1997.

18 徐友漁, 『形形色色的造反: 紅衛兵精神素質的形成及演變』, 香港: 中文大學出版社, 1999.

19 조정로, 『민주수업』, 연광석 역, 서울: 나름북스, 2015.

20 백승욱 편, 『중국 노동자의 기억의 정치: 문화대혁명 시기의 기억을 중심으로』, 서울:
폴리테이아, 2007.

7강

1 안치영, 『덩샤오핑 시대의 탄생: 중국의 역사 재평가와 개혁』, 파주: 창비, 2013.

2 趙鼎新, 『國家·社會關係與八九北京學運』, 香港: 中文大學出版社, 2007.

3 Elizabeth J. Perry, *Challenging the Mandate of Heaven: Social Protest and State
Power in China*, Armonk: M. E. Sharpe, 2001.

4 趙紫陽, 『國家的囚徒: 趙紫陽的祕密錄音』, 臺北: 時報出版, 2009. 한국어 번역판은
다음과 같다. 자오쯔양, 바오푸, 『국가의 죄수: 자오쯔양 중국공산당 총서기 최후의
비밀 회고록』, 장윤미·이종화 역, 서울: 에버리치홀딩스, 2010.

5 류샤오보, 『류샤오보 중국을 말하다: 인권 사각지대 중국에서 민주화를 향한 십년간의
기록』, 김지은 역, 서울: 지식갤러리, 2011.

6 왕단, 『왕단의 중국 현대사』, 송인재 역, 서울: 동아시아, 2013.

7 Li, minqi, "China: Six Years after Tiananmen", *Monthly Review* 47, 1996;
왕샤오밍·왕후이·친후이·왕안이·첸리췬·왕차오화 외, 『고뇌하는 중국: 현대 중국
지식인의 담론과 중국 현실』, 장영석·안치영 역, 서울: 도서출판길, 2006.

8 Liang Zhang, Andrew J. Nathan, Perry Link, Orville Schell, *The Tiananmen Papers*,
Public Affairs, 2002. 이 책의 중문판은 다음과 같다. 張良, 中國"六四"眞相, 香港:

明鏡出版社, 2001.

9   王绍光,「波兰尼的"大转型"和中国的大转型」,『承前启后: 中国经济发展的见证与展望』,
    张军, 陈钊 主编, 北京: 北京大学出版社, 2009.

10 장윤미,「89운동과 독립노조: 베이징 노동자자치연합회를 중심으로」,『중소연구』
    36(2), 2012.

8강

1   장윤미,『당치(黨治)국가 중국: 시진핑 시대 통치구조와 정치의 변화』, 서울:
    서강대학교출판부, 2023.

2   모리 가즈코,『현대 중국의 정치와 외교: 또 하나의 초강대국은 탄생할 것인가』, 이용빈
    역, 파주: 한울아카데미, 2023; 조영남,『중국의 통치 체제 1: 공산당 영도 체제』, 파주:
    21세기북스, 2022.

3   焉一龙, 白钢, 吕德文, 刘晨光, 江宇, 尹伊文,『天下为公: 中国社会主义与漫长的21世纪』,
    北京: 中国人民大学出版社, 2018.

4   박명규,『국민, 인민, 시민: 개념사로 본 한국의 정치주체』, 서울: 소화, 2014.

5   毛泽东,「论人民民主专政」,『人民日报』1949-07-01.

6   毛泽东,「关于领导方法的若干问题」,『毛泽东选集 第三卷』, 北京: 人民出版社, 1991.

7   조영남,『중국의 엘리트 정치: 마오쩌둥에서 시진핑까지』, 서울: 민음사, 2019.

8   리처드 맥그레거,『중국공산당의 비밀: 파이낸셜타임스 기자가 파헤친 중국 지도자들의
    은밀한 세계』, 김규진 역, 파이카, 2012.

9   David Shambaugh, *China's Communist Party: Atrophy and Adaptation*, University
    of California Press, 2008.

10 이희옥·장윤미 편,『중국의 민주주의는 어떻게 가능한가: 중국의 논의』, 서울:
    성균관대출판부, 2013; 마크 레너드,『중국은 무엇을 생각하는가: 중국 최고지도부를
    움직이는 지식엘리트들』, 장영희 역, 서울: 돌베개, 2011.

11 中华人民共和国 国务院 新闻办公室,『中国的民主』, 北京: 新华社, 2021.

12 王绍光,「代表型民主与代议型民主」,『开放时代』2014年 第2期.

9강

1   景跃进, 陈明明, 肖滨, 谈火生, 于晓虹,『当代中国政府与政治』, 北京: 中国人民大学出版社,
    2016.

2   장윤미,『당치(黨治)국가 중국: 시진핑 시대 통치구조와 정치의 변화』, 서울:
    서강대학교출판부, 2023.

3   모리 가즈코,『현대중국정치: 글로벌 강대국의 초상』, 파주: 한울아카데미, 2013.

4 「中共中央关于党的百年奋斗重大成就和历史经验的决议(2021年11月11日中国共产党第
    十九届中央委员会第六次全体会议通过)」,『新华社』, 2021年11月16日.

5   후안강,『중국공산당은 어떻게 통치하는가: 중국 집단영도체제』,
    성균중국연구소·양갑용·고영희·장윤미·장현주 역, 서울: 성균관대학교출판부, 2016.

6 조영남, 『중국의 엘리트 정치: 마오쩌둥에서 시진핑까지』, 서울: 민음사, 2019.

7 Andrew Leber, Christopher Carothers & Matthew Reichert, "When Can Dictators Go It Alone? Personalization and Oversight in Authoritarian Regimes", *Politics & Society* 51(1), 2023.

8 이희옥, 『중국의 새로운 사회주의 탐색』, 파주: 창비, 2004.

10강

1 胡锦涛, 「坚定不移沿着中国特色社会主义道路前进 为全面建成小康社会而奋斗: 在中国共产党第十八次全国代表大会上的报告(2012年11月8日)」, 『新华社』 2012年11月9日.

2 이희옥 외, 『중국식 현대화와 시진핑 리더십: 중국공산당 제20차 전국대표대회 분석』, 책과함께, 2023.

3 「王岐山: 只有党政分工, 没有党政分开」, 『新华社』 2017年3月6日.

4 「"특수경찰 600명이면 끝난다" 후진타오 목 노린 中 '경란' 전말」, 『중앙일보』 2022년 7월 27일자.

5 「中国共产党章程(中国共产党第十九次全国代表大会部分修改, 2017年10月24日通过)」, 『新华社』 2017年10月28日.

6 「中华人民共和国宪法修正案(2018年3月11日第十三届全国人民代表大会第一次会议通过)」, 『新华社』 2018年 3月 11日.

7 「中共中央关于深化党和国家机构改革的决定」, 『新华社』 2018年 3月 4日; 「中共中央印发 "深化党和国家机构改革方案"」, 『新华社』 2018年 3月 21日.

8 「中共中央 国务院印发 "党和国家机构改革方案"」, 『新华社』 2023年 3月 16日.

9 「中共中央关于坚持和完善中国特色社会主义制度 推进国家治理体系和治理能力现代化若干重大问题的决定(2019年10月31日中国共产党第十九届中央委员会第四次全体会议通过)」, 『新华社』 2019年 11月 5日.

10 「中共中央 国务院印发 "新时代爱国主义教育实施纲要"」, 『新华社』 2019年 11月 12日; 「中华人民共和国爱国主义教育法(2023年10月24日第十四届全国人民代表大会常务委员会第六次会议通过)」, 『新华社』 2023年 10月 25日.

11 邓小平, 「党和国家领导制度的改革(1980年8月18日)」, 『邓小平文选: 第二卷』, 北京: 人民出版社, 1994.

12 「中共中央关于全面深化改革若干重大问题的决定(2013年11月12日中国共产党第十八届中央委员会第三次全体会议通过)」, 『新华社』 2013年 11月 15日.

13 「中国共产党中央委员会工作条例(2020年9月28日中共中央政治局会议审议批准 2020年9月30日中共中央发布)」, 『人民日报』 2020年 10月 13日.

14 习近平, 「高举中国特色社会主义伟大旗帜 为全面建设社会主义现代化国家而团结奋斗: 在中国共产党第二十次全国代表大会上的报告」, 『新华社』 2022年 10月 25日; 성균중국연구소 편, 『중국공산당 제20차 전국대표대회 보고』, 서울: 지식공작소, 2022.

15 장윤미, 『당치(黨治)국가 중국: 시진핑 시대 통치구조와 정치의 변화』, 서울: 서강대학교출판부, 2023.

11강

1 잉싱 편,『중국사회』, 장영석 역, 서울: 사회평론아카데미, 2017.

2 백승욱,『중국의 노동자와 노동 정책: '단위 체제'의 해체』, 서울: 문학과지성사, 2001.

3 이민자,『중국 농민공과 국가-사회관계』, 서울: 나남, 2001.

4 中國 国家统计局,「2022年农民工监测调查报告」, 2023年 04月 28日.

5 장윤미,「중국 국유기업 구조조정과 노동자 마음: 몫을 잃은 자들의 마음」,『중소연구』41(1), 2017.

6 비버리 J. 실버,『노동의 힘: 1870년 이후의 노동자운동과 세계화』, 백승욱·안정옥·윤상우 역, 서울: 그린비, 2005.

7 Anita Chan, "A 'Race to the Bottom': Globalisation and China's labour standards," *China Perspectives* 46, 2003.

8 吕途,『中国新工人: 迷失与崛起』, 北京: 法律出版社 , 2013; 려도,『중국 신노동자의 형성: 도시와 농촌 사이에서 길을 찾는 사람들』, 정규식·연광석·정성조·박다짐 역, 서울: 나름북스, 2017.

9 谭深,「打工妹的内部话题: 对深圳原致丽玩具厂女工百余封书信的分析」,『上海文学』5, 2000.

10 제니 챈·마크 셀던·푼 응아이,『아이폰을 위해 죽다: 애플, 폭스콘, 그리고 중국 노동자의 삶』, 정규식·윤종석·하남석·홍명교 역, 나름북스, 2021.

11 Ching Kwan Lee, *Against the Law: Labor Protests in China's Rustbelt and Sunbelt*, Berkeley, University of California Press, 2007.

12 장영석,「난하이혼다 파업과 중국 노동운동에 대한 함의」,『중소연구』35(3), 2011.

13 "China Labour Bulletin", https://clb.org.hk/en

14 이창휘·박민희 편,『중국을 인터뷰하다: 새로운 중국을 만들어가는 사람들』, 파주: 창비, 2013.

15 윤종석,「베이징은 어떤 시민을 원하는가?: 외래인구 사회관리와 2017 '저단인구' 퇴거사건」『사회와역사』116, 2017.

16 沈佳如,「打工博物馆的最後一夜: 沒有我們的歷史, 就沒有我們的未來」,『端傳媒』2023年 5月 24日.

12강

1 백영서 편,『팬데믹 이후 중국의 길을 묻다: 대안적 문명과 거버넌스』, 서울: 책과함께, 2021.

2 팡팡,『우한일기: 코로나19로 봉쇄된 도시의 기록』, 조유리 역, 서울: 문학동네, 2020.

3 가지타니 가이·다카구치 고타,『행복한 감시국가, 중국: 디지털기술과 선택 설계로 만든 '멋진 신세계'』, 박성민 역, 서울: 눌와, 2021.

4 장윤미,「중국 공산당의 사회건설 구상: '군중노선'과 새로운 '인민' 주체의 창조」,『현대중국연구』23(2), 2021.

5 왕후이,『탈정치 시대의 정치』, 성근제·김진공·이현정 역, 서울: 돌베개, 2014.

6 Hualing Fu, "Pandemic Control in China's Gated Communities", in *How COVID-19 Took Over the World: Lessons for the Future*, ed. by Christine Loh, Hong Kong University Press, 2023.

7 박철현, 「코로나19와 중국 스마트시티: 격자망화 관리, 방역관리 플랫폼, 건강정보코드와 사회관리체제」, 『중국지식네트워크』, 2020.

8 Heilmann, Sebastian, "'Cadre capitalism' and corruption," in *China's Political System*, ed. by Sebastian Heilmann, Lanham: Rowman & Littlefield, 2017.

9 홍명교, 「중국 우루무치 화재 참사와 백지 시위」, 『플랫폼C』 2022.12.02.

10 찰스 디킨스, 『두 도시 이야기』 성은애 역, 파주: 창비, 2014, p. 15.

11 World Inequality Lab, *WORLD INEQUALITY REPORT 2018*, 2017. https://wir2018.wid.world/

12 박철현, 「중국에서 도시민이 된다는 것: 위계적 시민권과 서열화」, 『도시로 읽는 현대중국 2』, 박철현 편, 고양: 역사비평사, 2017.

13 하남석, 「시진핑 시기 중국의 청년 노동 담론: 내권(內卷), 당평(躺平), 공동부유」, 『마르크스주의연구』 18(4), 2021.

14 샹바오·우치, 『주변의 상실: 방법으로서의 자기』, 김유익·김명준·우자한 역, 파주: 글항아리, 2022.

15 김란, 「포스트코로나 시대, 중국 청년들의 정체성 변화: 후랑(後浪) 동영상 사건과 따공런(打工人) 담론의 의미」, 『SNUAC다양성+Asia』 21, 2023.

13강

1 「장하준의 모두를 위한 경제학 강의(영국왕립예술협회)」, 2016. 10. 18. https://www.youtube.com/watch?v=3pIFVYRYjks

2 Angus Maddison, *Monitoring the World Economy 1820~1992*, Paris: OECD, 1995; Angus Maddison, *The World Economy: A Millennial Perspective*, Paris: OECD, 2001.

3 황쭝즈, 『중국의 감춰진 농업혁명』, 구범진 역, 과천: 진인진, 2016.

4 조반니 아리기, 『베이징의 애덤 스미스: 21세기의 계보』, 강진아 역, 서울: 도서출판길, 2009.

5 홍호평, 『차이나 붐: 왜 중국은 세계를 지배할 수 없는가』, 하남석 역, 파주: 글항아리, 2021.

6 장윤미, 「중국의 체제 전환과 러시아: 비교사회주의적 관점」, 『중국모델론: 개혁과 발전의 비교 역사적 탐구』, 전성홍 편, 서울: 부키, 2008.

7 Barry Naughton, 『중국경제: 시장경제의 적응과 성장』, 한광석 역, 서울: 한티에듀, 2020; 린이푸, 『중국 경제 해석』, 서봉교 역, 서울: 민속원, 2023; 아서 크뢰버, 『(127가지 질문으로 알아보는) 중국경제』, 도지영 역, 서울: 시그마북스, 2017; 은종학, 『중국과 혁신: 맥락과 구조, 이론과 정책 함의』, 파주: 한울아카데미, 2021.

8 박기수·이화승·정혜중·이호현·강용중·최지희·홍성화, 『중국 전통 상업관행과

상인의식의 근현대적 변용』, 파주: 한국학술정보, 2016.

9 윤소영, 『신자유주의적 금융세계화와 워싱턴 콘센서스: 마르크스적 비판의 쟁점들』,
   서울: 공감, 1999.

10 황핑·조슈아 쿠퍼 레이모·존 윌리엄슨·조셉 스티글리츠·추이즈위안·아리프
   딜릭·위커핑·장쿤쥐, 『베이징 컨센서스』, 김진공·류준필 역, 서울: 소명출판, 2016.

11 전성흥 편, 『중국모델론: 개혁과 발전의 비교 역사적 탐구』, 서울: 부키, 2008.

12 The White House, "Remarks by National Security Advisor Jake Sullivan on
   Renewing American Economic Leadership at the Brookings Institution", APRIL 27,
   2023, https://www.whitehouse.gov

13 商务部国际贸易经济合作研究院, 『跨国公司在中国: 全球供应链重塑中的再选择』 2022年
   6月.

14 홍호펑, 『차이나 붐: 왜 중국은 세계를 지배할 수 없는가』, 하남석 역, 파주: 글항아리,
   2021.

15 홍호펑, 『제국의 충돌: '차이메리카'에서 '신냉전'으로』, 하남석 역, 서울: 글항아리,
   2022.

16 조지프 나이, 『미국의 세기는 끝났는가: 중국은 미국을 따라잡을 수 없다』, 이기동 역,
   서울: 프리뷰, 2015.

17 中国 国家发展改革委, 「"十四五"新型城镇化实施方案」, 2022年 6月 21日.

18 성균중국연구소 편, 『일대일로 다이제스트』, 서울: 다산출판사, 2016; 왕이웨이,
   『중국, 그래도 중국: 중국 런민대학 왕이웨이 교수가 처음으로 국제관계의 각도에서
   중국경제를 분석한 책』, 한민화 역, 서울: 서울문화사, 2016.

19 김윤권·김민영·이국봉·이철·양갑용·지규원, 『중국의 국정운영에 관한 연구: 해양
   행정 및 정책을 중심으로』, 세종: 대외경제정책연구원, 2021; 이동률, 「시진핑 '신시대'
   외교 전략: '중국식 강대국외교'와 '신형국제관계'」 『KDI북한경제리뷰』 19(11), 2017.

20 서봉교, 『중국경제와 금융의 이해: 국유은행과 핀테크 은행의 공존』, 서울: 오래, 2018.

21 마틴 자크, 『중국이 세계를 지배하면: 패권국가 중국은 천하를 어떻게 바꿀 것인가?』,
   안세민 역, 서울: 부키, 2010.

22 Edward S. Steinfeld, 『왜 중국은 서구를 위협할 수 없나』, 구계원 역, 파주: 에쎄, 2011.

14강

1 문정인, 『문정인의 미래 시나리오: 코로나19, 미·중 신냉전, 한국의 선택』,
   서울: 청림출판, 2021; 러쉬 도시, 『롱 게임: 미국을 대체하려는 중국의 대전략』,
   박민희·황준범 역, 서울: 생각의힘, 2022.

2 박홍서, 『미중 카르텔: 갈등적 상호 의존의 역사』, 서울: 후마니타스, 2020.

3 커트 캠벨, 『피벗: 미국 아시아 전략의 미래』, 이재현 역, 서울: 아산정책연구원, 2020.

4 지만수, 「중국견제 시대와 한국의 대응」, 『정책의 시간: 한국경제의 대전환과 다음
   정부의 과제』, 서울: 생각의힘, 2021.

5 The White House, "Unites States Strategic Approach to the People's Republic of

China", May 26, 2020.

6 The White House, *National Security Strategy*, October 12, 2022.

7 习近平,「高举中国特色社会主义伟大旗帜 为全面建设社会主义现代化国家而团结奋斗: 在中国共产党第二十次全国代表大会上的报告」,『新华社』2022年 10月 25日

8 国务院,「国务院关于印发"中国制造2025"的通知: 国发[2015]28号」, 2015年 5月 8日.

9 허재철·연원호·김상배·김연규·김흥규·박성빈·이승주·이준구·이왕휘,『미중 전략경쟁 시대 지정학적 리스크와 경제안보』, 서울: 대외경제정책연구원, 2022.

10 「习近平主持召开二十届中央国家安全委员会第一次会议强调, 加快推进国家安全体系和能力现代化,以新安全格局保障新发展格局」,『新华网』2023年 5月 30日.

11 「坚持走中国特色国家安全道路」,『人民日报』2022年 9月 20日.

12 「中华人民共和国国家安全法(主席令第二十九号)」, 中央政府门户网站, 2015年 7月 1日.

13 「'중꺾마'로 무장한 중국 반도체... "정권 바뀌어도 정책은 요지부동"」,『한국일보』 2023.06.20.

14 习近平,「扎实推动共同富裕」,『求是』2021年 10月 15日.

15 习近平,「全党必须完整'准确'全面贯彻新发展理念」,『求是』2022年 8月 15日.

16 「习近平: 决胜全面建成小康社会, 夺取新时代中国特色社会主义伟大胜利—— 在中国共产党第十九次全国代表大会上的报告」,『新华社』2017年 10月 27日.

17 김한권,「중국 신형국제관계의 본질과 함의」, 국립외교원 정책연구시리즈, 2018-15.

18 조지프 나이,『권력의 미래: 소프트 파워 리더십은 어떻게 세상을 바구는가?』, 윤영호 역, 서울: 세종서적, 2021.

19 David Shambaugh,『중국, 세계로 가다: 불완전한 강대국』, 박영준 역, 서울: 아산정책연구원, 2014.

15강

1 Michael Beckley & Hal Brands, *Danger Zone: The Coming Conflict with China*, W. W. Norton & Company, 2022. 이 책의 한국어판은 다음과 같다. 마이클 베클리·할 브랜즈,『중국은 어떻게 실패하는가: 미중 패권 대결 최악의 시간이 온다』, 김종수 역, 서울: 부키, 2023.

찾아보기